KB273139

실천적 신앙과 지성의 빛, 토톤지 60년 삶의 기록

동서방을 이은 여정

SIXTY YEARS BETWEEN EAST AND WEST
PLANNING, PERSEVERANCE, AND IMPLEMENTATION

© Dr. Ahmad Totonji, 2023 ce/1445 ah
http://ahmadtotonji.com
This book is in copyright. Subject to statutory exception and to the provisions of relevant collective licensing
agreements, no reproduction of any part may take place without the written permission of the publisher.
isbn: 978-1-945886-01-0 paperback
isbn: 978-1-945886-05-8 hardback
isbn: 978-1-945886-06-5 e-book
The views and opinions expressed in this book are those of the author and not necessarily those of the publisher.
Layout and Design by Shiraz Khan
Printed in Türkiye

SIXTY YEARS BETWEEN EAST AND WEST

동서방을 이은 여정

실천적 신앙과 지성의 빛, 토톤지 60년 삶의 기록

아흐마드 토톤지

김형훈·백승훈 옮김

아마존의나비

동서방을 이은 여정

실천적 신앙과 지성의 빛, 토톤지 60년 삶의 기록

발행일 • 2025년 12월 31일 초판1쇄

지은이 • 아흐마드 토톤지
옮긴이 • 김형훈·백승훈
펴낸이 • 오성준
편집 • 김재관
본문 디자인 • 김재석
표지 디자인 • **BookMaster K**

펴낸 곳 • 아마존의나비
등록번호 • 제395-251002014000114호(2014년 11월 19일)
주소 • 경기도 고양시 덕양구 청초로 19
덕은아이에스비즈타워센트럴 A동 706호
전화 • 02-3144-8755, 8756
팩스 • 02-3144-8757

이메일 • info@chaosbook.co.kr
ISBN • 979-11-90263-38-2   33280
정가 • 32,000원

❖ 아마존의나비는 카오스북의 임프린트입니다.
❖ 이 책은 쌀람누리와 아마존의나비의 독점 계약에 따라 발행된 저작물로
저작권법의 보호를 받습니다.
❖ 잘못 제작된 책은 구입처에서 교환해 드립니다.

목차

하나님과 함께하라. 하나님을 절대 떠나지 말라.

North Pacific Ocean
Bering Sea
Beaufort Sea
Hudson Bay
Baffin Bay
Labrador Sea
ALEUTIAN ISLANDS
ALEUTIAN TRENCH
CHAINE BROOKS
Arctic Circle
Barrow
Point Hope
Prudhoe bay
Nome
Bethel
Cold Bay
Valdez
Anchorage
Fairbanks
Koyukuk
Yukon
Tanana
Whitehorse
Juneau
Prince Rupert
Dawson City
Fort Good Hope
Great Bear
MT. MACKENZIE
Yellowknife
Great Slave
Fort Smith
Ft McMurray
Peace River
Fort St John
Edmonton
Calgary
Saskatoon
Regina
Churchill
United States
North West Passage
VICTORIA
Cambridge
Back
Victoria

Russian Federation
Kazakhstan
China
Mongolia
Finland
Poland
Germany
Czechia
Belarus
Ukraine
Turkey
Georgia
Iraq
Uzbekistan
Greenland Sea
Norwegian Sea
Barents Sea
Kara Sea
North Sea
Black Sea
Caspian
FRANZ JOSEF LANDS
PEN TAYMYR
Iceland
Rockall
FARO IS
Seydisfjordur
Hammerfest
Batsfjord
Tromsø
Bodø
Ålesund
Trondheim
Molde
Bergen
Oslo
Vardø
Murmansk
Arkhangelsk
Vorkuta
Surgut
Dickson
Khatanga
St Petersburg
Tver
Yaroslavl
Moscow
Nizhny Novgorod
Smolensk
Bryansk
Ryazan
Ulyanovsk
Penza
Voronezh
Saratov
Samara
Kazan
Kirov
Perm
Nizhny Tagil
Ekaterinburg
Chelyabinsk
Magnitogorsk
Tyumen
Omsk
Novosibirsk
Barnaul
Tomsk
Kemerovo
Abakan
Krasnoyarsk
Volgograd
Astrakhan
Orenburg
Aqtöbe
Astana
Qaraghandy
Balqash
Minsk
Brest
Vilnius
Helsinki
Onega
Pechora
Vychegda
Sukhona
Vologda
Kharkiv
Donetsk
Zhytomyr
Tbilisi

감사의 말

무엇보다도 세계의 주인이신 하나님께 찬양을 드리며, 가장 고귀한 선지자와 전달자인 우리의 스승 무함마드(ﷺ, 그분께 평화가 깃들기를)와 그의 가족과 동료, 그리고 그들의 선함과 자비를 영원히 본받는 모든 이들에게 축복과 평화가 있기를 기원합니다.

전능하신 하나님, 그분의 풍성한 축복에 감사드립니다. 그중에는 이 중요한 작업을 완성하게 해 주신 것도 포함됩니다. 그분께 무궁한 찬양과 감사를 드립니다.

아버지 무함마드 토톤지와 어머니 아티아 샤리프에게 감사드립니다. 애정 어린 가르침과 기도, 인내로 저와 모든 형제들에게 믿음의 기초를 심어 주고, 사람들을 대함에 있어 본을 보여 주신 부모님께 하나님의 자비를 베풀어 주시기를 기원합니다.

여행의 동반자이자 영감의 원천인 아내 메이순 알탈리브에게 진심으로 깊은 감사를 전합니다. 그녀는 내 삶을 채우며, 좋을 때나 어려운 시기를 변함없이 함께해 주었습니다.

이 참된 종교를 위해 평생을 헌신하는 동안 인내와 사랑, 이해와 보살핌을 보여 준 나의 아이들 무함마드, 일함, 마흐무드, 오마르, 후다에게 감사를 표합니다. 이 책의 편집, 인쇄, 배포 및 번역을 감독하고 저와 함께 자원하여 제 어깨에서 많은 짐을 덜어 준 아들 무함마드 토톤지에게 특별히 고마움을 전하며, 하나님께서 그를 보호하시기를 기원합니다.

또한 "하나님 외에 경배받을 존재는 없으며 무함마드(그분께 평화가 깃들기를)는 하나님의 사자이다"라는 길을 걸어 오면서 소중한 우정과 격려, 지속적인 지도와 지원을 아끼지 않은 형제이자 동반자인 히샴 알탈립 박사에게도 진심으로 감사를 표합니다.

이 책의 문장과 구조를 고치고, 독자들의 마음과 정신에 도달할 수 있도록 명확성, 설득력, 집중력을 부여하기 위해 세심한 편집 작업을 해 준 시라즈 칸 여사와 IIIT 런던 지부의 모든 분들께도 감사드립니다.

전폭적인 협조와 도움, 솔직한 조언과 지속적인 지원을 아끼지 않은 오마르 카술 교수님께 감사드립니다. 또한 아랍어판 초고를 끝까지 녹음, 인쇄, 검토하는 데 귀중한 도움을 준 아흐마드 알 쿠사이르 형제와 끈기 있게 의견을 내어 주고, 검수까지 맡아 준 아흐마드 살림 가넴 박사에게도 감사를 표합니다. 이들의 의견 덕에 아랍어판이 매끄럽고 명확하며 아름답게 완성되었습니다.

나의 지적 노력과 확장에 지속적 지원을 해 주신 덕분에, 하나님 은혜로 무슬림들에게 맡겨진 문화적 개혁적 과업을 이 생에서 수행할 수 있었습니다. 이에 대해 고(故) 이스마일 파루끼 박사, 압둘하미드 아부술레이만 박사, 자말 알-바르진지 박사, 타하 알알와니 박사에게 특별한 감사를 표하며, 그들 모두에게 하나님의 축복을 기원합니다("믿는 이들에게 신으로부터 큰 축복이 내려질 것이라는 좋은 소식을 전하라." 수라 알-아흐자브, 33:47).

마지막으로, 이 작업에 시간, 노력, 의견 또는 의견을 제공해 주신 모든 분들께 감사드립니다. 성공을 허락하시고 올바른 길로 인도하시는 분은 하나님입니다.

하나님께서 그들 한 사람 한 사람 보살피시길 바라며, 지면 관계상 소중한 많은 분들 모두의 이름을 언급하지 못함을 양해 바랍니다. 하나님께서 모든 해악으로부터 그들을 보호하시고, 건강과 안녕을 허락하시어 그들 자신과 다른 사람들의 안녕을 기원합니다.

아흐마드 토톤지 박사

2023년 7월 19일 / 히즈라 1445년 무하람달 초하루

튀르키예 이스탄불에서

소개

아흐마드 토톤지

공복(公僕)이자 롤모델이신 나의 아버지

믿음은 이론적인 것이 아니라, 그 믿음의 잠재력을 이해하고 하나님의 기쁨을 위해 모든 행동에서 실현하려는 인내로 나타나는, 반드시 실천하며 살아가야 할 신념입니다. 우리는 목적을 지닌 존재이며, 이 책은 그 목적과 그로 인한 광범위한 파급력을 일찍이 이해하고 그것을 중심으로 자신의 삶을 형성하고자 노력한 한 남자의 특별한 이야기입니다. 이 책은 한 사람의 비전의 기록이며, 60년 넘게 신념을 현실로 바꾸고자 노력하며, 전 세계 무슬림 청년들과 공동체의 발전을 위해 헌신적이고 지칠 줄 모르는 노력을 기울인 삶의 이야기입니다. 나의 아버지 아흐마드 토톤지의 가장 큰 행복은 타인의 행복과 성공이었으며, 그는 가족을 양육하고 성공적인 경력을 쌓으며 여러 국제 다와*da'wah, 이슬람으로의 초대* 프로젝트를 관리하는 동시에 평생을 이 일에 헌신해 왔습니다.

이 일대기 속 페이지에는 아버지의 놀라운 업적과 비범한 인생 여정이 담겨 있으며, 최근 이슬람 역사에서 가장 중요하고 영향력 있는 인물들뿐 아니라 대륙을 넘나드는 수많은 학생들과 평범한 남녀들에게 영감을 불어넣어 온 그분의 만남을 담고 있습니다. 이 책을 통해 아버지는 그 여정을 공유합니다. 이 여정을 통해 아버지는 많은 도전과 어려움을 헤쳐 나가며 전 세계에 다양한 무슬림 단체를 성공적으로 설립하고, 기관과 개인 차원에서 다와*da'wah*를 수행한 폭넓고 귀중한 경험을 쌓아 왔으며, 대륙마다 무슬림 학생들과 공동체의 어려움을 개선하는 데 힘써 왔습니다. 이를 통해 문제 해결, 팀워크 및 기회의 역동성을 깊이 이해하게 되었습니다.

아흐마드 토톤지가 자신을 공복으로 인식하기 시작한 때는 매우 이른 시기였습니다. 젊은 시절 고국 이라크를 떠나 영국으로 유학을 떠났을 때 이미 그는 인간과 공동체의 필요성을 이해하게 되었고, 나아가 이를 해결하기 위한 초기 프로젝트를 시작해야 한다고 인식하였습니다. 이러한 프로젝트들은 같은 뜻을 품은 이타적 동료들과 함께 점점 더 커져 갔고, 끝없이 확장되는 요구를 해결하기 위해 힘을 모았습니다. 아버지는 끊임없는 계획, 헌신, 개인 시간과 학업의 희생, 그리고 팀워크를 통한 공동 노력의 조직화 덕에 성공을 거둘 수 있었고, 모든 성과를 쌓아 올리며 중단 없이 더 어려운 길을 택했습니다. 실제로 그는 생각과 행동을 분리하지 않았습니다. 이러한 영적·정신적·육체적으로 절제된 삶의 자세는 수많은 난관을 극복하게 만들었을 뿐 아니라 인내심과 한결같은 낙관주의의 비결 중 하나로 자리잡았습니다. 인내와 계획, 그리고 하나님을 섬기는 인내심은 가장 어려운 시기를 헤쳐 나갈 수 있게 한 철학이었습니다.

이 책에 담긴 이야기들은 그가 이룬 성취와 본보기를 압축해 담고 있지만, 그 과정에서 겪은 어려움과 희생을 온전히 담아 내기에는 부족합니다. 다만 내 아버지는 항상 최선을 다하기 위해 열심히 노력해 왔다고 말할 수 있습니다. 그리고 이 여정에서 그는 동행한 이들을 잊지 않았으며, 자신과 같은 위대한 관대함으로 타인의 삶을 개선하고 자신과 동료들의 작은 노력들이 결실을 맺을 수 있도록 하는 데 힘썼습니다. 가족과 친구들의 울타리를 넘어, 아흐마드 토톤지가 오랜 세월 삶에 영향을 준 수많은 사람들에게 사랑과 존경을 받는 것은 전혀 놀라운 일이 아닙니다.

프로젝트, 사람들, 좌절과 성공, 전문성과 자선 활동, 그리고 경력을 떠나, 그분 아흐마드 토톤지는 어떤 사람일까요? 아버지의 아들로서 나는 그를 잘 알고, 그의 생각을 읽을 수 있으며, 늘 함께 시간을 보내기를 기대하는 사람입니다. 그의 빛나는 열정을 흠뻑 받아 온 사람으로서 나는, 그가 이 땅에 머무른 80년 여정 중 50여 년을 함께해 왔고, 그 세월 속에 그를 아버지로, 스승으로, 친구로, 심지어 동료로 알아 왔습니다. 그 소중한 추억을 돌이키면서 아버지와 어머니, 그리고 성장하는 우리 가족 모두와 함께 보낸 모든 순간에 감사하고 있습니다.

어린 시절 나는 아침에 학교에 갔다 오후에 서둘러 집으로 돌아와 아버지의 발치에 앉아 그분의 지혜와 오랜 세월 축적된 지식을 배우는 매우 다른 종류의 교육을 받았습니다. 어린 나이에 세계무슬림청년회의World Assembly of Muslim Youth에 참석했고, 10대 때는 리야드에 있는 우루바Urubah 사무소에서 시간을 보냈으며, 청년 시절에는 랍와Rabwah 사무소와 SAAR 재단, 그리고 국제이슬람사상연구소

IIIT를 방문하기도 했습니다. 이처럼 아버지의 일은 어떤 식으로든 우리 가족의 삶에 중요한 일부가 되었습니다.

아버지는 또한 저와 형제자매들의 관심사에 대해서도 깊은 관심을 보였으며, 실제로는 저보다 더 애정을 가지고 제 성과를 지켜보며 가족의 필요성에 대해 그 자신의 직업과 자선 활동만큼이나 많은 관심을 기울였습니다. 자식과 타인에 차별을 두지 않고 타인을 배려하는 모습은 저에게 깊은 관용의 정신을 보여 주었습니다. 물론 그는 우리가 성장하는 동안 사랑과 직업 윤리, 신앙을 바탕으로 우리 모두에게 든든한 롤모델이 되어 주셨습니다.

일과 생활, 가정의 균형을 맞추는 것만으로도 어려운 일인데, 다와*da'wah* 활동까지 더하려면 뛰어난 관리 능력이 필요합니다. 아버지의 자선 활동은 그를 여러 나라로 이끌어 다양한 문화권 사람들과 교류하게 했습니다. 그럼에도 아버지는 삶 속에서 지켜 온 보편적 원칙들이 있었으며, 그것은 나에게 심어 주었을 뿐 아니라 아버지가 만난 모든 이들에게 전파하신 것들입니다. 그중 가장 근본적인 원칙들은 다음과 같습니다.

❖ 하나님을 당신 뒤에 두지 마시고, 하나님과 함께하시오.
❖ 가치 있는 사람들에게는 물론 그렇지 않은 사람들에게도 선행을 베푸시오. 가치 있는 사람에게 선행을 베풀 수 있다면 더할 나위 없겠지만, 합당하지 않은 사람에게 선행을 베푼다면 당신 스스로 그 선행에 가치 있는 사람이 되는 것입니다.
❖ 스스로 대접받고 싶은 만큼 다른 사람을 대하세요.
❖ 오늘 할 수 있는 일을 내일로 미루지 마세요.

❖ 서로에게 평화를 전파하세요.

❖ 불화하는 사람들을 화해시키세요.

❖ 사적 이익보다 공익을 우선하세요.

❖ 선지자께서 자선에 대해 하신 말씀을 기억하며, 자선에 성실하게 임하세요.

❖ 종교는 사람들에게 유용한 조언을 제공하는 것입니다.

❖ 진정한 지도자는 그 사회의 봉사자입니다.

❖ 타인에게 책임을 묻기 전에 스스로에게 책임을 물어야 합니다.

❖ 모든 문제에서 기회를 찾아 보세요.

❖ 하나님의 임재를 하나님의 예배당에서 구하세요.

이러한 원칙들을 최대한 흡수하고 실천하려 노력했지만 그 과정에서 어느새 나이에 비해 성숙해진 나 자신을 깨닫지 못했습니다. 다른 자질은 어떠했을까요? 아버지에게는 사물을 체계적으로 바라보는 방식이 있습니다. 생각이 잘 정리되어 있고 아이디어를 실행에 옮기는 속도가 빠릅니다. 의사 소통에 능하고 자만하지 않고 비판을 기꺼이 받아들이며, 자신의 노력에 대한 성과를 거두는 데 관심이 많습니다. 끊임없이 개선을 위해 노력하며 창의적 해결책을 제시하는 데 능숙하고, 어떤 문제에 대해 "나는 이런저런 사람에게서 배웠다"고 말할 때면 목소리에 자부심이 묻어날 정도입니다. 아버지는 팀워크가 개인의 노력보다 더 효과적이고 오래 지속된다고 굳게 믿었습니다. 동시에 모든 팀은 개인으로 구성되어 있으며 팀의 효율성은 구성원 개개인의 역량에서 나온다는 것을 잘 알고 있었습니다. 아버지의 관점은 긍정적이며, 항상 상대방의 장점을 찾아 칭찬하려

합니다. 실제로 그는 상대방이 칭찬받은 자질을 최대한 개발하고 싶다는 자의식적 충동에 사로잡힐 만큼 상대에 대해 이야기합니다. 이것은 매우 강한 동기 부여입니다.

그리고 그는 사람을 대하는 자질도 탁월하여, 누구든지 그 위치에서 가장 중요한 사람으로 여길 수 있게 대합니다. 나이의 많고 적음이나 부자이건 가난하건, 교육을 받았건 못 받았건, 지위 고하 여부에 상관없이 상황에 적절하게 행동하고 소통하며 모든 사람을 똑같이 중요하게 여깁니다. 아버지가 만나는 모든 사람들은 스스로를 중요한 존재라 확신하며 돌아갑니다. 그 이유를 물으면, 대개 "그가 나를 바라보는 눈빛, 나에게 말을 건네는 방식, 나를 맞이하는 인사 방식을 못 보셨나요?"라고 대답합니다. 저는 이 모든 것들을 흡수했습니다. 그래서 경력 초기에 저보다 경험 많고 높은 지위에 있는 사람들이 해결 방법을 찾지 못해 당황하는 여러 상황에서 내가 분명해 보이는 해결책을 제시하자 사람들은 놀라워했습니다. '이 신참이 어떻게 그런 생각을 할 수 있었지!' 하고 말입니다. 반대로 저는 그들이 결정을 내리기 전에 서로 상의하며 망설이는 모습이 오히려 의아하게 느껴지곤 했습니다.

이러한 상황은 계속 반복되어 어느 날 누군가가 나에게 문제를 빠르게 분석하고 실행 가능한 해결책을 제시하는 능력을 어디서 얻었는지 직접 물었습니다. 대답은 간단했습니다. 당연히 아버지였습니다. 학교나 대학, 어떤 교육자도 가르쳐 줄 수 없는 보다 귀중한 자질들을 아버지로부터 무의식적으로 물려받았기 때문입니다. 저는 사회적 문제들의 현실을 체감하며 이론보다는 실질적 적용을 경험해 왔기에 나중에 이러한 자질들은 자연스레 몸에 배었습니다.

나는 또한 아흐마드 토톤지가 왜 그렇게 특별한지, 아버지의 성공 비결은 무엇인지 궁금했습니다. 답을 찾기 위해 그의 성장 과정을 거슬러 올라갔습니다. 아버지는 신실한 상인의 가정에서 자랐고, 그 안에서 사람은 항상 약속을 지켜야 한다는 가르침을 받았습니다. 할아버지는 아버지에게 책임감과 올바른 비즈니스 윤리를 심어 주었고, 신뢰의 중요성은 타협할 수 없는 것이라 가르쳤습니다. 또한 정기적인 꾸란 낭송과 공동 기도를 통해 신앙심을 키워 주었습니다. 할머니 또한 신실한 여성이었으며, 넓은 마음과 열린 가정 환경으로, 집을 찾는 모든 이를 환영했습니다. 이러한 환경이 아버지의 인격을 키우고 될 사람을 형성하는 토대가 되었습니다.

아흐마드 토톤지는 학업에서 두각을 나타낸 후, 젊은 나이에 지식을 추구하기 위해 아르빌의 고향을 떠나 바그다드로 향했습니다. 이는 그의 인격 형성에 중요한 영향을 끼쳤습니다. 그리고 이 디딤돌을 발판 삼아 영국으로, 그리고 미국으로 더 큰 발걸음을 내디뎠습니다. 이라크에서 영국으로 떠날 때 할아버지가 아버지에게 남긴 작별 인사는 "하나님과 함께하라"는 것이었습니다. 그리고 아버지는 그렇게 했습니다. 영국에서 아버지는 자신을 둘러싼 60년대 세대의 자유분방한 상황에 휩쓸리지 않고 오히려 무슬림 청년들을 부패한 환경적 영향으로부터 보호하고 이슬람 신앙 문제뿐 아니라 문화의 긍정적 측면에 집중하게 하는 데 많은 시간과 에너지를 쏟았습니다. 그렇게 자신의 노력이 결실을 맺는 것을 보며 아버지는 소명을 느껴 이 일을 삶의 중심으로 삼기로 결심했습니다.

이렇게 벽돌 하나하나 쌓는 듯한 노력을 잇던 중 아버지는 개인에게 집중하는 노력이 특정 지역에 국한된 노력보다 더 효과적이라는 것을 깨닫게 되었습니다. 이에 따라 그는 개인에 집중하는 노력을 계속 이어 가는 한편, 동시에 지역적 한계를 극복할 수 있는 제도적 차원의 작업에 나섰습니다. 그는 기존 기관을 격려하는 동시에 동료들과 함께 새로운 기관을 설립하고 강화하여, 그들이 자립적으로 운영하며 발전할 수 있도록 했습니다. 이를 통해 아버지는 직접 관리하지 않아도 전 세계에서 다양한 프로젝트를 진행할 수 있었습니다.

조직과 협업에 대한 열렬한 신봉자로서 이 책은 팀워크와 다양한 관점 및 자질에 대한 존중을 바탕으로 타인을 위해 헌신하는 협업적 활동의 효과를 강조합니다. 협력, 화합, 동지애, 그리고 효율성을 높이기 위해서는 개인적 행동주의보다 집단적 노력이 권장됩니다. 이를 위해 가장 중요한 요소는 목표와 목적에 대한 명확한 비전을 갖는 것입니다. 이는 우리 삶의 기반이자 차양 역할을 하여 행동으로 이끄는 원동력을 구축하고 개발하기 위한 굳건한 토대가 됩니다. 끈기와 인내, 그리고 시의적절하고 목표 지향적이며 체계적인 노력의 중요성과 함께, 아버지는 적절한 질적 조건을 유지하면서도 완벽에 대한 열망이 시도를 지연시키지 않도록 현명하게 이해하였습니다. 어떤 형태가 되었든 그 영향을 체감하기 위해서는 할 수 있는 일을 해야 합니다.

이 책의 조언은 주로 다와*da'wah* 활동에 참여하는 무슬림과 자원봉사 활동에 종사하는 무슬림들을 위한 것입니다. 그러나 이들에게 특히 적절할 뿐 아니라, 리더십 위치에 있는 사람들을 포함해 모두에게 유용합니다. 이 책은 나의 아버지가 자신의 삶과 일의 기반으로 삼아 성공을 거둘 수 있었던 원칙과 방법론을 서술합니다. 이러한 원칙을 우리의 삶과 업무에 적용함으로써 목표와 행동이 일치하고, 자원봉사 활동의 효과를 더욱 높이며, 공정성, 투명성, 친절을 중시하는 의미 있고 생산적인 삶을 영위할 수 있습니다. 이러한 조언을 이끌어가는 핵심 원칙으로는 협력, 포용, 존중, 공정, 인내, 조직력, 투명성, 성실성, 근면성, 긍정성, 그리고 개선에 대한 집중 등이 포함됩니다. 이는 평화, 이해, 그리고 좋은 관계를 촉진하는 근본적 목표를 뒷받침합니다.

독자들은 이 책에서 여러 교훈을 얻을 수 있는데, 이는 어려운 상황에서 또 다른 도전적 상황으로 이어지는 내용에서 비롯됩니다. 한 가지 중요한 교훈은 하나님에 집중하고 하나님에 대한 의식이 우리 삶에 실질적으로 나타나게 하는 것입니다. 이렇게 하면 다른 사람에게 유익을 주면서 내적으로나 외적 모두에서 영적 성취를 이루게 합니다. 최선을 다하는 과정에서 우리는 무의식적으로 사회의 다른 사람들이 본받을 수 있는 롤모델이 되며, 동시에 우리 자신도 롤모델로 여기는 사람들로부터 영감을 얻습니다.

글에 스스로 민망함을 느낍니다. 아들이 아버지에 대해 진정으로 글을 쓸 수 있을까요? 제자가 선생님에 대해, 나뭇가지가 줄기에 대해 이야기할 수 있겠습니까? 아버지를 그가 마땅히 받아야 할 존경으로 기리기 위해, 아버지의 업적을 제대로 인정하기 위해 펜을 들어 글을 쓰는 일은 참으로 어려웠습니다. 그 시작이 너무 힘들어 몇 달이 걸렸습니다. 그럼에도 저는 스스로를 다그쳐 이 작업을 시작했습니다. 많은 사람들이 알지 못할지도 모를 아흐마드 토톤지의 성품의 일부를 드러내고 싶었기 때문입니다. 그가 이룬 성취를 생각하고 글로 표현하면서 저 스스로 영광스러워 가슴 깊이 눈물이 차올랐습니다.

많은 사람들과 마찬가지로 아흐마드 토톤지 역시 학업, 사업, 결혼과 아버지로서의 역할, 학문과 리더십 등 세속적인 추구에서 두각을 나타낸 인물입니다. 그는 자신을 하나님께 바치고 무슬림 공동체의 짐을 짊어졌으며, 언제나 순수한 의도로 하나님의 기쁨을 위해 노력해 왔습니다. 아버지의 말은 단순하고, 개념은 명확하며, 그 기반은 확고합니다. 그의 노력의 열매가 하나님의 은혜로 배가되었음이 그 증거입니다. 창조주께 마음과 영혼을 다해 헌신한 사람으로서 하나님은 그를 사랑하시어 그의 손을 잡아 주시며, 선에서 더 큰 선으로 인도하셨습니다. 하나님은 그에게 좋은 아내, 나의 어머니를 축복으로 주셨습니다. 그녀는 그의 메시지를 믿고 그가 인생에서 이루고자 하는 목표를 이해했으며, 할 수 있는 모든 방법으로 아버지를 지지하고 도왔습니다. 그녀는 그가 바랄 수 있는 최고의 조력자이자 여행의 동반자였습니다.

마지막으로 아버지는 "하나님을 위한 것이라면 번영하고 지속 가능하지만, 다른 이를 위한 것이면 시들고 사라진다"는 말에 깊이 공감하는 분이라는 점을 이야기하고자 합니다. 그는 하나님께 영광을 돌리기 위해 높은 종교적 원칙에 따라 살고자 노력해 왔습니다. 하나님께서 그가 하는 모든 일을 계속 받아 주시고 축복하셔서 선한 일이 번영하고 끊임없이 이어지기를 바랍니다. 내가 여기에 쓴 글이 하나님과 그분의 진리의 종교에 영광이 되기를, 그리고 무슬림 공동체를 섬기기 위해 노력하는 모든 이들에게 도움이 되기를 바랍니다.

이 자서전이 여러분의 활동과 삶을 위한 건전하고 견고하며 현명한 토대를 구축하는 데 영감을 주고, 여러분의 활동뿐 아니라 어떤 일이건 보다 생산적이고 효과적으로 나아가는 데 도움이 되기를 바랍니다. 어떤 일이든 고귀한 방식으로, 그리고 하나님을 기쁘게 하려는 열망을 중심에 두고 있어야 합니다. 아버지가 늘 말씀하시듯, **하나님은 그분을 위해 행하는 일과 그분을 기쁘시게 하는 일을 번창하게 하십니다. 그리고 하나님의 선한 기쁨 외에는 아무것도 중요하지 않기 때문입니다.**

무함마드 아흐마드 토톤지

늘 낙관적이고 발전에 집중하는, 경건한 사람

내가 아흐마드 토톤지를 처음 만난 것은 1959년 영국 남서 해안의 그림 같은 콘월 카운티에 위치한 한 기술 대학에서였습니다. 그는 다른 이라크 국비 장학생들과 함께 집을 떠나 먼 타국으로 공부하러 온 것이었습니다. 머지 않아 나는 그의 뛰어난 지적 능력(이라크의 국가 일반 중등 시험에서 최고 점수를 받았음) 못지않게 탁월한 조직력과 타고난 도덕성을 알게 되었습니다. 아흐마드는 고요함과 순수함을 지니고 있었습니다. 종교적 환경에서 자란 그는 매우 독실하고 기도에 충실했으며 사원에 정기적으로 참석하는 모습을 보였습니다. 그는 또한 특정 당파에 휩쓸리지 않는 독립적인 사람이었습니다. 나는 그와의 우정을 소중히 간직하고자 합니다. 영국과 북아일랜드 무슬림학생회MSS의 첫 모임에 그를 초대했던 기억이 납니다. 그 모임은 크리스마스 휴가 동안 리버풀에서 열릴 예정이었습니다. 기쁘게도 그는 우리의 초대를 흔쾌히 수락했습니다. 이 모임은 이후 60여 년

간의 우정과 광범위한 이슬람 전도 활동의 시작을 알리는 계기가 되었으며, 하나님의 은혜로 오늘날까지 열매를 맺고 있는 수많은 지역의 재단과 단체 설립으로 이어졌습니다.

결국 우리를 하나로 엮은 것은 하나님에 대한 사랑이었습니다. 비슷한 비전을 공유한 두 젊은이는 그 비전을 실현하면서 함께 늙어 갔습니다. 하나님께서 원하신다면 우리는 같은 사랑을 가슴에 품고 헤어질 것입니다.

행동은 의도를 말하고 의도는 원칙을 드러내는 것이므로 사람은 자신의 행동으로 가장 잘 드러납니다. 아흐마드의 관대한 아량과 헌신의 수준을 잘 보여 주는 일화가 있습니다. 어느 날 그의 비서였던 고故 아크바르 미르 알리가 워싱턴 D.C.에 있는 IIIT의 제 사무실로 들어오더니 놀란 표정으로 말했습니다. "아흐마드 박사님은 정말 대단한 분이에요!" 제가 물었습니다. "왜요?" "음…, 그는 사람들을 정말 많이 도와주거든요!" 제가 다시 물었습니다. "그게 왜 놀랄 만한 일인가요?" "제 말은, 그는 개인적으로 할 수 있는 일이 없는 상황임에도 다른 사람들과 협력해서라도 사람들이 필요한 도움을 받을 수 있게 애쓰신다는 것입니다." 이 말을 듣고 나는 선지자(그분께 평화가 깃들기를)께서 하셨던 말씀을 떠올렸습니다. "사람은 하나님의 종복이니, 그분께 가장 사랑받는 이는 사람들을 가장 많이 돕는 자이다!" 우리 모두 그런 사람이 되길 바랍니다!

아흐마드는 늘 전 세계 무슬림 공동체의 미래에 낙관적이며, 진보에 집중하는 동시에 자신과 관계 맺는 모든 사람들의 긍정적 측면에 주목했습니다. 언젠가 그가 말한 적 있습니다. "모든 사람은 강점과 능력을 지니고 있으니, 우리는 이를 최대한 활용하고 약점을 극복할 수 있게 도와야 한다." 이러한 신념에 충실하게, 그는 언제나 모든 사람과 긍정적으로 관계 맺는 데 노력했습니다. 그가 즐겨 하던 말이 있습니다. "'누구누구는 참 좋은 사람이야, 하지만…'이라는 말은 하지 마세요.. '하지만'이라는 단어를 머릿속에서 지워 버리세요."

나는 그에게서 많은 것을 배웠고, 이 책을 읽는 분들도 많은 도움을 받을 수 있을 것입니다. 누군가 실행 가능한 아이디어나 프로젝트를 아흐마드에게 제시할 때마다 그는 재치 있게 그 사람을 설득해 실행에 옮기도록 하고, 그 앞에 놓인 장애물이 무엇이건 극복할 수 있게 최선을 다해 지원하고 돕겠다고 약속하곤 했습니다. 그 결과, 그의 자선 활동은 큰 성과를 거두었고, 개인의 제한된 역량을 모아 공동체의 주요 성과로 전환해 냈습니다.

그는 자신의 전문 지식을 통해 다른 사람들에게 도움 주길 열망했습니다. 그의 개인적 좌우명은 '종교는 사람들에게 진심 어린 조언을 주는 것'이었습니다. 결혼을 앞둔 젊은이들을 만나면, 자신의 행복한 결혼 생활과 확고한 원칙에 근거해 열정적인 조언을 해 주곤 했습니다. 또한 학생들에게 가능한 빨리 학위 취득을 권하며, "하루라도 빨리, 아니 한 시간이라도 빨리 학업을 마치도록 노력하세요"라고 말했습니다. 어떤 학생이 이슬람 전도에 헌신하고 싶다고 하면, 아흐마드는 먼저 졸업한 후에 전도 활동에 나서라고 조언했습니다. 그 결과 그의 주변에서 함께 일한 사람들의 역량이 눈에 띄게 향상되었고, 그에 따라 활동에서 직면했을 많은 문제를 피할 수 있었습니다.

그가 누군가에게 여러 대안을 제시할 때면, 상대방이 자신에게 가장 적합하다고 느끼는 것을 자유롭게 선택할 수 있게 완전한 자유를 주었습니다. 그는 사람들에게 무엇을 해야 하는지 지시하지 않았으며, 상대가 불편함을 느끼지 않게 배려했습니다. 이를 잘 보여 주는 대표적 사례가 있습니다. 1970년대 엘리야 무함마드(흑인 우월주의 단체인 '이슬람국가Nation of Islam' 운동 창시자)의 추종자들과 관계를 맺는 데 있어 그가 보여 준 지혜를 저는 결코 잊을 수 없습니다. 당시 미국의 몇몇 형제들은 이 운동의 잘못된 교리를 직접 대면하여 이들의 이상한 관행을 신랄하게 비판하곤 했습니다. 반면 아흐마드는 그들의 신념에 전쟁을 선포하는 대신, 건설적이고 교정적인 접근을 취하는 것이 이상적이라고 판단했습니다. 시간과 경험은 그의 말이 옳았다는 것을 증명했으며, 그 결과 운동의 교리를 다루는 집중적 프로그램이 마련되어 회원들을 올바른 방향으로 이끌었고, 많은 이슬람국가 추종자들이 전 세계 정통 무슬림 공동체의 독실한 일원이 되었습니다.

워싱턴 DC의 여러 이슬람 기관들은 아흐마드 박사에게 '모범적 리더십 상'이라는 영예로운 상을 수여하기로 결정했습니다. 그는 나에게 그 영예로운 자리에 그를 대신해 수상할 것을 부탁했습니다. 행사에는 무함마드 알리 클레이와 랄프 네이더 같은 저명 연사들이 참석했습니다. 나는 연설에서 이렇게 말했습니다. "위원회의 노력은 충분히 인정하지만, 이 리더십 상을 받는 게 다소 어색합니다. 아흐마드 박사는 자신을 리더라 생각하지 않기 때문입니다." 이 말에 청중들이 긴장된 분위기 속에 주목했습니다. 저는 덧붙여 말을 이었습니다. "그럼에도 '진정한 지도자는 그 민족의 종복이다'라는 선지자의 말씀에 따라 아흐마드 박사를 대신하여 이 상을 받게 된 데 대해 영광으로 생각합니다. 왜냐하면 그분 역시 무슬림 공동체의 종으로서 자부심과 겸허함을 느꼈을 테니까요." 청중의 반응은 열광적이었습니다.

아흐마드는 놀라울 만큼의 집중력과 직관을 가진 사람입니다. 그는 마치 상대방에게 직접 이야기하는 것처럼 느끼게 하며, 지위에 상관없이 상대에게 관심이 집중되어 있다는 느낌을 갖게 하는 능력이 있습니다. 그는 남녀노소 누구도 소홀히 대하지 않습니다. 결국, 우리 모두는 이마에 "나를 중요하게 대해 주세요"라는 표식을 달고 태어나지 않나요?

이 전기를 다 읽은 독자들은 아흐마드가 130여 개국이 넘는 나라를 방문하는 여정을 따라 그가 진정한 영적 지도자라는 데 의심의 여지가 없을 것이라 확신합니다. (영적 지도자라는)이 말은 사람마다 다르게 해석될 여지가 있지만, 내가 의미하는 바는 그가 깊은 경건함을 지녔을 뿐 아니라 그의 모든 행위가 그의 노동에서 안식을 찾고, 근면 성실한 노력에 만족을 느끼며, 자신의 일이 자신에게 가장 큰 즐거움이 되는 사람이라는 것입니다.

하나님께서 그에게 장수를 허락하시고, 그의 선한 노력이 번영하게 해 주시며, 그의 아내와 자녀, 손자들을 통해 행복을 주시고, 하나님을 의식하는 모든 이들에게 본보기가 되게 하소서.

2019년
미국, 워싱턴
히샴 야흐야 알탈립

내가 아는 아흐마드 토톤지

아흐마드와 나는 1959년 연말 휴가 동안 리버풀에서 열린 연례 무슬림 청년 캠프에서 처음 만났습니다. 그 전에 영국 남서부에서 히샴 알탈립이 그를 방문한 적이 있었는데, 그때 저는 아흐마드가 투명성, 공정성, 성실함으로 책임을 감당하는 리더십 자질을 갖추고 있음을 알게 되었습니다. 이러한 자질 덕에 그는 1961년 버밍엄 모스크에서 열린 연례 캠프에서 영국과 북아일랜드 무슬림학생회를 이끌 리더로 선출되었습니다.

졸업 후 아흐마드는 1963년에 미국으로 건너갔습니다. 그는 이 변화를 영국이라는 '마을'에서 북미 대륙의 광활한 공간으로의 큰 도약이라 표현했습니다. 미국에 도착한 그는 리버풀과 버밍엄의 모스크에서 불타오른 열정으로 이슬람 선교에 앞장섰고, 그 결과 1963년에 미국·캐나다 무슬림학생연합US and Canada Muslim Students Association이 설립되었습니다.

아흐마드는 인도, 파키스탄, 말레이시아, 인도네시아, 아프리카 등 전 세계 무슬림들과 함께 마치 자신이 그들 중 한 사람인 듯 원활하게 협력하는 독특하고 놀라운 능력을 타고났습니다. 그는 다양한 언어로 인사말과 인사법을 익혀 다양한 국적의 사람들과 자연스럽게 예의를 나눌 수 있었고, 첫 만남부터 마음을 열 수 있었습니다. 이미 튀르키예어, 쿠르드어, 아랍어, 영어를 구사하던 그에게 이는 더욱 큰 장점이었습니다.

아흐마드는 1세대 이민 가정의 2세와 3세대 젊은이들뿐 아니라 현지 무슬림들, 개종자들과 소통하는 데 있어 단연 돋보였습니다. 석유공학 박사 학위를 마친 후, 인디애나주 게리의 알 아민 모스크로 자리를 옮겨 1971년에 무슬림학생연합Muslim Students Association, MSA의 첫 본부를 설립했습니다. 이를 통해 MSA의 활동은 이전의 MSA 캠퍼스 리더들의 집이나 아파트에 위치한 소규모 사무실 수준에서 벗어나 북미의 상설 본부로 자리 잡게 되었습니다.

광활한 북미 대륙이었음에도 아흐마드의 세계적 관심에는 한계가 없었고, 졸업 2년 후 그는 리비아의 알-파티흐Al-Fateh대학에 석유공학부를 설립하기 위해 떠났습니다. 이곳에서 그는 이슬람선교협회의 대표 셰이크 마흐무드 소브히와 인연을 맺게 되었습니다. 이후 그는 동료들과 함께 전 세계에서 400명 이상의 참가자가 참석한 국제무슬림청년회의를 개최했습니다. 이 역사적 행사는 20세기에 무슬림 청년들을 하나로 모으는 데 있어 아흐마드 박사의 선구적 역할을 입증했습니다. 따라서 마울라나 마우두디가 그를 '젊은이들의 이맘'이라고 부른 것은 놀라운 일이 아닙니다.

회의 두 달 전, 카다피는 샤리아Shariah, 이슬람 법 도입, 나세르주의 범아랍주의, 대중 봉기, 제3국제이론 사이에서 급격히 동요하게 시작했습니다. 당시 나는 미국에서 상황을 살펴보기 위해 리비아로 파견되었습니다. 2주간 현지에 머물며 준비한 보고서에서 나는 예기치 않은 변화에도 불구하고, 우리가 원하는 인사를 초빙하고 회의 프로그램을 진행할 수 있는 자유가 보장된다고 결론지었습니다. 이는 세계 각국의 무슬림 청년 지도자들과 소통할 수 있는 드문 기회를 제공해 주었습니다. 1973년 여름 트리폴리에서 열린 회의는 매우 효과적이었습니다. 따라서 2년이 채 안 되는 기간 동안 아흐마드의 노력은 지속적인 활동의 확장과 글로벌 커뮤니케이션 네트워크 구축이라는 괄목할 만한 결과를 거두었습니다.

사우디아라비아로 떠난 아흐마드는 그곳에서 지금은 고인이 된 셰이크 하산 빈 압둘라 알-알-셰이크 교육부 장관의 초청을 받아 킹사우드대학교(옛 리야드대학교)에서 가르치게 됩니다. 아흐마드는 다란에 있는 소위 '석유광물대학'을 포함, 산유국의 대학교와 공과대학에 석유 및 광물 공학 관련 학부 및 학과가 단 한 곳도 없다는 사실을 안타까워했습니다. 이에 아흐마드는 교육부 장관부터 공과대학 학장에 이르기까지 이해 관계자들의 도움을 받아 리비아 트리폴리의 알-파티흐대학교에서 했던 것처럼 킹사우드대학교에 석유공학과를 설립하기 위한 작업에 나섰습니다.

아흐마드의 성취는 기적처럼 보입니다. 그러나 그의 성실성, 리더십, 훌륭한 관리 능력, 헌신, 그리고 가깝거나 먼 사람들 모두와 교류하는 창의성 덕에 전능하신 하나님께서 그의 앞에 문을 활짝 열어주시고 무슬림 공동체의 선을 위해 헌신하는 사람들의 도움을 얻게 하셨습니다.

젊은이들을 위한 봉사의 연장선에서 아흐마드는 동료 압둘하미드 아부술레이만 박사와 함께 또 다른 문을 두드렸습니다. 이어서 셰이크 하산 알-알-셰이크와 교육부의 헌신적 인물들, 특히 아흐마드 무함마드 알리 박사와 고故 하마드 알술라이피흐 박사의 지지 속에서 세계무슬림청년회의WAMY 설립이라는 또 하나의 기적을 일궈냈습니다. WAMY의 두 번째 국제 회의에서 여러 중요한 권고와 결의안이 파이살 국왕에게 제출되어 승인되었습니다. 당시 가장 중요한 결정 중 하나는 리야드에 WAMY 상설 본부를 설립하는 것으로, 이 본부의 사무국장이 전 세계 조직 활동을 감독하고 커뮤니케이션, 전문 지식 교류 및 지원 활동을 조율하게 되었습니다.

WAMY의 성공 비결은 전 세계 청년 단체와 사회의 일에 간섭하지 않는 전반적인 정책에 있습니다. WAMY의 역할은 "청년 단체가 프로그램을 계획하고 실행할 수 있도록 지원하고, 필요 도구를 제공하며, 그들의 역량을 향상시키는 것"으로 한정되어 있습니다. 아흐마드의 관대함과 인간에 대한 사랑 덕에 전 세계에 걸쳐 창의적 공헌과 무슬림 청년들을 위한 봉사가 놀라운 결실을 맺었습니다.

아흐마드의 드문 덕목 중 하나는 리더십 자리에 집착하지 않는다는 점입니다. 오히려 조직을 설립하여 다른 사람들을 고용하고 훈련시킨 후, 그들에게 책임을 맡기고 이슬람 세계의 다른 곳에서 필요한 역할을 찾아 떠났습니다. 이러한 과정을 여러 번 반복해 거의 10년 동안 무보수로 WAMY에 봉사한 후, 그와 압둘하미드 박사는 새로운 유망한 노력을 이어 갈 젊은 팀에게 리더십을 넘겼습니다. 이들은 오늘날까지 찬사를 받을 만한 노력을 이어 갔습니다. 하나님께 찬양을. 하나님으로부터 오는 것은 번성하고 지속 가능한 반면, 다른 곳에서 오는 것은 시들고 사라집니다.

풍부한 경험과 인맥을 바탕으로 아흐마드 박사는 개발 기관과 자선 단체에 지도와 지원을 제공하기 시작했습니다. 사우디아라비아는 국제 금융 및 개발 원조를 제공하는 데 있어 독특한 역할을 해 왔습니다. 그 결과 수년 동안 개인, 사회, 클럽, 기관 등 수많은 청원자들이 지원을 요청해 왔습니다. 그중 일부는 정직했고 일부는 사기성도 있었으며, 유능한 사람도 있었으며, 무능한 사람도 있었습니다. 또한 순수한 마음을 가진 사람도 있었지만 일부 불순한 동기를 가진 사람도 있었습니다. 이렇게 방대한 청원자들을 효율적으로 관리하기 위해 아흐마드는 데이터베이스를 구축하여 셰이크 압드 알 아지즈 이븐 바즈ʿAbd al-ʿAziz ibn Baz와 다르 알 이프타 알 다와 와 알 이르샤드Dar al-Ifta' wa al-Daʿwah wa al-Irshad, 종교성 및 기타 여러 기관들을 지원하는 데 활용했습니다. 그 결과, 생산성이 기하급수적으로 증가했으며, 아흐마드는 그 증거를 문서화했습니다. 이 발전은 20세기 내내 이맘, 무슬림 학자, 설교자들이 마치 구걸하듯 급여와 수당을 구해야 했던 상황에서 큰 성과를 이루어 냈습니다. 아흐마드의 집중적인 노력으로 세계 여러 나라에서 무슬림들에게 자신들의 종교를 가르치며 봉사하는 이들에게 절실히 필요했던 존엄성과 자존감을 회복해 줄 수 있었습니다.

아흐마드의 또 다른 주목할 만한 업적은 국제 자선 활동의 새로운 개념의 문을 연 SAAR 재단 설립이라는 선견지명의 결정입니다. 특히 아흐마드와 동료들은 연간 기부금을 모두 지출하는 대신, 이슬람의 종교적 기부의 원칙을 되살려 기부금을 투자해 발생한 수익을 지출하고 자본을 유지함으로써 더욱 성장할 수 있는 틀을 만들자고 제안했습니다. 이를 통해 아흐마드는 기부, 저축, 투자, 수익 창출 및 개발을 신중하게 계획된 제도적 과정으로 통합했습니다. 이러한 실천은 젊은 직원들을 훈련시켜 역량 강화와 더불어 전 세계에 큰 축복을 가져다 주었습니다. 하나님의 은혜와 선한 마음을 가진 팀원 및 협력자들의 지원 덕분에 아흐마드는 여러 지역의 3,000개 이상의 기관, 협회, 프로젝트, 모스크 및 센터를 후원할 수 있었습니다.

반세기 동안 국제이슬람사상연구소IIIT를 구성하는 그룹은 하나님의 은혜와 우리 사이의 유대를 강화하려는 아흐마드의 성실한 노력 덕분에 단합과 연대를 유지해 왔습니다. 이러한 단결은 IIIT를 통해 연구, 교육 및 출판의 영역에서 이슬람 사상의 개혁에 전적으로 헌신하는 수준으로 우리의 활동을 끌어올렸습니다.

아흐마드가 속해 있으며 지금도 활동하고 있는 이 팀은 결코 흉내낼 수 없는 팀입니다. 어느 누구도 필요하지 않은 팀원이 없으며, 서로를 완성하고 보완해 줍니다. 하지만 아흐마드는 영향력 있는 사람들과 소통하는 능력에서 우리 모두를 능가했고, 이에 따라 다른 동료들이 감당하기 힘든 책임을 짊어지게 되었습니다.

하나님께 제 형제 아흐마드에게 더욱 큰 성공과 긍정적 결실을 주시기를 간구합니다. 하나님께서 그와 그의 가족을 보호하시고, 무슬림 공동체와 모든 인류를 위한 그들의 유익한 봉사가 오래도록 이어지기를 바랍니다. 아멘.

2013년
미국, 워싱턴
자말 알-바르진지
(1939-2015)

실행 팀을 개발한 독창적 아이디어의 소유자

이 책에 담긴 아흐마드의 삶은 무슬림 공동체에 새로운 국면을 열어 줍니다. 이는 무슬림 세계 전역에 걸쳐 활동 팀과 조직을 형성함으로써 펼쳐진 변화를 보여 주는 것입니다. 이러한 팀과 조직은 다양한 능력과 자질을 갖추고 있으며 교리, 사상, 교육, 양육 등 무슬림 공동체의 다양한 요구 사항을 탄탄하고 진정성 있는 동시에 현대적 관점에서 해결하려고 합니다. 다시 말해, 이 기관들은 정의, 연대, 상호 연민, 존엄성, 그리고 훌륭한 업무 수행이라는 종교로서의 이슬람 교리와 학문, 도덕성, 청지기 정신, 발전을 강조하는 종교로서의 이슬람을 연결하는 역할을 합니다.

아흐마드의 전기는 비범한 삶을 포착하고 비범한 인간을 포착합니다. 그는 깨달음을 얻은 비전을 실현하고 교육받은 젊은이들의 생각과 신념을 정립하기 위해 끊임없이 노력해 온 통솔력 있고 빼어난 기술적 감각을 지닌 사람입니다. 이슬람 선교 단체 및 각지에서 무슬림 공동체의 권리를 옹호하기 위해 노력하는 사람들과 함께 일해 왔습니다. 그는 이슬람 사상 개혁을 위해 헌신하는 기관과 출판사를 설립했으며, 무슬림 공동체의 비전과 교리에 영감을 받은 모범적인 국제 대학과 학술 연구 기관을 설립했습니다. 이 모든 과정에서 그의 목표는 개혁과 건설적 행동에 헌신하는 유능한 리더십을 형성하고, 동서양 인류 문명의 성과와 기여를 활용하여 평화로운 사회 건설 비전에 기여하는 것이었습니다. 요컨대, 그의 삶의 이야기는

축복과 평화의 공동체인 무슬림 공동체의 역량을 강화하는 데 기관
이 어떤 역할을 할 수 있는지에 대한 살아 있는 증거입니다.

나는 오늘날의 젊은이들과 그들의 지도자들이 아흐마드의 삶
과 그 삶이 우리 세대와 후대에 주는 교훈을 깊이 성찰하여 무슬림
공동체와 더 큰 인류 공동체가 더 이상의 고통과 불의를 피할 수 있
기를 바랍니다. 지체할 시간이 없습니다. 우리는 아흐마드의 정신을
본받아 열심히 노력하고 내면의 진실성과 신앙의 원칙을 타협 없이
유지하며, 크건 작건 우리의 목표를 이루기 위해 매진해야 합니다.

모든 독자들이 우리 모두가 이생과 내세에서 우리 자신, 민족,
전 인류, 그리고 무엇보다 하나님에 대한 책임이 있다는 사실을 명
심하길 바랍니다. 우리는 이 전기를 통해 기리는 분을 위해 기도하
며, 하나님께서 그에게 더욱 큰 탁월함과 그에 따른 보상을 허락해
주시기를 간구합니다. 또한 무슬림 공동체와 그 안에서 헌신하는 이
들에게 성공과 올바른 인도를 주시기를 기도합니다.

만물의 주인이신 하나님을 찬양합니다.

2012년
사우디아라비아, 리야드
압둘하미드 아부술레이만
(1936-2021)

공학자의 마음, 신자의 심장

아흐마드 토톤지 박사를 떠올릴 때마다 저는 다음과 같은 시 구절을 떠올립니다.

천 명이 모여도 한 사람만 못한 이들이 있고,
한 사람이 천 명의 가치를 지닌 이가 있습니다.

이 구절의 두 번째 부분에 해당되는 사람이 있다면 아흐마드 토톤지일 것입니다. 그를 알게 된 이래로 나는 항상 그렇게 느껴 왔습니다. 그가 킹사우드대학교 공과대학에 설립한 석유공학과에서, 그가 설립을 돕고 사무차장을 역임한 WAMY에서, IIIT에서, 또는 그 외의 어떤 자리에서든 그는 언제나 그런 인상을 주었습니다. 역사학자들은 칼리드 이븐 알 왈리드가 레반트와 이라크 등지에서 군사 작전을 수행하던 중, 아부 바크르에게 기병 천 명을 요청한 이야기를 전합니다. 아부 바크르는 그 규모의 절반도 갖추지 못했기에 알-까으까으 이븐 아므르 알-타미미라는 사람을 보내며 이렇게 전했습니다. "당신이 천 명의 기병을 요청했으니 그에 맞먹는 한 사람을 보냅니다. 군대가 진격할 때 그가 선두에 설 것이며, 퇴각할 때는 후미를 지킬 것입니다."

아흐마드 토톤지는 천 명과 맞먹는 사람이라고 해도 과언이 아닐 것입니다. 그는 홀로 전체 이슬람 선교 조직 역할을 할 수 있는 사람입니다. 저는 많은 사안에 대해 그와 의견이 같기도 다르기도 했습니다. 하지만 단 한 순간도 그에 대한 사랑과 존경과 감사를 잃은 적이 없습니다. 오늘날 찾기 힘든 미덕을 지닌 그는, 만약 현대 무슬림 지도자를 양성하고 졸업시키는 임무를 맡게 된다면 아흐마드 토톤지를 이상형으로 제시할 것입니다. 그는 지식이 풍부하면서도 겸손하고, 대담하지만 신중하며, 전진해야 할 때와 후퇴해야 할 때를 알고 있습니다. 또한 그는 모든 유형의 사람들에게 열린 마음을 지니고 있습니다. 저는 아직까지 그를 좋아하지 않거나 존경하지 않으며, 그와 긴밀한 관계를 유지하고 싶어하지 않는 사람을 만나본 적이 없습니다.

저는 아흐마드만큼 다양한 성향의 사람들과 두루 소통할 수 있는 무슬림 지도자를 본 적이 없습니다. 때로는 아주 까다로운 사람들에게도 미소 띤 얼굴로 대화하는 모습을 보면 가끔 웃음이 나기도 했습니다. 그는 미국인, 영국인, 인도인, 프랑스인 등 어떤 국적의 사람이건 한 가족처럼 대합니다. 그가 인도 형제들과 영어로 대화할 때는 인도식 억양까지 살짝 따라하는 모습을 볼 수 있습니다!

마울라나 마우두디는 한때 아흐마드 토톤지를 "젊은이들의 이맘"이라 불렀습니다. 이 호칭은 그의 젊은 시절에 딱 들어맞는 표현이었습니다. 이제는 그를 "노인들의 이맘"으로 승격해도 좋을 듯합니다. 그는 모든 사람을 사랑하며, 다른 사람의 긍정적 면만을 이야기합니다. 누군가의 약점이나 악행이 언급되면 아흐마드는 거기에 집중하지 않습니다. 사실, 그는 그러한 이야기를 꺼내는 상대를 조용히 시키며, "그 사람의 긍정적 측면에 대해 이야기합시다"라고 말합니다. 심지어 그는 그 사람 자신이 보지 못한 미덕이나 강점을 언급하기도 합니다. 만약 사회학자들이 '어려운 사람과 잘 어울리는 기술'이라는 개념을 발명했다면, 아흐마드 토톤지는 그 기술의 대가라 할 수 있을 것입니다. 그는 사람들과 잘 지내는 데 능할 뿐 아니라 자신의 대의에 사람들을 동참하게 만드는 데도 탁월한 능력을 가지고 있습니다. 마음 깊은 금욕주의자이므로 세속적인 축복이 그에게 찾아오더라도 그의 영혼을 물들이지는 못합니다. 그는 (나를 포함해)그와 형제로 지내는 모든 이들에게 자신의 물질적 축복에 있어 우리도 자신만큼, 어쩌면 그 이상으로 나눠 가질 권리가 있다고 느끼게 만듭니다. 하나님은 그에게 선한 일을 하는 자신만큼이나 적극적으로 활동하는 훌륭한 아내를 축복으로 주셨으며, 그녀는 그에게 완벽한 동반자가 되어 주었습니다. 또한 그는 의로운 자녀들을 축복으로 받았으며, 그들은 아버지가 섬겼던 사람들을 섬기는 일에 서로 경쟁할 정도로 선행에 열정적입니다.

아흐마드 토톤지는 단순하고 친절한 마음씨를 가지고 있어 의심스러운 성향의 사람들은 그를 쉽게 이용할 수 있는 순진한 사람으로 볼지도 모릅니다. 하지만 사실 그는 매우 깊은 통찰력을 가지고 있습니다. 그는 대화 상대가 자신을 과대평가하고 있다고 느낄 때면, 상대에게 겸손의 느낌을 불어 넣으려 노력합니다. 그 시도가 실패할 경우에도, 상대의 감정을 상하게 하지 않으면서 다른 방법으로 겸손의 교훈을 가르치려 합니다.

내가 아는 사람 중 통치자와 피통치지자 모두와 동일한 수준에서 공감할 수 있는 능력을 가진 인물은 지금은 고인이 된 셰이크 암자드 알 자하위 한 분뿐이었습니다. 1979년에 나는, 마우두디의 장례식에 참석하기 위해 아흐마드와 함께 라호르로 여행을 떠났습니다. 그곳에는 2백만 명이 넘는 사람들이 모였습니다. 하지만 사람들은 그 자리에 참석한 여타의 유명 인사들만큼이나 아흐마드를 쉽게 알아보고, 우리의 장례식 참석에 감사를 표했습니다. 우리는 가족 및 가까운 지인들과 함께 마우두디의 시신이 마지막 안식처로 향하기 전 마지막 인사를 나눴습니다. 처음으로 얼굴을 덮지 않은 고인의 모습을 보았고, 그곳에 있던 많은 이들이 마우두디가 아흐마드를 "젊은이들의 이맘"이라 불렀던 사실을 기억하고 있었습니다.

아흐마드는 전 세계 이슬람 공동체의 복지에 깊은 관심을 가지고 있으며, 진정 글로벌한 관점을 지닌 인물입니다. 그의 공학 지향적 사고는 그의 깊은 신앙심을 돕기 위해 활용되며, 이를 통해 다양한 아이디어와 실용적인 제안을 발전시키고 강화해 왔습니다. 이슬람과 무슬림에 대한 열정으로 불타오르는 그는 전 세계 어느 곳에서든 무슬림 공동체에 도움이 될 만한 일이라면 반드시 실천합니다.

아흐마드는 이슬람과 무슬림을 위해 봉사하라는 요청을 받을 때마다 조금의 망설임도 없이 응했습니다. 그는 특정 정당이나 종파에 속하지 않았으며, 그가 가진 크고 넓은 관점은 특정 이해관계에 국한될 수 없었습니다. 국제이슬람사상연구소IIIT가 초기에 작은 모임으로 시작되었을 때도, 아흐마드 토톤지는 자신의 관심을 이 그룹의 활동에만 한정하기엔 쉽지 않았습니다. 내가 IIIT의 책임자로 있을 당시, 미국에는 32개의 주요 기관이 있었고, 그중에는 북미이슬람협회ISNA처럼 IIIT보다 더 큰 조직도 있었습니다. 아흐마드 박사는 IIIT와 전 세계 다른 이슬람 기관들과 중요한 관계를 구축하고, 큰 책임이 따르는 이 관계를 유지했습니다.

아흐마드는 끊임없이 새로운 에너지를 발산하는 사람이었습니다. 조직적이고 신속하게 행동하는 그는 자신이 원하는 게 무엇인지, 이를 달성하기 위해 필요한 자원을 어떻게 확보할지 알고 있었습니다. 큰 일 때문에 작은 일에 집중하지 못하거나 세부에 집착하여 전체를 놓치는 일이 없었습니다. 지극히 겸손하면서도 자신감이 넘쳤던 그는 다른 사람들이 그들의 목표를 달성하게 돕는 일을 자신의 의무로 여겼고, 무슬림 공동체의 목표를 달성하기 위해 혼자서건 다른 사람들과 함께하건 탁월하게 일할 줄 알았습니다. 그는 당시 자신이 살던 단칸방에서 시작하여 단 200달러의 예산으로 몇몇 형제들과 함께 미국·캐나다 무슬림학생연합MSA을 설립했습니다.

그의 모든 결정과 행동에는 성공이 따랐습니다. 그가 이슬람 기관과 협력하거나 실제로 설립을 도왔거나 도움을 준 WAMY, MSA, IIIT와 같은 이슬람 기관에서 일하는 모습을 본 사람이라면 누구나 이렇게 생각할 것입니다. '그는 이 일에만 능숙하겠구나.' 그가 킹사우드대학교에 직접 설립한 석유공학과를 이끄는 모습을 본 사람은 또 이렇게 생각할 것입니다. '이 사람은 이 분야의 전문가일 뿐이야.' 하지만 사실 그는 여러 기관이 한 몸에 결합된 존재입니다.

아흐마드 토톤지는 본보기로서 진정으로 연구할 가치가 있는 사람입니다. 따라서 이제 그는 자신의 지식과 능력을 무슬림 공동체에 불어넣을 수 있는 재능 있는 젊은이들을 멘토링하는 데 전념해야 한다고 생각합니다. 아흐마드의 지식과 전문성은 다음 세대에 직접 전수되어야 합니다. 나는 아흐마드 토톤지 박사의 유명한 제자들이 그의 재능과 업적을 널리 알리고, 아흐마드가 남은 생을 진정한 이슬람 전통과 현대성을 결합할 수 있는 유능한 이슬람 지지자를 양성하는 데 헌신하기를 희망합니다. 이것이 이제 그에게 주어진 종교

　동서방을 이은 여정

적 의무라 믿습니다. 그를 아는 모든 사람은 이 방향으로 그를 격려
해야 합니다. 아흐마드 토톤지는 두드러진 특성을 지닌 연구 대상입
니다. 하나님께서 그를 보호하시고 그와 같은 많은 인물들을 무슬림
공동체에 보내시어 축복해 주시길 기도합니다. 그분은 들으시고 응
답하시는 분이십니다.

2012년
이집트, 카이로
타하 자비르 알알와니
(1935-2016)

제1장

유년 시절

나의 유년 시절 최초의 기억은 내가 자란 도시에서 비롯된 고대와 새로운 것에 대한 감각, 그리고 평생토록 신앙과 지식의 실현을 추구하게 만든 두 가지 열정으로 가득 차 있었다. 사람들은 흔히 나이가 들수록 기억의 짐을 지고 산다고 말한다. 하지만 나는 내 삶을 보다 경건한 무게감보다는 경이로움으로 되돌아본다. 아마도 신을 향한 열렬한 사랑 속에서 자랐을 뿐만 아니라, 만났던 사람들과 내 문화와는 먼 곳의 문화들을 접할 수 있던 경험을 큰 행운이라 여기기 때문일 것이다. 나는 폭풍이 아닌 태풍의 눈에 집중하기로 마음먹었는지 모른다. 삶은 필연적으로 시련의 소용돌이지만 우리가 그것을 어떻게 극복하고 결국 어떻게 해석하는가에 따라 내면의 평화를 누릴지, 격랑에 휩싸일지를 결정한다. 우리는 삶에서 배움을 쌓거나, 실망을 헤아리게 될 수도 있다. 나는 전자를 선택했고, 내가 배운 것들, 얻은 지혜, 그리고 천천히 쌓아 올린 세상에 대한 이해를 이 글을 읽는 독자들과 나누고자 한다. 작으나마 도움이 되기를 소박하게 바라는 마음으로 말이다.

부모님의 따뜻한 사랑과 보호에서 벗어나 세상이 넓어지면서 수많은 사람들이 내 삶에 들어오기 시작했다. 형제자매, 조부모, 이모, 삼촌 등 다양한 관계의 흐름은 멈추지 않았다. 나의 초기 경험과 신앙은 나의 사회화를 훌륭하게 도와, 나는 타인의 약점을 이해하고, 내면의 선善을 찾고, 다른 사람들이 그저 쉬운 길을 택하려 할 때도 이를 개발하고 유지하려는 마음을 갖게 해 주었다. 그러니 나 역시 환경의 산물로서 내가 자란 곳의 다문화적 특성을 어떻게 흡수하지 않을 수 있겠는가? 그곳은 바로 메소포타미아로 고대 문명의 요람이자 신앙의 아버지인 아브라함 선지자가 태어난 곳이다. 수천 년 동안 각기 다른 신념과 관습을 가진 민족과 공동체가 밀접하게 얽혀 살아온 거대한 용광로였다. 시간의 흐름을 따라 다양한 사상들이 끊임없이 교류하고 융합되어 온 곳이다.

나는 바그다드에서 북쪽으로 약 350km 떨어진 아르빌Erbil이라는 마을에서 태어났다. 이곳은 아르빌 성채 유적으로 유명한데, 이는 주변 평야에서 25~32m 높이로 솟아 있는 '텔Tell'이라는 오래된 언덕

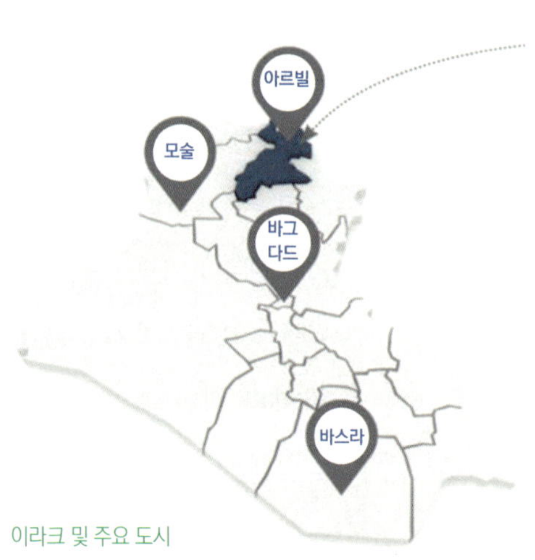

이라크 및 주요 도시

이다. 텔은 매우 오래된 유적으로 고고학적 발견에 따르면 약 6,000년 전의 것으로 추정된다. 자연적으로 형성된 것인지, 인공적인 것인지, 혹은 고대 아시리아인의 정착지였는지 아직도 고고학자들 사이에 논쟁이 계속되고 있다. 한 가지 확실한 것은 최근까지도 수천년 동안 사람들이 거주해 왔으며, 포탑이 장착된 강력한 시타델 성벽이 이 지역을 훌륭하게 지켜 무굴 제국의 거듭된 점령 시도를 비롯 수많은 공격을 막아 낸 세계에서 가장 오래 정주한 도시라고 주장한다는 사실이다. 놀랍게도 내가 살던 집도 이곳 유적지 내에 자리잡고 있었다.

아르빌은 다문화, 다언어, 다민족으로 이루어진, 다양한 공동체가 공존하는 좋은 예시였다. 인구의 대부분은 투르크멘인(70%)이었지만 상당수의 쿠르드족(30%) 공동체도 있었다. 그 밖에도 아랍인을 비롯 여러 소수 민족들이 있었다. 인근 마을에 거주하던 기독교인, 야지디교인, 아시리아인들도 아르빌을 자주 방문했다.

성장하는 동안 친애하는 꾸란은 우리 삶의 큰 부분을 차지했다. 투르크족인 아버지는 유명한 셰이크이자 아랍어를 유창하게 구사하는 사업가로 경건함과 지식, 윤리적 사업 운영으로 존경받는 분이었다. 아버지는 나에게 깊은 영향을 미쳤다. 나는 다섯 살 어린 나이에 파즈르*Fajr,* 새벽 기도를 처음 시작했는

데, 그때를 자주 떠올린다. 아잔(기도를 알리는 소리)이 울려 퍼지면 사랑하는 아버지가 기도를 마친 후 꾸란의 아름다운 구절을 낭송하는 모습을 볼 수 있었다. 참으로 감동적인 경험이었다. 꾸란에 대한 아버지의 사랑은 열렬했다. 우리 형제자매는 그 열정에 빠져들어 겨울이건 여름이건 서로 번갈아 구절을 낭송하며 듣곤 했다. 나 역시 꾸란의 아야트(구절)를 외우고 실수 없이 낭송하는 법을 배웠다. 내가 유창하게 낭송할 수 있게 된 것은 큰 기쁨이었고, 지금까지도 꾸란을 낭송하며 큰 위안을 얻고 있다. 꾸란 낭송은 모든 독실한 무슬림의 삶의 필수 요소이기도 하다. 초등 교육을 시작하기 전에 아버지가 꾸란을 처음부터 끝까지 우리와 함께 낭송해 주었다는 점에서 나는 아버지에게 큰 빚을 졌다. 덕택에 학교에 입학했을 때 이미 형제자매와 나는 아랍어를 읽을 수 있게 되었고, 나의 낭송 실력은 때때로 선생님보다 더 뛰어날 때도 있었다.

아버지는 꾸란뿐 아니라 라마단 기간 동안 금식하는 방법도 가르쳐 주었다. 이슬람 문헌은 금식과 꾸란 낭송을 함께 자주 다루기 때문에 라마단 기간에는 낮 시간 동안 금식뿐 아니라 가능한 한 많은 꾸란 구절을 낭송하며, 이 두 가지에 대한 사랑을 키워 나갔다. 어린 나이에 우리는 어떻게 금식을 배웠을까? 답은 단계별 훈련에 있었다. 유치원에 다닐 때는 정오까지만 금식하는 것으로 시작하여 1년 후에는 오후까지, 이 과정을 반복해 마침내 어느 시점에서는 새벽부터 일몰까지 하루 종일 금식할 수 있게 되었다.

사랑하는 어머니 또한 우리에게 꾸란에 대한 사랑을 불어넣어 주었다. 어머니는 북부 이라크에서 여러 세대에 걸쳐 살아온 투르크멘 부족 출신이었지만 아버지와 달리 튀르키예 억양의 아랍어를 구

1957년경 아르빌, 오래된 역사적 건물들을 볼 수 있다.

사했다. 어머니가 아름다운 구절을 한 구절 한 구절 낭송하며 우리에게 발음 교정을 요청하던 기억이 생생하다. 어머니가 아이들에게 자신의 발음을 교정해 달라는 요청은 흔치 않은 일이었다. 어머니는 아랍어 지식이 부족함에도 꾸란의 아랍어를 이해했고, 다양한 상황에서 꾸란 구절을 인용했다. 나는 어머니의 목소리 듣기를 즐겼다. 어머니는 매주 금요일 아침마다 수라 알-카흐프 *Surat al-Kahf, 꾸란 18장 동굴*를 낭송했고, 우리가 들을 수 있도록 수라 알-물크 *Surat al-Mulk, 꾸란 67장 지배*와 수라 알-와끼아 *Surat al-Waaqi'ah, 꾸란 56장 사건*도 낭송했다. 어머니의 본보기는 우리에게 꾸란에 대한 깊은 감사의 마음을 심어 주었고, 나는 지금도 파즈르와 마그립 *Maghrib, 저녁 기도* 후에 꾸란의 구절을 낭송한다.

꾸란은 내 삶의 변함없는 동반자였다. 꾸란은 우리 모두가 마주하는 많은 시련과 어려움을 이겨 내게 해 주었고, 하나님에 대한 경배에 있어 내 삶을 전적으로 이끌어 주었다. 역경에 마주해 평온과 강인함을 심어 주었고, 부도덕으로부터 나를 지켜 주는 강력한 도덕성을 심어 주었다. 꾸란이 없는 세상은 차가운 세상이다.

첫 번째 이주: 바그다드, 전설의 도시 알-만수르 (1957-1958)

1950년대 이라크에서 어떤 형태의 고등 교육을 받으려면 전국 유일의 대학이 있는 바그다드로 가야만 했다. 따라서 대학 입시를 통과한 학생들은 결국 이 위대한 도시로 모이게 되었다. 나는 다른 사람들보다 더 빨리 이 도시를 여행했는데, 처음은 아버지의 짧은 출장 동행이었고, 두 번째 방문은 학생 신분으로서 당시 의과대학 1학년에 재학 중이던 형이 혼자 있는 것을 염려한 부모님이 내가 함께 있어야 한다고 결정했기 때문이다. 아르빌에서 바그다드로의 이사는 꽤 큰 변화였기에 나는 부모님의 결정을 충분히 이해했다. 그래서 나는 이 도시 최고의 고등학교인 중앙예비학교에 지원했고, 합격이 확정되었을 때 매우 기뻤다. 게다가 이 학교는 형이 다니던 의과대학과 가까워 생활과 이동이 훨씬 편리했다.

바그다드에서의 경험은 풍요로운 시간이었다. 나는 항상 어떤 목적지로의 여정에는 그 자체에 내재된 가치가 있으며, 반유목 생활을 하지 않는 한 깨닫기 어려운 배움의 기회가 있다고 느껴 왔다. 나의 경우 이 배움은 첫째, 책의 모습으로 다가왔다. 학교는 도시에서 가장 좋은 서점들이 모여 있는 거리(알무타나비가街)에서 도보로 가까운 거리에 있었는데(현재도 그렇다), 그곳에서 나는 진정한 영감을 얻었다. 손만 뻗으면 닿는 지식, 매력적인 표지, 아름답게 제본된 작품들, 어떤 책은 미세한 먼지로 덮여 있고 다른 책들은 깨끗한 상태였다. 둘째, 학교가 티그리스 강변에 있던 역사적 건물이자 세계에서 가장 오래된 대학 중 하나인 바그다드의 알-무스탄시리야대학과 가까웠다는 점에서 운이 좋았다. 셋째, 바그다드에는 다양한 규모와 다양한 종류를 거래하는 놀랄 만한 시장으로 넘쳐났다. 이에 비하면 아르빌은 변방의 마을에 불과했다. 가장 큰 시장 중 하나인 수크 알 쇼르자Souk al-Shorjah는 바그다드 중심부에 위치한 크고 시끌벅적하며 분주한 곳이었다. 나는 놀라움에 시선을 떼지 못했고, 곧 감탄이 가라앉은 뒤에는 아버지의 도매업에 필요한 물품을 구입하기 위해 상인들과 교섭하는 데 점차 능숙해졌다. 이렇게 아버지에게 도움을 드

아르빌, 오래된 도시와 새로운 도시. 그 정상에 2014년 6월 21일 세계문화유산 목록에 등재된 유명한 아르빌 성채가 자리하고 있다.

릴 수 있다는 사실에 자부심을 느끼는 한편, 비즈니스 기술과 소통의 기술을 배웠다. 흥정의 기술은 사실 협상의 기술인데, 내게 있어 '흥정'이라는 단어는 늘 어느 정도 오해의 소지가 있는 단어였지만, 이런 비즈니스 협상 과정에서 인생 후반기에 도움이 될 기술을 배웠고, 이는 앞으로 하게 될 운명의 일에 필요한 자질이기도 했다.

하지만 내 이야기가 조금은 앞서 나가는 듯싶다. 처음엔 바그다드가 조금 위협적으로 느껴졌다. 특히 가족이라는 보호막을 뒤로하

고, 상상컨대 '연못' 같던 아르
빌에서 '바다' 같은 곳으로 들
어섰기 때문이다. 넓은 도로,
높은 건물, 분주히 움직이는 사
람들, 소음, 교통 등 모든 것이
활기차게 돌아가는 도시였고,
어디로 시선을 돌리건 이 도시
의 위대함과 내 작은 존재가 대
비되어 느껴졌다. 하지만 이러
한 감정은 웅장한 풍경 덕에 아
름답게 완화되었다. 도시 한가
운데를 가로질러 알-라사파Al-
Rasafa와 알-카르크Al-Karkh라는
두 지역으로 나누는 위대한 티
그리스 강이 있었고, 무성한 강
둑을 따라, 그리고 도시 곳곳에

서기 1190~1232년에 지어진 118피트 높이의 무다
파리아 미나렛

훌륭한 생선 요리점들이 자리잡고 있었다. 티그리스 강에서 잡히는
물고기는 섬세하게 조리되어 입맛을 사로잡았고, 강이 없던 아르빌
에서는 흔히 맛볼 수 없었던 생선 요리를 더욱 맛있게 즐겼다.

나는 바그다드의 역사에 대해서도 더 많이 알게 되었다. 8세기
에 알-만수르가 세운 이 도시는 평범한 도시가 아니었다. 한때 아바
스 왕조 이슬람 제국 아래서 세계를 선도하며 당대 가장 위대한 학
문의 중심지이자 이슬람 역사상 가장 위대한 학자 중 한 명인 이맘
아부 하미드 알-가잘리Imam Abu Hamid al-Ghazali, 히즈라 1058/서기 1111년

가 활동했던 곳이기도 하다. 건축, 예술, 서예, 도서관으로 가득찬 전설적인 장소였으며, 그 문명에 대한 기여는 논쟁의 여지가 없다. 그러나 바그다드는 엄청난 번영을 자랑하는 한편, 엄청난 고통을 겪기도 했다. 그중 가장 유명한 사건 중 하나는 훌라구Hulagu 칸의 군대에 의한 약탈과 파괴였다. 칸의 군대가 휩쓸고 간 후 바그다드는 완전히 파괴되었고, 수많은 소중한 원고들이 무심히 버려진 채 필사본의 잉크가 강물에 녹아들어 강이 검게 물들었다고 한다. 이런 이유로 바그다드는 나에게 매혹적이면서도 어느 정도 위압적인 곳이었다. 구석구석에 역사가 스며들어 있었다.

나는 새로운 환경에 적응해 나갔다. 바그다드는 내가 예상하지 못했던 방식으로 아르빌과 달리 보였다. 나는 여성들이 히잡을 쓰는 관습이 여전히 남아 있는 보수적인 마을에서 왔다. 하지만 바그다드의 분위기는 매우 현대적이어서 히잡을 쓴 여성은 거의 볼 수 없었고, 오히려 유럽식 복장을 한 여성들이 일상 생활의 중요한 부분을 차지하고 있었다. 또 다른 차이는 내가 아르빌 출신의 비아랍 투르크족인데 바그다드 사람들 대부분은 아랍계라는 점이었다. 내가 비아랍계 출신이라는 사실 때문에 아랍계 친구들은 내가 바그다드 최고의 학교 중 하나인 이곳에서 기대되는 교육 수준에 적응하는 데 어려움을 겪을 것이라 생각했다. 하지만 나에게 도전만큼 동기를 불타오르게 하는 것은 없기에 그들보다 더 잘해 낼 수 있다는 것을 보여 주기로 결심했다. 나중에 콘월로 이주했을 때와 마찬가지로, 처음에는 나를 일종의 아웃사이더로 여겨 농담의 대상이 되거나 불쾌한 말을 듣기도 했다. 하지만 모든 학생이 응시해야 하는 수학 시험에서 만점을 받은 후 상황이 변하기 시작해 친구들에게 경외의 대상이 되었다. 시간이 흐르며 우정이 자라났고, 나는 가끔씩 과제와 시험 준비를 기꺼이 도왔다. 아르빌에서 온 '시골뜨기'가 입지를 굳히고 35명의 동급생들로부터 경외와 존경을 받는 데 성공한 것이다. 또한 선생님들에 대한 존경심, 친구들에 대한 태도, 그리고 (겸손하게 말하자면)탁월한 성취는 교직원들과 행정부서로부터 인정받았다.

앞서 언급했듯이 바그다드는 종교적으로 또 다른 차이점을 보여 주었다. 여성들의 외모 외에도 나는 곧 이 도시의 신학적 구성에서 중요한 측면, 즉 시아파의 존재에 대해 알게 되었다. 당시 바그다드 시아파 공동체의 존재는 내가 살던 지역이나 이라크 북부에서는 보기 드문 예외적 경우였다. 이슬람 역사에서 시아와 순니의 갈등은 복잡하고 불안정한 기류를 형성해 왔으며, 이로 인한 폭발적 여파를 우리는 특히 이라크에서 여전히 목격하고 있다. 그럼에도 두 종파는 평화롭게 공존해 온 적도 있는데, 내가 그 증인이다. 예컨대 우리 학교에서는 순니와 시아 여부가 전혀 문제되지 않았으며, 오늘날 특히 이라크를 포함한 무슬림 세계에 만연한 적대감이나 증오심은 전혀 존재하지 않았다. 실제로 나는 이라크 기독교인을 만나기도 했고, 우리는 서로를 매우 존중하는 분위기에서 공존했다. 바그다드에는 다양한 대사관과 국제 기업들이 자리 잡고 있었기에 다른 문화와 국적의 사람들을 접할 수 있었고, 이를 통해 외부 세계로의 창을 열 수 있었다. 이러한 교류는 내 사람과 소통하는 기술을 연마하는 데 도움이 되었으며, 결국 이 풍요로운 경험은 후에 해외를 여행하고 생활할 때 큰 도움이 되었다.

내가 발을 디딘 바그다드는 빠르게 성장하고 번영하는 도시였다. 경제는 호황을 누리고 있었고, 기업은 번성했으며, 정부의 주택

공급, 도시 계획 및 기타 개발 프로젝트들이 급속하게 증가하고 있었다. 국민 복지는 훌륭한 국가 보건 서비스와 중동 전체에서 가장 우수한 교육 시스템으로 보장되고 있었다. 장학금을 받고 영국과 미국 등 서구 대학에서 공부하기 위해 해외로 파견된 이라크 학생들이 자신의 전공 분야에서 최고의 학업 성적을 거두고 돌아온 것은 어쩌면 당연한 일이었다. 그러던 중 재앙이 닥쳤다. 1958년 7월 14일, 군부가 주도한 혁명으로 권력자들이 축출되고 국가를 장악했다. 이는 상당수 국민의 지지를 받았는데, 경제 개발의 성공에도 불구하고 정부의 몇몇 부주의한 실수와 당시 소련의 강력한 언론을 통한 끊임없는 공산주의 선전, 그리고 당시 이집트 대통령 자말 압델 나세르가 지원한 아랍 민족주의 운동의 영향이 결합되어 많은 사람들이 반발했기 때문이었다. 그 결과 이라크는 급격히 추락했다. 그 짧았던 희망과 번영의 시기는 경제 붕괴, 교육 수준 하락, 그리고 삶의 모든 영역에서의 쇠퇴로 이어졌다. 그중에서도 비극적인 것은 국민들이 이제 공포와 위협 속에서 살아가고 일해야 했다는 사실이다. 이는 결국 이라크를 파괴할 반란과 분열의 씨앗이 되었고, 이로 인해 한때 강대했던 나라는 몽골 침략 이후 최악의 상황으로 치달았다. 모든 이라크인들처럼 나도 거의 이루어졌던 꿈을 떠올리며 현재 바그다드를 비롯한 이라크 전역이 겪고 있는 악몽 같은 현실에 눈물이 앞을 가린다.

하지만 아직 그림자가 드리우기 전의 더 밝았던 시절로 돌아가면 나는 열심히 공부했고, 그 모든 노력은 마침내 결실을 맺어 전국에서 대학 입시를 통과한 상위 50명 안에 드는 기쁨을 누렸다. 나는 정말로 기뻤고, 학교 측에서도 매우 자랑스러워했으며, 모두가 칭찬해

주었다. 무엇보다 나에게는 부모님의 기쁨이 가장 중요한 일이었다.

영광스러운 순간이었고, 나는 곧바로 해외 유학을 위한 장학금
을 신청했다. 장학금이 승인되어 나는 새로운 초원을 향해 떠날 준
비를 했다. 아르빌에서 바그다드로 이어졌던 길이 이제 대륙을 넘어
영국으로 나를 부르고 있었다.

제 2 장

하나의 길, 여러 경로

런던, 영국

1958년, 나는 큰 기대를 안고 혼란에 휩싸인 이라크를 뒤로하는 아쉬움을 남긴 채 처음으로 영국으로 향했다. 나는 BBC 월드 서비스를 들으며 영국의 제국 역사를 익혔고, 영국의 문학적 성취(셰익스피어는 누구나 들어보지 않았을까?)에 감탄하며, 더 많은 것을 알고 싶었다. 런던에 도착하자마자 이라크학생회Iraq Students Society, ISS와 아랍학생클럽Arab Students Club, ASC 대표들이 반갑게 맞아 주었다. 유럽에 발을 내딛는다는 것은 흥미진진한 설렘이었고, 비록 집에서 멀리 떨어져 있지만 영국에 대해 많이 알고 있었기에 낯선 주변 환경임에도 어딘지 익숙하게 느껴졌고, 불안감은 전혀 없었다. 우리를 맞이한 호스트들, 새로운 이름과 얼굴들은 나만큼이나 내 도착을 반겨 주었고, 젊고 에너지 넘치는 그들은 곧바로 피카딜리 서커스를 방문하자고 제안했다. 역사나 제국의 느낌을 제대로 체험할 수 있는 곳은 아니었지만, 도심의 밤을 즐기고자 하는 젊은이들에게는 안성맞춤의 장소였다. 피카딜리 서커스는 주요 관광 명소로, 그 중심에는 분수대 위에 자리 잡은 (사실 안테로스지만 모두 에로스라고 부르는)그리스 조각상이 있다. 활을 들고 있는 '에로스'는 20세기풍의 네온사인과 혼잡한 교통을 배경으로 서 있으며, 많은 런던 웨스트엔드의 심장부라 여기는 가장 번화하고 화려한 장소이다.

몇몇 학생들은 그곳에서 즐길 수 있는 다양한 오락거리에 대해 슬쩍 알려줬다. 런던이었기에 예상했던 바였지만 놀라움을 숨길 수는 없었다. 런던은 로마 시대까지 거슬러 올라가는 역사와 웅장한 건축물, 극장, 박물관 등으로 잘 알려져 있으며, 바로 이러한 점들이 내 지적 호기심을 자극했다. 하지만 내가 이곳까지 오게 된 목적이 단순한 유흥이나 순간적 즐거움을 위한 게 아니었기에 더 놀랄 수밖에 없었던 것이다. 게다가 그 제안은 분명 비이슬람적이며 신앙과 도시 모두에 대한 불경이라 여겨졌다. 다행히도 나와 함께한 학생 중 한 명이 독실한 무슬림이었고, 그가 우리 모두를 대신해 우리의 입장을 분명히 밝히며, "피카딜리 서커스에 가고 싶은 사람은 누구든 가시오! 우리는 호텔로 돌아가 우리가 옳다고 생각하는 일을 할 것입니다"라고 말해 주었다. 우리의 입장을 밝힌 후 우리는 호텔로 돌아가 뜨거운 물로 목욕하고 따뜻한 침대에 누웠다. 신앙을 요새로 삼은 우리의 선택이었다. 나는 다른 아랍 학생들에게 화를 내거나 언짢아하지는 않았지만 실망스러움마저 없지는 않았다. 공항에서 우리를 맞이해 주고 런던을 보여 주려는 그들의 호의는 고마웠지만, 하나님에 대한 무례에서 비롯된 상처는 무시할 수 없었다.

내가 조숙했었다는 말이 아니다. 나는 다만 친구이건 적이건 간에 나를 흔들 수 없는 강력한 도덕적 힘에 지배되고 있었다. 그래서 막 도착한 상태에서도 나는 이미 삶의 현실, 인간 본성, 사람들과 그들의 동기, 그리고 모든 일에서 종교가 차지하는 위치에 대해 조금씩 배우고 있었다. 여기서 나는 훈계하려는 것이 아니라 분석하려는 것이며, 특히 신앙과 지식의 문제에 대해 심각한 고민을 하던 젊은 시절의 나를 말하고자 하는 것이다. 그래서 "로마에 가면 로마법을 따르라"는 동료 아랍 출신 친구들의 태도가 불편했고, 더 깊은 고민을 하게 만든 것이었다. 아랍 학생들은 정말 악을 선으로 착각하고 있는 것일까? 피카딜리 서커스에서 이런 식으로 시간을 낭비하거나 자극적 유흥을 오락이라는 이름으로 치부하는 것이 좋은 교육을 받거나 빠르게 졸업하는 데 도움이 될 것이라는 착각에 빠진 것일까? 사람들이 정말 이런 방식으로 살아가는지, 소중한 시간을 무의미한 일에 낭비하고 있는 건 아닌지 생각해 보았다. 이러한 행동은 성숙한 사람이 아니라 철없는 아이들의 행동이 아닌가. 수용해서는 안 되는 유흥에 몰두하여 자신의 정체성뿐 아니라 도덕성까지 파괴하고 있는 것은 아닐까? 이렇게 쉽게 신앙과 문화를 저버리는 데에는 분명 어떤 이유가 있을 것이라 생각했다. 안타깝게도 그 답을 찾는 게 어렵지 않았으며, 사실 세월이 흘러도 크게 변하지 않았다. 다른 아랍인 친구를, 게다가 무슬림 친구를 밤샘 파티에 초대하는 일을 당연하게 여기는 이들은 이슬람 유산을 배신한 아랍 사회의 산물이었고, 그 결과 그들의 자식들도 그 유산을 무시하게 만든 것이었다. 나는 이 모든 것을 꽤나 빨리 깨달았다. 사실 전통이나 신앙을

1958년. 런던의 켄싱턴 가든에 있는 앨버트 기념관. 콘월에서 처음 여행할 때 방문했던 곳이다.

1962년. 피카딜리 서커스

믿기엔 자신이 너무 영리하다고 느낀 이들은 이제 보다 세련된 모습으로 자신을 치장하고, 매우 자유로운 이념을 새로운 개정의 상징으로 삼고 있었다.

안타깝게도 이는 ASC의 많은 회원들에게 해당되었다. 당시 ASC는 영국에서 가장 활발한 학생 단체 중 하나였으며, 회원들은 이라크, 시리아, 레바논, 이집트, 수단 등 아랍 세계 전역에서 온 학생들이 포함되어 있었다. 이 단체는 다양한 활동을 자랑했지만 아랍 문화나 무슬림 신앙에 대한 존중은 전혀 찾아볼 수 없었다. 슬프게도 실천적인 무슬림과 아랍 무슬림 문화를 존중하는 사람들은 ASC에서 환영받지 못한 반면, 좌파 성향과 급진적 민족주의자(예, 바트당 지지자와 나세르파)는 열렬히 환영받았다.

도전받는 믿음

물론 개개인은 정치적 견해를 형성하고 자신만의 도덕 규범에 따라 살아갈 자유가 있으며, 내가 타인에게 무엇을 해야 하고 하지 말아야 하는지 훈계할 입장은 아니다. 나는 관점을 강요하는 것이 아니라 존중을 바탕으로 한 의견의 교류를 믿는다. 특히 신앙 문제에 대해서는 경솔한 태도로 접근해서는 안 된다. 나에겐 열정이 있었는데, 그것은 이슬람이었다. 그래서 매일 다섯 번 기도를 하며, 최선을 다해 꾸란의 교훈에 따라 살고자 했다. 하지만 처음에는 나와 함께 기도하는 무슬림이 거의 없었다. 내가 소중히 여기는 것이 다른 사람들에게는 그렇지 않다는 것을 곧 깨달았고, 그들 중 일부는 이슬람의 문화적 배경을 가지고 있음에도 고된 의무나 불필요한 짐으로 여기고 있었다. "너는 정말 시대착오적이구나." 그들은 나를 조롱했다. "영국에 와서도 아직 기도하고 있단 말이야?" 누가 더 놀라운 건지는 알 수 없다. 우리가 믿기지 않는 행동을 하는 게 놀라운 건지, 명백히 드러나는 그들의 신앙적 결핍이 놀라운 건지. 이러한 주제는 감정적으로 얽히기 쉬워, 그들의 생각을 바로잡고 싶었지만 필연적 갈등이 예견되었으므로 보다 지혜로운 선택을 하기로 하고, 논쟁을 피하면서도 원만한 관계를 유지하려 했다.

갈등이나 대립에 휘말리지 않도록 조심하자는 마음은 내가 영국의 아름다운 해안에 발을 디딘 순간부터 특히 신경 쓰던 부분이었다. 타고난 성향 자체가 논쟁을 즐기는 편이 아니라 어려운 일은 아니었다. 나는 지식을 구하기 위해 왔고, 사람들에게서 좋은 점을 찾으며 나에게 주어진 것을 담담히 받아들이기를 선호했다. 함께 기도를 드리는 사람들이 점차 늘었고, 우리의 기도가 일부 사람들에게는 '이상한' 활동으로 간주되어 '심각한 논의'의 대상이 되었으므로 그에 따른 대응이 필요했다. 기도를 하지 말라며 설득하려는 무슬림들에게 우리는 물었다. "우리가 무슬림이 아니란 말인가? 우리의 종교를 따르는 사회에서 온 것이 아니란 말인가? 그렇다면 기회가 닿을 때 첫 번째로 신앙을 버려야 하는가?"

콘월과 1960년대

1950년대와 1960년대에 이라크 정부 장학금을 받은 많은 이라크 학생들이 다양한 이유로 영국으로 향했다. 영국 전역의 대학에 흩어져 있던 그들은 영국 문화, 사람들, 음식, 그리고 피할 수 없는 비에도 익숙해졌다. 날씨는 누구에게나 화제였고, 우산으로 무장한 우리는 추위를 견디며 차를 마시고, 어디에나 펼쳐진 초록빛 자연에 감탄했다. 나는 특히 운 좋게도 영국 남서쪽 해안에 위치한 그림 같은 콘월에 도착했다. 콘월은 정말 아름다운 곳으로, 인기 있는 관광 명소다. 절경을 이루는 바위 해안선과 눈부신 만, 그리고 모래 해변은 최남단에 위치한 웅장하고 유명한 랜드마크인 랜즈엔드Land's End로 이어진다. 이 모든 멋진 매력에 더해, 우리가 마음껏 즐길 수 있는 맛있는 콘월 아이스크림, 케이크, 클로티드 크림 차茶가 있었다. 하지만 콘월은 비가 많은 지역이기도 했다. 실제로 매우 많은 강수량을 기록한다. 당시 영국인들은 농담조로 이렇게 말하곤 했다. "햇살 가득한 콘월에 오세요, 우산은 가지고 말이에요!"

1958년 이라크 정부 장학금을 받은 모든 학생들은 매달 40파운드의 생활비를 받았다. 지금 들으면 놀라울 수 있겠지만, 당시로서는 꽤 넉넉한 금액이었고, 덕분에 비교적 편안하게 지내며 일부는 저축도 할 수 있었다. 상상하기 어렵겠지만, 1950년대의 영국은 오늘날의 번영된 모습과는 달리 훨씬 가난한 나라였다. 제2차 세계대전은 이 나라에 큰 타격을 주었고, 우리는 영국이 전시 식량 배급제를 겪고 아직 완전히 회복되지 못한 시기에 도착했다. 여러모로 우리는 다른 영국인 동료 학생들보다 형편이 나았지만, 이를 별로 중요하게 여기지는 않았다.

물론 수십 년이 지난 지금 영국은 많이 변했지만, 당시에는 금욕주의적 측면과 "수선해서 쓰자"는 검약 정신이 생활의 어려움을 불평 섞인 유쾌함으로 극복하는 태도 속에 녹아 있었다. 나는 이러한 점을 특히 존경할 만한 가치가 있다고 느꼈다. 세대는 아직 소비주의에 물들지 않았고, 언어에는 예의가 흘렀으며, 계급 구분은 뚜렷했지만 사람들은 여전히 더 높은 수준의 행동 규범과 윤리를 추구하고 있었다. 물론 내가 영국에 도착했을 때는 이미 문화의 대전환이 진행되고 있었고, 내가 실제로 목격한 것은 바로 구질서의 종말이자 새로운 질서의 도래였다. 이는 곧 1960년대의 격정적인 쾌락주의로 이어져 섹스, 마약, 현대 음악이 새로운 '신'처럼 떠오르고 있었다. 간단히 요약하자면, 과거의 영국이 자제력, 즉 '강철 같은 인내심'으로 상징되었다면, 다가오는 시대는 방종을 옹호하는 시대로 나아가고 있었다.

나는 영국에서 다양한 기회를 최대한 활용했으며, 어느 날 갑자기 수영을 배워야겠다는 생각을 가지게 되었다. 안 될 게 무엇인가? 나는 해변이 멀지 않은 해안가에 살고 있었고, 이라크에는 티그리스와 유프라테스라는 두 개의 큰 강이 남으로 흐르지만, 아르빌은 두 강에서 먼 거리에 있어 수영을 배울 기회가 없었다. 그래서 친구들과 함께 부푼 마음을 안고 생애 처음 해변으로 갔다. 그런데 우리는 준비가 덜 되어 있었다. 끝없는 모래와 바다, 가족들, 음식, 요트, 어

부 등의 풍경을 기
대했다. 하지만 우
리를 맞이한 것은
끝도 없는 '육체의
바다'였다. 지금
와서 상상하기 어
렵겠지만, 우리가

영국 콘월 해변

예상하지 못했던 것은 남녀가 열렬히 해변으로 나와 일광욕을 즐긴
다는 사실이었다! 반쯤 벗은 여성들이 사방에 있었고, 겨우 17세 나
이인 우리에게 유혹은 상당했고 호르몬은 요동쳤다. 셰익스피어가
말했듯, "행동이 곧 웅변"이기에 나는 아주 황급히 철수했다. 하나
님께 보호를 간구하며 "우산을 깜빡했다"는 (여름이라 해도 콘월에서는
완벽히 타당한)변명을 둘러대고 서둘러 집으로 향했다. 그 후 다시는
그 해변에 가지 않았고, 지금도 여전히 수영하는 법을 모른다.

다시 표면화된 언어 문제

나는 콘월기술대학 중심 캠퍼스에 등록해 영어, 물리학, 수학, 화학
등 여러 과목을 수강했다. 1학년 때는 당시 영국에서 'O-레벨'이라
불리던 일반 과정을 준비하는 추가 과정을, 2학년 때는 'A-레벨'의
고급 과정을 준비하는 추가 과정을 이수했다. A-레벨에 성공하면 학
위 과정을 이수할 자격을 얻게 된다. 나는 두 시험 모두 성공적으로
통과하여 이후 3년간의 학업에 나섰다. 뛰어난 학생이었지만(모든 것
이 하나님 뜻임을 알기에 겸손함을 잃지 않으려 합니다) 여전히 영어 실력

을 향상시킬 필요가 있었다. 당시에는 영어를 제2외국어로 가르치는 프로그램이 없었기에 독학으로 영어를 배우기 위해 많은 노력을 기울였다. 대학 입학 후 처음 몇 주 동안 영어로 된 지문을 읽다가 '화장품cosmetics'이라는 단어를 만나 당황했던 기억이 생생하다. 나는 이 낯선 단어의 의미를 선생님께 물었고, 그녀가 반문했습니다. "정말 모르세요?" 내가 "네, 모릅니다" 하자 선생님은 "메이크업"이라고 답했지만, 나는 다시 "그게 뭐죠?" 하고 물을 수밖에 없었다. 여기저기서 들려 오는 웃음소리에 다소 당황스러웠지만, 주눅들지 않고 인내심으로 공부를 이어 나갔다. 영국의 다양한 억양과 방언은 이 나라의 매력 중 하나였고, 이러한 에피소드는 영국 학생들에게 무슬림 학생들에 대한 긍정적 인상을 심어 주었다. 우리의 끈질긴 노력과 강고한 근면 정신은 무슬림에 대한 게으르고 무능하다는 고정관념을 불식시키며 좋은 우정을 형성하게 해 주었고, 영국 친구들은 우리의 영어 학습을 도와주었다. 나는 늘 이를 감사하게 생각한다.

수학은 나를 포함해 많은 이라크 학생들이 비교적 쉽게 느꼈던 과목이었다. 당시 이라크 학생들은 학교에서 상당히 높은 수준의 수학을 배우고 있었기 때문이었다. 그래서 우리는 콘월의 수학 교수에게 지금 배우는 단계를 건너뛰고 더 높은 단계로 넘어가게 해 달라고 요청했지만, 교수는 거절했다. 우리는 딜레마에 빠졌다. 한편으로는 우리가 배우는 내용보다 훨씬 앞선 수준임이 분명하지만, 다른 한편으로는 영어와 특정 과목에서의 부족함과 외국인이자 신입생이라는 입장을 고려할 때 요구할 수 있는 처지가 아니었기 때문이었다. 때때로 요구되는 영어 수준이 기준에 미치지 못할 때 받았던 무시와 경멸은 미미한 인종 차별의 일환으로 느껴졌고, 이러한 경험들은 우리가 이곳과 걸맞지 않는 존재라는 느낌을 일부 강화시키기도 했다.

어쨌든 요청은 거부당했다. 우리는 다른 각도에서 접근해 이번에는 수학 교수에게 더 높은 수준의 수학 과목 수강을 승인해 달라고 요청했다. 예상한 대로 그는 이번에도 거절했다. 끈질기게 밀고 나갈 것인가, 아니면 상황을 그대로 받아들일 것인가, 우리에겐 두 가지 선택지밖에 없었다. 쉽게 포기할 수 없었기에 우리는 끈질기게 교수의 윗선인 학장을 찾아가기로 결정했다. 수학 수업에서 최고의 학생이었던 나와 두 명의 이라크 동료는 학장에게 이 문제를 제기했고, 학장은 바로 동의해 주셨다. 마침내 우리는 우리의 능력에 맞는 수준의 공부를 할 수 있게 되었고, 교수는 그 전환을 허용해 주었다.

다행히도 곧이어 치른 중요한 시험에서 각각 91, 85, 75점이라는 최고 점수로 상위 3등까지 차지하면서 우리 결정의 정당성을 인정받을 수 있었다. 우리는 정말 기뻤다. 뿐만 아니라, 은총에 따른 끈기와 회복력은 모든 도전을 극복할 수 있다는 교훈을 얻었다. 내가 이 사건을 자세히 언급하는 이유는 인생에는 진정으로 인격을 형성하거나 우리가 알지 못했던 잠재력을 전면에 드러내게 하는 순간이 있기 때문이다. 이러한 능력이 한 번 시험을 거치면 향후 마주할 수많은 도전과 장애물을 헤쳐 나가는 힘이 된다. 우리의 경우, 정의와 권리를 지키는 것이 무엇을 의미하는지 깊이 이해하게 되었고, 이를 통해 보다 확장된 시야와 확고한 결의로 목표를 달성하고 미래의 도전에 맞설 수 있는 자신감을 얻었다.

너그러운 마음을 가진 여성

우리는 연로한 두 영국 여성분의 집에 숙식비를 지불하고 세 들어 살았다. 두 분 모두 차를 마시며 세상을 관조하거나 집에서 빵을 굽고, 깨끗한 레이스 식탁보를 깔아 두고 있을 법한 훌륭하고 따뜻한 특별한 분들이었다. 우리는 정말 운이 좋았고, 그분들의 차분하고 온화한 태도, 우리를 낯선 땅의 이방인으로 여기지 않았던 그분들의 모습은 지금도 매우 좋은 기억으로 남아 있다. 두 분은 고리타분하거나 격식을 따지지 않았고, 진심 어린 배려와 따뜻함으로 우리를 대해 단순한 세입자 이상의 관계로 빠르게 발전할 수 있었고, 그분들의 모성 어린 애정과 함께하는 것을 즐겼다. 무엇보다 놀라운 점은 그분들 중 한 분이 나를 친아들처럼 대해 주었다는 것이다. 어느 날 뜬금없이 "너는 나에게 아들과 같으니 그렇게 대할 거야"라고 이야기해 주었던 기억이 나에게 깊이 남아 있다. 그리고 정말 그 말 그대로 나를 대해 주었다. 내게 필요한 것을 세심하게 챙겨 주면서 심지어 세탁과 다림질까지 해 주려 했다. 그들의 관대함은 내가 어떠한 집주인에게도 기대할 수 없는 수준이었으며, 나는 가능한 한 언제나 감사를 표했고, 지금도 여전히 그들에게 감사의 마음을 간직하고 있다. 어떤 이에게는 편견이, 또 어떤 이에게는 진정한 인간애가 깃들 수 있다는 영국인의 성품과 인간 본성의 변덕스러움을 엿볼 수 있었던 놀라운 경험이었다. 안타깝게도 우리는 세입자를 받는 많은 노인들이 핵가족화, 다른 도시에 떨어져 생활하는 자녀, 전쟁으로 인한 사별 등으로 심한 외로움 속에 살아 가고 있다는 사실을 알게 되었다. 이렇게 강요된 고립은 정서적으로 파괴적인 영향을 끼쳤다.

우리는 그분들과 가능한 한 많은 시간을 함께하며 이러한 고립을 조금이나마 덜어 드리려 노력했다. 그것이 우리가 할 수 있는 최소한의 일이었다.

하지만 또 다른 교훈도 얻었다. 나는 내 안에서 다양한 어르신들과 배려 깊은 관계를 맺고자 하는 목적과 열정을 발견했다. 그리고 그 과정에서 처음부터 의도했던 것은 아니었지만 영어 실력도 향상되어 1년 후, 나는 유학생들을 위한 통역사로 활동할 수 있었다.

그러던 어느 날, 연로하신 여주인이 예기치 않게 세상을 떠났다. 나는 큰 충격을 받았고, 그분을 잃고 감내하는 경험은 매우 힘든 일이었다. 또한, 고인의 시신을 묘지로 옮기기 전에 가족과 친구들이 집에서 마지막으로 조문하는 영국의 장례 풍습에 적응해야 했다. 우리는 소중했던 어르신께 작별 인사를 하고 예정된 방식으로 예를 갖추며 묘지로 향하는 행렬을 따랐다. 하지만 나의 진정한 작별 인사는 그녀의 몸이 무덤으로 내려갈 때 마음속 깊은 곳에서 그녀의 영혼을 향해 표현되었다. 그날의 묘지 방문은 내 기억 속 깊이 새겨져 있다. 나는 우리 사이에 맺어진 깊은 인연이 끊어진다는 사실에 속으로 울었고, 그녀의 영혼에 대한 존경과 감사, 기도로 마지막 작별을 고했다. 정말 힘들고 어려운 시간이었다. 나는 내가 구할 수 있는 가장 큰 꽃다발을 준비해 그녀의 무덤에서 사랑과 감사를 표하는 마음으로 바쳤다.

공동 작업을 위한 씨앗을 뿌리며: MSA의 기원

영국은 활기찬 밤 문화로 유명하다. 당시 미국에서 도입해 부활시킨 '스키플'이라 불리는 음악 장르가 있었다. 사람들이 손수 만든 악기로 재즈의 한 장르인 스키플을 연주하면 여러 사람들이 듣고 즐기는 형태로 공연되었다. 하지만 이 스키플은 곧 다가올 일에 비하면 아무것도 아니었다. 영국에서는 거대한 문화적 변화가 일고 있었고, 우리는 그 경계에서 영국 역사의 중요한 전환점을 목도하고 있었다. 1960년대는 폭발적인 사회 혁명이 일어나 수세기에 걸친 종교적, 사회적 금기를 무너뜨린 시기였다. 그리고 런던이 그 중심에 있었다. 이 시기는 '쿨 브리타니아cool Britannia'라는 말로 다가올 미래를 정의했다. '변혁의 60년대swinging sixties'는 비틀즈 같은 밴드와 남성의 장발, 여성의 미니스커트 등 음악, 엔터테인먼트, 패션의 형태로 젊은 문화를 구현하며 영국은 물론 전 세계를 강타했다. 느닷없는 속어가 유행했고, 절제와 겸손의 덕목은 '평화'와 '자유 연애'라는 새로운 반反문화 속에 묻혔다. '피임약'과 함께 성적 자유의 시대가 열렸다. 물병자리 시대가 도래했고, 모든 것이 다시는 예전과 같지 않을 것이었다. 물론 물질주의와 인종차별, 그리고 전쟁에 대한 진정한 거부 등 존중할 만한 가치도 많았으므로 모든 것이 나쁜 것은 아니었다. 젊은이들은 이것을 단지 화롯가 토론에서 그치지 않고 평화 시위, 캠퍼스 농성, 행진 등을 통해 더 나은 세상을 위해 적극적으로 캠페인을 벌였다. 나 역시 젊은 시절 이 철학에 대해 성찰했지만, 신앙에서 힌트를 얻어 진정한 평화는 마약, 음악, 자유 연애, 그리고 '긍정적 분위기'가 아니라 영혼에 내재된, 하나님에게서 비롯된 영성에서 나온다는 확고한 결론에 도달했다.

물론 영국 대중은 이러한 상황을 순순히 받아들이지 않았다. 그 중에서도 가장 앞장선 이들은 기독교 신앙을 실천하는 사람들이었

는데, 이들은 성경 가르침을 경시하고 쾌락주의로 치닫는 상황을 비난하며 이를 죄악의 위험한 수용이라고 경고했다. 이때 나는 새로운 사실을 알게 되었다. 무슬림으로서 우리도 기독교인들이 주장하는 주장에 공감할 수 있을 뿐 아니라, 새로운 시대에 대한 기독교의 도덕과 가치가 이슬람의 대응과 상당히 일치한다는 점이었다. 따라서 무슬림으로서 나의 삶뿐 아니라 많은 기독교인들의 삶 또한 이 새로운 문화에 정면으로 반대되었다. 유쾌한 깨달음이었다. 그러나 한 가지 차이점이 있었다. 나와 동료 무슬림들은 공동체 안에서 위안을 얻고 피난처로 삼아 힘을 얻었지만, 기독교인들은 사회 전반에 적극적으로 참여하며 대중에게 새로운 반문화의 많은 가치들이 그들의 영혼과 사회에 해악을 끼친다는 것을 설득하려 했다. 그러나 이는 패배가 예견된 싸움이었다. 한 번 열린 판도라의 '환각' 상자는 어떤

1 1960년. 영국 리버풀, 무슬림 학생들과 함께.

2 1960년. 영국 리버풀. MSS 설립에 도움을 준 무슬림 학생들.

3 1961년. 영국 셰필드. MSS 영국 및 북아일랜드 지부 설립 순간. 나는 오른쪽에서 네 번째 서 있다.

4 1961년. 영국 버밍엄. 비무슬림 학생들과의 만남.

5 1962년. 버밍엄대학교. 무슬림학생회가 조직한 많은 강연 시리즈 중 연사로 나온 잔지바르 출신의 위대한 무슬림 학자 오마르 압둘라로 학생회관에서 강연을 진행했다.

경고나 설득으로도 다시 완전히 닫을 수 없기 때문이었다.

나와 동료들 역시 젊었고, 이 강력하고 매혹적인 생활 방식에 휩쓸리지 않도록 조심해야 한다는 사실을 인정하지 않을 수는 없다. 우리는 이에 맞서기 위해 더 단단한 힘을 다지기로 결심하고 매주 일요일마다 모여 전혀 다른 방식으로 즐기기로 했다. 우리는 레스토랑, 정원, 박물관을 방문하며 교양 있는 활동을 통해 서로의 유대감을 형성했고, 이 활동은 시간이 지나면서 당시에는 상상할 수 없었던 훨씬 더 큰 무언가를 위한 씨앗을 심는 결과로 이어졌다. 이는 결국 미래의 무슬림학생회 설립으로 이어질 원동력이었다. 당시 나는 버밍엄에서 공부하고 있었는데, 그곳에서 매주 일요일에 열렸던 스터디 모임은 나에게 커다란 의미를 지니게 했고, 나중에 더 나은 세상을 만들기 위한 진지한 시도로 발전하고 구체화될 이해의 시작을 알리는 중요한 시간이었다. 나는 초기 우정과 사람들 간의 힘과 연대감을 형성해야 할 필요성을 깨닫게 해 준 그 시간들을 무한한 감사와 자부심으로 회상한다.

인생을 바꾼 만남

히샴 알탈리브는 밝은 성격에 유머 넘치는 키 큰 청년으로 늘 미소와 찬사로 빛나는 사람이었다. 또한 지적이고 활기차며 아이디어가 넘쳤고, 본성적으로 연민과 영성을 지닌 하나님의 사람이었다. 나는 영국에 도착한 지 1년 후 콘월에서 모술 출신의 한 동기가 저녁 식사에 히샴(역시 모술 출신)을 초대해 만나게 되었다. 부드러운 목소리와 여유 있는 태도, 그리고 타인을 편안하게 만드는 능력으로 사람들을 매료시키는 매우 호감 가는 인물이었다. 마치 하나님의 선지자(그분께 평화가 깃들기를)가 "하나님께서 종복을 사랑하심에, 가브리엘에게 알리며 그도 그를 사랑하도록 하십니다. 이에 가브리엘은 하늘의 모든 존재에게 하나님께서 그렇게 사랑하신다고 알리고, 그들도 그를 사랑하라고 전합니다. 그리하여 그는 하늘의 존재들로부터 사랑을 받게 되고, 마침내 세상 사람들에게도 받아들여짐이라"고 말씀하신 바로 그 사람인 듯했다. 나는 그의 미소와 농담 이면에 예리한 지성과 집중력, 그리고 전염성 있는 집단적 작업에 대한 사랑이 숨겨져 있다는 것을 발견했다. 히샴의 신앙심과 견고한 성품, 보수적 가치관이 내 마음에 깊은 울림을 주어 우리는 오래 갈 우정을 시작하게 되었다. 히샴은 1958년 8월 영국으로 건너와 리버풀대학에서 전기공학을 공부하기 시작했다. 그는 고향 모술에서 이미 이슬람 활동에 참여하고 있었고, 나보다 한 살밖에 많지 않았지만 무슬림 청년들을 조직하는 데 많은 경험이 있었다. 게다가 당시에 인기 있었던 현대 이슬람 문학에도 조예가 깊어 여러 작품을 폭넓게 읽은 사람이었다.

이날 히샴과의 만남에는 주일 모임 멤버들뿐 아니라 다른 사람들도 초대되어 결국에는 대부분 이라크 유학생으로 총 15명이 모이게 되었다. 이제 주일 모임 멤버들은 여러 활발한 토론을 거치며 도덕적 보호를 위한 만남을 넘어 더 많은 일을 하고자 하는 열망에 불타고 있었다(참고로 이 모임 중 한 명은 나중에 자국 정부의 장관이 되었고, 이후 대통령 자문위원으로 활동하였다). 히샴의 집단 작업에 대한 열정과 지혜는 우리에게 완벽한 촉매제가 되었다. 우리는 그의 말을 열심히 경청했고, 히샴은 우리 질문에 논증과 이해로 답하면서 우리의 열정 속에 내재된 신앙을 현명하게 키워 주었다. 그의 존재에 자극받아 우리의 상상력은 불타올랐고, 우리의 저녁 시간은 불타는 질문과 응답, 반응과 반박이 오가며 순식간에 지나갔다. 모두가 자리를 뜬 후, 히샴은 나와 두 명의 동료에게 남아 달라고 부탁했다. 우리는 밤이 깊도록 새벽까지 계속해서 토론을 이어갔고, 잠은 생각지도 못했다. 그날 밤 형성된 유대감, 생각의 만남과 비전의 공유는 프로젝트를 실현하고, 조직을 설립하며, 수십 년간 많은 이들에게 혜택을 준 다양한 활동의 씨앗을 뿌리는 계기가 되었다.

총체적 커리큘럼

믿기 어렵지만(세월의 장난 탓에 마치 어제 일처럼 느껴진다), 그 우연한 만남은 히샴과 오랜 세월 이어질 만남 중 첫 번째 만남이었다. 그 모든 만남 속에서 히샴은 항상 궁극적인 목표, 즉 하나님 앞에서 인간의 책임과 인류에 대한 봉사에 시선을 고정하여 우리의 종교적 연구와 지식의 성장을 끈기 있게 지원해 주었다. 초창기에는 우리의 소모임을 넘어 우리가 처음 도착했을 때 겪었던 바와 같은 도전에 직면한 학생들이 책임감을 가질 수 있도록 부드럽게 이끌었다. 하지만 실제로 그는 더 높은 영적 기준을 제시하며 점점 더 넓은 시야로 생각하도록 인도하고, 개인으로서 이슬람적으로 성장하는 데 필요한 지식과 관대함을 개발하도록 한 것이었다. 작은 변화가 큰 변화를 불러오듯(종교에 미치는 나비 효과는 종교에 대단히 강력하다), 히샴은 이를 직관적으로 이해하고 있었다. 그래서 그는 우리에게 인격의 강점과 헌신뿐 아니라 내가 의식하거나 의식하지 못하는 것 모든 측면에서의 다양한 자질과 특성을 길러 평생 우리에게 큰 도움이 되고 우리의 활동이 우리의 비전과 목표에 맞게 이어지도록 해 주었다. 개인으로서 그리고 그룹으로서 우리의 성장은 히샴이 자신의 시간과 지식을 아낌없이 나누어 준 중요한 만남을 통해 이루어졌다. 나는 히샴에게 깊은 감사의 빚을 지고 있다.

　우리가 지적으로 성장함에 따라 그는 우리의 길에 도움을 줄 더 많은 책과 잡지를 부지런히 보내 주었고, 강사들이 요구하는 필독서를 넘어선 문학에 눈을 뜨게 해 주었다. 이는 우리가 개인으로서 무슬림으로 성장하는 데 또 하나의 중요한 전환점이 되었다. 물리적 실체로 존재하진 않지만 책 속에 존재하는 스승들의 가르침을 읽고 공부하면서 우리는 사실상 기술적 학문과 영적 학문이라는 두 과정을 동시에 밟을 수 있는 총체적 커리큘럼을 제공받은 셈이었다. 그 과정에서 우리는 너무나도 섬세하게 발전된 지식을 습득하여, 학문을 체화하고 지적으로 통합할 수 있었다. 우리는 개인으로서건 그룹으로서건 번성했고, 새로운 목적을 서서히 구체화할 수 있었다. 이는 우리가 단순히 종교를 더 깊이 실천하게 되었을 뿐 아니라 외적으로도 다른 사람들을 돕고자 적극적으로 나서기 시작했음을 의미했다. 생각했던 그림이 완성되었다.

히샴은 우리의 잠재력을 알아챘다. 그가 소개해 준 책들 중 일부는 우리 삶을 변화시켰고, 특히 아피프 타바라가 쓴 아랍어 책(영역본 『이슬람 종교의 정신*The Spirit of the Religion of Islam*』)은 깊은 영향을 미쳤다. 이 책은 이슬람에서 과학의 역할과 여성의 역할을 모두 다루면서 보다 광범위하고 포용적이며 균형 잡힌 무언가에 대한 나의 갈망을 자극했다. 이들 주제는 지금과 마찬가지로 당시에도 종교적 회의론의 주된 발화점이자 신앙에 대한 지적 논쟁을 형성하는 요인이 되었다. 따라서 실질적 신앙의 감각을 갖추기 위해 나에겐 이들 주제의 자리를 나의 영적·정신적 구조 안에서 올바르게 정립하고, 그 본질을 진정으로 이해하며 나아가는 일이 매우 중요했다. 이를 통해 나의 시야는 양방향으로 확장되었다. 한편으로 무슬림에게 과학과 종교는 스펙트럼의 양 극단에서 대립되는 것이 아니라 동전의 양면이라는 점에서 과학-종교 간의 사이비적 구분을 무너뜨렸고, 다른 한편으로는 인류사에서 여성의 역할과 그들에게 부여한 중요한 지위를 높이 평가했기 때문이었다. 이 주제가 현재의 독자들에게는 평범하게 들릴 수 있지만, 당시 우리는 더 넓은 세상을 막 이해 가기 시작한 젊은이들이었으며, 새로이 얻은 지식의 빛 속에서 눈을 껌뻑이던 중이었다. 당연하게도 나는 이 지식을 다른 사람들과 공유하고 싶었고, 열심히 노력했다. 이 과정에서 나는 단순히 개인적 자기 발전을 위해 지식을 흡수하는 수동적 상태에서 다른 사람들에게 지식을 전수하는 능동적 상태로 이동하고 있었다. 당시에는 몰랐지만 히샴의 가르침과 내가 읽었던 책들은 이미 내 안에 몇 가지 중요한 방향으로 나아가게 할 활동의 불씨를 점화하고 있었다. 예컨대, 몇 년 후 나는 『이슬람 종교의 정신』의 영어 번역권을 승인받아 다른 사람들의 지적·영적 성장에 더 많은 영감을 보탤 수 있었다.

버밍엄대학교

앞서 말했듯이 나는 당시 버밍엄에 있었다. 많은 과외 활동에도 불구하고 콘월의 대학에서 우수한 성적을 거두었고, 얼마 지나지 않아 버밍엄대학교에 입학할 수 있었다. 나는 야심차게도 필수 3과목이 아니라 4과목의 A레벨 과정을 공부하여 통과함으로써 입학 자격을 얻을 수 있었다. 남쪽에 위치한 콘월과 달리 버밍엄은 영국 중부의 미들랜즈 지역에 위치한 전혀 다른 도시였다. 영국 산업 혁명의 중심지로 한때 다양한 산업이 발달한 세계 최초의 제조업 도시로 일컬어지며 다양한 산업과 세계 최고의 금속 제조 중심지로 알려져 있었다. 하지만 버밍엄에 대해 잘 알려지지 않은 사실은 도서관, 대학, 박물관의 도시이자 카메라, 엑스레이 스캐너, 복사기, 질량 분석기, 진공 청소기, 전자레인지, 세계 최초의 컴퓨터 등 수많은 발명을 자

랑하는 도시라는 것이다. 산업과 과학 혁신의 역사를 가진 이 도시
는 지성과 아이디어의 도시였으며, 고등 교육을 이어 나가기엔 이상
적 장소였다.

2000년 기준, 영국에서 저작권 등록된 4,000건의 발명 중
2,800건이 버밍엄 반경 35마일 안에서 나왔다. 특허청의 피
터 콜게이트는 "매년 버밍엄은 수천 건의 발명으로 우리를 놀
라게 한다"고 말했다[A. J. 맥길로이(2000. 12. 27.). "버밍엄이 발
명의 어머니인 이유", 텔레그래프. https://www.telegraph.co.uk/
news/uknews/1379400/Why-Birmingham-is-mother-of-
invention.html. 2020년 11월 20일 검색].

첨언하면, 버밍엄의 지적 전통을 이어 버밍엄대학교 도서관
에 '밍가나Mingana 컬렉션'이라 불리는 중동 사본이 소장되어 있다
는 사실에 관심 있는 독자들도 있을 것이다. 종교 연구의 지적 중심
지로서 버밍엄의 위상을 높이기 위해 인수한 밍가나 컬렉션은 아랍
어, 시리아어, 에티오피아어, 조지아어, 히브리어, 사마리아어, 아
르메니아어 등 20개 이상의 언어로 된 3,000점 이상의 중동 사본
으로 구성되어 있다. 이 독특하고 풍부한 컬렉션은 1920년대 모
술 근처에서 태어나 영국에 정착한 칼데아 사제인 알폰스 밍가나
Alphonse Mingana, 1878~1937가 수집한 것이다. 보다 흥미로운 것은 이
컬렉션에는 '버밍엄 꾸란 사본'이라 불리는 초기 꾸란 사본 중 하나
가 포함되어 있는데, 이는 방사성 탄소 연대 측정이 이루어진 전 세
계 몇 안 되는 초기 꾸란 사본 중 하나이다(http://www.birmingham.

ac.uk/facilities/cadbury/
archives/mingana/index.
aspx).

버밍엄대학교, 영국

이 모든 일이 이라크
와 연관되어 있다는 사실을
알게 되었을 때 얼마나 놀
라고 기뻐했는지 상상할 수
없을 것이다. 히샴의 고향 모술 근처에서 비롯된 이 연결고리 덕분에 이를 언급하는 이유이기도 하다.

나의 영혼과 지성은 성장해야 했고, 과학과 신학의 도시인 이곳은 비옥한 땅이었다. 나는 향기로운 아름다운 정원과 농장, 계곡, 언덕, 들판의 멋진 풍경에 둘러싸여 있었다. 또한 공장과 벽돌 구조물, 그리고 베네치아보다 더 많은 운하가 휴양 목적보다는 산업용으로 활용되는 등 한때 산업 도시의 위용을 자랑하는 도시이기도 했다. 나는 운좋게도 4,000명의 학생 중 300명에게만 배정되는 캠퍼스 기숙사를 배정받아 큰 축복을 받았다.

라마단

나는 버밍엄에 쉽게 정착하여 천천히 일과 예배, 학업의 일상을 채워 갔다. 내 개인적 관점은 여전히 나아가고 있었으며, 서로의 지식을 상부상조하기 위해 노력하는 학생들을 존경했다. 내가 함께한 학생들은 더 넓은 의미의 봉사를 실천하는 모습을 보여 주었다. 균형 잡힌 전인적 커리큘럼의 결과로 우리 안에 목적의식이 형성되었는

데, 이는 단순히 다른 이들에게 종교를 가르치거나 집단 사고에 흔히 나타나는 내적 지지를 유지하는 차원을 넘어서는 것이었다.

우리의 관점과 책임감은 더 넓은 경계로 나아갔다. 집단으로서 존재라는 안전한 울타리와 세상에 대한 방어벽을 넘어, 우리의 신앙에 도전하는 지배적인 생활 방식에 맞서기만 하는 일은 우리에게 더 이상 영적으로 도움이 되지 않는다는 것을 깨달았다. 보호적인 동시에 이기적이었으며, 진정한 영성은 자기 보호를 위해 집단 내부로만 단합하는 것이 아니라 공동체와 인류 구성원 모두에 대한 책임감에서 비롯된다는 것을 이해하게 되었다. 그래서 우리는 상황을 다시 점검했고, 비록 소수의 무슬림 학생 그룹으로 지식을 실천에 옮기기 시작했는데, 먼저 우리 외부의 사람들, 특히 화학과 물리학에 어려움을 겪고 있는 일부 무슬림 및 비무슬림 영국 학생들을 돕기 시작했다.

물론 그것은 시작에 불과했지만 결실을 맺었고, 이런 공정 정신으로 서로 교류하는 과정에서 특별한 일이 일어났다. 단순히 영국인 동료들에게 도움의 손길을 내밀었을 뿐인데, 사실상 우정의 손길이 되어 진정한 유대에 기반한 신뢰 관계가 형성된 것이다. 이 모든 일은 라마단이라는 축복의 달이 다가올 즈음에 일어났다. 우리는 새벽 해가 뜨기 전에 하루의 식사를 준비하고, 저녁에 금식을 끝내며 식사와 기도를 마친 뒤 밤늦게까지 공부를 이어갔다. 영국인 동료들은 이 모든 것을 매우 특별하다 여기며 우리의 규율과 헌신에 깊은 인상을 받았다. 우리는 그들을 이프타르*iftar, 금식 해제 식사*에 초대했는데, 주로 쌀과 닭고기 같은 중동 요리를, 동남아시아 및 동아시아 학생들은 대개 카레나 비리야니 같은 요리를 준비했다. 이 모든 음식의 독특한 향이 밤마다 기숙사 방을 채우면서 동양의 향신료가 섞인 진한 향기를 퍼뜨렸다. 영국인의 입맛이 얼마나 변화했는지를 이해하려면 그 당시로 돌아가야 한다. 그 시절에는 마늘과 올리브 오일조차 영국인의 식단에서는 '이질적'으로 여겨졌고, 양차 세계대전의 영향으로 음식은 소박하고 단순한 편이었다. 그래도 우리는 피시 앤 칩스를 좋아했으며, 오늘날까지도 이 요리는 과소평가되고 있다고 생각한다.

참으로 축복받은 라마단이었다. 날이 갈수록 우정이 쌓여 가면서 신앙과 문화를 뛰어넘는 다리가 만들어졌다. 우리는 함께 모여 단순한 함께함의 기쁨을 누리며 먹고 마시고, 좋은 음식과 좋은 사람들과 다양한 주제를 논하며 문화적 차이의 중요성을 잊었다. 서로 편안하게 어울리며 유대감은 더욱 깊어졌고, 라마단은 어느새 빠르게 지나갔다.

크리스마스 휴가

크리스마스라는 역설이 찾아왔다. 영국인들에게는 유대감, 가족, 우정, 즐거운 시간을 갖는 훌륭한 시기였지만, 크리스마스 연휴 동안 대학이 문을 닫고 모두 각자의 집으로 떠나면서 우리 유학생들에게는 참을 수 없는 외로움을 경험하는, '즐거운' 시즌이 될 수 없었다. 우리 중 상당수는 아주 어린 나이에 처음으로 가족과 떨어져 지낸 탓에 고립감은 더욱 심했다. 그러나 인간은 비탄의 외투로 몸을 감쌀 수도, 아니면 그 외투를 벗어 던질 수도 있는 존재다. 우리는 후자를 선택했고, 기분 전환을 위해 외국인 무슬림 학생들을 위한 일주일 프로그램을 기획하기로 했다.

우리의 프로그램은 많은 무슬림 학생들이 겪는 긴 공허의 시간을 대신할 레크리에이션이자 교육적 대안이었다. 돌아보면 우리의 창의성이 매우 자랑스럽다. 일단 마음을 먹은 후에는 반쪽짜리 시도가 아니라 모두가 기억하고 즐길 수 있는 행사를 만들기 위해 전력투구했다. 그래서 우리는 열정적으로 프로젝트에 몰두해 가능한 한 모든 사람의 취향에 맞는 다양한 활동을 포함하는 프로그램을 마련했다. 강의, 촌극, 함께하는 운동, 야외 나들이, 공동 예배를 기획하고, 특히 집밥을 그리워하는 학생들을 위해 중동 음식을 직접 요리해 제공하기도 했다. 대부분의 활동은 리버풀에 있는 예멘인 고故 하지 알리 히잠이 세운 알라위트 코너Alawite Corner라는 수수한 모스크에서 진행되었다. 유럽 최대의 성당 중 하나와 길을 사이에 두고 마주한 이 모스크는 수수했지만 매우 아름다웠다.

우리는 '1959년 크리스마스'라는 행사명과 장소가 새겨진 정식 초대장을 보냈다. 40명의 학생이 초대에 응했다. 프로그램은 강의, 기도 및 다양한 활동으로 가득 채워졌으며 참석자들은 적극적으로 참여했다. 프로그램이 너무 알차 낮 동안 아무도 모스크를 떠날 여유가 없었고, 참석자 모두 모스크에서 밤을 보낼 수 있도록 숙소도 마련했다. 우리는 한 형제가 음식 준비를 담당하고, 다른 형제들이 다양한 활동을 맡는 등 모든 일을 훌륭하게 준비했다. 늘 그렇듯, 우리는 결코 어리숙하지 않았고 한 눈은 항상 현실을 직시하고 있있으므로 우리의 작업은 예상했던 것 이상으로 발전했다. 그래서 식사 중이건 활동 중이건 잠자리에 들기 전이건 간에 우리는 토론과 논쟁 속으로 깊이 빠져들었고, 진지한 대화와 지적 추구에 몰두했다. 떠오른 많은 질문 중 대부분은 무슬림 학생들이 직면하는 다양한 추가적 도전들에 관한 것이었다.

서클 밖에서 시간의 장막 너머로 그때를 돌아보니, 서로의 복지에 대한 배려, 동지애의 정신으로 함께했던 모임, 단합을 보여 주고 에너지를 결집했으며, 그 결과로 얻은 토론, 논쟁, 학습했던 모든 기회가 우리의 인격을 단련하고, 타인과의 소통을 길러 주었으며, 소수자로서의 두려움을 없애고 공동체 결속력을 강화했으며, 목적의식을 고취하는 데 기여했음이 명확하게 이해된다. 실제로 어떻게 하면 더 나은 예배를 드리고 더 나은 봉사를 할 수 있을지에 대한 고민이 거의 모든 질문과 토론의 핵심이었다.

보이지 않는 하나님의 손이 우리를 이런 저런 길로 인도하고, 우리를 가르치면서도 그 사실을 깨닫지 못하게 하며, 우리 능력의 잠재력을 깨닫고 실현하도록 유도하고, 우리가 함께함을 배우도록 각자의 고독을 느끼게 하던 그 모든 과정이 지금은 너무도 분명히 이해되어 내 마음은 감사로 충만하다. 모든 대화에서 특히 두드러진 점은 우리의 학습과 성장이 진정한 의미를 가지려면, 사회가 경험하는 현실과 맞닿는 실용적 지점이 있어야 한다는 인식이었다. 거기에 진정한 만족이 있었고, 그게 진정한 도덕적 사명이었다. 우리는 진정으로 사람들을 아꼈기에 단순히 고립된 지적 추구나 종교적 지식에만 몰두하지 않고 외부 세계에 긍정적인 영향을 미칠 수 있는 공공성을 지향할 수 있었다. 그리고 세상은 나약함과 필요성이 공존하는 곳이었다. 학생들은 자신의 가장 큰 고민과 관심사를 공식·비공식적 모임에 드러냈고, 우리는 어느새 일종의 피정, 즉 내면의 짐을 내려놓는 공간으로 변모했음을 발견했다. 이 공간은 또한 집중적 학

습의 장으로서 모든 이들이 다양한 수준과 형태의 이즈티하드*ijtihad*,
즉 우리가 어떻게 우리의 잠재력을 최대한 발휘하고 최고의 자신으
로 성장할 수 있을지, 그리고 현대 사회에서 성공을 이루기 위해 어
떻게 균형을 맞출 수 있을지를 진지하게 논의하는 장이었다. 그 논
의들은 참으로 진지했고, 그 일원으로 참여할 수 있었던 것은 놀라
운 경험이었다.

학교 설립

이 모든 모임과 행사, 그리고 조직화 과정은 여러 가지 복잡한 요소
로 구성된 배움의 나선이었으며, 그 경험은 값으로 매길 수 없을 뿐
아니라 우리가 처음 영국에 왔을 때는 상상도 할 수 없었던 방향으
로의 결실이었다. 다방면에서 우리가 이룬 것은 계량화할 수 없는
성장과 강인함, 존재 의식, 공동체 의식, 낙관주의라는 위대한 이정
표를 이루는 과정이었다. 이러한 것들은 결코 수치로 환산될 수 없
다. 그럼에도 우리는 지금까지의 성과를 평가하고 미래를 계획함으
로써 가속화하는 것이 최선이라고 생각했다.

　우리가 파악하기로 필요한 일 중 하나는 지역 무슬림 이민자 공
동체를 위한 학교 설립이었다. 문제 해결에 대한 우리의 확고한 의
지에 더해 필요한 것은 학교의 입지를 결정하는 일이었다. 버밍엄에
거주하는 다양한 무슬림 공동체의 광범위한 인종적, 문화적 구성을
고려해야 했으므로 쉽지 않은 일이었다. 당시 고려해야 할 주요 그
룹으로는 벵갈과 예멘 공동체가 있었다. 버밍엄대학교의 (나의 화학
공학 전공 1년 선배였던)고^故 수하일 알 리파이를 만나 최고의 입지에

관한 제안을 논의한 끝에 결국 벵갈 무슬림 거주 지역에 학교를 열기로 결정했다. 이 선택은 몇몇 이유로 보다 훌륭한 결정으로 여겨졌다. 예멘 공동체는 이 학교 프로젝트에 큰 호응을 나타내 예멘 모스크 중 한 곳을 주일학교 프로그램 장소로 제안하며 학교 설립에 주도적으로 나섰다. 영국 속담에 "작은 도토리에서 거대한 참나무가 자란다"는 말이 있듯, 이 경우에 '거대한'이라는 수식어가 적절한 것은 아니지만, 우리는 강에 던진 작은 조약돌이 파문을 일으켜 점점 더 넓게 퍼져 더 나은 변화를 만들어 내는 것을 보았다.

버밍엄의 예멘 공동체에서 영향력을 행사하던 이맘, 셰이크 무함마드 카심은 리버풀의 알라위트 코너 모스크에서 우리의 성공적 활동을 알고 우리를 자신의 센터로 초대하여 학생들에게 꾸란, 기도, 기타 다양한 이슬람 주제를 가르쳐 달라고 요청했다. 우리는 벵골 공동체의 마스지드에서 가르쳤던 것과 동일한 프로그램을 활용했다.

이 프로그램은 예멘 공동체에서 인기를 끌어 결국 우리는 배움의 열정으로 가득 찬 어린아이들까지 가르치게 되었다. 아이들은 대부분 이민 2세들이었고, 때문에 꾸란 단어의 제대로 된 발음은 고사하고 아랍어 읽기 쓰기는 물론이거니와 말하기에도 취약했다. 그래서 우리의 존재와 봉사는 우리의 상상 이상의 큰 의미를 가지게 되었다. 얼마 지나지 않아 학교는 20명에서 40명으로, 다시 80명으로, 결국 120명의 학생으로 확대되었다.

학생 수가 늘어나 학교 규모가 확대됨에 따라 가르치는 주제의 범위를 넓혀 언어뿐 아니라 아이들에게 신앙의 원리, 이슬람 노래와 기도문도 가르쳤다. 이는 우리에게 더 큰 성과로 다가왔다. 단순히 우리가 확인할 필요를 충족시킬 뿐 아니라 그동안 주로 학생 집단을 대상으로 해 왔던 우리의 활동을 처음으로 더 넓은 무슬림 공동체로 확장하는 계기가 되었기 때문이다.

여기서 멈추지 않고 우리는 공동체의 여러 구성원이 참여하는 커리큘럼을 개발하여 공동의 노력을 시작했고, 집단 의식을 형성해 갔다. 많은 부모들이 우리의 노력을 지지하고 무슬림 공동체의 다양한 구성원들과 함께 참여했다. 각자의 노력과 자원을 모으면서, 한때 고립되어 있던 다양한 무슬림 공동체와 개인들이 공동의 필요와 목표를 해결하기 위해 함께 모였으며, 새로운 시각과 확장된 사고로 동기 부여되고 영감을 받았다.

다른 세계로 옮겨진 이드

영국에 거주한다는 것은 고향과 가족, 그리고 중동에서 벌어지는 일들로부터 멀리 떨어져 있다는 것을 의미했다. 일부 무슬림 공동체 구성원들은 영국을 자신들의 새로운 고향으로 잘 적응하고 있었지만, 여전히 중동적 맥락과 의식에 벗어나 영국에서의 새로운 삶에 적응하는 데 어려움을 겪고 있는 사람들도 있음을 알게 되었다. 우리는 특정 이드EID 기간 동안 이러한 사례들을 실감하게 되었다.

이드 축제는 가족, 친구, 사람들 간 유대를 촉진하고, 어디에 있든 공동체 의식과 소속감을 키울 수 있는 감동적 시간이다. 여느 주요 축제와 마찬가지로 기쁨과 행복의 시간이자, 축제 자체를 즐길 뿐 아니라 비무슬림 친구들을 초대하여 기쁨을 나누고 이슬람에 대해 더 많이 배울 수 있는 기회로 활용되기를 기대했다.

1961년 알라위트 코너 모스크의 셰이크 카심이 의미 있는 쿠트바*Khutbah, 설교*를 행했지만 다소 이례적으로 끝을 맺었다. 쿠트바를 마치며, 당시 예멘 지도자였던 이맘 하미두딘과 그의 해군과 지상군의 축복을 빌어달라고 기도한 것이었다! 우리는 당혹스러웠다. 여기 영국에서 이드를 축하해야 할 시간인데, 수천 마일 떨어진 지도자뿐만 아니라 이슬람 군사 원정에 나선 군대를 위해 축복을 구해야 하는 상황이라니. 여기에는 정치적 맥락이 있었다. 당시 이집트의 자말 압델 나세르 대통령의 지원을 받은 예멘 군대가 북예멘을 통치하던 이맘을 전복시킨 사건이 있었다. 이는 지역적으로 중대한 사건이었고 전 세계의 이목을 끌었지만, 예멘에 있지 않고 영국에 거주하는 우리와는 직접적 관련이 없다고 느꼈다. 영국에서의 우리 삶과 아무런 관련이 없는 정치적 문제를 간청하고, 모두가 참여하는 축하의 날에 끌어들이는 행위로 우리에게 커다란 깨우침을 일깨우게 했다.

트렌드 설정, 처음으로 영어로 설교하다

하지만, 위에 말한 사건을 제외하면, 셰이크 카심은 우리에게 즐겁고 유익한 쿠트바를 선물했다. 축하 인사를 하러 갔을 때 갑자기 셰이크 카심이 예상치 못한 제안을 했다. "아흐마드, 다음 이드 쿠트바를 맡아주겠는가?" 너무 과분한 요청이었고, 나는 감사하지만 나보다 선배에게 영광이 돌아가야 한다는 취지로 얼버무렸다. 하지만 셰이크 카심은 내가 직접 쿠트바를 전달해야 한다고 고집했다. 나는 거절할 수 없었고 아랍어와 영어로 모두 전달하겠다는 제안에 흔쾌히 동의했다. 참석자 중 많은 사람들, 특히 이민 2세대 어린이들은 아랍어를 몰랐기 때문에 사실상 모국어인 영어로 연설하는 것이 옳다고 생각했다. 이례적이긴 하지만, 내가 진행한 이드 쿠트바는 버밍엄 역사상 처음으로 아랍어와 영어 두 가지 언어로 된 이드 쿠트바였다. 그리고 이 관행은 지금까지도 계속되고 있다. 나는 이것이 영국 도시에 위치한 모든 모스크에 매우 중요하다고 생각했다. 반응은 매우 긍정적이었다. 참석한 개종자들은 특히 영어 쿠트바를 높이 평가했고, 이후 쿠트바를 통해 이슬람에 대해 배우고자 하는 사람들이 더 많아졌다.

봉사 활동

시간이 흐르며 우리가 시작한 활동, 강연, 교육 프로그램이 빠르게 결실을 맺고 있음이 분명해졌다. 모든 것이 순조롭게 진행되었고 좋은 성과를 거두고 있었지만, 우리의 노력이 기하급수적으로 성공을 거두면서 새로운 도전도 마주하기 시작했다. 예컨대 이 시기에 몇몇 사람들이 이슬람교로 개종하여 무슬림 공동체의 일원이 되었다. 이 새로운 신자들은 자신의 신앙에 대해 더 많이 배우길 원했고, 무슬림 공동체의 지원이 필요했다. 우리의 활동이 우리가 감당할 수준을 넘어서고 있다고 느낀 것은 아마 이때가 처음이었을 것이다. 교육과 다양한 프로젝트에 매진하느라 더 이상 에너지와 시간을 투자할 여력도 없었지만, 동시에 다른 사람들의 요구를 무시할 수도 없는 노릇이었다. 이 시점에 우리는 몇몇이 모여 숙고 끝에 중대한 결정을 내렸다. 내면에서 강렬한 무엇인가 솟구치며 우리는 도움이 필요한 사람들을 위해 우리 자신을 깊이 헌신하기로 결심했다. 이 말이 가볍게 들리진 않기를 바란다. 실제로 이것은 우리 삶을 바꿔 놓은 엄청난 목표였으며, 우주의 한 부분으로서 우리의 위치를 평가하고, 하나님의 대리자로서의 역할과 그에 따르는 의무를 확인하는 것이었기 때문이다. 모든 일에서 하나님의 기쁨을 추구하며, 어떤 세속적 이익보다 내세의 보상을 더 중시하기로 결심한 것이었다. 우리는 모두 이 거대한 질서 속의 작은 점에 불과하지만, 그럼에도 큰 변화를 만들 수 있다. "당신은 스스로를 하찮은 존재로 여기지만, 실은 당신 안에 우주 전체가 담겨 있다(알리 이븐 아비 탈리브)."

우리의 최우선 과제는 인류애와 도움이 필요한 사람들에 대한 지원이 되었다. 앞서 언급했듯이 나비 효과는 매우 강력하며, 작은 발걸음이 큰 성과로 이어지는 것을 직접 경험했기에, 하나님을 섬기는 이 열정은 한 번 시작되면 멈출 수 없음을 알았다. 다시 강조하지만, 이것은 일시적 감정이 아니었다. 우리는 진심으로 이를 실행하려 애썼고, 상황을 지혜롭게 해결하기 위해 많은 이들이 용기 있게 자신의 경력을 뒤로 미루며, 수면 시간을 희생하여 점점 커져 가는 무슬림 공동체의 요구를 충족하기 위한 도전에 나섰다. 이 경험은 내 인생에서 그 무엇과도 바꿀 수 없는 중요한 이정표였다.

버밍엄 모스크의 규모는 작았지만 한 번에 최대 70명의 예배자를 수용할 수 있어 우리의 목적에 충분히 걸맞았다. 우리는 이 공간을 더 잘 활용하여 공동체의 중심지로 발전시켰고, 기도와 적극적 활동의 장으로 만들었다. 신도들은 점점 더 늘었고, 신앙에 대한 이해와 실천에 진전을 이룰 수 있었다. 개종자뿐 아니라 노인들도 무슬림 공동체 내에서 더 많은 지원이 필요했고, 젊은 세대 역시 마찬가지였으므로 우리는 모든 세대의 요구를 인식해 지원 범위를 넓히기로 했다. 예를 들어, 일부 어린이들이 이슬람 수업을 들을 수 있도록 일요일마다 집에서 모스크까지 교통편을 제공하는 등 새로운 요구와 문제에 대응했다. 공동체 전체가 각자의 방식으로 도와주러 나섰다. 장로들에게 재정적 지원과 활동에 대한 조언을 요청했을 때, 그들은 주저 없이 도움을 주었다. 본질적으로 우리가 제공한 교통편이나 추가 지원 또는 활동이 특별했던 것은 아니었다. 그보다는 봉사 의식과 목적에 대한 인식이 공동체 모든 구성원들을 그 원칙에 맞춰 함께 움직이게 하고 이를 내면에 스며들게 한 것이 진정한 차이를 만들어 낸 것이었다.

교회에서 예배 드리기

공동체의 헌신과 규모 면에서 성장하는 동안, 버밍엄대학교에 유학 온 무슬림 학생들의 수도 증가했다. 무슬림 학생 수가 증가함에 따라 금요 예배를 위한 공간이 절실해졌다. 늘어난 우리 규모를 수용할 수 있는 유일한 건물은 대학 내 종교 간 교회뿐이었다. 금요일에는 교회가 주로 비어 있다는 사실을 알게 된 우리는 교회 장로들을 만나 장소 사용 허가를 요청했다. 장로들은 흔쾌히 허락해 주었고, 우리를 위해 두 시간을 비워 주었다. 한 시간은 기도하는 데, 나머지 한 시간은 기도 후 모임을 위한 시간이었다. 우리는 그 관대함에 깊이 감사드렸으며, 우리의 신앙이 함께하는 선지자 아브라함적 유대 (이슬람교, 기독교, 유대교)를 다시금 느끼게 되었다.

그럼에도 모든 것이 장밋빛으로 빛나지만은 않아 모든 영역에서 만족할 수 있도록 신속하게 해결해야 하는 딜레마가 드러났다. 이것들은 우리에게 회복력과 섬세한 접근을 필요로 하는 문제들이었다. 삶을 돌아볼 때 분명한 것은, 어떤 문제들은 그 해결이 결코 쉽지 않음에도 차분한 태도로 문제 해결에 집중할 때 놀라운 효과를 발휘한다는 것이다. 일부 무슬림들은 우리가 교회에서 기도하는 것에 문제를 제기했고, 다른 이들은 교회에서의 기도가 허용되는지에 대해 의문을 제기했다. 이는 기독교 형제들에 대한 반감 탓이 아니라 모스크에서의 예배가 너무 익숙한 나머지 모스크 밖에서의 기도를 낯설게 느꼈기 때문이었다. 이 문제는 후에 비무슬림이 다수인 국가에 거주하는 무슬림들이 앞으로 직면하게 될 여러 질문과 딜레마의 일부라는 사실을 깨닫게 해 주었다. 우리는 여러 학자들에게 자문을 구했고, 다행히도 무슬림들이 교회에서 기도하는 것은 허용된다는 파트와*Fatwa, 종교적 판결*를 받았다.

시간이 지나면서 다른 문제들에 대한 파트와도 받게 되었다. 예컨대, 비무슬림이 다수인 국가에서 할랄 고기의 문제도 제기되었으며, 이 문제는 오늘날까지도 논의되고 있다. 아흘 알-키타브*Ahl al-Kitab, 성서의 백성들, 즉 유대인과 기독교인* 외의 비무슬림이 제공한 (돼지고기, 술, 부적절하게 도축된 육류 및 육식 동물 등 이슬람 경전에서 명시적으로 금지하는 것을 제외하고)음식을 먹을 수 있을까? 이 경우 무엇이 아흘 알-키타브를 구성하는가? 일부 무슬림은 이 고기를 할랄로 보았고, 다른 무슬림은 반대했다. 게다가 학자들은 이 문제에 대한 의견을 달리하여 무슬림이 도축한 고기만 허용된다고 주장했다. 우리는 아직 무슬림들이 유럽, 북미, 그리고 서구 여러 국가에서 이러한 종류의 도전에 직면하리라는 것을 알지 못했다. 라마단의 시작을 결정하는 방법이나 무슬림이 비무슬림과 결혼할 수 있는지 여부 등 차후에 우리가 직면한 다양한 문제들도 있었다. 이 모든 질문은 새로운 땅에 살면서 실제적으로 그들의 필요에 맞는 새로운 피끄*Fiqh, 이슬람법학*를 요구하는 사람들에게 고유한 질문이었다. 당시에는 이 용어를 사용하지 않았지만, 우리에게 필요한 것은 '소수자를 위한 피끄흐'라는 개념이었으며, 이는 수십 년 후에야 구체화되어 이후 많은 책이 저술되고 컨퍼런스가 조직되어 논의되었다.

중요한 문제 해결, 고립 또는는 통합?

우리 활동에서 정기적으로 다루게 된 과제는 비무슬림이 다수인 국가에서 소수자로서의 존재와 우리의 행동이 어떻게 신실한 무슬림이자 새로운 사회의 구성원으로서 최선이 될 수 있을지에 대한 의사결정과 심사숙고였다. 모든 종류의 문제에 대한 해결책을 찾아야 했지만, 특히 주목할 만한 한 가지는 우리가 비무슬림 공동체와 대체로 분리되어 생활할 것인지, 아니면 주변의 더 큰 공동체 구성원들과 교류하여 실질적으로 통합할 것인지에 대한 문제였다.

본능적으로 우리는 수십 년 앞서 이 주제를 인지했다. 이 주제는 훗날 영국과 유럽 전역에서 논쟁을 불러일으켰고, 최근 몇 년 동안 무슬림의 존재에 관한 가장 중요한 쟁점 중 하나로 떠올랐다. 오늘날의 논쟁은 주로 극단주의와 급진화라는 강력한 이슈에 의해 지배되며, 무슬림 공동체는 다문화주의 정신으로 지배적 문화와 교류하기보다는 공동체 내부로 후퇴하고 있다는 비판을 받고 있다. 문제는 복잡해졌고, 일부는 정부, 미디어, 지적 담론이 인종·문화·종교적으로 관용적 사회에 성공적으로 통합하려는 개인과 집단을 지지하기보다 급진화와 반테러에 초점을 맞추는 경향이 있다고 주장한다. 무슬림들은 취약함에 노출되어 비극적 사건이 발생할 때마다 개별 범죄자가 아니라 공동체 전체에 비난의 손가락이 향하는 탓에 인종차별적 보복을 두려워한다. 무슬림 공동체가 급진화와 통합 문제를 해결하기 위해 충분히 노력했는가에 대한 의문도 있다. 자신들의 사회적 배제도 부분적으로 책임이 없는가에 대한 논의도 계속되고 있다.

초기 단계에서부터 이민자 공동체가 직면한 전통과 문화의 불안정 요인들에 주목하고, 나아가 원주민과 긍정적으로 통합된 정체성을 형성하는 것이 중요하다는 점을 강조할 수 있었던 데 깊은 감사를 느낀다. 그렇게 함으로써 우리는 사회적, 문화적 위협이나 낯선 타자로 여겨지지 않고 공동체의 통합된 구성원으로 인식될 수 있을 것이라 확신했다. 그래서 많은 토론과 고민 끝에 우리는 통합의 길을 선택했고, 주변 사람들을 우리의 주인이라 생각하며 그들에게 마땅한 존경을 표하기로 했다. 물론 지금은 새로운 세대들이 영국 및 서구에서 태어나 자라며 자신을 완전한 시민으로 인식하게 되면서 이 문제는 거의 쟁점이 되지 않는다. 또 다른 중요한 요소는 결국 무슬림으로서 우리에게는 신앙과 문화를 외부에 설명할 의무가 있었다는 점이다. 이는 다양한 문화적·종교적 정체성의 벽 뒤에 자신을 고립시키는 것이 아니라, 통합을 선택함으로써 이룰 수 있다는 점이 명확했다. 종교적·문화적 정체성은 통합으로 희석되는 것이 아니라 오히려 긍정적으로 강화될 수 있었다. 영국 사회에 살면서 이웃과 함께하는 활동에 적극 참여하고, 허용 가능한 사회적 행사에 함께함으로써 우리는 우리의 의무를 다하고, 진정으로 신뢰할 수 있는 친구이자 지지하는 이웃으로 자리매김할 기회를 가질 수 있었다. 이 모든 과정에서 우리는 단지 사랑과 조화의 정신으로 인류와 나누라는 선지자 무함마드(그분께 평화가 깃들기를)의 가르침을 따르고 있었습니다.

MSA의 씨앗이 싹트다

우리는 영국과 아일랜드에서 공부하는 무슬림 학생들을 지원하기 위해 단체를 설립했다. 이미 다양한 활동을 통해 오랜 시간 준비해 온 결과였지만, 실질적으로 우리의 활동이 뿌리내리고 한층 높은 차원의 조직으로 발전하는 것을 볼 수 있었다. 그 규모는 놀라운 것이었다. 버밍엄의 지역 모스크는 40명의 신도들을 수용했지만, 우리가 설립한 학생 조직은 실로 수천 명을 대상으로 활동했다. 우리는 무슬림 학생들과 효과적으로 소통할 수 있는 메커니즘의 중요성을 인식하고 정기적인 신문을 발행하기로 결정하고 제목을 《알 구라바 *Al-Ghuraba*, 외국인》라고 정했는데, 매우 적절한 제목이라 생각했다.

우리 회원 중 상당수는 낯선 영국 땅에서 우여곡절을 겪는 유학생들이었다. 우리는 신문 첫 페이지에 다음과 같은 선지자의 말을 실었다.

"이슬람은 낯선 것에서 시작되었고 처음처럼 다시 낯선 것으로 돌아갈 것이니, 사람들의 타락을 바로잡는 낯선 이들에게 기쁜 소식을 전하라."

우리는 스스로를 '개혁가'로 인식했으며, 고국에서 군사 쿠데타와 폭력적 정권 전복을 옹호하던 많은 아랍 민족주의 동료들과 달리

'혁명가'로 여기지는 않았다. 밤샘 작업 끝에 신문 창간호를 만들었다. 현대식 기술 없이 스텐실과 왁스 종이를 준비해 손으로 직접 인쇄하여 총 50부를 만들었다. 빠듯한 예산이었기에 동료 형제들로부터 우표와 봉투를 기부받아 전국으로 신문을 발송했다.

새로운 지평을 여는 대학 선거

창간호 발행 후, 우리는 무슬림 학생들의 요구를 지원하기 위한 다양한 활동에 빠르게 참여했다. 1960년에 버밍엄대학교의 학생회 선거에 참여하게 되었는데, 나는 말레이시아 유학생 수하이미 카마루딘의 요청으로 국제 학생 대표에 출마했다. 수하이미 카마루딘은 영국에서 교육을 마치고 귀국 후 말레이시아 집권당 UMNO의 청년 지도자가 되었다. 하나님의 축복으로 나는 선거에서 승리했고, 그 결과 대학 내 무슬림 학생들을 더 잘 지원할 수 있게 되었다.

이 성공을 계기로 우리는 활동 폭을 더 확장하기로 했다. 영국을 넘어 다른 무슬림 학생들과의 지원과 연결을 강화하기 위해 1961년 프랑스, 독일, 오스트리아의 무슬림 학생들과 접촉했고, 독일의 작은 도시였던 아헨에서 컨퍼런스를 개최하기로 결정했다. 이후 아헨에 모스크를 건립하고, 마스지드 빌랄Masjid Bilal이라고 이름 지었다. 아헨을 선택한 것은 중요한 결정이었으며, 이곳은 많은 무슬림 학생들에게 지원을 제공했고, 이들 중 일부는 훗날 중요한 직책을 맡게 되었다. 예를 들어, 네크메틴 에르바칸은 아헨에서 공부했으며, 이후 1996~1997년 동안 튀르키예의 총리가 되었다. 또한 바차루딘 유수프 하비비 역시 아헨에서 공부했으며, 1998~1999년 동안 인도네시아 대통령을 역임했다.

길잡이 기관으로서의 금요일 쿠트바

모든 발전과 늘어나는 책임감 속에서 새로운 프로젝트가 성공할 때마다 우리는 청년 리더로서 숙달해야 할 필수 기술의 개발을 생각하기 시작했다. 우리는 홍보, 대중 연설, 유창한 영어라는 세 가지 필수 기술을 우선순위로 삼는 데 합의했다. 수십 년이 지난 지금도 이 세 가지 역량의 중요성은 여전히 변함없으며, 오히려 더욱 필요한 상황이 되었으므로 우리는 그 당시에 이미 선견지명이 있었다고 생각한다. 대중 매체와 소셜 미디어의 부상은 소통 방식에 극적인 변화를 가져왔으며, 이제는 바로 이 분야에 역량을 갖춘, 표현력 뛰어난 무슬림이 필요하다. 이들은 미디어의 잠재력을 활용하여 자신을 긍정적으로 표현하고, 언론인 등과 효과적으로 소통할 수 있어야 한다. 이러한 기술을 배우기 시작한 이유 중 하나는 의미 있고 관련성 있는 금요 쿠트바*Khutbah*를 영어로 전달하기 위함이기도 했다. 당시 우리는 금요일 쿠트바를 전할 수 있는 사람이 절실히 필요했고, 우리가 직접 이를 시작함으로써 첫걸음을 내디뎠다. 쿠트바를 전하는 사람은 꾸란, 선지자 하디스, 무슬림 역사 및 관습에 대한 깊은 이해가 필요했다. 우리는 개인과 집단으로 많은 시간을 할애하여 일련의 중요한 역량 개발에 투자했으며, 이슬람을 제시하고, 시사 문제를 논하며, 지혜와 통찰력을 필수 원칙으로 삼아 누구와도 토론할 수 있는 젊은 인재들을 양성했다. 우리는 이 세 가지 역량 개발이 우리 모두의 발전에 필수적이라고 결론 내리고, 예견되거나 새롭게 발생하는 모든 책임을 감당할 수 있도록 스스로를 개선하는 데 전력을 다했다.

쿠트바와 관련해 우리는 철저히 준비하고 조직적으로 접근했다. 매해 금요일마다의 주제를 사전에 계획하여 50여 개의 주제를 마련했으며, 단순 반복적인 발표가 아닌, 공동체의 필

1963년. 버밍엄대학교에서의 금요 기도 후. 오른쪽에서 첫 번째는 말레이시아 출신의 영국 FOSIS 초대 사무총장 수하미 카마루딘, 두 번째는 브루나이 출신으로 독립 후 브루나이 초대 총리가 된 페힌 압둘아지즈 오마르, 모자를 쓴 사람이 나, 왼쪽 첫 번째는 브루나이 외무장관이 된 무함마드 알리 다우드.

요와 질문에 응답할 수 있는 콘텐츠를 중심으로 금요 쿠트바를 지도하는 기관으로 탈바꿈했다. 우리는 쿠트바를 사전에 인쇄하여 널리 배포함으로써 참석하지 못한 사람들도 그 메시지를 접할 수 있게 했다. 이렇게 준비된 쿠트바는 공동체의 긴급하고 상황에 맞는 필요를 반영하였으며, 그들의 삶에 영향을 미치는 문제에 대해 교육하는 것을 목표로 했다. 또한 쿠트바를 통해 모임을 알리고 프로그램을 개발하는 데도 활용했다. 금요 예배는 최소한 무슬림 남성에게는 의무적이므로, 이를 통해 다른 채널보다 더 많은 청중에게 다가갈 수 있음을 알고, 최대한 활용하고자 했다. 우리 나이에 돌아보면, 목표한 바를 이룰 수 있는 인간 내면의 잠재력에 감탄하게 된다. 결단력, 명확한 사고와 계획은 근면성과 집중력이 더해지고 명확한 목표가 설정되면 하나님의 축복과 함께 기적을 이룰 수 있다.

영적 승천

내 인생에 가장 큰 영향을 준 것은 아버지로부터 들은 한 마디 조언이었습니다. 아버지께서 말씀하셨습니다.

"아들아, 마치 꾸란이 너에게 직접 계시된 듯 읽어라."_무함마드 이크발

우리는 계속해서 우리의 안락을 넘어 도전했으며, 이러한 노력 덕분에 타끄와*taqwa*, 즉 하나님에 대한 의식이 강화되었다. 따라서 우리는 단순히 결과나 변화 그 자체를 위해 이러한 집단적 활동에 참여한 것이 아니라 그 과정에서 우리 자신을 발전시키기 위해 참여했다. 꾸란은 사람들을 세 가지 범주로 나누는데 믿는 자, 부인하는 자, 그리고 위선자가 그것이다(수라 알 바카라, 1~9절). 믿는 자들은 보이지 않는 것을 믿고, 기도를 수행하며, 자선을 베풀고, 하나님의 모든 경전을 받아들이며, 심판의 날이 올 것을 확신하는 사람들이다. 선지자 무함마드(그분께 평화가 깃들기를) 이후 네 번째 칼리프인 알리(하나님께서 그에게 은총을 베푸시길)는 하나님의 진노에 대한 두려움, 정해진 것에 대한 추종, 주어진 것에 대한 만족, 심판의 날 준비 등이 믿는 자들의 하나님에 대한 의식이라 설명했다고 전해진다. 부인하는 자는 신앙에 대해 거짓을 적극적으로 퍼뜨리고 다른 사람들이 하나님을 믿지 못하게 하는 사람들이다. 위선자는 믿는 자라고 주장하지만, 실제로는 그렇지 않은 사람들이다.

이 모든 것을 충분히 이해한 나는 더 확고한 결심으로 하나님에

대한 의식과 하나님의 사랑과 자비, 친절을 추구하는 데 집중하기로 결심했다. 하나님에 대한 인식, 그분에 대한 사랑, 그리고 영혼의 정화를 통해 이슬람에 대한 나의 헌신은 새로워졌다. 그렇게 함으로써 나의 행동, 언어, 그리고 활동은 하나님에 대한 의식, 창조주에 대한 찬양과 사랑을 중심으로 이루어져, 그분께 대한 나의 개인적 복종을 더 깊은 수준으로 끌어올렸다. 우리가 살던 시대에는 하나님에 대한 의식과 이슬람의 경건함이 가설처럼 존재했다. 그것들은 많은 무슬림의 마음속에는 존재했지만 실제 행동으로 구현되지는 않았다. 하나님에 대한 의식과 강한 도덕성은 생각, 믿음, 행동, 그리고 집단적 노력으로 점점 내 안에 깊이 뿌리내렸다. 꾸란을 단순히 이론으로 공부하는 것(꾸란에 대한 이해 없이 읽는 일)과 그것을 실제로 적용하는 것은 완전히 다른 문제다. 이것은 삶의 경험 없이는 불가능하며, 시련과 시련에서 자라나는 경험, 그리고 그 과정에 수반되는 영혼의 정화를 통해서만 이슬람 신앙을 완전히 포괄할 수 있기 때문이다. 이러한 이해를 바탕으로 우리는 꾸란의 가치 실천을 우리의 책임으로 삼았다.

이러한 이해와 믿음, 실천에서 중요한 것은 심판의 날에 대한 확신이다. 이는 책임 의식을 동반한 믿음을 강화시키기 때문이다. 공공연히 또는 최소한 내가 존경하는 사람들 앞에서 행해지는 부끄럽거나 혐오스러운 행위는 내 삶과 사생활에 설 자리가 없다. 심판의 날에 대한 의식이 높아질수록 선을 행하고 타인들을 위해 더 나은 세상을 만들고자 하는 나의 동기는 더 커졌다. 실제로 이러한 확신은 나와 내 동료들로 하여금 선행에 서로 앞서 나가도록 이끌었다. 또한, 우리 중 많은 사람들이 정기적인 공부 모임에 꾸준히 참석함으로써 자신의 신념과 행동을 더욱 굳건히 했다. 내가 기억하는 공부 모임 중 하나는 파키스탄에서 온 의사 고故 무함마드 나심 Muhammad Naseem이 주최한 모임이었다. 그는 인도에서 태어났지만 파키스탄으로 이주했으며, 파키스탄 이슬람 운동 자마트-이-이슬라미Jamaat-e-Islami의 지도자 셰이크 아불 알라 마우두디의 제자이기도 했다.

이러한 영적 성장과 내적 확신 덕분에 우리는 우리의 목표를 높게 설정할 수 있었고, 우리의 만트라mantra, 기도나 명상 때 외는 주문는 "하나님께 더 가까이 가고, 하나님께 대한 경외심을 높이며, 그 결과로 놀라운 일을 성취하자!"였다.

자비와 용서

우리는 많은 성취를 경험하며 영적 성공의 황홀감에 들떠 있었고, 그로 인해 우리 중 일부는 우리가 속한 세상과 우리의 영적 신념이 타인들에게 미칠 영향을 잠시 잊었던 듯했다. 실제로 우리는 언제건 선택의 기로에 놓일 수 있으며, 그때마다 지혜를 발휘해 가장 유익한 선택을 해야 한다. 그러던 중, 어느 라마단 저녁에 버밍엄대학교 기숙사 방에서 타라위Taraweeh, 라마단의 보충 저녁 예배를 하고 있는데 문을 두드리는 소리가 들렸다. 문을 열어 보니 동료인 하산이 흐느끼고 있었다. 놀란 나는 휴지를 꺼내 그에게 건네고는 그의 어깨에 팔을 두르고 밖으로 나오며 물었다. "무슨 일이야?" 그가 떨리는 목소리로 물었다. "정말 하나님께서 꾸란에 '하나님은 그들의 악행을 선행으로 바꾸신다(수라 알 푸르칸, 70절)'고 말씀하신 거야?" 나는 부드럽게 대답했다. "하나님은 우리의 회개를 받아들이시고 우리의 죄를 사하시길 기뻐하신다. 하나님은 너무나 자비로우시고 친절하셔서 우리가 과거에 저지른 모든 악을 선으로 바꾸어 주시지. 이것이 하나님께서 우리에게 베푸시는 가장 놀라운 자비 중 하나라고!"

내 말을 듣고 하산의 얼굴에 안도감이 서렸고, 불안한 마음이 가라앉으며 곧 차분해졌다. 나는 하산에게 함께 기도에 참여할 생각이 있는지 물었고, 우리는 다른 사람들과 함께 기도하기 위해 내 방으로 돌아갔다. 그날 밤 늦게, 나는 인류를 향한 하나님의 자비와 인간에 대한 선의를 깊이 되새겼다. 하나님은 언제나 죄를 선으로 변화시킬 준비가 되어 계시므로 절망할 이유는 없다.

다문화 공동체

내면의 자각이 점점 자라던 어느 금요일, 대학 교회 안에서 이맘이 쿠트바*Khutbah, 설교*를 하는 중에 종종 익숙함에 가려져 있던 장면들이 갑자기 마음의 눈에 들어오는 경험을 했다. 깊은 감동에 빠진 나는 50명의 사람들이 하나되어 예배하는 단순한 장면이 아니라 다양한 국적, 문화, 배경, 인종 각각의 얼굴들이 하나님을 간구하며 함께 엎드려 기도하는 모습을 보았다. 우리는 모두 같은 목표를 위해 일하고 있었으며, 오직 하나님으로부터 오는 믿음과 열정으로 그분의 기쁨을 얻기 위해 노력했다. 그리고 우리의 여러 문제를 통해 하나님께서는 우리 사이에 연대와 사랑을 키워 주셨다. 이 성스러운 공간의 대들보 아래, 오직 하나님에 대한 진정한 믿음만이 만들어 낼 수 있는 사랑과 조화가 나를 압도했다. 그리고 마음속 깊은 곳에서 일어난 이 심오한 깨우침이 우연이 아님을 자각했다.

우리는 모든 사람들이 우리의 모임과 집회에 참여할 수 있도록 모든 노력을 기울였고, 대부분의 경우 토론에 사용되는 언어를 영어로 의도했다. 이는 행사에 참석한 모든 무슬림 학생들이 영어를 이해할 수 있다는 인식을 바탕으로 한 결정이었다. 우리는 버밍엄대학교 이슬람학생회를 운영했고, 영국·북아일랜드 이슬람학생회연맹 FOSIS이라는 상위 조직에 포함되어 있었다. 또한 버밍엄 이슬람학생회의 주요 리더 대부분은 아랍인이 아니었다. 초대 대표는 내 룸메이트이기도 했던 말레이시아 출신의 수하이미 카마루딘이었으며, 나중에 말레이시아 교육부 차관이 되었다.

역사적 맥락에서 영국과 아일랜드는 영국 식민 통치를 받았던 이슬람 세계의 국가들, 특히 인도, 파키스탄, 이란, 말레이시아, 인도네시아, 이집트, 수단, 이라크, 요르단 출신 무슬림 학생들이 유학지로 선호하는 곳이었다. 이들 국가에서는 영어가 제2외국어였기 때문이다. 북아프리카 출신 학생들은 프랑스를 선호했으며, 튀르키예 학생들은 독일을 선호했다. 초기에 영국의 무슬림 학생들은 예배 드릴 장소가 없었고, 인도 아대륙에서 먼저 이주해 온 무슬림 공동체 구성원들이 우르두어로 예배 드리는 작은 모스크가 전부였다.

1950년대 들어 점점 더 많은 아랍 학생들이 영국으로 유학 오면서 그들의 종교적 의식이 높아지기 시작했고, 그 결과 각 대학에서 다양한 이름으로 지역 이슬람 학생회와 연맹이 결성되기 시작했다. 이러한 다양한 단체들 간에 접촉이 이루어지면서, 소통과 활동을 조율할 수 있는 보다 광범위한 조직의 필요성이 점점 커져 갔다. 1963년 버밍엄대학교 무슬림학생회는 여타 지역의 MSA를 버밍엄으로 초청해 회합을 열었다. 이 회합에는 셰필드, 리즈, 런던, 브리스톨, 더블린 등 주요 도시의 대학 MSA 회원들이 참석했다.

이 자리에서 이 협회들을 포괄하는 더 큰 연합을 결성하기로 합의

1963년. 버밍엄대학교에서 영국·북아일랜드 학생이슬람사회연맹(FOSIS) 설립 당시. 왼쪽부터 M. 알리 다우드(브루나이 출신), 후사인 샤레스타니(이라크 출신), 수하이미 카마루딘(말레이시아 출신, FOSIS 초대 회장) 및 기타 동료들.

했으며, 조직의 이름을 영국·아일랜드 이슬람학생연맹FOSIS, Federation of Student Islamic Societies in the United Kingdom and Ireland이라고 결정했다. FOSIS의 회합과 간행물은 학생들과 영국 내 무슬림 공동체 구성원들이 이슬람 정체성을 강화하고 발전시키는 중요한 수단이 되었다. 또한 영국의 공식 기관과 언론이 이슬람과 영국 내 무슬림 관련 이슈에 대한 무슬림들의 견해를 듣고자 할 때도 FOSIS가 주요 창구 역할을 담당하게 되었다.

해외 체류 기간 동안 FOSIS 활동에 참여했던 많은 학생들은 본국으로 돌아가서도 서로 소통을 유지하려는 강한 열망을 가지고 있었다. 이는 국제이슬람학생기구연맹IIFSO, International Islamic Federation of Student Organizations 설립의 길을 열었으며, IIFSO의 기본 목표 중 하나는 국제 포럼에서 무슬림 학생과 젊은이들의 목소리를 대변하는 것이었다. 1969년 독일 아헨의 빌랄 모스크에서 개최된 IIFSO 창립 회의에는 여러 국가의 무슬림학생회 회원들이 참석했다. IIFSO는 다양한 언어로 번역할 이슬람의 지적·문화적 저서를 선정하는 데 특별한 관심을 기울여 왔다. 이 책들 중 500여 권이 80개

이상의 언어로 번역되었으며, 인쇄된 부수는 약 1,000만부에 이르는 것으로 추정된다. 게다가 나는 이 축복받은 연맹의 초대 사무총장이 되는 영광을 누렸다.

로드맵

선지자여 말하라. "이것이 나의 길이다. 나는 통찰력을 가진 나와 나를 따르는 사람들을 하나님께 초대한다."_수라 유수프, 12:108

여정이 진행됨에 따라 우리는 지속적으로 성장하고 목표를 달성하기 위해 리더십 능력을 더욱 발전시킬 필요가 있다는 것을 깨달았다. 봉사에 대한 헌신을 새롭게 다지면서 우리 스스로 두 가지 중요한 질문을 던졌다. 우리는 누구인가? 그리고 우리가 원하는 것은 무엇인가? 첫 번째 질문에 대해 "우리는 외국에서 공부하는 무슬림 학생이다"라는 답을 통해 우리의 정체성을 표현하기로 합의했다. 두 번째 질문에 대한 답으로 "우리는 우리의 종교를 알고, 보존하며, 다른 사람들과 공유하고자 한다"는 목표를 설정했다. 더 나아가 신앙에 대한 봉사와 학업에서의 성공이라는 두 가지 주요 목표를 달성하고자 하는 공통된 열망을 재확인했다. 이 두 가지 중요한 방향에서 번영하려면, 과거처럼 조직되지 않은 상태로는 지속할 수 없었다. 교실에서의 기술적 학문과 이슬람 사회에서의 활동 모두에서 우리의 생산성을 극대화하기 위해 더 효율적이고 효과적인 도구를 도입하고 스스로를 더 단련해야 했다.

첫째, 우리는 목표를 보다 효율적이고 효과적으로 달성하는 데 도움이 될 일련의 지침을 수립했다. FOSIS의 집행위원회를 선출할 때, 우리는 이를 하나의 기회로 삼았다. 우리는 집행위원회에서의 봉사 기회를 젊은 리더들을 위한 훈련의 장으로 활용하기로 결정했다. 정관에 따라 한 번의 임기는 1년으로 제한하여 최대한 많은 위원들이 소중한 리더십 경험을 쌓을 수 있도록 했다.

둘째, 우선순위를 정했다. 우리는 모든 사람에게 봉사할 수 없었고, 요구되는 모든 일을 할 수도 없다. 그래서 또 다른 질문이 제기되었다. 증가하는 업무량을 어떻게 관리할 수 있을까? 그 답은 기본 원칙과 방법을 검토하는 과정에서 도출되었다. 우리는 우선순위와 시간 관리라는 두 요소를 새롭게 강조하였다. 특정 과업에 헌신하기로 했으며, 각 과업은 일정 수준의 노력과 시간, 비용을 요구했다. 어떤 과제가 우선순위가 되어야 할지, 어떤 것은 그렇지 않은지 결정해야 했다.

셋째, 보다 높은 효율성과 효과를 위해 잠재적 장애 요인을 파악했다. 이 과정에서 우리는 모든 유형의 정치적 또는 종파적 개입을 피하기로 합의했다. 우리의 활동이 비정치적이며 본질적으로 무슬림 청소년과 사회의 안녕과 복지를 위한 사회적 동기와 관심에서 비롯된 것이라고 생각했다. 깊이 있는 토론과 논의를 통해 우리는 이슬람의 가르침이 심리적, 사회적, 경제적, 정치적 모든 삶의 측면에 영향을 미쳐야 한다는 사실을 인정했다. 그러나 동시에, 우리는 정치적·종파적 갈등, 특히 조직에 부정적 영향을 미칠 수 있는 갈등에 얽매이지 않는 데 합의했다.

물론, 우리가 의견을 표명해야 할 몇 가지 정치적 이슈도 있었다. 예를 들어, 당시 특정 상황과 관련하여 카슈미르 분쟁이 평화적으로 해결되어야 하며 무슬림과 비무슬림 카슈미르인의 권리가 보호되어야 한다는 데 모두가 동의했다. 우리는 정치적 문제를 다루기 위한 별도의 조직을 설립했고, 그 정치 그룹에 누구도 참여를 강요하지 않도록 했다. 우리는 구성원들이 교육을 통해 다문화 학생 공동체의 필요를 충족하고 새로운 요구에 대응하고자 하는 열정에 기댔다. 또한 반대 의견을 가진 사람들과 지나치게 열띤 논쟁에 휘말리지 않도록 우리 자신을 자제하는 문제에 대해서도 중요시했다.

정치 회피

물론 시간이 지남에 따라 시련과 장애물에 부딪히기도 했지만, 이는 건설적 활동의 일부였으며 우리는 이러한 도전에 맞서 최선을 다했다. 그러나 정치적 문제는 이 일의 핵심 활동이 아니었으므로 정치에 개입하지 않고, 정치 관련 사안에 문을 굳게 닫아 두기로 했다. 그럼에도 카슈미르 주민의 인권을 옹호하는 자매 단체를 지원하기로 했다. 그러나 정치적 문제 관련 일에서 으레 그러듯, 상황은 곧 복잡하게 번졌다. 같은 시기 버밍엄대학교에는 인도 출신 유학생 100여 명을 대표하는 또 다른 단체가 있었기 때문이었다. 그들도 카슈미르 문제에 대해 격앙되어 있었고, 인도 정부의 입장을 옹호해 카슈미르가 인도의 일부로 남아 독립해서는 안 된다고 주장하는 경향을 취하고 있었다. 그들은 인도 대사를 초청하는 등, 인도 정부의 입장을 지지하는 연사를 초청해 카슈미르의 분리 독립에 반대하는 입장을 홍보했다.

이러한 상황에서, 많은 회원들이 '친카슈미르' 입장을 적극 지지하게 되었다. 그들은 인도 학생 단체가 퍼뜨리는 인도 정부의 선전에 불만을 가졌고, 일부 회원들은 인도 학생 모임에 참석하여 '친인도' 주장을 반박하려 했다. 일부 인도 학생들은 우리 회원 중 일부가 제기하는 질문과 인도 정부에 반대하는 입장에 불만을 표했다. 예견된 일이었듯, 우리 회원들과 일부 인도 학생들 간에 일련의 충돌이 발생하기 시작했다. 앞서 언급했듯이 우리는 초기에 정치나 갈등에 개입하지 않기로 한 지침이 있었으나, 카슈미르 문제에 대해서는 여러 시각이 제시되어야 한다는 강한 의견도 있었다. 이에 우리는 파키스탄 대사를 초청하여 카슈미르 분쟁에 대한 파키스탄의 견해를 발표하도록 했다. 우리가 주최한 카슈미르 관련 행사에는 인도 학생 단체가 주최한 행사보다 훨씬 더 많은 학생들이 모였다. 이에 일부 인도 학생들이 불만을 품고 대학 당국에 항의했다. 나아가 일부 인도 학생들이 제기한 항의는 영국 외무부에까지 전달되었다. 문제는 걷잡을 수 없이 확대되었고, 우리는 "우호적인 외국을 모욕했다"는 비난을 받게 되었다. 하지만 인권과 복지에 대한 우리의 열정을 고려할 때, 우리 회원들이 정치에서 완전히 벗어나기는 어려운 일이었다. 결국 대학 이슬람학생회ISS 회장은 총장 및 부총장과의 면담에 불려가야 했다. 회장은 답했다. "총장님, 우리는 인도 학생들이 주최한 카슈미르 문제에 관한 공개 세미나에 참석했으며, 참석자로서 질문하고 공개 토론과 논쟁에 참여할 권리가 있다고 믿었습니다. 그것이 우리의 권리 아닙니까?" 그는 또한 민주주의를 믿지 않는 사람이라면 대학에서 포럼을 개최할 자격이 없다고 호소했다. 총장은 민주적 토론과 논의 필요성을 인정했고, 이 관점에서 상황은 정치적 승리로 전환되었다. 뿐만 아니라 대학 총장이 직접 나서 외무부에 대응했고 이 문제는 종결되었다.

아랍 내분

카슈미르 문제에 대한 민주적 토론과 논의를 위한 우리의 성공적 호소를 통해, 젊은 대학생으로서 우리는 대화와 토론이 올바르고 필요하다는 것을 배웠다. 우리는 민주주의를 우리의 사명을 진전시키기 위한 도구로 채택했으며, 민주주의는 다양한 집단이 시민의 안녕과 이슬람 문명의 정신을 지지하는 가치를 옹호하고 의견을 표현할 기회를 제공한다고 믿었다.

그러나 우리는 순진했다. 민주주의는 남용될 수도 있는 도구다. 우리는 민주주의와 함께 일하거나 폭력적 수단을 택하여 우리가 세상을 운영해야 한다고 생각하는 신념과 사상을 강요할 수 있는 선택의 기로에 놓여 있었다. 안타깝게도 우리는 곧 아랍 민족주의 학생 단체 모임이 고성과 심지어 주먹다짐으로 치닫는 광경을 목격하게 되었다. 시간이 지날수록 상황은 더욱 악화되어 갔다. 폭력이 차이점을 해결하기 위한 수단으로 점점 더 빈번하게 사용되는 가운데, 하나님 의식을 지키고 우리의 행동을 인도하는 이슬람 원칙에 대한 우리의 고수와 새롭게 받아들인 민주주의 원칙 덕분에 우리 그룹은 그러한 나락으로 떨어지는 것을 막을 수 있었다.

아랍 세계 전반에 걸쳐 다원주의와 사상의 자유가 현저하게 결여되어 있었고, 이로 인해 많은 아랍 학생들이 조화로운 상호 작용 대신 폭력을 선택하게 되었다. 우리는 극단적 사고와 신념으로 자신의 관점을 타인에게 강요하려는 바트주의자, 좌파 및 공산주의 성향의 아랍 학생들을 만나기 시작했다. 아랍 학생 사회는 자신과 생각이 다른 사람들에 대한 증오와 혐오를 드러내며 점점 더 폭력적으로 변했고, 이에 따라 모두 방어적 입장을 견지하게 되면서, 건강한 토론 대신 정치적 입장에 따라 우리가 구축하려 했던 다리들이 끊임없이 훼손되는 불행한 상황이 이어졌다.

우리 교회에 모스크를 짓고자 하는가?

우리가 직면한 긴장은 다른 방면에서도 장애물로 인해 더욱 커져 갔다. 1960년대에는 영국으로 유학 오는 무슬림 학생 수가 크게 증가했으며, 버밍엄대학교도 예외는 아니었다. 800명이 넘는 무슬림 학생들이 있었고, 금요 예배에 참석하는 학생 수가 늘어나자 대학 교회는 더 이상 그들을 수용할 수 없게 되었다. 예배를 위한 더 넓은 공간이 필요했고, 그리하여 다시 한번 교회 장로들과 공동체 확장 문제에 대한 일련의 협상을 시작하게 되었다.

우리 형제 중 한 명인 페힌 압둘아지즈 오마르가 이 논의를 주도했다. 매우 유능한 인물이었던 그는 후에 브루나이가 독립하기 전까지 교육부 장관, 보건부 장관을 거쳐 총리가 되었다. 그는 급증하는 외국인 무슬림 학생들의 정기 예배를 위한 전용 공간, 세정을 위한 특별 구역, 그리고 교회에 보관할 수 있는 기도용 깔개 세트를 마

1999년 페힌 압둘아지즈 오마르가 타하 알알와니의 집에서 점심식사를 하고 있는 모습

련해 줄 것을 교회 담당 목사에게 제안했다. 목사가 물었다. "압둘아지즈, 우리 교회 안에 모스크를 세우고 싶은 겁니까?" 압둘아지즈가 대답했다. " 이곳은 종교 간 교회 아닌가요?"

교회 또한 확장 단계에 접어들고 있었다. 따라서 압둘아지즈의 질문은 그들의 계획에 일정한 어려움을 야기했다. 교회 지도부는 이 문제를 버밍엄대학교에 전달했고, 대학 총장은 또 다른 형제 중 한 명인 수하이미 카마루딘을 총장실로 불러 교회의 입장에 답변하도록 요청했다. 다행히도 수하이미는 영국 대학 간 토론 대회에서 2위를 차지할 정도로 뛰어난 연설가였으므로 총장에게 유려하게 답변했다. "총장님, 저는 교회의 관점도 이해하고 무슬림 학생들의 관점도 이해합니다. 이곳은 종교 간 교회가 아닌가요? 우리는 예배에 초대받았고 그 초대를 수락했습니다. 우리는 기독교인 친구들에게 문제가 되기를 원치 않습니다. 그들은 자신들의 주님께 예배 드리고자 하며, 우리는 그것을 지지하고 하나님의 축복이 있기를 바랍니다. 우리는 교회 위원회의 일원이 되어 달라는 요청을 받았고, 이에 동의하여 참여했습니다. 교회가 확장안을 제안했고, 우리는 동의하여 지지했습니다. 우리는 무슬림 신도들의 필요에 부합하는 우리의 요청을 제안했습니다. 우리가 요청한 것은 기도를 위한 작은 공간과 기도 전에 몸을 정결하게 할 수 있는 작은 세정 구역뿐입니다. 이것이 우리의 권리에 속하지 않는다고 느끼신다면 아마도 이곳을 종교 간 교회라 부르지는 말아야 할 것입니다. 우리는 약속합니다. 우리는 그곳을 방문하지 않을 것이며 다른 누구도 방해하지 않을 것입니다. 우리는 기도할 다른 장소를 찾겠습니다." 상황은 곧 해결되었고, 종교 간 예배를 지지한다는 전제하에 이 원칙에 대한 수하이미의 호소를 받아들여 우리 학생들이 교회에서 계속 기도할 수 있도록 허용되었다. 우리 모두는 이 문제에 대해 우리를 수용해 준 교회의 넓은 시야와 관대한 정신을 모두 존중했다.

무슬림 공동체의 사회적 문제

우리는 버밍엄대학교의 무슬림 학생들에 대한 지원을 넘어 무슬림 공동체를 위한 봉사와 개인적 발전의 새로운 단계로 나아가게 되었다. 우리는 영국 내 무슬림 공동체를 대상으로 설문 조사 실시를 결정하고, 이 조사를 통해 무슬림 공동체를 둘러싼 다양한 문제의 본질에 깊이 들어갈 수 있었다. 예측한 대로 공동체는 여러 측면에서 부족함을 보였다. 무슬림 공동체가 경건하고 건강한 모습을 갖추는 것은 스스로를 위해서뿐 아니라 이슬람의 아름다운 면을 보여 주는 본보기가 되는 데에도 중요했다. 경건하고 정직한 무슬림을 접한 비무슬림들이 이슬람의 아름다움에 긍정적으로 반응하는 모습을 보는 것은 가슴 벅찬 일이었다. 조사 결과, 앞서 말한 바와 같이 무슬림 공동체가 부족한 면을 보인다는 사실이 드러났다. 솔직히 말하면, 영국 사회가 우리에게 해를 끼친 것이 아니라 오히려 우리 무슬림들이 영국 사회에 해를 끼친 면이 많다고 생각한다. 신앙에 대한 관심보다는 돈을 버는 데 너무 바쁜 무슬림들이 있었고, 일부는 유흥에 빠져 종교적, 사회적 의무를 소홀히 했으며, 이슬람의 가치에 대해 전혀 인식하지 못하는 이들도 있었다. 일부는 도박에 빠졌고, 어떤 이들은 알코올 중독에 시달렸으며, 일부는 범죄의 길을 선택하기도 했다. 우리가 상상했던 것 이상으로 영국 내 무슬림 공동체에는 배워야 할 것이 많았다.

공적 기관 대 사회 운동가

물론 우리만 신앙을 대변하는 단체는 아니었다. 우리와 같은 사회 운동가들이 있었으며, 이슬람을 공식적으로 대표하는 이들도 있었다. 이들은 정부 관료들로 구성되어 있었다. 우리 중 일부는 무슬림 국가의 정부 관료들과 어려움을 겪기도 했지만, 원칙적으로 우리는 모든 사람들과 협력하기로 결정했다. 문제는 런던 이슬람문화센터 ICC, Islamic Cultural Centre(후에 베이커 스트리트의 리젠트 파크 모스크에 자리 잡았다)에 속한 공식 이슬람 기관 지도자들이 이슬람의 긍정적 이미지를 제시하고 무슬림 공동체에 대한 지도와 지원에 더 많은 노력을 기울여야 한다는 기대에 있었다. 실제로 공적 무슬림 지도자들은 때때로 무슬림 공동체나 현지 공동체와 소통하거나 지원하는 데 가장 소극적이었다.

리젠트 파크 모스크 부지는 제2차 세계대전 후 영국 정부가 무슬림 세계에 제공한 선물이었지만, 1974년에 이르러서야 모스크 건설이 시작되었다. 당시 ICC는 무슬림 국가 대사들로 구성된 위원회의 감독하에 있었으며, 모스크의 정치화를 우려해 무슬림 운동가들의 모스크 활동 참여를 금지했다. 따라서 모스크 활동은 기도와 특정 공식 행사로 제한되었다. 이슬람을 대표하는 모든 조직과 협력해야 한다는 우리의 의무에 따라, 우리는 ICC와 소통하고 관계 맺으려고 노력했다. 모스크 지도부와 다리를 놓는 데 성공하여 우리는 모스크 활동에 참여할 수 있게 되었고, 나는 런던에 머무는 동안 금요 설교를 맡아 달라는 요청도 받았다. 우리는 그들의 규정에 주의를 기울이면서도 영국 무슬림 공동체를 위해 모든 정부 관계자들과 협력하기로 했다.

다리 놓기의 과정 설계

"친절은 미래를 위한 좋은 징조이며, 인내심 있는 숙고는 행복을 가져다 줍니다. 그러니 인내와 신중함을 실천하십시오. 그러면 성공할 수 있습니다."_알리 이븐 아비 탈립

우리는 무슬림 공동체에 봉사하고 대표하는 임무를 가진 사람들과 공통 기반을 찾을 수 있을 것으로 기대했다. 하지만 무슬림 공동체의 일부 구성원들과 유대 관계 형성에 여러 어려움이 있었다. 영국에서 복지 캠페인을 진행하던 초창기 학생 시절, 우리는 소위 '다리 놓기'라는 과정을 찾았다. 이것은 무슬림 공동체 기관에 적용된 개념이었다.

우리가 상대했던 가장 어려운 상대는 아랍 학생 단체 소속 사람들이었다. 많은 아랍 학생 클럽 지도자들에게 다가가려 했으나 적대감과 저항에 부딪혔으며, 우리의 관점을 포기할 것을 강제하는 요구에 직면했다. 많은 아랍 학생 지도자들이 자신들의 의견에 반대할 수 있는 권리와 선린 관계를 맺으려는 시도를 거부했을 때, 우리는 차근 차근 다리 놓기 과정을 거쳐 우선 단순한 우호적 접점을 형성한 후 더 나은 관계를 구축하고자 했다. 우리는 먼저 동의할 수 있는 영역을 찾고, 그 다음 이러한 공통 목표에 그들을 참여시키는 방

식을 통해 이 예술을 능숙하게 익혀 갔다. 우리의 원칙과 신념을 결코 포기하지 않았으며, 우리의 신념이 도전받을 때에도 대립적 태도를 취하지 않았다. 시간이 지나면서 실제로 두 그룹 모두 합의할 수 있는 아이디어나 입장을 찾을 수 있었다.

하지만 이는 결코 쉬운 과정은 아니었다. 평화와 협력의 지점에 도달하기 위해 우리는 여러 가지 전략을 개발해야 했으며, 지속적인 토론을 통해 소통의 창을 열어 주고 우호적인 논쟁을 유지하는 데 힘썼다. 예를 들어, 상대방의 입장에 대해 다른 입장으로 대응해야 할 경우 즉각적으로 대응하기보다 시간을 갖고 상대의 입장을 재고할 수 있는 시간을 가지게 하여, 상대방이 손해봤다는 느낌을 갖지 않도록 했다. 이 모든 것은 더 나은 이해를 촉진했고, 소통의 창이 늘 열려 있어 우리의 노력은 결국 결실을 맺었다. 이후 많은 아랍 학생들이 우리를 더 깊이 이해하고 감사하는 마음을 가지게 되었으며, 그것은 우리 역시 마찬가지였다.

나는 항상 그들로부터의 배움과 지식의 공유가 우정 때문이지 회원 모집이나 기타 다른 개인적 이익 때문이 아님을 확인시켰다. 정치적 사안에 대한 방어적 태도에도 불구하고 우리 모두는 우정을 나누길 열망했으며, 다른 어떤 것보다 이러한 감정을 소중히 여기는 마음가짐을 내 안에 키우고자 노력했다. 이는 우리 모두에게 인격을 기르는 과정이었다. 다행히도 이러한 접근 덕분에 아랍 학생 단체들과의 관계가 크게 개선되었으며, 실제로 그들 중 많은 이들이 이슬람학생회 회원이 되기로 결정했다.

하지만 무엇보다 '다리 놓기' 과정의 설계는 개인적 정화와 영적 승화의 과정이기도 했으며, 이를 통해 우리는 협상의 기술을 익히고, 우호적 관계를 구축하며, 경쟁 의식을 버리고 단결과 협력을 추구하는 훈련이 되었다. 우리는 모두 잠재력을 지니고 있으며, 인력과 자원을 결집할 수 있다면 많은 선한 영향력을 발휘할 수 있다.

영국과 유럽에서 만난 젊은 거인들

끊임없는 회복력을 위해 다리를 놓은 것 외에도, 나는 앞서가는 사람들로부터의 배움의 중요성을 깨달았다. 다양한 리더십 스타일과 과업을 수행하는 방식이 존재한다는 것을 알게 되었으며, 이러한 요소들은 내가 더욱 진보된 사람들을 관찰하고 그들이 어떻게 자신과 타인을 이끄는지 주의 깊게 살필 때 더욱 분명하게 드러났다. 그들이 프로그램에서 성공을 이끌어내는 방법을 연구하고, 사회 활동 방식을 분석하기로 마음먹었다. 그들은 활력과 품위, 높은 수준의 전문성을 갖추어 무슬림 공동체에 봉사했으며, 나에겐 헌신적 관찰을 통해 멘토로서의 역할도 해 주었다.

나는 이런 경우 항상 히샴 알탈립의 사례를 생각하곤 한다. 히샴은 결국 1974년에 전기공학 박사 학위를 취득했지만, 앞서 언급했듯이 나는 1959년부터 무슬림 공동체를 위한 봉사 활동에 지칠 줄 모르고 노력하는 그의 모습을 직접 보는 영광을 누릴 수 있었다. 그는 깊은 믿음을 가진 인물로, 그가 보여 준 윤리와 영성은 나와 다른 이들의 삶에 깊은 영향을 주었고, 나는 그를 본받아 그러한 능력을 내 안에 키우려 노력해 왔다. 그에게 영원히 감사할 것이다. 우리 모두는 거인의 어깨 위에 서 있으며, 히샴은 그 거인의 한 명이었다. 수년이 지나 글을 쓰는 이 순간에도 그의 아름다운 꾸란 낭송이 떠오르면서 영적 고귀함이 얼마나 깊었는지 상기한다.

또 다른 거인은 고故 자말 알-바르진지로, 그는 2015년 9월 26일에 세상을 떠났다. 그는 나에게 개인적으로 소중한 친구이자 존경하는 동료였으며, 그의 죽음은 무슬림 공동체 전체에도 큰 손실이었다. 그는 무슬림의 삶을 개선하기 위해 엄청난 노력을 기울였다. 자말은 모술의 보수적인 쿠르드 순니 가문 출신으로, 1974년 루이지애나 주립대학교에서 화학공학 박사 학위를 취득했다. 히샴에 더해 나는 자말에게서도 많은 것을 배웠으며, 그의 편안한 접근 방식과 방대한 지식으로부터 엄청난 혜택을 얻었다. 자말은 다재다능하고 백과사전적 지식과 체계적 사고를 가진 인물이었다. 그는 책을 많이 읽고 주변 사람들을 돕기 위해 끊임없이 노력했으며, 너무도 많은 이들의 삶에 영향을 미쳤기에 그가 도운 모든 이들과 그 방법에 대해서는 실로 헤아릴 수 없을 정도였다.

이 시점에서 1968년과 1969년에 나는 무슬림 사역의 길에서 사랑하는 오랜 친구이자 동료인 히샴 알탈립과 자말 알-바르진지와 재회하게 되었다는 점을 말하고 싶다. 우리의 1962년 영국에서의 만남을 마지막으로 그들은 영국에서 학부 과정을 마친 후 이라크로 돌아가 키르쿠크에 있는 이라크 석유회사에서 일하며 이라크 정부의 장학금과 후원금에 대한 의무 복무를 이행하고 있었다. 안타깝게도 그들은 이라크 상황이 점점 더 억압적으로 변하고 있다는 소식을 전하며, 자신들이 목도한 현실에 환멸을 느껴 해외에서 대학원 과정을 밟기로 결심했다고 했다. 두 사람 모두 경력과 연봉 면에서 매우 성공하고 있었지만, 이 모든 것을 포기하고 미국으로의 유학을 결심한 것이었다. 가족과 친구, 고향에 대한 애착이 강했지만, 의지와 현실적 필요에 따라 내린 결정이었다. 이렇게 하나님께서는 우리를 다시 하나로 모이게 하셨다. 그때만 해도 우리가 앞으로 함께 나아갈 시간이 50년이나 이어질 줄은 꿈에도 몰랐다. 히샴은 1968년 신시내티대학교의 전기공학 석사 과정에 입학했고, 이듬해 자말은 루이지애나 주립대학교에 입학했다.

실제로 이슬람에 따르면, 행위는 의도에 따라 평가되며, 하나님께서는 각 개인을 그 의도에 따라 심판하신다고 한다. 이런 맥락에서 히샴과 자말은 학문을 추구하고 기본적 자유가 보장된 환경에서 하나님을 더 잘 섬길 수 있는 능력을 우선시하여 미국으로 이주했다. 하나님께서는 우리 세 명의 엔지니어가 다시 함께하여 하나님의 계획을 섬기도록 이끄셨다. 이로써 우리는 두 번째로 함께 일하게 되었고, 향후 반세기 동안 우리의 협력이 이어질 줄은 당시로선 상상도 못 했다. 히샴은 1968년 신시내티대학교, 자말은 1969년 루이지애나대학교에서 공학 석사 과정에 입학했다. 나의 소중하고 오랜 친구였던 자말 알-바르진지는 2015년 9월 26일에 세상을 떠났으며, 그처럼 훌륭한 사람을 다시 만나기란 드문 일이다. 그가 너무도 그립다!

후세인 샤흐레스타니는 또 다른 동료였다. 원자력공학 박사 학위를 취득한 이라크 출신 엔지니어로, 우리는 영국에서 처음 만난 후 미국에서 재회했다. 그는 내가 회장 임기를 마친 후 미국·캐나다 무슬림학생연합MSA 회장직을 맡았다.

내가 함께 일했던 또 다른 인물은 아흐마드 알랄루시다. 아흐마드는 매우 강인한 성격의 소유자로, 비판자들이 얼마나 강력해 보이는가에 상관없이 우리와 우리의 일을 옹호하는 데 주저함이 없었

1962년. 버밍엄대학교에서. 사진 왼쪽은 사우디아라비아 출신의 리다 오바이드, 가운데는 바베이도스 출신의 동료, 오른쪽이 나이다.

다. 수하일 알 리파이도 기억에 남는다. 버밍엄대학교를 졸업하고 대형 석유 회사에서 일하며 미국 뉴저지에 모스크를 설립하는 데 도움을 줬다. 우리의 형제애는 세월이 흐르면서 피보다 강한 유대감을 형성했고, 수하일은 꾸란 발음을 교정해 주며 나를 돌봐 주었다. 내 실수를 지적해 준 그를 더욱 존중하게 되었다.

리다 오바이드를 기억하면 즐겁다. 그는 버밍엄에서 만난 첫 사우디아라비아 출신 학생이었고, 독일에서 함께 세미나에 참석했다. 그는 화학 박사 학위를 취득했으며, 이슬람 사상 분야에도 매우 해박하여 (이라크 공립학교 시스템에서는 접할 수 없었던)이슬람법에 대한 지식을 채우는 데 많은 도움을 주었다.

마지막으로 나는 태양이 환히 비추는 것 같은 인물, 사이드 무함마드 야히아를 만나 따뜻한 우정을 쌓을 수 있었다. 그는 방글라데시가 되기 전 동파키스탄 출신으로 수학을 전공했다. 그는 유명한 학자였으며, 후에 케임브리지대학교에서 박사 학위를 취득했다. 그는 버밍엄에서 우리와 많은 시간을 함께 보냈고, 나는 우리의 모든 만남을 소중히 간직한다.

실제로 멘토와 본보기가 되어 주고, 길잡이가 되어 준 수많은 사람들이 있었다. 그들 덕분에 내 한계를 뛰어넘는 법을 소중히 배울 수 있었다. 오늘날 내가 있는 위치와 내가 가진 기술과 지식은 나의 잠재력을 알아보고 특정 자질을 북돋아 주고, 다른 자질을 발전시켜 준 이들과의 만남 덕분이다. 그들과의 우정을 통해 나는 더 나은 무슬림이자 인간이 될 수 있었다. 세상을 떠난 이들을 깊이 그리워하며, 아직 함께 있는 이들과는 여전히 긴밀한 유대 관계를 유지하고 있다.

종파주의의 비극적 질병

오늘날 벌어지고 있는 순니-시아파의 분열을 고려할 때, 우리가 버밍엄에 있던 시절에는 오늘날처럼 반목과 증오가 있지 않았다는 점을 언급할 필요가 있다. 사실 우리는 이런 일이 실제로 일어날지 예상조차 못했다. 우리의 활동은 갈등 없이 진행되었다. 몇몇 형제들은 순니와 시아파 간 역사적 갈등에 대한 문제를 제기하며, 몇 세기 전의 고문서에 순니와 시아파 각각에 대한 비방적 내용이 담겨 있음을 지적했으나, 우리는 이러한 논란이 공동으로 향하는 우리의 목표에 영향을 미치지 않도록 했다.

우리는 믿음을 굳건하게 할 수 있는 것은 무엇이건 지지하고 채택하되, 그것을 파괴하거나 우리가 이루고자 하는 목표를 훼손할 수 있는 것은 피하기로 합의했다. 돌이켜보면, 어린 나이에 그렇게도 강한 회복력과 지혜를 가지고 있었다는 사실이 놀라울 따름이다. 우리는 우리 사이의 작은 틈조차 허용하지 않았고, 그 틈을 이용해 서로를 분열시키려는 이들이 있다는 것을 알고 있었다.

우리는 영국에서 무슬림들을 갈라 놓는 균열을 볼 수 있었다. 이를 간단하게 요약하자면, 신앙과 정체성의 위기라 할 수 있다. 신앙적 측면에서 일부 사람들은 이슬람 실천을 지나치게 희석시켜 삶의 무의미한 요소로 취급되었고, 하나님은 편안한 배경 정도의 개념으로 인식되었고, 하나님께서 우리에게 요구하시는 것들은 잊혀졌다. 그들은 신앙을 유지할 경계의 설정 없이 지배적 문화에 완전히 동화되기를 선호했다. '동화'를 '통합'으로 착각한 것이었다. 두 번째 그룹은 자신들의 공동체와 문화에 철저히 갇혀, 지배적인 문화 구성원과 거의 교류하지 않았다. 이들은 비무슬림과 친구 되기를 거부했고, 제대로 된 영어를 배우려 하지 않았으며, 안타깝게도 영국 문화가 제공하는 훌륭한 것들을 보지 못했다. 그들은 두려움에 사로잡혀 있었고, 신앙에 대한 확신이 부족하여 외부 세계와 교류하는 동안 신앙의 경계를 유지할 자신이 없었다. 그런 이유로, 이들은 현재 자신들이 살아가는 나라를 진정한 의미에서의 '집'으로 여기지 못했다.

흥미롭게도 우리를 기독교로 개종시키려는 열정을 가진 비무슬림들을 만났던 기억이 있다. 우리는 그들을 존중했고, 동시에 그들과 논쟁을 벌이지 않았다. 이러한 갈등과 불화, 그리고 종파주의의 영역에서 우리는 늘 우리의 우선순위를 마음에 새기고자 노력했다. 그것은 무슬림 공동체에 봉사하고, 신앙을 지키며, 세상을 더 나은 곳으로 만드는 것이었다. 논쟁에서 우위를 점하거나 그외 다른 것들은 우리의 관심사가 아니었다. 따라서 우리 활동은 목표 지향적이며 '수혜자' 중심적이었다. 이상적 속도로 목표를 달성하지 못하더라도 걱정하지 않았다. 결과가 어떻게 나오든 우리를 굳건히 나아가게 한 것은 오로지 믿음이었다. 앞서 말했듯이, 믿음은 나의 열정이고, 나는 하나님을 섬겼다.

  동서방을 이은 여정

내 마음속에 남아 있는 것

그 시절을 돌아보며 그리움과 향수에 젖는다. 그것은 무엇보다도 위대한 종교적 경험이었으며, 개인적 희생의 시간이었고, 우리의 일부를 다해 불 속에서 단련되며 새로운 목적과 도덕적 신념, 그리고 아르빌을 떠나며 꿈에도 그려 보지 못했던 하나의 단합을 얻은 시간이기도 했다. 투쟁 속에 보낸 밤들, 까다로운 사람들을 달래고, 목표를 실현하며, 글쓰기, 연설, 회의, 행사 조직, 연약한 무슬림 형제들과 공동체에 쏟아 부은 그 많은 에너지, 이 모든 것이 나에게는 달콤했던 기억으로 떠오른다. 그때의 피로를 기억하기보다 가치 있는 일을 한다는 뿌듯함을 떠올린다. 우리의 성공은 자기 만족이 아니라 또 다른 이를 도우며 하나님의 기쁨을 얻었다는 의미에서 기뻤다. 과거에 대한 기억은 늘 함께하며, 그 시절 일어난 많은 일들이 훗날 우리의 많은 것들을 결정지었다. 물론 거기서 맺어진 여러 인간 관계들, 내가 언급했던 이름과 언급하지 않았던 이름들도 있었다. 모두 가족과도 같이 가까워졌으며, 오늘날까지도 나는 열정과 성공, 고난을 함께 나눈 형제들 중 적어도 한 명에게 2주에 한 번 이상 연락하거나 메시지를 전달하는 등, 관계 유지를 위해 노력하고 있다.

외적 투쟁만이 아니라 내적 투쟁도 있었다. 자아를 다스리는 일은 쉽지 않다. 학업을 마치고 돈 되는 경력에 집중하기는 너무도 쉬웠을 것이다. 때로는 너무 지쳐 더 쉬운 길이 내 마음을 가볍게 두드리기도 했지만, 신념을 배신하는 선택지는 없었고, 나는 곧 스스로를 부정적 생각에서 끌어올릴 수 있었다. 우리가 원한 것은 근본적으로 내면의 선이었고, 우리가 성공한 이유는 우리의 동기가 진실하고 순수했기 때문이었다. 우리는 도움을 필요로 하는 무슬림 학생들을 아이들처럼 돌보았고, '숲 속에서 길 잃은 아이들'처럼 보호하고 바른 길을 보여 주었다. 모든 일에서 우리는 하나님의 기쁨을 추구했다. 그것이 우리에게는 큰 보상이었으며, 이 보상은 다른 모든 욕망을 초월하는 위대한 것이었다. 이처럼 아름다운 비전을 공유하며 우리는 각자의 힘을 최대한 발휘했다. 우리의 장점은 서로를 지지하는 데 활용되었고, 약점이 성공을 방해하지 않도록 서로를 보호하며 노력했다. 우리 사이의 형제애는 이타심과 헌신, 영적 고양을 바탕으로 이루어졌다. 물질적 문제가 우리의 앞길을 가로막지 못하게 했다. 이슬람을 위해 함께 일하는 즐거움은 도박, 음주, 유흥 같은 헛된 추구에서 얻는 일시적 쾌락을 훨씬 능가했다.

전체가 부분의 합으로 이루어지듯, 우리의 형제애와 서로를 향한 사랑도 수많은 작은 친절의 불길 속에서 단련되었다. 공부하는 동안 대신해 준 설거지, 스트레스에 힘들어 할 때 직접 만들어 준 요리, 회의하는 동안 해 준 빨래, 힘들 때 건네는 미소와 격려, 슬플 때 건네는 서로의 위로, 조직 운영 자금 부족에 기꺼이 내놓은 자금, 끝이 없는 목록들이 그 작은 친절과 행위의 사례들이었다. 평균적으로 우리는 급여의 1/4가량을 사회 활동에 기부하곤 했다. 진실한 노력과 철저한 계획, 무엇보다 담백 순수한 의도와 행동이 우리 공동체를 위해 함께 이루려 했던 모든 일들을 가능하게 해 준 요소들이었다. 고향에서 멀리 떨어진 가족을 그리워하면서도 우리는 피보다 진한 새로운 가족을 형성하였다.

운 좋게도 나는 1960년, 1962년, 그리고 1966년에 이라크를 방문할 수 있었다. 고국 방문을 제외한 시간에 나는 가족에 대한 그리움을 가슴 깊이 간직하고 늘 어머니와 아버지의 목소리, 그들의 조언과 지혜로운 말씀을 듣고자 하는 마음을 품고 지냈다.

나는 오늘날까지도 늘 아버지가 해 주셨던 말씀을 되내인다. "하나님을 늘 곁에 두고, 결코 그분을 뒤에 두지 말아라." 그들은 나의 삶과 여정, 내가 걸어온 길을 자랑스러워했을 것이다. 내 삶, 내 여정, 내일, 그리고 내 자신을 바라보는 방식은 루미Muhammed Celâleddîn-i Rumi(13세기 페르시아의 신비주의 시인이자 이슬람 법학자—옮긴이)의 다음 말로 가장 잘 표현될 것이다. "과제는 사랑을 찾는 것이 아니라 당신이 스스로 쌓아온 모든 장벽을 확인하고 찾아내는 것이다."

나, 그리고 나와 함께 그 길에서 여정을 함께한 이들의 본성의 원천은 내가 살아가며 늘 지키고자 했던 데 있다. 그것은 늘 하나님께서 우리에게 맡기신 신뢰에 대한 믿음이다.

1962년. 영국 유학 중 아르빌에 있는 가족 거주지를 방문한 모습. 가운데 두 번째 줄이 어머니, 어머니 오른쪽에 앉은 여동생 쿨툼, 어머니 왼쪽으로 큰언니와 막내 여동생 마키야가 있다. 첫 번째 줄에 앉아 아이들은 손주들이며, 마지막 줄에 형수 나드미야, 큰 손녀 파리다, 형수 사비야, 그리고 또 다른 손녀가 있다.

(위쪽) 1966년 마지막 이라크 방문 시 아르빌의 집 정원에서. 중앙에 아버지, 왼쪽부터 형제 자심, 카심, 이브라힘. 맨 오른쪽이 저자

(왼쪽) 1965년 이라크 아르빌. 아버지 하즈 무함마드 토튼지(왼쪽)와 그의 친구이자 이웃인 하즈 나데르 하즈 카림이 우리 집 정원에서 함께했다.

제3장

새로운 바람이 불다

운명 지어진 것은 두 산 아래에 있어도 당신에게 닿을 것이다. 운명 지어지지 않은 것은 당신의 두 입술 사이에 있다 해도 당신에게 닿지 않을 것이다. _이맘 알-가잘리

다시 돌아가는 세계

영국에서 이어가고자 했던 삶은 젊은이의 낙관과 책과 선생님들에 대해 단아하게 상상했던 미래로 가득찬 것이었지만, 실제로는 타인의 필요와 취약함을 민감하게 느끼며 살았던, 대단히 다른 삶이었다. 나는 삶의 궤적에서 이성적으로 '마땅히 해야 할 일'이라고 여겼던 일들이 더 이상 내가 계획한 로드맵이 아니라, 하나님께서 내게 해야 한다고 내리신 결정에 달려 있다는 것을 온전히 이해하게 되었

다. 이후 내 모든 존재는 내가 이해할 수 있는 한도 내에서 하나님의 의도를 헤아리며 적극적으로 하나님을 섬기는 데 헌신하게 되었다. 하루가 몇 달로, 몇 달이 몇 해로 이어지며, 어느덧 버밍엄에서의 시간이 끝나 가고 있음을 느꼈다. 고요한 시간 속에 돌이켜 생각하니, 영국으로의 여정은 결국 내면의 영혼으로 향한 여정이자 자아와 그 깊은 잠재력을 깨닫는 여정이었다. 동시에 타인들과 그들의 필요를 인식하고 시간과 자원을 하나님 뜻을 위해 사용하는 가치를 깨닫는, 그리고 이를 통해 개인적 목표의 한계를 넘어서는 보편적 선을 증진시키는 외적 세계로의 여정이기도 했다.

물론 우리는 누구나 점점 성숙해지고 있다는 사실을 희미하게나마 인식한다. 특히 청소년기 말기와 20대 초반의 성숙기에는 더욱 그렇다. 하지만 내가 말하는 성숙은 단순한 성장 이상의 것으로 영적 통찰력의 성장과 관련된 것이다. 즉, 자아로의 여정은 단순한 성년기로의 진입을 넘어선다. 우리는 하나님에 대한 피상적 이해를 가진 채 자신이 무슬림이라는 사실에 안주하며 살아가거나, 우리에게 요구되는 것에 대한 경각심을 가지고 운명과 하나님의 계획이 우리에게 실재하는 것임을 인식하며, 그것이 공기처럼 분명하지만 우리의 선택에 따라 의도적으로 눈을 감는다면 보이지 않을 수 있음을 깨달으며 살아갈 수도 있다. 이를 숨기거나 전심으로 헌신하며 그 실현을 위해 노력하는 선택지가 있다. 나에게 후자는 영혼의 진정한 순종이며, 진정한 성숙함의 발전이었다.

이런 맥락에서 나는 미국으로 갈 생각은 없었지만 지방에서 대도시로, 유럽으로, 그리고 이제는 육지와 바다와 하늘을 가로지르며 또 다른 대륙의 새로운 하늘 아래로 이끌었던 이동의 흐름은 내게 또 다른 역할을 맡게 될 것을 정해 두고 있었다. 나는 영국과 작별하고 다시 한번 떠날 준비를 했다. 이번에는 '자유의 고향이자 용감한 자들의 땅'으로 향하게 된 것이었다. 세계가 두 번째로 회전하며 새로운 여정을 펼쳐 보였을 때, 나는 내 인생에서 가장 중요한 장 중 한 곳의 문턱에 서 있다는 것을 깨닫지 못했다. 이번 여정은 나를 두 명의 강력한 인물의 궤도에 태워 줄 것이고, 그들의 경험은 지금까지도 나에게 깊은 영향을 미쳤으며, 그들의 유산은 먼 곳까지 광범위한 영향을 미쳐 왔다. 만약 내가 그들을 만나지 못했더라면 내 삶은 그만큼 빈한했을 것이다. 하지만 나는 앞서 나가고 있었다.

경계 없는 선(善)

처음에는 나도 모르는 사이에 일련의 일들이 벌어지고 있었다. 학사 학위를 마치고 이라크로 돌아갈 준비를 하던 중이었다. 떠나야 한다는 사실이 감정에 맺히게 했지만, 나의 미래를 위한 담대한 계획들이 가장 적절하고 가장 선한 의도로 조심스럽게 엮이고 있었다. 버밍엄대학교의 한 교수님이 나를 위해 추천서를 써 주었는데, 나의 대학원 진학을 추천하는 내용이었다. 그는 미국의 저명한 학자에게 내가 석사와 박사 과정을 이어갈 수 있도록 반드시 장학금을 제공해야 한다며, 나의 탁월한 학업 성취도를 중요한 이유로 제시했다. 만약 장학금을 수여하지 않는다면 매우 큰 불이익이 돌아갈 것이라는 내용이었다. 매우 감사한 제안이었고, 수하일 알 리파이 또한 이에 못지않게 관대하게 대우해 추천서와 더불어 장학금 지원을 간구하는 지지 서한을 보내 후원해 주었다. 두 분 덕분에 내 인생의 다음

장이 열리게 되었고, 내가 미처 생각지도 못했던, 아마 혼자 힘만으로는 결코 상상할 수 없었을 새 길이 펼쳐졌다. 이들의 나에 대한 배려는 오늘날까지도 나를 감동시키며 압도한다. 실제로 우리는 영국의 무슬림 공동체를 돕기 위해 노력했던 경험처럼, 인간이 서로에게 베푸는 작은 친절이 얼마나 놀라운 영향을 끼칠 수 있는지, 그러한 행동들이 모여 어떻게 사람들을 위한 선한 결과를 만들어 내는지 놀라지 않을 수 없다.

일은 빠르게 진행되어 리파이가 펜실베이니아 주립대학교(약칭 펜스테이트)의 S. M. 파루끄 알리 교수와 연락을 주고받았고, 그는 더 나아가 석유공학 학과장과 소통하며 주도적으로 일처리를 진행했다. 그 결과 나는 프로그램에 합격하여 펜실베이니아 주립대학교로부터 입학 허가서를 받았으며, 무엇보다 기쁘게도 장학금까지 받게 되었다. 모든 일이 너무 빠르게 진행되어 생각할 시간도, 그 모든 상황을 받아들일 여유도 없었다. 오늘날 우리는 모든 것이 기술적으로 상호 연결된 네트워크를 자랑하지만, 이보다 빠르게 일을 처리하기는 어려울 것이다. 1963~1964학년도에 내가 미국 펜실베이니아 주립대학에서 석유공학을 공부하기 위해 미국으로 간다는 사실이 명확하게 현실로 다가왔다.

그러나 모든 일이 순조롭게만 진행될 수는 없었다. 모든 일이 순조로이 진행되는 듯 보였을 때, 여권 및 비자 발급, 서류 업무, 관료주의라는 모든 여행자들의 골칫거리가 앞길을 막아섰다. 당시 모든 이라크 여권에는 이라크 국민이 방문할 수 있는 국가 목록이 찍혀 있었는데, 미국은 거기에 포함되지 않았다. 런던 주재 이라크 대사관은 내 비자 신청을 완곡히 거절했다. 관료적 규정이 한 사람의 운명을 좌우할 수 있다는 사실, 한 사람의 희망과 꿈, 야망이 별 고려 없이 휘두르는 펜 하나로도 좌우될 수 있다는 사실이 나의 사기를 떨어뜨릴 뿐 아니라 황당하게 느껴졌다. 하지만 나는 도전에 물러서는 사람이 아니었다. 지난 몇 년간 어려운 상황과 사람들을 상대하며 쌓아 온 경험이 있었기에, 영국인들이 흔히 말하듯 "엎질러진 우유에 울 필요는 없"기에 나는 시간을 낭비하지 않고 행동에 나섰다. 런던에 있는 미국 대사관으로 달려가 내 처지를 설명하고 긍정적 대답을 기대하며 학생 비자를 신청할 수 있도록 협조를 구했다. 미국 총영사는 (고통스러우리만큼 긴)몇 분의 시간 동안 신청서를 검토하더니 다행히도 신청서를 승인해 주었다. 반면 런던 주재 이라크 대사관은 답변에 4개월이 걸렸다. 앞날이 불확실한 상황에서 며칠이고 하루하루를 긴 기다림과 희망 속에서 버틸 수밖에 없었다.

깊어진 통찰력: 지혜로워진 철학

1963년 여름, 20대의 젊은 나이로 미국에 도착했다. 넓은 시야로 세상을 바라보며 런던 공항 활주로에 발을 내딛었던 풋내기 시절의 나에서 이제는 한층 성숙한 기질과 현명한 철학을 지닌 사람이 되어 있었다. 영국에서의 시간들은 나를 변화시켰다. 단순하게 나이 먹은 것을 넘어 신앙만큼이나 강렬하고 열정적인 불꽃이 내 안에 타올랐고, 내 마음에는 더 이상 두려움 같은 건 없었다. 사람들로 가득 찬 세상 속에서 나는 변화의 가치를 느끼며 더 나은 세상을 만들 수 있다는 확신 속에 자신감 있는 발걸음을 내딛었다.

　이러한 사고방식과 인식의 변화는 영국에서 겪었던 수많은 경험 때문만은 아니었다. 무엇보다도 복잡한 문제들과 예측할 수 없는 사건들에 대응하기 위해 내려야 했던 어려운 선택들에서 비롯된 것이었다. 끊임없이 문제 해결에 나서야 했던 상황은 협상의 기술을 발전시켰고, 감정적으로 격앙된 상황을 진정시키며 의사소통 능력을 향상시키는 훈련의 장이었다. 나는 우리가 직면했던 도전들이 어쩌면 전화위복이었음을 바로 깨달았다. 안락한 일상에서 벗어나 깊은 물에 던져진 덕분에 나는 헤엄치는 법을 배워야만 했다. 인간은 습관의 동물이어서 익숙하고 자신이 통제할 수 있는 환경에서 안정감을 느끼며, 도전보다는 안락과 성공을 갈망한다. 지혜로운 이들은 이해하듯, 이는 진정한 성장으로 향하는 길이 아니다. 삶이라는 무대에서 확장된 시야와 확고한 신념을 가진 중요한 역할자로 자리매김하기 위해서는 강인한 인격과 헌신, 용기와 부단한 노력을 바탕으로 강력한 토대를 세워야 한다. 이러한 자질은 불확실성의 족쇄를 두려워하지 않고 책임감 있게 살아가는 데서 비롯된다. 도전하지 않는 삶은 다만 퇴보이며, 우리의 작은 세계를 유지하기 위해 물질을 축적하는 데 쓸모없는 에너지를 소비할 뿐이다. 큰 그림을 그릴 역량을 상실하여 진정한 잠재력을 발휘하지 못한다. 결국 역동적이고 능동적인 참여의 삶 대신 현상 유지를 위한 삶의 유형으로 전락할 뿐이다. 나는 단호히 믿는다. 그것은 우리의 삶의 방식이 아니다.

다시 강조한다. 변화는 용기를 필요로 하며, 개선과 개혁엔 끝없는 도전 정신이 요구된다. 나와 동료들은 최선을 다해 그 이상에 부응하려 노력했고, 그 과정을 거치며 두 가지 사실을 깨달았다. 하나, 일은 결코 끝나지 않는다. 둘, 직면하는 모든 도전은 성공을 이끈다. 성공은 강력한 동기부여 요소로, 필연적으로 직면할 수밖에 없는 각각의 도전에서 우리를 다시 일으켜 새로운 노력을 이어 가게 만드는 충분한 동력원이었다. 따라서 우리는 아무리 많은 시간과 비용, 노력이 희생될지라도 그에 필요한 신념과 행동에서의 지속적 개선이라는 기술을 익혔다.

일단 마음속에 구상이 형성되고 그 목표에 대한 실천이 결단에 이르면, 다음 단계는 부정적 사고를 완전히 몰아내는 것이었다. 이는 긍정적 행동 방침에 대해 결단하자마자 스멀스멀 솟아나 마음의 의지를 꺾으려 하는 내면의 의심을 제대로 짚어 냄으로써 가능했다. 내가 결정하여 시작한 일에 몰두하는 동안 그만둬야 할 이유는 끊임없이 샘솟았다. 앞으로 나아갈 일이 결코 녹녹지 않음은 분명했다. 나는 그 현실을 있는 그대로 인정했다. 도전은 계속될 것이다. 나는 강한 결단력으로 이에 맞서리라 결심했다. 나의 길이 내 영혼의 성장을 위한 점이라는 것은 분명해졌다. 내 영혼은 성장을 갈망했고, 다른 이들을 위해 봉사하는 것만큼 내 영혼을 만족시킬 만한 것은 없었다. 이 길을 추구하면서 나는 나와 함께 세운 목표에 함께 헌신하는 이들이 내 여정에 동참하고 있음을 깨닫기 시작했다. 이러한 영적 성장의 일환으로 나는 점점 더 개인들보다 우리가 추진하던 아이디어와 그 활동 자체에 의존하게 되었다. 나는 사람들의 성장이 하나님의 계획이며, 이러한 과정은 종종 활동 공간 이동을 포함한 환경의 변화를 수반한다고 믿는다. 나는 공간의 변화를 통해 스스로의 변화를 꾀하고, 이를 통해 새로운 환경에서 더 큰 성공의 기회를 얻는 것이 그 목적이라고 믿는다.

새로운 세상

미국. 현대적이며 서사가 있는, 광활하고 격렬하리만큼 분주하면서도 길들여지지 않고 제약이 없는 새로운 야성적 개척지의 분위기가 여전히 남아 있는 그곳이 나를 압도했다. 카우보이와 인디언의 세계가 월스트리트의 세계와 멀지 않게 느껴졌다. 한쪽에서는 기업 문화에 완전히 몰두한 사람들이, 다른 한쪽에서는 소를 몰고 로데오를 타는 사람들이 묘하게 뒤섞여 있었다. 나는 매료되었다. 실제로 미국 땅에 발을 딛고 선 것만으로도 나는 이전의 경험 이상으로 훨씬 단단해지는 것을 느꼈다. 영국은 나이 들어 지혜로운 삼촌과 같이 차분했다. 이에 비해 미국은 강하고, 에너지 솟구치는 열정적 젊은이의 느낌이었다. 도착과 동시에 나는 그 강렬한 에너지를 체감했고, 내 지식과 나의 성장에 큰 영향을 끼칠 매우 중대한 프로젝트와 과업들에 빠져들 것이란 예감과 더불어 그 에너지가 나를 휘감았다. 이 풍부한 분위기 속에서 나는 앞에 놓인 과제와 해야 할 일에 대해 정신적으로 준비하면서 새로운 에너지와 자신감이 내 안에 솟는 것을 느꼈다.

새로움은 언제나 활력을 불어넣고, 미국은 그 자체로 새롭게 느껴졌다.

펜실베니아 주립대학교

1960년대에 펜실베니아 주립대학교에는 24개의 캠퍼스가 있었다. 오늘날 이 대학 규모는 17,000명의 교직원, 10만 명의 학생, 연간

100만 명 이상의 환자에게 의료 서비스를 행사하는 대학 병원, 150만 명 이상의 활동적인 졸업생, 그리고 언제 어디서나 학업을 추구할 수 있게 하는 온라인 월드 캠퍼스를 포함한다. 더불어 세계 최대의 학생 주도 자선 단체도 운영되고 있다.

이 대학은 미국 동부 해안 북쪽의 펜실베니아 주에 위치하며, 뉴욕 주에 접해 있다. 대학의 위치는 나에게는 매우 이상적이었다. 미국뿐 아니라 엄청난 글로벌 영향력을 행사하는 진정한 중심, 다양한 문화와 인종의 용광로인 뉴욕에 곧바로 접근할 수 있었기 때문이다. 전 세계를 통틀어 나의 배가 이곳에 접안하게 되었다는 사실이 믿기지 않았다. 분명 이유가 있을 것이고, 실제로 그럴 만한 이유가 있었다. 대도시 뉴욕의 하늘 아래 새로운 터전에 정착하여 그들을 찾아 모험에 나서면 만나게 될 무슬림 공동체와 강한 유대감을 형성하고 함께 일해야 했기 때문이었다.

빠르게 돌아가는 도시의 질주하는 삶과 별개로 (물론 그 자체로도 아름답지만)영국의 부드럽게 구릉진 언덕과는 전혀 다른 느낌으로 이곳의 웅장한 자연은 그야말로 압도적이었다. 펜실베이니아 한가운데를 가로지르는 애팔래치아 산맥은 숨이 멎을 듯 아름다웠다. 빽곡히 자리잡은 짙은 초록의 가문비나무, 물푸레나무, 그리고 수많은 다양한 종의 나무들이 끝없이 이어지고, 그 속에는 온갖 종류의 이국적인 동물, 새, 야생 동물, 그리고 맑은 호수에 서식하는 물고기가 있었다. 여기저기 벌거숭이 바위들이 돌출해 있는 가파르고 거대한 회색의 암석들은 마치 선사 시대에 온 것 같은 착각을 불러일으켰고, 그 광경은 그야말로 장관이었으며, 내 눈에는 마치 한 폭의 그림이었다.

이것이 바로 미국이었다. 도시에서 도시로, 주에서 주로 여행할 때마다 산과 광활한 평원, 사막과 눈덮인 자연, 척박한 바위와 비옥한 숲으로 이루어진, 놀랍도록 변화무쌍한 풍경이 펼쳐졌다. 그 풍경은 이전에 내가 경험했던 어떤 곳과도 달랐다. 말 그대로 정점의 자연이었고, 전 세계 전문 사진가들이 꿈꾸는 장소임에 틀림없었다.

펜과 나

미국은 거대했고, 더 큰 차원에서의 사고를 요구했다. 도착한 지 얼마 되지 않은 어느 이른 저녁, 문득 글을 쓰고 싶은 충동이 들었다. 아름다운 금촉의 쉐퍼 Schaefer 펜을 들고 노트를 내려다보며 특별한 목적 없이 그저 내 생각과 인상, 아이디어를 적어 내려가기 시작했다. 펜에서 수많은 글자가 흘러나왔다. 오랜 시간 이 펜은 나와 동행했고, 나는 그것을 소중히 여겼다. 우리는 함께 추상적 생각을 구체화했고(대부분의 사람들에게는 평범한 행위이지만 나에게는 항상 기적같은 일이었다), 내가 지적으로 변화하고 성장하려는 의지를 지속하는 한, 멈추지 않는 성취를 목격할 것이라 믿었다.

독자들 중에는 펜을 의인화한 듯한 나의 표현을 이상하게 여길 수도 있겠지만, 이 부분에 대해서는 설명을 이어 가고자 한다. 우리 소비 문화의 병폐 중 하나는 '사물의 횡포'에 있다. 우리는 '사물'을 쌓아 두면서 새롭고 멋진 새것이 나오면 금세 질려서 교체한다.

문제의 일부는 물건을 구하는 게 너무 쉬워졌고, 손에 넣은 뒤에는 의미 있는 관계를 맺으려 하지 않고 다만 차가운 금전적 가치 외에 아무런 가치를 부여하지 않는 데 있다. 그러나 나의 쉐퍼 펜은

1964년. 미국 펜실베이니아 주립대학교 석유공학과 건물 앞에서 대학원생 친구들과 함께. 오른쪽 두 번째 인물이 저자이다.

달랐다. 그것은 나의 인생에서 특별한 순간과 특별한 추억을 상징했다. 펜은 이라크 북부 지역 전국 웅변 대회에서 1위를 차지하여 받은 상품이었다. 치열한 경쟁 속에서 이루어진 이 대회를 준비하는 데 많은 노력과 땀, 그리고 엄격한 훈련이 필요했다. 펜은 보상의 상징이자 성취의 기쁨을 처음으로 맛본 순간의 상징이었기에 수년 전 부상으로 받았을 때부터 그것은 나에게 소중한 분신이 되었고, 앞으로도 그럴 것이다.

그 대회는 내가 태어난 도시이자 이라크 북부 쿠르드 지방의 수도인 아르빌에서 열렸다. 1등 수상자들은 바그다드로 초청받았는데, 우리에게는 완전히 새로운 세계였다. 앞에 언급했듯이 처음에는 학생으로, 이후에는 사업가로 이 도시를 탐험하게 되었고, 그 경험은 나의 성장에 중요한 전환점이 되었다.

이번 펜실베니아로의 여정은 여행과 학문이라는 반복되는 주제를 따라 진행되었고, 이전의 모든 여정이 그러했듯, 인생을 바꿀 경험이 될 것이라는 예감이 들었다. 무한한 가능성의 기운이 나를 감쌌다. 하나님께서 성스러운 꾸란에서 말씀하셨다. "믿음을 가진 이들이여! 너희에게 이승과 내세에서의 괴로운 고통으로부터 너희를 구하리니. 너희는 하나님과 그분의 사도를 믿고, 너희의 재산과 생명을 바쳐 하나님의 대의 안에서 열심히 노력하라. 이는 너희에게 최선이니, 너희가 이를 알기만 한다면(꾸란, 수라 알 사프, 61:10-11)."

이 구절 중 간결하지만 역사 전체를 관통하는 다섯 단어는 내게 강렬한 울림을 전한다. "하나님의 대의 안에서 열심히 노력하라Strive hard in God's cause." 그 속에는 비전의 명확성뿐 아니라 동시에 신념의 명료함을 품고 있다. 내가 진정한 삶을 살았다는 것은 이 말씀대로 살았음을 의미한다. 이 말씀이 내 삶에 대한 태도를 온전히 결집시켰고, 그 덕에 바그다드 여정 중 이루어진 사업적 거래와는 달리, 지금은 조직 개발 활동에 몰두하게 되었다. 그것은 바로 '하나님의 대의 안에서 열심히 노력'하는 것이었다.

모스크에서 재회한 오랜 벗들

새로운 환경에서 보낸 초기 몇 달은 공간적 지향의 변화 덕에 얻을 수 있는 기회와 통찰을 제공한 시간이었다. 모든 것이 새롭기에 활기가 넘쳤다. 하지만 과거는 멀지 않아, 곧 따뜻하고 반가운 친숙함이 찾아와 새로운 외부 환경을 익숙하게 해 주었다. 그 시작은 나의 신뢰할 만한 펜이었다. 나의 펜은 내가 거쳐온 모든 변화와 여정 속에서 변함없이 나와 동행했다. 그리고 그 뒤를 이어 전혀 예상치 못했던 오랜 벗들이 나에게 다가왔다.

어느 금요일 나는 워싱턴 이슬람센터를 찾아 수도인 워싱턴 D.C.로 향했다. 이곳에서 주무아*Jumuah* 기도회가 열렸고, 미래를 생각하며 무슬림 공동체의 사람들을 알아 가고 강력한 네트워크를 구축하기 위해 나를 소개하려 했다. 센터의 예배자 줄 중 한 곳에 앉아 쿠트바에 앞서 꾸란을 낭송하고 있는데 갑자기 어깨에 손길이 느껴지며 익숙한 목소리가 들려오는 것이었다. 믿을 수 없이 기쁘고 놀라운 순간이었다. 내 뒤에 무릎 꿇고 앉아 있던 이는 다름 아닌 나의 훌륭한 친구이자 동료였던 아흐마드 알알루시였다. 그를 마지막으로 본 것은 영국에서였다. 정말 멋진 재회의 순간이었다.

우리는 함께 금요 기도회에 참석하여 설교를 들으며 서로를 만난 기쁨에 흥분을 감추지 않았다. 예배가 끝나자마자 아흐마드와 나는 서로의 이야기를 나누는 데 정신이 없었다. 그가 전해 주는 이야기는 너무도 많았고, 나는 그의 말을 열심히 경청했다. 특히 정치에 관여하고 있는 옛 동료들의 소식은 매우 흥미로웠다. 그들 중 많은 이들이 정치 활동가가 되었거나 각자의 방향에서 맡은 바 새로운 임무를 수행하고 있었는데, 이는 당시의 격렬한 정치적 분위기, 특히 나세르주의Nasserism의 전개와 밀접한 관계가 있었다. 나는 친구들이 선택한 다양한 길에 대해 곰곰이 생각하며, 삶이 우리를 얼마나 다양한 길로 이끌었는지에 놀라면서도 과거의 시절이 그리워지기도 했다. 하지만 그날 저녁, 아흐마드가 나를 또 다른 친구, 아흐마드 파리드와 만날 수 있게 데려가면서 아까의 감상적 생각은 모두 사라졌다. 우리는 함께 훌륭한 대화를 나누며 정말 특별한 저녁을 보냈다. 이후 파리드와의 관계는 지속되었고, 그는 나에게 깊은 존중의 대상이 되었다.

파루끄 알리

파루끄 알리는 버밍엄대학교에서 석유공학을 전공한 인물로, 놀랍게도 우리의 길에서 서로 조우하게 되었다. 내가 펜실베니아 주립대학교에 도착했을 때부터 파루끄는 그곳에 있었고, 나를 도와주고자 안달이 나 있었다. 그는 정직하고, 진실하며 관대함을 가진 사람이었다. 게다가 그는 실용적 지혜를 가진 인물로 내가 새로운 환경에 적응하고 미국 대학 생활의 독특한 분위기에 적응하는 데 드는 수고를 상당히 덜어 주었다. 그가 해 준 가장 훌륭한 일 중 하나는 내가

1965년. 미국 펜실베니아에 있는 파루끄 알리의 집에서. 오른쪽은 펜실베니아 주립대학의 MSA 지부 초대 회장인 파루끄 파우지다.

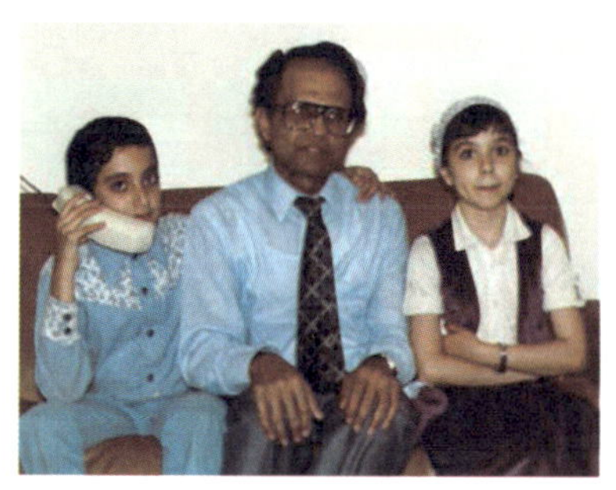

1980년. 1964년 석사 학위와 1970년 박사 학위를 받을 때 지도교수였던 파루끄 알리(오른쪽에 아들 무함마드, 왼쪽에 딸 일함)와 함께 찍은 사진.

가을 학기 개강 전에 석유공학과에서 일할 수 있게 즉시 자리를 마련해 준 일이었다. 당시 대학 실험실 직원에게 지급되던 시간당 임금은 1달러였다. 오늘날 독자들에게는 적은 돈으로 비치겠지만, 당시 나에게는 하늘이 내린 은혜나 다름없는, 왕자가 받는 금액으로 느꼈을 정도였다. 나는 매일 8시간씩 연구실에서 일했고, 그렇게 받은 돈은 생활비를 충당할 뿐만 아니라 자립심과 존엄감을 느끼게 해주었다. 노동의 열매를 통해 혜택을 얻는다는 것이 얼마나 멋진 일인가. 그런데 거기에 또 다른 보너스가 있었다. 실험실에서 진행되던 연구 프로젝트를 통해 연구 방법을 배웠고, 그 배움은 이후 석사 과정을 빠르게 마칠 수 있게 한 중요한 요인이 되었다. 나는 9개월 만에 석사 과정을 마쳤으며, 배움의 질을 유지하면서 모든 과목에서 우수한 성적을 거둘 수 있었다.

파루끄 교수는 평범한 지성이 아니었다. 그의 겸손하고 개방적이며 관대한 태도 이면에는 매우 예리한 지적 능력이 감추어져 있었다. 그는 당시 미국에서 석유공학 분야의 가장 저명한 세 명의 전문가 중 한 명이었으며, 그로 인해 얻은 수많은 인정과 명예에도 그의 자아에는 어떠한 영향도 미치는 경우가 없었다. 그러나 그 명성에 걸맞게 막중한 업무량과 엄청난 시간적 요구에 시달리고 있었다. 그런 그가 이 모든 것을 제쳐 두고 나를 도울 시간을 낼 수 있었는지, 그의 남다른 이타심을 엿볼 수 있는 증거였다. 예를 들어, 당시 우연히 박사 과정 응시 기회가 생겼는데, 몇몇 박사 과정 학생들과 함께 시험을 치를 수 있었다. 언제나 온화하고 실용적 조언을 아끼지 않았던 파루끄 교수는 나에게 석사 학위 취득 전에 시험에 응할 것을 제안하면서 시야를 더 넓히는 것이 장기적으로 내 인생을 수월하게 만들어 줄 것이라 설득했다. 매일 8시간씩 실험실에서 일하는 일상에 갇혀 있던 나는 한 번도 고려해 본 적이 없었고, 감당할 수 있는지 확신할 수도 없었다. 하지만 파루끄 교수는 내가 다른 후보자들과 지적으로 동등한 수준에 있음을 강하게 확신시키며 내 걱정을 덜어 주었다. 조용하고도 확신에 찬 태도로 내 어깨에 안심의 손길을 얹으며 응시하라고 부드럽게 격려했다. 그의 태도는 마치 내가 그의 부탁을 들어 주는 것인 양 느끼게 만들었고, 그 부탁을 거절하는 것이 오히려 무례하게 느껴질 정도였다. 그러니 어떻게 그 설득을 거절할 수 있었겠는가.

진정한 겸손, 이것이 파루끄의 본질이었다. 내 삶의 성공이나 실패가 그에게 무슨 상관이었겠는가? 그럼에도 그는 나의 발전을 도모하고 나를 챙기며, 겸손의 옷을 입고 나를 지도하려 애썼다. 그는 충분히 자신의 권리 안에서 나를 파리 쫓듯 밀어내고 자신의 더 위대한 지적 과업에 집중할 수 있었을 텐데 말이다. 세상에는 훨씬 덜 한 것을 가지고도 자랑을 일삼는 사람들이 있다. 그들은 자부심을 억누르지 못해 분출하고 자기 중심적 사고로 부풀어 있다. 파루끄는 미국에서 명망 높은 학자이자 해당 분야의 선도적 인물이었다. 뿐만 아니라 언어학에 있어서도 천재성을 가지고 있었는데, 천재라는 표현조차 그의 능력을 담아 내기에는 부족했다. 영어와 러시아어, 아랍어, 우르두어를 구사했으며, 몇몇 인도어, 독일어, 프랑스어, 포르투갈어, 스페인어, 그리고 중국어까지 능통했다. 이 정도 수준의 지성을 가진 사람을 인생에서 만나기란 거의 상상할 수 없으며, 이런 지성을 가지고도 때묻지 않은 사람을 찾기란 더더욱 힘들다. 파루끄 교수는 자신이 세상에서 가장 평범한 사람인 것처럼 행동하고 말했다. 만나는 누구와도 동등한 위치에 있는 듯 여겨졌다. 사람들은 그의 업적을 찬양했지만, 그는 결코 자만으로 자신을 채우는 일이 없었다. 학자들이 흔히 빠지기 쉬운 함정, 즉 책과 학문의 세계에 갇혀 다른 사람들과 그들의 필요를 망각하는 삶과는 정반대의 사람이었다. 타인의 필요에 깊은 관심을 가졌고, 진심을 다해 도움을 주었으며, 그들의 성공을 기원했다. 그러므로 내가 더 그의 조언을 진지하게 받아들인 것은 말할 필요도 없다. 예를 들어, 한 번은 그가 나에게 속독 과정의 수강을 권유했는데, 나는 망설임 없이 그의 말을 따랐다. 그리고 그 결과는 놀라웠다. 속독은 내 학습 속도를 높이는 데 매우 유익했고, 나의 교육 과정에 중요한 역할을 했다.

파루끄 교수는 평생 150편이 넘는 박사 논문과 훨씬 더 많은 석사 논문을 지도했으며, 수백만 달러의 연구비를 확보한 인물이다. 나는 항상 그의 말을 절대적으로 신뢰했다. 그래서 그의 조언에 따라 박사 입학 시험에 응시했고, 놀랍게도 합격이라는 축복을 받았다. 시험 합격 사실을 넘어 그를 실망시키지 않았다는 안도감이 또한 컸다. 그를 실망하게 만드는 생각은 차마 상상조차 힘든 일이기 때문이었다. 놀라움은 여기서 끝나지 않았다. 대부분의 학생들이 6시간 정도 걸리는 시험을 나는 2시간 30분만에 마쳤고, 압도적 차이로 최고점을 기록했다(나의 점수는 91점이며 그 다음 순위는 67점에 불과했다). 파루끄 교수는 나 자신보다 내 능력을 훨씬 잘 파악하고 있었다. 이 소식을 듣고 그는 승리한 듯 미소를 띠며 말했다. "봐라, 네가 해 낼 거라고 확신하지 않았나." 이 에피소드는 나를 자랑 삼자고 하는 것이 아니라 우리 모두가 기억해야 할 교훈을 말하고자 함이다. 우리는 얼마나 많은 순간 자신감 부족, 자기 의심, 최악의 상황을 상상하는 습관 탓에 스스로를 방해하여 건강한 개인적 성장의 기회를

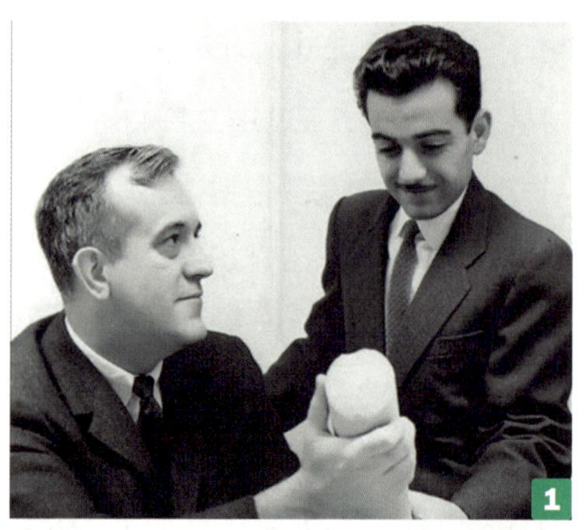

■1 1964년. 펜실베이니아 주립대학교 석유공학과 학과장 스탈 교수. 저류공학에 대해 논의 중이다.

■2 1964년. 펜실베니아 주립대학교 석유공학과 실험실의 실험 장비 옆에서

■3 1964년. 펜실베니아 주립대학교 졸업식. 왼쪽은 펜실베이니아 주립대학교 무슬림학생회 초대 회장 이집트 출신의 파루끄 파우지. 뒤의 사자상은 펜실베이니아 주립대학교의 상징이다.

놓쳐 왔는지 돌아봐야 한다. 꿈꾸는 목표를 이루지 못할 것이라고 스스로 말하는 것은 어쩌면 비겁함에 다름없다. 이는 결국 두려움에서 비롯된 감정이며, 두려움을 극복하는 것은 개인의 성장을 이끄는 중요한 단계이자 변화를 실현하는 핵심 요소 중 하나이다.

나는 펜실베니아 주립대학교에서 총 6년을 머물렀고, 하나님의 은혜로 장학금은 매년 자동으로 갱신되었다. 파루끄 교수는 내 학업에 지대한 역할을 미쳤고, 내가 그에게 얼마나 큰 빚을 졌는지는 말로 다 표현할 수 없다. 어떠한 이득도 바라지 않고 나와 다른 이들의 성공을 보는 것만 생각하며, 나의 안녕과 복지를 진심으로 걱정하고 배려해 주었다. 그의 모습은 세상의 모든 선과 덕을 완벽히 보여 주는 본보기였다.

펜실베니아 주립대학 MSA 설립

미국 최초의 무슬림학생회MSA, Muslim Student Association 전국 지부는 1963년 일리노이대학교에서 설립되었다. 소박하게 시작했지만, 오늘날 북미 전역의 각 지부를 아우르는 주요 신앙 기반 등록 학생 단체로 성장했다. MSA는 컨퍼런스, 캠프, 이슬람 인식 주간을 개최하고, 캠퍼스 내 무슬림들을 위한 사회적 모임을 주관하며, 시사 문제를 논의하고, 강연 및 다양한 사회적 행사를 조직하고, 자선 기금을 모금하며, 무슬림 학생들의 필요를 전반적으로 충족시키는 활동을 하고 있다. 하지만 내가 활동하던 당시만 해도 MSA는 아직 초기 단계에 있었고, 기반을 다져 나가는 중이었다. 그럼에도 우리는 펜실베니아 주립대에 MSA 지부를 설립하고자 했다.

1965년. 미국 일리노이주 카본데일에서 미국·캐나다 무슬림학생연합 창립 계획 중이다. 사진 왼쪽이 저자. 저자의 오른쪽부터 MSA 신규 회장 이스마일 아흐마드, MSA 부회장 파이살 사크리(이라크 출신), 1970년 MSA 회장 이브라힘 켈리지.

당시 펜실베니아 주립대 규정상 대학 클럽 자격을 공식적으로 인정받으려면 최소 20명의 회원이 필요했다. MSA 지부를 설립하려는 우리에게는 17명의 회원이 있었지만 아쉽게도 3명이 부족했고, 아무리 찾아도 캠퍼스 내에서 더 이상의 무슬림을 찾을 수 없었다. 갑작스럽고 예상치 못한 난관에 부딪친 우리에겐 기존의 틀을 벗어나 새로운 방법을 생각해야 할 때였다. 우리는 일부 비무슬림 학생들에게 도움을 요청하는 방안을 논의했고, 얼마 지나지 않아 필요한 비무슬림 이름을 확보하여 20명의 조건을 충족할 수 있었다. 그렇게 펜실베이니아 주립대 MSA가 공식적으로 출범했다. 내가 발 디딘 지 6개월 만에 이루어 낸 일이었다. 세월이 흘러 많은 것이 변했다. 안타깝게도 오늘날 우리가 했던 요청을 시도한다고 상상해 보라. 무슬림에 대한 불신이 커지면서 대학 캠퍼스에도 영향을 미쳤다. MSA와 같은 단체는 이제 단순히 무슬림들이 함께 모이는 건전한 지적·사회적 공간으로 여기기보다 정치적으로 편향된 포럼이나 근본주의적 생각을 가진 사람들의 조직으로 의심받고 있다. 이는 '무슬림은 테러리스트'라는 잘못된 낙인이 확산되면서 많은 사람들이 그런 선입견에 편승하고 있기 때문이다. 물론 이는 오해에서 비롯된 양상이며, 잘못된 정보와 편견을 바로잡는 데 적극 나서는 것이 우리의 과제이다.

다시 교회에서 수행한 기도

어쨌든 MSA가 성공적으로 운영되기 시작하자 우리는 다음 과업으로 금요 기도*Jumuah*를 드릴 장소 문제를 논의했다. 내가 교회를 가능성 있는 장소로 제안했을 때 MSA 회원들은 의자에서 거의 넘어질 뻔했다. 지금이야 기존의 틀에서 벗어난 제안이라 생각할 수도 있겠지만, 당시의 제안은 너무도 파격적이어서 사실상 미지의 영역에 발을 딛는 듯한 반응이었다. 회원들은 진지하게 고려하기에는 너무도 비현실적이라며 반대했다. 하지만 나는 버밍엄에서의 경험과 우리 기독교 동료들의 관대함을 이야기하면서 왜 가능성이 없다고만 생각하냐며 반문했다. 다행히 파루끄 교수가 내 아이디어를 지지했고, 덕분에 논쟁은 내 쪽으로 기울었다. 우리는 대학 교회에 청원서를 제출했고, 얼마 지나지 않아 나는 다시 교회에서 금요 기도를 드릴 수 있었다.

다음 해야 할 일은 MAS 첫 회장을 선출하는 일이었다. 선거가 치러졌고 파루끄 파우지*Faruque Fawzi*가 펜실베이니아 주립대 최초의 MSA 회장에 당선되었다. 이집트 출신인 그는 순니 무슬림으로 대학원 과정을 밟고 있었다. 그의 졸업 후 다시 회장 선거를 실시한 결과, 압바스 자바리가 선출되었다. 압바스는 이란 출신의 시아 무슬림으로 이전과는 완전히 대조적이었다. 일부 순니 무슬림 학생들은 시아 무슬림이 회장으로 선출될 수 있는 가능성에 놀라 투표 결과에 의문을 제기했다. 그 목소리가 점점 커지자 나는 사태를 빨리 수습하기로 결심했다. 순나나 시아 모두 이슬람에 대해 모든 것을 아는 것은 아니므로 어떤 가정을 하기 전에 배우려는 자세를 가져야 한다며 설득했다. 압바스 자바리는 정치적 갈등이 수면 아래에 일고 있음을 알면서도, 현명하게 논쟁에 관여하지 않고 침묵을 지켰다. 실제로 압바스는 회장 임기 동안 우리들을 지적으로 통합하는 데 성공했고, 훌륭한 판단력과 현명한 리더십의 본보기를 보여 주었다. 그의 통솔 아래 우리는 단결을 유지할 수 있었고, 그 과정은 우리 모두에게 귀중한 교훈을 남겼다.

무슬림학생회 전국 연합의 뿌리

펜실베니아 주립대학교에 최초의 무슬림학생회를 설립한 후, 우리는 미국의 다른 지역에 존재할지도 모르는 무슬림학생회를 찾기 시작했다. 영국에서 이미 7개의 무슬림학생회를 포괄하는 영국·아일랜드 무슬림학생연맹FOSIS을 만들었던 경험이 있었다. 우리는 여러 무슬림학생회를 찾아 무슬림학생회 전국 연합을 설립할 수 있길 희망했다.

미국 일리노이주의 작은 도시 어바나-샴페인에 위치한 일리노이대학교UIUC에서 초대장이 발송되었다. 이곳은 북미 최초의 MSA가 설립된 학교였으며, 초대장은 북미 전역의 MSA를 포괄하는 무슬림 학생들의 연합을 만들자는 제안이었다. UIUC의 MSA는 내가 미국에 도착한 해인 1963년 초에 이미 대륙 전체에 걸친 MSA 연합 설립을 제안하는 신문을 발행한 바 있다.

초대장은 수많은 학생들을 한자리에 모이게 만들었고, 이들은 모두 그 비전과 사명을 위해 헌신했다. 나는 아직도 그 모임의 시간과 장소, 그때의 분위기를 기억한다. 참석자 중에는 나의 소중한 형제였던 고故 아흐마드 사크르도 있었다. 레바논 출신으로 영양학 박사 과정을 밟고 있었고 후에 성공적으로 학위를 취득하였다. 그는 이후 미국·캐나다 MSA 3대 회장이 되었는데, 우리는 북미 전역의 MSA 연합 구축을 위해 오랜 기간 긴밀히 협력했다.

이란 출신의 마흐디 바하두리는 MSA 전국 연합의 초대 회장이 된 또 다른 선구자였다. 그는 이후 기계공학 박사 학위를 취득했다. 하지만 일이 순탄케 진행되지만은 않았다. 수세기에 걸친 순니-시아 갈등이 그의 회장직 반대라는 일부의 반발로 이어지면서 압바스 자바리의 사례에서 드러났던 긴장이 다시 수면 위로 드러났다. 나는 압바스의 경우와 마찬가지 방식으로 이 문제를 중재하려 했고, 같은 논거를 통해 불화를 해소하는 데 성공했다. 그렇게 함으로써 사람들의 신뢰와 존경을 얻은 듯했고, 그로 인해 내 기쁨은 더 커졌다. 1965년에 나는 MSA 전국 연합의 2대 회장이 되어 다양한 문제와 기타 과제들을 더 폭넓게 해결할 수 있는 기회를 얻게 되었다.

돌이켜보면, 신앙심으로 충만했던 우리가 다양한 배경과 문화적 정체성에도 MSA 회원들 간에 놀라운 수준의 조화와 연대를 이룰 수 있었다는 사실은 매우 보람찬 일이었다. 우리는 당시 우리 상황에 관련된 문제들을 해결하고, 직면한 많은 도전에 대응하는 데 집중했다. 사실 우리는 영국에서 우리의 노력을 뒷받침했던 동일한 기준에 따라 활동했으며, 영국 내 순니와 시아를 포함한 다양한 무슬림 공동체들과의 활동에서 핵심이 되었던 동일한 수준의 조화를 재현할 수 있었다. 이는 우리가 한 곳에서 적용한 원칙이 다른 곳에서도 동일하게 작동할 수 있음을 증명하는 시험대였다. 사람은 누구나 본질적으로 유사한 약점을 가지기 마련이며, 과거의 역사와 정치적 분노를 문 밖에 놓아 둘 수만 있다면, 많은 긍정적 에너지를 활용하여 많은 선을 이룰 수 있음을 발견했다. 원칙이 견고하다면 해결책은 거의 공식처럼 간단해질 수 있다. 그리고 꾸란에 명시된 원칙보다 더 견고한 원칙이 무엇이 있을까? 우리는 금요일에 작은 예배당에서 기도할 뿐 아니라, 같은 목표를 위해 함께 일하며 조화를 이뤘다. 각자가 자신을 전체의 상호 이익에 봉사하는 작은 톱니바퀴로 여기며, 통합된 노력과 상호 봉사를 통해 모두에게 혜택이 돌아올 것임을 알고 있었다. 그래서 공부 외의 시간에는 편지를 쓰고, 전화를 걸고, 공동의 목표 달성을 위해 광범위하게 여행하며 시간을 보냈다. 단 한순간도 시간을 낭비하지 않았다. 전체적 관점에서 볼 때 우리는 결국 미국 동부 지역에 집중했고, 내 활동은 나의 생활 영역인 펜실베니아 주에 더 가까웠다.

이 모든 활동의 결과는 무엇이었을까? 다양한 MSA와 MSA 전국 연합은 우리의 공동 노력을 통해 미미한 시작에 뿌리를 내려 북미 전역의 무슬림 학생들의 삶과 사회적, 종교적, 문화적, 지적 경험을 풍요롭게 하는 주요 전국 대학 조직으로 자리 잡을 수 있었다. MSA 전국 연합 창립자들은 1963년 12월에 처음 만났고, 1년이 채 지나지 않은 1964년 9월에 더 큰 규모의 모임을 가졌다. 미국과 캐나다 전역에서 모인 40명이 넘는 MSA 대표들이 참석(이미 조직이 얼마나 성장했는지 알 수 있다)한 이 회의에서 집행위원회는 나를 출판부 이사로 임명했다. 당시 소수의 MSA 지부가 활동하던 상황에서 1965년 1월에 전국 대회를 개최했고, 이후 전국 집행위원회의 첫 회의를 개최하면서 처음 내딛은 작은 발걸음은 도약하고 있었다.

나는 1965년 출판부 이사에서 미국·캐나다 MSA 회장으로 선출되었다. 엄청난 책임이 주어지는 자리였고, 내가 그 역할을 제대로 수행하려면 학업에 쏟던 것과 같은 헌신이 요구되는 방대한 과업이었다. 어떻게 하면 이 두 과업을 균형 있게 해 내면서 어느 한쪽의 희생을 피할 수 있을까? 나는 깊이 고민하며 오랜 시간 심사숙고했다. 나는 "하나님의 대의 안에서 열심히 노력하라"는 신념을 실천하고 싶었지만, 과로로 몸과 마음이 지치고 일마저 피해가 가는 상황은 피하고 싶었다. 네 철학은 일에 있어 할 수 있는 한 최선을 다해야 하며, 특히 그 일이 사람들과 공동체를 대상으로 하고 그들 간에 생산적 관계를 형성하는 일이라면 더더욱 그렇다. 내게 있어 가다가 중단하는 것은 애초에 아니 감만 못한 것이었다. 학업과 더불어 더 많은 이슬람 업무를 맡아야 하기에, 대학에서 연구와 학업은 계속되었고 그 결과도 고무적이었다. 하지만 모든 상황을 종합적으로 고려한 끝에 나는 또 하나의 중대한 결정을 내렸다. 박사 학위 취득을 잠시 미루고 움마*Ummah, 이슬람 공동체*를 위한 봉사에 우선순위를 두기로 한 것이다.

이러한 결정에 경악을 금치 못하는 사람들도 있을 것이다. 왜 스스로에게 이토록 높은 기준을 자발적으로 부과해야 하느냐는 의문을 가질 만하기 때문이다. 동방에서 박사 학위 취득은 대단히 중요한 일이며, 그 과정에 방해되는 어떤 것도 허용해서는 안 된다는 생각이 지배적이다. 박사 학위는 생계 수단 이상의 의미를 가지며 사회적 위신을 크게 높여 주고 즉각적인 인정과 존경을 가져다 준다. 이러한 태도를 비판하고자 하는 것은 아니다. 지식은 그 자체로 존중받아 마땅하기 때문이다. 하지만 그보다 더 높은 이상이 존재한다. 우리가 추구했던 가장 중요한 인정은 하나님의 인정이었다. 무슬림으로서 우리의 비전은 이슬람의 미덕을 구현하고, 자발적인 의무와 책임을 통해 다른 사람들을 고양시키는 것이었다. 실천적으로 이는 단순히 지식뿐 아니라 삶에 대한 인도를 필요로 하는 사람들, 이슬람으로 개종을 고민하는 비무슬림이나 단지 도덕적 지지가 필요한 사람들을 돕는 것을 의미했다. 이러한 모든 활동을 추진하는 내적 동력은 바로 하나님의 기쁨을 얻고자 하는 열망이었다. 이는 결코 우리 스스로를 우월한 위치에 두기 위한 것이 아니었다. 오히려 자기 비판은 우리가 맡은 역할을 평가하는 데 있어 중요한 요소였다. 우리는 자신의 약점을 개선하기 위한 자기계발 프로그램에 참여하며, 외적 활동이 내적 자질만큼이나 훌륭할 수 있음을 이해했다. 다시 말해, 우리의 믿음을 위해 효과적으로 일하기 위해서는 먼저 우리 자신을 다듬어야 한다는 전제는 깊이 생각하지 않아도 알 수 있는 명백한 사실이었다. 리더십 기술을 타고난 사람은 거의 없으며, 아무리 박사 과정을 밟는 지성인이라 해도 조직적이며 리더십 역량이 자연스레 스며들 것이라는 생각은 어리석은 일이다. 나는 우리가 리더란, 먼저 자신을 계발한 후에 다른 사람들을 바른 길로 인도할 수 있는 사람이라는 이해를 공유하고 있었다는 점에서 만족스러웠다.

열정적 노력과 네트워킹 덕분에 회원과 지부의 수가 증가했지만, 이것이 연합의 급성장을 보여 주는 유일한 지표는 아니었다. 우리의 협력은 실제로 북미를 넘어 확장되었다. 일리노이대학교(어바나-샴페인)에 무슬림학생회를 설립한 고故 후세인 파샤는 나중에 영국으로 건너가 이슬람사회학생연맹FOSIS을 지원하는 데 기여했다. 우리는 항상 미래를 내다보며, 활동의 효과를 극대화하기 위해 아이디어와 실천 방법을 개선하는 데 집중하는 한편, 활동 범위를 지속적으로 확대하고, 이에 대한 헌신을 새롭게 다지며 우리의 노력을 갱신하려고 끊임없이 노력했다.

또한 전략적 접근에 있어서도 매우 신중을 기했다. MSA 전국연합이 성공할 수 있었던 주된 요인 중 하나는 리더십과 멘토링의 순환 체계였다. 회장은 1년 단임제로 활동하며, 임기를 마치면 전임 회장으로서 집행위원회의 '명예'위원으로 계속 참여했다. 이를 통해 위원회는 전임 회장들의 경험을 바탕으로 그들의 성과를 이어 발전할 수 있었다. 다만 초대 회장 마흐디 바하두리의 경우에는 예외적으로 1년 더 회장직을 유지하도록 요청했다. 이러한 정기적인 리더십 교체 관행은 이후 전 세계의 자매 결연 단체들 사이에서도 장려되었다.

체계와 활동

다양한 성공에는 또 다른 중요한 요인들이 있었다. 그중 하나는 집행위원회 구성원들 간의 돈독한 관계 구축이었다. 집행위원회는 회장, 부회장, 사무국장, 대외협력국장으로 구성되었다. 전략적 계획의 일환으로, 우리는 영향력 있는 선언문 중 하나로 구성원 간의 강력한 관계를 명시했다. 목표의 명확성도 또 다른 중요한 요소였다. 이를 달성하기 위해 모든 사안에 합의가 이루어지도록 했으며, 이는 전체 목표에 부합하는 방식으로 진행되었다. 의사 결정 과정에서는 모든 구성원의 의견을 공정하게 경청하고, 이를 전체가 만족할 수 있도록 논의하고 합의했다. 이 절차는 인내와 시간이 요구되는 복잡한 과정이지만 장기적으로는 더 나은 결과를 가져왔다. 각 구성원은 리더십을 발휘하는 방법을 배워야 했다. 우리는 다른 사람들의 경험과 지식을 바탕으로 그들의 지식을 활용하려고 했다.

앞서 언급했듯이 MSA는 북미에 거주하는 회원들이 선출한 위원들로 집행위원회를 구성했다. 집행위원회는 자체적으로 회장과 부회장을 선출했다. 초기에는 모든 선거가 MSA 연례 회의에서 이루어졌으나, 이후에는 우편 투표로 진행되었다. 따라서 이 조직은 매우 민주적이고 투명하며 포용적이었다. 전임 회장은 신임 회장의 멘토로 남아 서로의 경험과 지식을 공유할 수 있게 했다는 점도 중요한 요소였다. 조직이 성장하면서 우리는 역할과 책임을 명확히 정의하려고 노력했다. 대외협력국장은 다른 단체들과 가교를 구축하고 그들이 제공할 수 있는 자원을 활용하는 데 중점을 두었다. 사무국장은 기존 무슬림학생회와의 연계를 유지하며 대륙 전역에 퍼져 있는 무슬림 학생들과 지속적으로 연락을 취했다. 이들의 주된 역할은 개인 무슬림과 우리 활동에 동참하고자 하는 무슬림 단체들에게 지원을 제공하는 것이었다.

1963년에 활동을 시작할 당시 우리의 예산은 총 200달러였다. 이 금액은 첫 회의에서 집행위원회 위원들이 기부할 수 있었던 총액이었다. 우리가 달성하고자 하는 큰 목표와 영향력을 고려할 때, 우리는 예산을 매우 신중하게 사용해야 했으며, 이를 위해 활동의 우선순위를 정해야 했다. 그중 하나가 소통이었고, 소통을 효과적으로 수행하고 사람들에게 다가가 의견과 아이디어에 대한 논의를 시작하게 하는 훌륭한 방법 중 하나가 신문이었다. 따라서 신문은 우리가 집중한 첫 번째 우선순위 중 하나가 되었다. 신문은 각 MSA 지부의 소식을 공유하는 중요한 수단이었으며, 금요 설교도 포함되었다. 이를 통해 무슬림 학생들에게 우리가 하는 일을 보여 주고, 자신들의 활동을 조직하는 데 필요한 아이디어를 제공해 주었다. 또한 그들에게 지속적으로 활동을 이어가도록 동기를 부여했다고 생각한다. 나는 신문 발행 책임을 맡으면서 파루끄 알리 교수의 도움을 받았다. 우리의 신문은 영어로 발행되어 북미 전역의 무슬림 학생들에게 우편으로 발송되었다.

꿈과 열망

당시 미국으로 유학 온 무슬림 학생들은 각국의 최고 엘리트로 구성된 매우 독특한 집단이었다. 그들은 뛰어난 성적과 성취를 통해 선별된 각국의 최우수 학생들로, 신중하게 선택되어 유학 후 고위 경력을 쌓을 수 있도록 양성되었다. 그러나 그들 대부분이 남성이었으며, 이는 여성의 능력이 부족해서가 아니라 문화적 관습과 가족의 제약이 여성들의 해외 유학을 막았기 때문이었다.

따라서 각자의 고향에서 멀리 떨어진 이국 땅에 모인 우리들은 높은 지능과 뛰어난 학업 성취라는 한 가지 공통점을 바로 공유했다. 이런 점에서 우리는 동질적이었으며, 지식을 습득하고 목표를 달성하려는 의지와 열망, 그리고 이를 실현하고자 하는 강력한 목적의식을 공유하고 있었다. 이 독특한 그룹의 또 다른 특징은 야망이었다. 우리는 원대한 꿈과 포부를 가졌을 뿐 아니라 이를 실현할 잠재력과 추진력을 가지고 있었다.

고국에서는 표현의 자유에 대한 제약으로 모든 꿈을 실현하기 어렵지만, 서구에서는 이러한 꿈을 현실로 만들 수 있는 훌륭한 기회가 있었다. 여기서 내가 말하고자 하는 바는 정치적인 것이 아니라 도덕적·공동체적 지원을 조직적으로 실현하려는 단순한 노력들에 관한 것이다. 우리는 고향에서 신실한 무슬림으로 살아 왔었기에 서구에서 종교적 헌신을 방해할 수 있는 요소들로부터 자신을 보호할 필요성을 느꼈다. 이러한 이유는 도덕적이고 공동체적인 지원 활동의 목표와 열망을 뒷받침하는 데 큰 도움이 되었다. 특히 아랍 및 비아랍 무슬림 사회에서 온 다양한 학생들에게 도움을 제공하는 것이 중요했다. 이들 사회는 신앙을 이해하고 실천하는 데 필요한 적절한 지원을 제공하지 못했다. 당시 무슬림 세계 전반에서 이슬람에 대한 이해 수준은 참으로 열악한 상태였다.

우리의 비전은 현재의 주변 상황을 넘어 먼 미래를 내다보는 장기적인 것이었다. 우리는 함께 공부하고 있는 젊은 남성(및 여성)들이 언젠가는 각자의 사회에서 지도자, 영향력 있는 인물, 그리고 지식인 계층의 일원이 될 것임을 금방 자각했다. 이들은 무슬림 국가들에 있어 큰 보물이자 귀중한 자원이었다. 그들의 어깨에 무슬림 세계의 미래가 달려 있었다.

신앙을 잃은 무슬림: 우리의 의무

모든 어려움에도 불구하고 우리의 활동은 순조롭게 진행되고 있었으며, 급성장하는 조직에 수반되는 문제들을 감안해도 우리는 상황이 '어느 정도 정상적'이라 느꼈다. 그러던 어느 날 겉보기에는 단순해 보이지만 실제로는 복잡하고 심각한 문제가 제기되었다. 우리의

주된 관심이 이미 신앙을 실천하고 헌신한 무슬림에게만 집중되어야 하는가, 아니면 무슬림이라 공언하지만 신앙에 온전히 순응하지 못하거나 완전히 이탈한 사람들도 포함해야 하는가? 물론 신앙을 실천하는 무슬림들과 함께 일하는 것도 쉽지 않은 일이었지만, 이탈한 이들과의 관계는 우리의 인내와 원칙을 시험할 정도로 훨씬 더 도전적이었다. 당시 우리 공동체의 기본 목적은 신앙을 보호하고, 세속적이고 자유주의적인 사회가 가진 강력한 휴머니즘적 메시지와 느슨한 도덕적 경계로부터 우리의 도덕성을 강화하는 것이었다. 이러한 사회는 지적으로 준비되지 않은 이들에게 신앙을 약화시키는 영향을 미치고 있었다. 다행히 우리는 신앙이 마음의 문제라는 것을 이해하고 있었다. 하지만 그 생명력은 강한 유대감, 공유된 정체성, 그리고 관계 강화를 위한 협력에서 비롯된다는 것도 알고 있었다. 예컨대, 주무아Jumuah, 금요 예배는 이러한 연결의 작은 사례에 불과했다. 따라서 우리는 이러한 유대를 강화하고, 신앙의 지표를 기반으로 정체성을 개발하며, 관계를 구축하고, 우리의 종교적 소속감을 방어하고 신앙에 대한 개방적 논의를 촉진할 수 있는 프로그램과 활동을 조직하고자 했다. 이러한 노력은 우리가 살고 있는 사회에서 직면한 공통의 도전과 어려움에 대응하기 위한 자기 보존의 한 형태였음은 분명하다.

하지만 강한 신앙적·도덕적 기반을 가진 이들과 연대하여 북미 전역은 물론 그 너머까지 연결이 확장된 이 시점에, 우리는 스스로에게 다음의 질문을 던져야 했다. 이제 다음 단계는 무엇일까? 우리가 단순히 신앙을 보존할 필요성을 이해하는 사람들에게만 영적·도덕적 기반을 제공하는 이상으로 더 큰 목적과 존재 이유를 가지고 있는가? 우리는 맡겨진 책임을 온전히 수행하고 있는가? 우리는 스스로에게 철저히 솔직해져야 했다.

세상에는 신앙을 잃은 무슬림, 타락한 무슬림, 세속적 담론의 궤변에 지적으로 대응하지 못하는 무슬림, 윤리적·도덕적 절대성을 유지하기 위해 고군분투하는 무슬림들이 존재한다. 이 시점까지만 해도 그들은 우리의 관심 대상에 포함되지 않았다. 우리는 우리 활동이 신앙을 실천하는 무슬림 학생들의 일상적이고 즉각적인 문제를 다루는 데 있어 놀라운 성과를 이루고 있었음에도 더 큰 그림, 나아가 더 중요하거나 최소한 동일하게 유효한 목적을 간과할 위험에 처해 있음을 깨달았다. 1960년대는 새로운 시대였다. 수세기 동안 유지되어 온 도덕적 기준과 행동 규범이 실제로 무너져 내리는 것을 목격했다. 이는 단순히 음악, 섹스, 마약으로 대변되는 방탕한 젊은이들의 문화뿐 아니라, 젊은 세대의 언어를 구사하며 사회학, 물리학, 문학 등 거의 분야에서 강한 학문적 견해를 내세우는 세속적 담론으로 나타났다. 이 담론은 신앙 기반의 관점과 이해 방식을 오만한 자신감과 학문적 권위를 앞세워 무너뜨리고 있었다. 많은 사람들이 이러한 세속적 주장의 허구적 내용과 달콤한 약속에 현혹되어 길을 잃었다. 당연하게도 리처드 도킨스Richard Dawkins 같은 전투적 무신론자들이 등장한 시대였다.

우리는 이 문제에 대해 직접적인 접근 방식을 취했다. 앞서 언급한 끊임없는 자기 평가의 원칙에 따라, 특히 성장하는 조직에서는 우리가 서 있는 위치와 나아갈 방향을 가늠해야 한다는 사실을 깨달았다. 우리가 사고를 확장하기 시작하자, 시대의 요구를 포착하고 새로운 도전에 대응하기 위해 우리의 활동을 재평가해야 한다는 점이 분명해졌다. 이러한 깨달음과 평가 과정을 궁극적으로 하나님의 인도를 통해 우리의 성장을 이끌고 나아갈 방향으로 설정했다. 구성원들이 서로를 확인하고 새로운 기능에 대해 열린 마음을 가지지 않는다면, 조직은 결국 의미와 목적, 그리고 적절성을 잃게 된다. 다행히 우리는 이 사실을 이해했고, 이미 이룬 성과를 자축하며 현실에 안주하지 않기로 했다. 솔직하게 말하자면, 나는 우리가 잠시 나무를 보느라, 숲 전체를 보지 못했다고 생각한다. 즉, 신앙과 도덕적 가치를 지키기 위한 자기 보호에 몰두한 나머지, 우리의 의지를 시험할 수 있다고 여겨지는 사람들과 거리를 두게 되었다. 이제 이를 넘어 더 큰 목표와 도전을 받아들일 때였다. 신앙에 완전히 순응하지 못하는 사람들, 즉 더 어려운 대상을 포용할 준비가 필요했다. 요컨대, 우리는 모든 무슬림, 타락한 이들까지도 포함하고 열린 마음으로 모두를 초대하겠다는 의도를 가지고 있었지만, 이러한 포괄적 의도가 세속적 세상의 성격에 대한 우리의 내적 두려움과 편견 속에 희미해졌다. 우리는 신앙을 지키기 위해 많은 노력을 기울였고, 우리의 소중한 덕목과 종교적 정체성을 보호하고 유지하는 데 초점을 맞추었다. 사실 일반적으로 이야기하자면, 사회가 하나님을 잊고 확립된 종교적 가치와 경계에서 멀어질수록 영적으로 마음을 둔 사람들은 더욱 보수적으로 변하며, 전통에 더욱 집착하고 같은 생각을 가진 사람들과의 교류를 통해 안전함을 추구하려는 경향이 있다.

우리가 이 문제를 완전히 인식하고 예외 없이 모든 사람들을 돕기로 결심했을 때, 즉각적인 변화가 일어나는 것을 목격했다. 첫째, 극단적 방향 전환이 이루어졌다. 우리는 곧바로 술을 마시거나 마약을 사용하는 학생들에게 주목했다. 이들을 위해 안전하고 안락한 환경을 조성했으며, 이 불행한 이들이 편안함을 느끼고 나아가 환영받는다고 느낄 수 있는 공간을 만들었다. 그곳에서는 잘못된 예배 행위에 대해 비난하거나 판단하지 않았다. 실제로 몇몇 학생들은 우두 *wudu*, 세정조차 올바르게 수행하는 방법을 전혀 알지 못했다. 그러나 우리는 그들에게 아무것도 강요하지 않았고, 인내와 존중의 태도를 유지하며 조용히 지켜보았다. 이러한 인내와 현실적 접근은 큰 효과를 발휘했고, 결과는 폭발적 성장으로 이어졌다.

우리가 만들어 낸 분위기는, 기존에 무슬림으로서의 정체성이 희미했던 많은 학생들에게 따뜻함과 포용력을 느끼게 했다. 그들은 빠르게 신앙을 실천하는 무슬림의 길로 들어섰다. 많은 이들이 마음을 열고 이슬람으로 돌아오며, 자신들이 잃어버렸던 영적 의미를 되찾는 데 성공했다. 가장 감동적인 경험 중 하나는 신앙을 되찾은 학생들로부터 연락을 받았을 때였다. 그들은 자녀들을 돌봐 준 것에 대해, 그리고 하나님에 대한 믿음을 자녀들에게 되돌려 준 것에 대해 깊은 감사를 표현했다. 그들의 감사는 말로 표현하기 어려울 정도로 벅찬 것이었다.

자립 가능성: 전략적 진전

우리의 운영 예산도 조직의 성장과 함께 변화되었다. 앞서 언급했듯이 1963년 첫 해에 우리의 예산은 200달러에 불과했다. 당시에는 MSA가 재정적으로 이렇게 강력한 기반을 갖추게 될 것이라고는 상상도 못 했다. 그러나 1964년에는 예산이 2,000달러로 뛰었고, 내가 회장으로 재임한 세 번째 해에는 하나님의 은혜로 무려 2만 달러로 증가했다. 추가의 자금원을 찾아야 했고, 이를 위해 영국에서의 경험을 활용했다. 우리는 이드Eid 카드를 판매하여 약 1만 달러의 수익을 올렸다. 모금 활동을 더욱 확대하여 아랍 걸프 국가에서 온 학생들에게 접근했고, 그들은 가족들에게 우리의 아이디어와 이슬람 프로젝트를 알리며 MSA 지원을 독려했다. 그 결과 신앙을 되찾은 자녀들 덕에 깊은 감사를 느낀 가족들은 우리가 해 온(그리고 계속하고 있는) 지대한 역할을 인정하고 기부를 아끼지 않았다.

기부금은 계속 증가했다. 1966년에는 다음 해 예산으로 20만 달러라는 거액을 모금할 수 있었다. 예산 규모가 상상을 초월할 정도로 급증했고, 이 갑작스러운 자금 유입은 우리의 활동 범위와 서비스 수준을 재구상할 필요를 느끼게 했다. 우리는 더 큰 책임과 헌신을 받아들이기로 결정했으며, 우리의 활동은 빠르게 국가적 영향력이 미치는 장기적 개발 과제로 변모하고 있었다. 실제로 1967년 말에는 예산이 무려 200만 달러에 이르렀다. 이러한 놀라운 변화는 처음에 우리를 당황스럽게 만들었다. 이 막대한 자금을 최대한 효율적으로 활용하는 데 필요한 조직적 역량을 어떻게 갖출지, 그리고 조직을 새로운 차원으로 발전시킬 방법을 고민해야 했다. 비록 우리의 활동이 더 진전되면서 재정적 제약이나 부담은 없었기에 우리는 지역적·국가적 수준의 미래 활동과 더 큰 프로젝트를 자신 있게 계획할 수 있었다. 우리가 이러한 활동을 할 수 있다는 점에서 매우 기뻤지만, 동시에 새로이 얻은 신뢰는 큰 책임감을 동반하며 우리를 한층 더 긴장하게 만들었다.

이 모든 재정 조달의 성공은 단순히 자금을 모으는 데서 끝나지 않고, 수입과 지출에 대한 회계라는 새로운 수준의 업무를 동반했다. 단순 회계 방식으로는 충분치 않았다. 자금 규모가 너무 크고 프로젝트도 너무 많았기 때문이다. 이러한 자금의 관리와 운영만으로도 상당한 시간이 소요되었지만, 이 과정에서 한 걸음도 소홀히 할 여유가 없었다. 우리는 재정 투명성 유지가 무엇보다 중요하다고 여겼다. 모든 자금의 사용 내역이 명확히 기록되고 보고될 수 있어야 했다. 이를 위해 우리는 하루가 시작되어 끝날 때까지 생각하고, 계획하며, 전략을 발전시키고, 프로젝트를 체계적으로 구성하는 데 집중했다. 그리고 이 모든 과정에서 엄격한 자기 절제와 규율 아래 의도적으로 스스로를 묶어 두었다.

MSA 모델

우리의 활동, 대외 홍보, 실천적 신앙인부터 비실천적 신앙인에 이르는 확장, 예산 증가와 회원 수 증가는 우리가 시행착오를 겪으며 유기적으로 발전시킨 조직 모델이 구성 요소와 기능 면에서 성공적이며, 학생들과 개인들을 지원하고 그들이 실제로 번성할 수 있게 돕는 데 효과적임을 보여 주는 지표였다. 북미 대학 내 무슬림학생회의 수는 초기 7개에서 무려 40개로 증가했다. 이는 매우 고무적인 성과였지만, 우리는 자만심에 빠져 우리의 성과를 자화자찬하지 않으면서 무슬림 학생들과의 소통과 교류를 이어갔고, 필요한 경우 새로운 지역을 방문하는 등 계획을 진행했다. 여기서 강조하고 싶은 것은, 우리는 단순히 많은 학생들을 회원으로 유치하거나 MSA 지부를 확산시키는 데 목표를 둔 것은 아니었다. 양보다 중요한 것은 질이다. 우리는 상호 작용하는 네트워크와 소통의 경로를 효과적으로 구축하여 건설적인 프로젝트, 가치와 행동을 장려하고 체계적인 지원을 제공하고자 했다.

이러한 전제를 바탕으로 우리는 끊임없이 혁신하고 움직이며, 그 결과 다음 해에도 새로운 MSA 지부를 설립하며 큰 성공을 거둘 수 있었다. 목표를 설정하고, 진행 상황을 추적하며, 회의를 열고, 끊임없이 노력했다. MSA의 활동이 양적·질적으로 성장하고 확장되면서 청년들에게 자기 계발의 기회를 제공하는 가운데 우리도 더불어 성장하며 설정한 목표를 이루고 새로운 목표를 개발하기 위해 항상 열심히 일할 준비가 되어 있었다. 이 일은 언제나 사랑으로 이루어진 노동이었으며, 하나님의 축복이 함께했다. MSA의 수는 한 자릿수에서 두 자릿수로, 80개, 그리고 한때는 120개를 넘어서기까지 증가했다. 아득했던 목표가 갑자기 현실이 되었고, 우리는 우리의 경험을 다른 지역까지 전수하게 되었다. 실제로 다양한 MSA의 새로운 회원들은 우리가 상상하지 못했던 수준으로 활동을 발전시켰다며, 예컨대 자신들이 속한 대학에서 권리를 청원하는 등의 활동을 추진했다고 보고하기도 했다.

현실적 목표를 설정하고 이를 실현한 후 다음 단계로 나아가는 실용적 속도로 작업했기에, 각 구성 요소에 필요한 집중력과 주의를 기울일 수 있었고, 이는 전체적인 계획에서 효과적으로 작동할 수 있는 기반이 되었다고 생각한다. 벽채의 완성에만 집중해 서두르지 않고 시간과 환경의 변화에 제대로 견딜 수 있도록 벽돌 하나하나를 천천히 신중하게 쌓아 올린 것이다. 이것이 우리의 발전적 모델이 성공할 수 있었던 이유 중 하나였다. 물론 다른 여러 가지 요인도 있었는데, 그중에서도 주된 이유는 우리가 가진 역량과 일하려는 의지에 있었다. 무엇보다 이 모든 것이 사랑으로 이루어진 노동이었기에 그리 힘들게 느껴지지 않았다. 시간을 내어 과거를 돌아보고 우리가 지금 이 자리에 서기까지 지나온 여정을 평가할 때면, 우리는 만족과 감동을 느끼지 않을 수 없었다. 마치 세심하게 돌본 아이가 어느새 성숙한 어른으로 자라난 모습이었다. 이 모델은 북미의 모든 대학에 적용될 수 있을 만큼 보편적이었으며, 고립된 잠재력을 지닌 개인들을 연결하여 학생들의 캠퍼스 생활을 개선하고, 지원을 제공하며, 본질적으로 세속적인 환경 속에서도 이슬람 신앙이 번창할 수 있도록 돕는 허브로서 다양한 방식으로 긍정적 영향을 미쳤다. 나아가 우리는 더 많은 사람들의 관심을 끌 수 있는 유명 인사들을 초청하여 정기적인 행사를 열기 시작했다.

물론 그 과정에서 매우 경이로운 일과 몇몇 이상한 일도 있었다. 그중 하나는 1964년 시카고에서 열린 미국·캐나다 이슬람연맹FIA 연례 대회의 초대였다. 처음으로 참석하게 되어 무척 들떴던 나는 프로그램을 훑어보다 이틀 밤이 무도회에 할당되었고(하룻밤은 동양식 무도회, 둘째 날은 서양식 무도회), 그 사이에 무슬림이 운영하는 장소에서 제공하는 술 광고가 포함되어 있다는 것을 보고 크게 실망했다. 각자의 취향은 있겠지만 나는 신앙이라는 이름으로 가장한 유희와 오락을 추구하는 데 반대했다. 이러한 경험은 여전히 우리가 해야 할 인식 개선 사업이 많다는 것을 일깨웠고, 우리의 활동을 더 높은 수준으로 끌어올려야 한다는 결심을 하게 만들었다.

주변에서 중심으로

대회 중 두흐르*Dhuhr, 정오 예배* 시간이 되었지만, 놀랍게도 아무도 이를 신경 쓰지 않는 듯 보였다. 그래서 우리는 조심스레 "기도회는 드립니까?" 하고 물었다. 조직위원회에선 "각자 원하는 대로 하면 된다"고 답했다. 예상치 못한 답변이었기에 우리는 어쩔 수 없이 나이 많은 참석자 중 한 명에게 다가가 마치 남몰래 비밀스럽게 수행해야 하는 일인 양 강당 한 구석에서 기도드릴 수 있는지 소심하게 허락을 구해야 했다. 이슬람의 본질적 요소 중 하나가 이처럼 주변으로 밀려난 현실은 다른 어떤 것보다 현재의 실상을 잘 보여 주는 장면이었다. 그는 심드렁하게 "네, 괜찮습니다"라고 답했고, 우리는 '눈에 띄지 않는' 자리로 이동해 한 명이 낮은 목소리로 아잔을 읊조렸다. 이조차도 우리의 행동이 마치 비밀스러운 일인 양 느껴졌고 다른 사람들을 방해하지 않으려는 모양새로 비쳐졌다. 다른 곳도 아닌 우리의 이슬람 회합에서 말이다! 이윽고 사람들이 주목하기 시작했고, 우리의 작은 예배가 갑자기 관심의 대상이 되었다. 사람들은 우리가 무언가 이상한 일을 하는 것처럼 놀란 표정으로 바라보았다.

　안타깝게도 그날 기도드린 사람은 불과 11명에 지나지 않았고, 나머지 사람들은 그저 바라보기만 했다. 우리가 평소와 같이 "아쌀

라무 알레이쿰 와 라마툴라*Assalamu Alaykum wa Rahmatullah*, 당신에게 평화가 깃들기를, 그리고 하나님의 자비가 함께하기를"하며 기도를 마쳤을 때도 그들은 그 순간의 중대함을 전혀 인식하지 못한 채 우리를 멍하니 쳐다보기만 했다.

이슬람은 신앙의 가시적 표현이며, 살라*Salah, 예배*의 정점인 수주드*Sujud, 엎드려 절하기*는 우리가 하나님에 대한 믿음을 선언하고 하루의 모든 활동을 일관된 영적 통일성으로 묶어 주는 끈과도 같다. 예배는 단순한 의식이 아니라 의무이며 무슬림 삶의 원천으로, 호기심 어린 시선의 대상이 아니다. 우리의 예배 후, 이를 지켜보던 일부 참관자들 사이에서 토론이 시작되었고, 곧 우리 주위에 사람들이 모여들었다. 우리는 갑작스레 쏟아지는 질문에 답하며, 기도의 의미와 목적, 무슬림 삶에서 기도가 차지하는 역할을 설명하게 되었다. 그러면서도 아스르*Asr, 오후 예배* 시간에 함께하고 싶은 사람들을 초대했다. 아스르 시간이 되자 기도에 참여하는 사람들의 수가 두 배로 늘었다. 이후 우리는 기도 진행 방식을 정하기 시작했다. 두흐르*Dhuhr* 기도는 아흐마드 사크르가 이맘으로 선정되어 이끌었고, 아스르 기도는 다른 사람이 인도하기로 했다.

의도한 것은 아니었지만, 우리는 자연스레 예배의 필요성을 전달하는 단순한 메시지를 성공적으로 전달했다. 아스르 기도가 끝난 후, 기도하는 모습에 감동받은 듯한 한 노인이 다가와 말했다. "나는 예전에 기도하는 법을 배웠지만, 너무 게을러졌네. 사실 나는 주요 행사나 큰 필요를 느낄 때만 기도하네. 내 아이들은 기도하는 법도 모르네." 그의 솔직한 고백에 우리는 깊은 감명을 받았다. 이런 사실을 인정하기란 쉽지 않은 일이기 때문이었다. 현명한 아흐마드 사크르는 언제나처럼 현명하게 답했다. "하나님께서 말씀하셨습니다. '굳건한 인내와 기도로 도움을 구하라. 이는 마음이 겸손한 이들 외에는 누구에게도 어려운 일이니(수라 알 바카라, 2:45)'라고 말입니다." 그러면서 이 구절의 의미를 계속 설명했다. 또 다른 사람은 우리에게 자신들의 그룹과 연락을 유지하며 살라를 가르쳐 달라고 요청했다. 우리는 여러 질문에 답하며 또 다른 대화를 이어 갔다.

마그리브*Maghrib, 일몰 예배*에는 무려 60명의 사람들이 우리와 함께 기도에 참여했다. 이 순간이 이번 대회의 가장 빛나는 순간이었다. 사람들의 얼굴에 이해의 빛이 밝아오는 것을 본다는 것이 얼마나 경이로운 일인지 모른다. 그들의 잠재된 영성이 단순한 불씨 하나로 점화되었다는 사실은 우리에게 깊은 인상을 남겼다. 또한 집단 기도가 왜 그렇게 중요한지 잘 설명해 준다. 한 장의 그림이 천 마디 말을 대신하는 것처럼, 예배의 동작들은 말로 표현하기 어려운 확신과 연대감을 담고 있기 때문이다. 이맘은 대회를 방해하지 않기 위해 목소리를 낮추었지만, 이 기도 역시 사람들로부터 살라와 그 실천에 관한 질문을 불러일으켰다. 아이러니하게도 신앙의 가시적 표현 덕에 주변부로 밀려 났던 이 작은 모임은 별다른 의도 없이 중심 무대로 옮겨가게 되었다. 이 과정에서 우리는 중요한 교훈을 얻었다. 바로 사람들을 기도로 모으는 아이디어를 통해 우리의 활동을 더욱 발전시킬 수 있다는 것이었다. 기도는 기쁨이고, 우리의 일상에 자연스럽게 녹아들 수 있으며, 무엇보다 반드시 필요한 것이라는 사실을 보여 줌으로써, 우리는 사람들이 가지고 있던 '기도는 부담스럽다'는 인식을 의도치 않게 지울 수 있었다. 그 결과 캘리포니아 팔로알토의 마그훕 쿠라이시 형제가 스탠포드대학 근처에서 훌륭한 청소년 캠프를 시작할 수 있었다. 우리는 세 명의 형제와 한 명의 자매를 그 캠프에 보냈다. 캠프는 그들에게 큰 영향을 미쳤으며, 연례 행사로 자리 잡아 북미 무슬림들에게 50년 동안 지속적인 도움을 제공하고 있다.

초기의 마스지드

FIA의 연례 모임으로 집행위원회를 선출하는 행사에 초대받았다. 행사 중 우리는 마지막 줄에 앉아 있었는데, 백발의 신사 한 분이 겸손하게 연설을 시작했다. 그는 캐나다 에드먼턴에 대형 마스지드(모스크, 성원)를 세운 인물로 매우 대단해 보였다. 그가 말했다. "에드먼턴에서 우리는 이슬람에 대해 전혀 알지 못했습니다. 그런데 몇몇 학생들이 우리를 찾아와 이슬람에 대해 가르쳐 주었고, 우리는 우리의 신앙을 되살릴 수 있었습니다. 그 학생들이 해 준 일에 감사드립니다. 그들은 우리를 귀찮게 하거나 부끄럽게 하지 않았습니다. 그래서 나는 이 학생들을 우리 도시로 초대해 더 많은 것을 배울 수 있기를 바랍니다."

그 말은 마치 우리를 향한 초청으로 느껴졌고, 우리는 제시간, 적절한 장소에 있는 듯했다. 나는 즉시 발언을 요청하여 다음과 같이 제안했다. "우리는 여러분이 살고 있는 도시에 있는 무슬림학생회의 형제들에게 여러분의 성원을 찾아 여러분과 협력하며 가능한 한 많은 도움을 줄 수 있도록 요청하겠습니다." 참석자 중 한 명이 응답했다. "우리는 어떤 문제가 발생하면 처리할 여력이 없습니다." 나는 그를 안심시키며 이야기했다. "저희도 실수를 저지를 수 있는 청년들입니다. 만약 우리가 실수하는 경우 지적해 주십시오. 우리가 문제를 일으킬 의도는 전혀 없습니다." 그때부터 우리는 에드먼턴의 무슬림들과 돈독한 관계를 발전시켰고 다양한 활동이 이어졌다.

1960년대 미국에서 자신을 무슬림이라고 밝힌 사람은 25만 명이 채 안 되었으며, 대부분은 비실천적 신앙인으로서 이슬람적 정체성에 대한 인식도 거의 없었다. 그중 일부는 네이션 오브 이슬람*Nation of Islam*의 지도자 엘리야 무함마드가 소유한 마스지드였다. 따라서 마스지드는 당시 미국 무슬림의 삶에서 주변적 존재였다. 사실 놀랍게도 당시에는 마스지드 지하실에서 열리는 댄스 파티는 드문 일이 아니었다.

이해 부족 탓에 일반적 관행에서 벗어난 예외를 인정해야 하는 경우도 있었다. 예컨대 한 번은 미시간 주 디트로이트의 한 마스지드에서 아스르 기도 중이었다. 이맘이 기도를 시작하며 타크비라*Takbira, "Allah akbar, 알라는 위대하다"를 반복해 되뇌는 것*를 외쳤고, 우리도 뒤를 따랐다. 나는 이스띠프타*Istiftah, 간구의 기도*를 위해 두아*Dua, 기도문*를 낭송했는데, 내가 알 파티하(꾸란 1장)를 암송하기도 전에 이맘이 "알함두 릴라 랍비 알랄라민*Alhamadu lillah rabbi Alalameen, 우주의 주님이신 하나님께 감사드립니다*"을 큰 소리로 외쳤다. 원래 조용히 낭송해야 하는 부분인데, 큰 소리로 기도를 시작한 것이었다. 당황한 나는 우리가 올바로 기도드리는 건지 생각에 빠졌다. '우리는 지금 아스르 기도를 드리고 있는 거 아닌가?'라고 자문하며 기도 후에 이맘에게 왜 그런 방식으로 기도를 인도했는지 물었다. 이맘이 대답했다. "아흐마드, 이 사람들은 기도에 대해 아무것도 모릅니다. 그러니 적어도 파티하와 꾸란 몇 구절은 들을 수 있게 큰 소리로 낭송해야 합니다." 그리고 덧붙였다. "내 의도를 이해하지 못하는 사람들에게 비난받을 수 있음도 압니다."

이때 나는 처음으로 이슬람 자체의 더 높은 목적을 위해 때로는 전통의 이슬람 관행에서 벗어날 필요도 있다는 사실을 깨달았다. 이 맘은 내게 '현실적 피끄' 개발의 필요성을 보여 주었다. 신성한 목표를 달성하고 이슬람 최선의 이익을 위해 법적 개방성의 정신을 함양해야 한다는 것이다. 이는 균형과 점진주의의 법적 접근을 적용함을 의미한다. 이를 통해 이슬람의 교리적 원칙과 보편적 가치를 유지하면서도 다른 사람들을 인도하기 위해 타협점을 찾을 수 있게 된다.

협의와 효과적 협력의 원칙

MSA 모델을 개발하면서 우리는 효과적 협업에 필요한 다양한 기술을 축적했다. MSA의 성장에 기여한 모든 분야 중에서도 다음의 효과적 협업의 원칙이 가장 중요했다. 우리는 각자의 의견대로 행동하기보다는 서로 협의하라는 하나님의 명령을 따랐다. 협의는 협력의 기본이 되었으며, 이를 통해 우리는 팀으로 일하는 방법을 배웠고, 이는 곧 성공의 중요한 요소가 되었다. 협의는 또한 우리 사이의 관계를 원만하게 유지하며, 권위주의적 관행이나 오만함을 피할 수 있게 해 주었다. 긍정적 태도와 탄탄한 업무 윤리, 그리고 원활한 의사소통은 우리의 '대인 관계 기술' 개발에 큰 도움이 되었다.

앞서 설명한 바와 같이, 협업의 첫 번째 결실 중 하나는 신문 발행이었다. 신문 발행 과정 차체가 협력의 중요 부분이었다. 전국 각지에서 10명의 구성원이 긴밀히 협력하여 신문 초안을 작성하고 검토했다. 모두의 참여 덕에 각자의 관심사와 전문성을 분명하게 드러내면서도 하나의 통일된 비전을 담아낼 수 있었다.

또한 각자가 자신의 강점을 발휘하면서, 신문의 질은 더욱 향상되었다. 누군가는 언어적 측면에, 또 다른 누군가는 기술적 측면에, 또 다른 이는 기사의 질과 주제의 우선순위에 집중했으며, 다른 이는 마케팅에 주력했다. 우리는 서로 협의하여 다양한 관점과 시각을 포괄하고, 이를 통해 더 넓은 청중에게 다가갈 수 있었다. 이는 팀워크 기술에 훌륭한 교훈이 되었다.

이러한 협의와 긴밀한 협력의 가장 중요한 측면 중 하나는 순니와 시아의 목소리를 포괄하는 것이었다. 당시 미국에서 공부하던 무슬림 청년의 상당수는 시아 무슬림이었는데, 이는 시아 치하의 이란이 많은 수의 학생들을 미국으로 유학 보내고 있었기 때문이다. 이들 중 상당수 이란 학생들은 하루도 빠지지 않고 기도하며 이슬람 실천에 큰 비중을 두는 신실한 무슬림이었다. 이런 민감한 상황이었지만, 우리는 편협한 정치적 역사가 아닌 공통의 이슬람 유산에 초점을 맞춰 큰 어려움 없이 균형을 유지할 수 있었다. 실제로 우리 사이에는 어떠한 경쟁도 없었다. 우리는 심지어 순니와 시아 무슬림이 특정 문제에서 가지는 의견 차이를 설명하는 데까지 나아갔다. 이 의견 차이의 대부분은 앞서 밝혔듯, 종교적 문제라기보다는 역사적, 정치적 문제에 집중되어 있었다. 그리고 그 역사적 문제들은 이미 오래 전에 지나간 과거이므로 현대의 우리는 그것에 얽매일 필요가 없다고 보았다. 이러한 과정 자체가 우리 모두에게는 중요한 배움의 과정이었다.

말콤 엑스, 1964 년 마카 순례 후(위키미디어).

말콤 엑스

"나는 미국 사회에서 가장 하층민 중 하층민이었다. 하지만 하나님과 이슬람으로 인도된 후 내 인생의 모든 방향이 바뀌었다."_말콤 엑스(말릭 엘-샤바즈)

앞서 네이션 오브 이슬람NOI, The Nation of Islam에 대해 언급했다. 이 단체는 1934년부터 일라이자 무함마드Elijah Muhammad로 더 잘 알려진 엘리야 로버트 풀Elijah Robert Poole, 1897~1975이 사망할 때까지 이끌었던 흑인 민족주의 단체이다. 종교 운동으로 운영되었지만 사실상 '전투적'인 경제적, 정치적 성격의 단체로 흑인의 권리와 자립을 위한 투쟁을 벌였으며, 이슬람이라는 이름을 내세웠음에도 그 교리는 기본적인 이슬람 원칙과는 상충하는 점이 많아 논란이 되었다. 이 단체는 흑인을 인류의 원형으로, 백인을 억압의 사악한 존재로 간주하며 백인 우월주의에 대한 자연스러운 반응으로 흑인 우월주의를 설파했다.

이 상황을 이해하려면 시대적 맥락을 고려해야 한다. 1960년대는 마틴 루터 킹Martin Luther King의 카리스마적 리더십 아래 여러 세력이 인종 차별과 분리 정책을 종식시키기 위해 힘쓰던 시기였다. 엘리야 무함마드의 메시지는 자연히 권리를 박탈당하고 빈곤과 분노 속에 살아가던 흑인 대중에게 호소력을 발휘했다. 그들의 역사는 비참했고, 그들이 노예제의 멍에 아래 사실상 시민으로 인정받지 못한 채 대를 이어 겪고 있는 고난을 평가한 NOI의 비판은 정당하게 여겨졌다. 미국은 백인 중산층 남성에 의해 건국되고 운영되는 사회였으며, 엘리야 무함마드는 이러한 구조가 달라져야 한다고 보았다. 그의 이론은 아프리카계 미국인의 정체성을 재구성하는 데 기초했다. 그는 백인이 아닌 흑인이 진정한 가치와 품격을 가진 인간이라고 가르쳤고, 따라서 흑인들이 사회의 최전선에서 활동해야 한다고 강조했다. 엘리야는 아프리카계 미국인 공동체 내에서 강한 정체성을 일깨우고, 그들의 관점을 새롭게 함으로써 민권 운동의 시기에 흑인들도 자신의 가치를 주장할 수 있도록 했다. 대단한 논란의 여지가 있는 인물이었지만, 엘리야 무함마드는 아프리카계 미국인의 권리를 더 널리 인정받기 위해 미국의 법률 체계를 통해 끊임없이 노력했다.

이 장의 앞부분에서 나는 미국에서 두 명의 위대한 인물을 만날 예정이었다고 언급했는데, 그들의 유산은 수십 년에 걸쳐 광범위한 영향을 미쳤다. 그중 한 명이 바로 말콤 엑스Malcolm X였다. 말콤 엑스의 생애를 훌륭하게 기록한 그의 저서 『말콤 엑스 자서전The Autobiography of Malcolm X』은 저널리스트 알렉스 헤일리Alex Haley의 협력으로 완성되었다. 말콤은 젊은 시절 범죄에 연루되어 감옥에 수감되었는데, 그의 동생 레지날드는 NOI를 따르면 더 빨리 석방될 수 있다고 알려 주었다. 이것이 말콤의 초기 동기였던 것으로 보인다. 감옥에서 그는 놀라운 관점의 변화를 경험했다. 스스로를 교육하기 시작하여 책을 읽으며 이슬람을 깊이 탐구하기에 이르렀다. 그 결과 말콤은 뛰어난 지적 역량을 가진 인물로 거듭났다. 그는 웅변적이고 카리스마 넘치며, 잘생기고 박학다식한 사람이 되었다. 그의 이름에 붙은 X는 잃어버린 부족 이름을 의미하며, 아프리카의 기원과 조상에 대한 지식을 박탈당한 현실을 상징했다. 그는 NOI 운동의 저명한 인물이 되었고, 엘리야 무함마드의 주요 대리인 중 한 명이었다. 그러나 그는 결국 순니 이슬람으로 개종하며 운동을 떠났고, 마카 순례 후 엘-하즈 말릭 엘-샤바즈El-Hajj Malik el-Shabazz로 개명했다. 말콤은 시대를 앞서가는 방식으로 미디어와 소통할 수 있는 능력을 가졌으며, 두려움 없는 비평가이자 진리의 용감한 옹호자였다. 진실을 말하는 데 거침이 없었고, 심지어 1964년 영국의 권위 있는 옥스퍼드 유니언 종강 토론회의 연설에 나서기도 했다.

말콤은 NOI의 가장 강력한 지지자였으며, 운동에 대한 지지를 결집시키는 데 막대한 영향을 미쳤다. 그러나 엘리야 무함마드에 환멸을 느끼고 정통 이슬람으로 개종하면서 운동을 떠나게 되었고, 결과적으로 NOI에 일정한 타격을 입혔다. 1964년 그는 마카로의 성지 순례Hajj, 하즈에 나설 기회를 얻게 되었으며, 그곳에서 사우디아라비아 파이살Faisal 국왕을 만났다. 파이살 국왕은 하즈 동안 전 세계에서 특별히 초청된 인사들을 접견하는 자리에 말콤을 초대했다. 매우 대조적인 상황이었다. 미국에서 많은 아프리카계 미국인들이 학대받고 경멸당하던 시기에, 아프리카계 미국인인 말콤은 무슬림 세계에서 가장 중요한 인물 중 한 명인 국왕의 환대를 받고 있었다. 그는 완전히 다른 사람이 되어 미국으로 돌아왔다. 미국으로 돌아왔을 때 말콤은 이전과는 전혀 다른 사람이 되어 있었다.

하즈를 마치고 돌아온 말콤은 연설을 시작했다. 그는 파란 눈에 금발의 백인 무슬림이 검은 피부의 아프리카 무슬림과 나란히 엎드려 경배하는 모습을 이야기하며, 인종이나 피부색의 구분 없이 모두가 동등한 인간으로서 함께하는 참된 형제애를 처음으로 느꼈다고 말했다. 또한, 엘리야 무함마드가 널리 퍼뜨린 이슬람 신앙Aqeeda,

에 대한 오해를 바로잡기 위한 노력에 착수했다. 말콤은 이전과는 완전히 다른 메시지로 사람들에게 이슬람을 설파하기 시작했다. 그는 인종 차별을 비판하면서도, 이제는 흑인이 우월하고 백인이 열등하다는 관점이 아니라, 모든 인간은 평등하며 그 차이는 오직 행위에 따라 결정된다는 이슬람의 가르침을 전했다. 그의 강력한 웅변은 NOI의 인종주의적 이념을 폭로하고 엘리야 무함마드를 비판하는 데 사용되었으며, 자신의 하즈 경험을 열정적으로 말하고 글로 남겼다(자세한 내용은 그의 저서 『말콤 X 자서전』 참조). 말콤에게 역사적 순례를 떠나도록 격려했던 인물은 수단의 아흐마드 시디크 오스만으로, 아이러니하게도 말콤이 암살당한 후인 1965년 그의 미망인 베티 샤바즈와 함께 하즈 순례를 떠난 인물 역시 아흐마드였다.

이제 말콤 엑스와의 만남을 회고하며, 크나큰 영광과 동시에 슬픔을 담아 다음 이야기를 쓴다. 우리는 비극적인 암살 사건이 일어나기 단 한 달 전에 뉴욕에서 그를 만나는 특권을 누렸다. 그는 권력과 명성의 절정에 있었고, 나는 그와의 대화를 결코 잊을 수 없다. 악수를 나누는 순간, 우리는 그의 강렬한 카리스마와 함께 비범한 온유와 겸손함을 느낄 수 있었다. 말콤은 엘리야 무함마드와 함께한 활동과 이슬람의 이름으로 조장되고 있는 잘못된 교리를 바로잡기 위한 노력과 헌신에 대해 이야기했다. 엘리야가 설파한 흑인 우월주의 사상이 이슬람 신앙에 직접적으로 위배된다는 점을 명확히 밝히는 그의 태도에 두려움은 없었다. 여기서 그의 용기를 강조하는 이유는 그러한 발언이 엘리야와 대립적 상황을 초래할 수 있는 것이기 때문이었다. 우리는 엘리야 무함마드가 흑인 미국인들이 2등 시민으로 비참하게 대우받아 온 체제의 산물이며, 이것[엘리야의 급진적 메시지]은 그러한 압박에 대한 극단적 반응이라는 점을 말콤에 설명했다. 우리는 말콤에게 보다 화해적인 접근 방식을 취할 것을 권하며, 엘리야와 그 추종자들에 대한 직접적 비판이나 대립을 피하는 대신 이슬람 자체를 미국 대중에게 전파하는 데 집중할 것을 제안했다. 또한 우리는 말콤에게 샤리아의 기본 우선순위를 파악하면서 '다와*da'wah*'의 관점에서 시대적·지역적 요구를 고려할 것을 권했다. 우리는 그가 특정 시기에 특정 참조와 전략으로 대응하고 있다는 것을 이해했지만, 변화하는 상황을 포괄하는 이슬람의 보편적 가르침을 우선적으로 전파해야 한다는 점을 강조하고자 했다.

당시 우리는 말콤의 웅변과 영향력이 사람들의 마음을 평화로 향하게 하는 운동을 촉발하기를 바랐다. 실제로 그는 이슬람 신앙에 대한 보편주의적 접근 방식을 받아들여 평화, 수용, 평등의 문제에 대해 백인 언론인들에게 편지를 쓰며 자신의 메시지를 전했다. 말콤은 그의 추종자들에게 모든 남성과 여성을 평등하게 창조하신 유일신에게 순종하라고 가르치기 시작했다. 한때 백인을 전반적으로 악마로 간주했던 이 사내는 이제 모든 인종과 다양한 종교의 사람들을 친구로 받아들였다. 더 나아가 그의 빠른 보편주의적 변화는 모든 인종과 종교를 가진 사람들을 평등하게 포용하는 데까지 이르렀다. 이렇게 말콤은 미국 사회를 변화시키는 길을 걷고 있었다. 그의 뛰어난 웅변은 억압받는 거리의 문맹자부터 옥스퍼드대학과 같은 세계적 권위의 토론회에 참석한 지식인에 이르기까지 매료시켰다. 마치 태양처럼 강렬하게 빛나는 존재로서 그의 영향력이 너무도 강력해 오히려 우리는 그의 [인간으로서의]나약함을 염려하지 않을 수 없었다.

뉴욕의 한 강당의 연단과 우리 사이에 2,000명의 청중이 있었다. 지붕이 없는 공간이었고, 빗방울이 떨어지기 시작하더니 이내 옷이 흠뻑 젖을 정도로 폭우가 쏟아졌다. 하지만 아무도 자리를 뜨는 사람은 없었다. 비에 젖어 추운 데도 아랑곳 않고 모두의 시선은 한 남자에게 고정되어 있었다. 그의 말은 청중을 완전히 사로잡았다. 말콤의 연설 장면은 결코 잊을 수 없는 경험이었다. 나는 완전히 매료되었고, 그의 수사에는 말로 표현할 수 없는 무언가가 있었다. 영혼 깊은 곳을 울리는 힘이 있었으며, 그 감동은 아직까지도 내 마음속에 남아 있다. 1965년 2월 21일, 비극적으로 세상을 떠나기까지 말콤은 참으로 찬란한 빛의 궤적을 남겼다.

무함마드 알리 클레이

"우리에게는 단 한 번의 삶이 있고, 그 삶은 곧 과거가 될 것입니다. 우리가 하나님을 위해 하는 일이야말로 영원히 남을 것입니다."_무함마드 알리 클레이

말콤은 고인이 된 세계 챔피언 복서 캐시어스 클레이Cassius Clay가 이슬람에 입문하는 데 중요한 역할을 했다. 그리고 그는 내가 말한 타인의 롤모델이 될 두 번째 인물이다. 캐시어스는 무슬림이 된 후 무함마드 알리Muhammad Ali로 개명했고, 이후 줄곧 그 이름으로 알려지게 되었다. 내가 알리를 처음 만난 해는 1963년으로, 그가 영국의 헤비급 복서 헨리 쿠퍼를 상대로 상징적인 승리를 거둔 후 런던 이슬람센터를 방문했을 때였다. 이 경기는 엄청난 승부였고, 수십 년이 지난 지금도 여전히 영국 텔레비전에서 그 순간들이 방영된다.

당시 나는 버밍엄대학교에서 학사 과정을 막 마치고 미국으로 떠날 준비를 하고 있었다. 1964년 캐시어스 클레이는 스스로 무슬림이자 NOI의 회원임을 선언했다. 같은 해, 그는 당시 세계 헤비급 챔피언이었던 소니 리스턴을 꺾고 세계 타이틀을 거머쥐며 전 세계의 주목을 받았다. 그의 이름이 모든 사람들의 입에 오르내리고 있었다.

그 후 1970년, 펜실베니아 주립대학교에서 알리를 다시 만났다. 전 세계가 그를 알고 사랑했으므로 달리 설명할 필요는 없을 것이다. 역대 최고의 헤비급 복서 중 한 명으로 꼽히는 그는, 2016년 6월 3일 세상을 뜰 때까지 수십 년을 자선 활동에 헌신했으며, 스포츠계의 전설로 남았고, 앞으로도 변함 없을 것이다. 당시 우리는 펜실베니아 주립대학교에서 모의 유엔총회 프로그램에 참가했다. 이 프로그램은 학생들이 자신이 속한 나라를 대표하는 대사 또는 대표자로서 역할극을 통해 국제 문제를 토론하고 해결책을 모색하며 실제 외교적 감각을 체험하는 행사였다. 나는 이 행사의 주최 측 중 한 명으로 이라크 대사 역할을 맡았다. 모의 유엔총회에서 최우수 대사 역할상을 수상하며 가장 뛰어난 대사로 선정되는 영광을 누렸다. 그 기억은 내게 큰 기쁨으로 남았다.

대학 측에서 유명 인사를 초청하자는 제안이 나왔을 때, 나는 무함마드 알리를 추천했다. 당연히 모두가 그 아이디어에 열광하며 찬성했고, 나는 그 과정을 조율하고 초대하는 책임을 맡게 되었다. 무함마드 알리는 동료 무슬림의 초청이라면 기꺼이 응하겠다며 펜실베니아 주립대학교 방문에 동의했다. 나의 기쁨은 이루 말할 수 없었다. 우리는 대학 측과 소통하여 세부 사항을 조율했고, 무함마드 알리도 대학 측이 제안한 프로그램에 동의했다.

그런데 그가 특별히 무슬림 학생들과의 만남 시간을 요청했다. 챔피언으로 세계적 인물인 그의 요청 덕에 우리 MSA 그룹은 엄청난 이미지 상승 효과를 얻었다. 실제로 무함마드 알리와의 만남 이후 이슬람에 대한 관심이 크게 증가했다. 이 순간은 우리에게 매우 중요한 전환점이 되었다. 그 후로 우리는 더 많은 이슬람 관련 활동에 나서야 했고, 신문의 내용과 품질에 더욱 집중하며 발행 횟수를 늘리는 데 주력했다.

무함마드 알리는 역사상 가장 위대한 복서로만 유명했던 것은 아니다. 그는 강고한 직업 윤리를 가지고 있었으며, 자신의 이상과 이슬람 신념을 위해 두려움 없이 맞섰으며, 혁신적인 기술을 활용하고 유려한 언어 구사 능력을 갖추고 있었다. 예를 들어 그는 베트남전 참전을 반대하며 징집을 거부한다고 선언한 전례 없는 행보로 유명했다. 그는 베트남전을 반인륜적 행위라 생각해 이를 공개적으로 비판했다. 알리는 운동 선수로서의 업적을 이유로 징집 면제를 요청할 수도 있었지만, 대신 이슬람 신념에 기반해 참전을 거부했다. 이슬람의 원칙이 부당하게 사람을 죽이는 것을 금지한다고 세계에 선포했으며, 그의 관점에서 베트남전은 한 국가 전체에 폭력을 가하는 행위라고 판단했다. 알리의 공개적 반전 입장은 미국의 많은 정치인들에게 분노를 안겼지만, 그는 자신의 원칙을 고수했고 많은 젊은이들이 그의 본보기를 따르기 시작했다. 이러한 그의 행동은 결국 그에게 헤비급 챔피언 타이틀 박탈과 선수 자격 정지, 그리고 징병 기피 혐의로 1만 달러의 벌금이 부과되는 결과로 돌아왔다. 3년 6개월의 출전 금지가 풀린 1970년에야 다시 링으로 돌아올 수 있었다. 그리고 1974년 자이르에서 열린 역사적 경기 '정글의 대결The Rumble in the Jungle'에서 알리는 당시 무패의 헤비급 세계 챔피언이었던 조지 포먼을 쓰러뜨리고 승리를 거머쥐었다. 이 경기는 역대 가장 위대한 경기로 평가받으며, 포먼을 KO로 링에 뉘인 알리는 세계적인 슈퍼스타의 반열에 올랐다.

1981년 은퇴 후, 알리는 자선 활동에 헌신하기 시작하여 사람들을 이슬람 신앙으로 초대하는 활동을 이어 갔다. 안타깝게도 그는 많은 경기에서 얻은 머리 외상 탓으로 추정되는 파킨슨병을 앓게 되었다. 하지만 그는 이 병마와도 훌륭히 맞섰고, 마치 링 위에서 싸우듯 매 순간 포기하지 않고 자신 활동을 계속 이어 갔다. 그는 대중의 시선 속에서 자신의 역할을 다했다. 그의 선행이 하나님께 받여들여지길 진심으로 기원한다. 알리는 나이가 들수록 더 많은 것을 나누었고, 다양한 방식으로 많은 사람들을 지원했다. 그는 자신의 시간과 돈, 노력을 모두 하나님을 위한 헌신에 쏟아 넣었고, 무함마드 알리 재단The Muhammad Ali Foundation이라는 자선 단체를 설립했다. 이 재단은 알리의 개인 재산으로 설립되었으며, 이동 도서관 버스를 운영하기도 하였다. 건강 문제로 더 이상 여행할 수 없을 때까지 그는 재단의 팀과 함께 미국의 여러 주와 지역을 방문하여 사람들에게 이슬람을 전파했다.

무함마드 알리가 우리를 방문해 이사회와 면담을 가졌다. 그 자리에서 우리는 미국 내 무슬림 활동을 어떻게 발전시킬지, 미국 상황에 맞게 무슬림의 인성을 어떻게 함양할지에 대해 논의했다.

무함마드 알리와 엘-하즈 말릭 엘-샤바즈El-Hajj Malik el-Shabazz, 말콤 엑스는 모두 특별한 가치와 인품을 지닌 특별한 사람들이었고, 그들을 만날 수 있는 기회를 주신 하나님께 깊이 감사드린다.

하나님의 이름으로 존경과 감사의 마음을 담아
아흐메드 토톤지 박사님께,

무함마드 알리
1992. 5. 26

무함마드 알리

출생 시 이름: 캐시어스 마르셀루스 클레이(1942. 1. 17~ 2016. 6. 3)

1992년에 촬영한 이 사진은 사우디아라비아를 방문한 알리가 내 초대에 응해 리야드의 내 사무실로 방문했을 때 받은 것이다. 그는 진실성과 겸손함을 지닌 인물로, 그를 세 번째 만난 날은 존경과 감탄이 뒤섞인 흥분된 마음으로 기억된다. 우리는 서로를 포옹하고, 라브와에 있는 내 집 맞은편의 모스크에서 함께 기도드린 뒤 자리에 앉아 이야기를 나누었다.

내가 처음 만났던 알리와 이 날 내 사무실에 앉아 있던 알리는 삶의 궤적이 만들어 놓은 처지에서 큰 차이가 있었다. 알리는 지난 세월 동안 자신의 귀중한 지식과 경험을 신을 섬기는 데 사용했으며, 창조주 외의 그 어떤 것에도 두려움이 없었다. 우리의 첫 만남은 1963년 런던의 한 모스크에서였다. 당시 젊고 자신감 넘치며 에너지로 가득 찼던 그는 막 위대한 챔피언십에서 승리를 거둔 참이었다. 새로이 얻은 명성에도 그는 이미 신앙심 깊고 지적인 사람이었다. 이 성정은 그가 세계 헤비급 챔피언이 되고 역사상 가장 위대한 스포츠맨 중 한 명으로 자리매김한 이후에도 변하지 않았다. 런던에서 30여 분간 이야기를 나누었는데, 그가 엘리야 무함마드를 변호하던 모습이 인상 깊었다. 내 질문에 전혀 불쾌해하지 않으면서 엘리야의 지도가 없었다면 자신은 다른 사람이 되었을 것이라고 솔직하게

인정하던 모습이 기억에 남는다. 우리의 두 번째 만남은 1970년 미국에서 이루어졌다. 알리는 더 성숙하고 노련한 모습으로 변해 있었고, 예전과 같은 다정한 태도와 미소로 나를 맞았다. 당시 펜실베이니아 주립대학에서 공부하던 중 나는 우연히 우리 대학에서 개최한 모의 유엔 총회에 알리를 초청할 것을 제안했고, 주최 측은 나의 제안을 흔쾌히 수락했다. 알리를 좋아하지 않고 그의 궤도에 함께하고 싶지 않은 사람이 세상에 어디 있겠는가. 알리는 하나의 조건을 전제로 초대를 수락했다. 프로그램이 끝난 후 펜실베이니아 주립대학의 무슬림 학생들과 2시간 동안 만날 기회를 달라는 것이었다. 대학은 동의했고, 우리는 매우 기뻤다. 이 행동은 알리가 어떤 인물인지 잘 보여 준다. 부유하고 유명한 사람들이 그를 찾았지만, 알리는 겸손하게 억압받는 자들과 무슬림 공동체, 신앙인들과 함께하기를 원했다. 알리가 모스크에 모습을 드러냈을 때, 행사에 참석했던 모든 사람들이 그랬던 것처럼 공동체 구성원들, 특히 아이들까지 매우 기뻐했다. 알리는 특유의 유머와 따뜻함으로 아이들을 즐겁게 해 주었다.

무함마드 알리를 만날 수 있었던 것은 내게 큰 영광이었다. 알라께서 그의 영혼을 축복하시고 천국을 허락하시길.

MSA와 스포츠계의 시너지 효과

무슬림 청년들에게 무함마드 알리 같은 롤모델이 이슬람을 대표하는 본보기로 중요한 시기가 찾아왔다. 당시, 이슬람의 원칙을 그처럼 두려움 없이 옹호하며 이슬람의 깃발을 들고 나선 사람은 거의 없었다. 그와 더불어 스포츠 세계에서 주목받은 다른 인물로 당시 미국 역사상 가장 유명한 농구 선수였던 카림 압둘 자바Kareem Abdul Jabbar, 본명 루이스 알킨도르가 있었다. 그의 인기는 무슬림 청년들에

카림 압둘-자바가 2014년 5월 3일 워싱턴 D.C. 워싱턴 힐튼에서 열린 야후 뉴스/ABC뉴스 백악관 특파원 만찬 리셉션 사전 파티에 참석하고 있다(사진: 앤드류 H. 워커/게티 이미지 제공: 야후 뉴스).

게 이슬람의 원칙을 지키는 길을 제시하며 많은 사람들이 이슬람으로 개종하도록 이끈 원동력이 되었다. 이 시기에 나는 대학원 과정을 거치며 다른 이들과 마찬가지로 갑자기 우리 신앙이 대학과 언론 전반에서 '뜨거운 뉴스'로 등장하는 것을 느꼈다. 이는 의도치는 않았지만, 북미 전역의 MSA와 스포츠계 사이의 새로운 시너지 효과로 이슬람에 대한 지식과 롤모델이 이전에는 없던 방식으로 젊은 세대에 전달되는 상황을 반영하는 신호였다.

이러한 시너지 효과는 이슬람의 성장이 가능하고 번성할 수 있는 환경에 기반하고 있었다. 나는 이라크에서 자랐고 지금은 무슬림의 땅에서 멀리 떨어진 곳에 있지만 이곳에서는 내가 고국에서는 경

험할 수 없었던 더 큰 에너지와 역동적 발전을 느낄 수 있었다. 각종 활동, 협력, 프로젝트, 롤 모델, 관심, 담론 등이 뒤섞여 흥미롭고 강렬한 환경을 조성하고 있었으며, 이 모든 것은 그것들을 가능케 한 비옥한 토양 덕택이라고 느꼈다. 하나님께서 말씀하셨다. "선에 대한 보상이 선 외에 무엇이겠는가?(수라 알-라흐만, 60)" 미국은 선한 일이 뿌리를 내리고 퍼질 수 있는 자유와 가능성을 제공하는 땅이었다. 우리는 이슬람의 원칙에 대한 지식을 확산하기 위해 모든 것을 쏟아부었으며, 단 한 순간도 허투루 보내지 않은 채, 우리의 존재 자체가 그 대의를 향해 나아가고 있었다. 처음 미국에 왔을 때는 상상도 하지 못했던 방식으로 모든 것이 함께 어우러지는 모습을 바라보며 우리는 만족과 성취감을 느꼈다. 작은 도토리에서 웅장한 참나무가 자라나듯, 더 큰 가능성을 위해 더 새로운 에너지를 쏟아야겠다는 다짐을 새롭게 했다.

MSS 및 MSA 모델의 원칙과 성공 사례

스스로 필요할지라도, 타인을 자신보다 우선시할지니.(수라 알 하쉬르, 59:9)

처음 런던에 도착했을 때, 주변 무슬림들이 클럽으로 가자고 권유했지만, 그 유혹을 뿌리치고 자신의 신앙을 굳게 지켰던 젊은이는 동료 무슬림들과 함께 부흥과 실천을 위한 토대를 마련하는 데 기여했다. 이를 통해 많은 젊은이들이 공허한 삶의 방식에서 벗어나 하나님께 돌아왔다. 유흥에 치중한 삶에서 기도 중심의 삶으로, 무익한 관심사에서 신앙 기반의 진지한 목표로, 방향 잃은 방황에서 영적 집중으로 전환이 이루어진 것이다. 이 모든 것의 핵심은 끊임없이 밀고 나아가며, 노력하고, 계획하고, 협상하고, 열심히 일하며, 안으로는 자애를 품고 밖으로는 헌신을 다하는 것이었다. 개인적 야망은 모두를 위한 야망으로 바뀌었고, 올바른 의도와 적절한 단계를 따른다면 변화는 가능하다는 내적 확신이 생겼다. 이러한 경험은 나를 이슬람의 원칙에 더욱 강하게 매달리도록 했다. 하나님께서는 나로 하여금 단순히 학업에만 몰두하지 않고 더 큰 문제에 관심을 가지게 하셨고, 우리의 노력을 성공으로 축복하셨다. 개인적 변화는 첫날부터 시작되었다. 이 과정에서 회복력은 가장 중요한 교훈이었고, 무슬림 학생들의 필요와 우리 자신이 처한 딜레마에 대한 지혜와 통찰을 얻을 수 있었다. 형제로서 함께 성장하며 무슬림으로서 더 나아갈 수 있는 영역들을 다룬 결과, 우리는 영적으로나 실체적으로 더 강해질 수 있었다. 영국과 미국 모두에서 격의 없이 우리와 관련된 문제를 해결하면서 우리는 성장했고, 그렇게 학생들의 필요를 더 잘 충족시킬 수 있었다. 마침내 우리는 공식적으로 우리 자신을 세울 수 있었으며, MSS^{Muslim Students Society}와 MSA^{Muslim Students Association} 모델을 만들 수 있었다.

실제로 초기의 길을 되돌아보면, 그것은 하나님의 보이지 않은 손이 부드럽게 작용하며 우리를 다양한 위치, 역할, 장소, 그리고 사람들과 연결시켰던 완벽한 조화의 여정이었음을 깨닫게 된다. 무슬림 학생 사회 조직을 통해 우리의 영적·지적 성장을 촉진하며, 미래에 우리 사회의 리더이자 무슬림 공동체의 롤모델이 될 세대의 씨앗을 심는 과정이었다. 특히 서구, 그중에서도 미국이라는 맥락은 우리의 노력이 결실을 맺고, 우리의 모델이 뿌리를 내릴 수 있는 환경을 제공했다.

돌이켜보면, 이슬람의 번영에 필수적인 청년 리더십 모델을 포함해 지금까지 성취한 모든 것은 조화로움과 미국적 상황, 그리고 개인의 영적·지적 변화 덕분에 가능했다. 그러나 진정으로 모든 성공을 가능케 했던 것은 나와 내 동료들이 그 원칙의 가치를 점점 더 깊이 인식하며 끊임없이 붙들고 있었던 신념이었다.

우리의 의도가 순수하고 목표가 고귀하다면, 우리가 이룰 수 있는 일은 무한하다.

"여러분은 바다 속 한 방울이 아닙니다. 당신은 한 방울 속의 전체 바다입니다."_루미

1999년. 미국·캐나다 MSA 회의에서. 왼쪽부터 아흐마드 사크르 전 회장, 연설 중인 저자, 모하메드 오마이쉬 전 회장이자 회의 의장(오른쪽에서 두 번째), 가장 오른쪽은 또 다른 전 회장 알타프 후세인이다.

2003년. 미국 시카고. 왼쪽이 저자. 일리아스 보유누스 전 MSA 회장 겸 초대 ISNA 회장과 함께

제4장

영적 중심

무슬림 세계의 심장부로

우리는 어디에 있든, 어디로 가든 이슬람을 실천해야 한다. 전능하신 하나님에 대한 우리의 믿음을 확신하고 자랑스러워하며, 우리 주위 세상에 꾸란의 비전을 구현해야 한다.

미국에서 우리의 발자취는 분명히 남았다. 우리는 이슬람에 대한 더 넓은 인식을 확산하고, 무슬림 학생들을 네트워크화하여 그들의 잠재력을 끌어내고 강한 영적, 전문적 정체성을 개발하는 데 상당한 시간을 쏟았다. 우리가 얼마나 열심히 노력할 수 있는지 스스로 깨닫지 못할 때가 많았지만, 그 노력으로 인한 피로에 지친 적은 없었다. 다만 때때로 한 발 물러서서 휴식을 취해야 할 때도 있었다.

그런 순간에 우리의 노력을 되돌아 보는 것은 큰 활력을 불어넣어 주었고, 우리는 다시 새롭게 일을 시작할 수 있었다.

우정과 연대감도 꽃피었고, 애정의 유대는 더욱 강해졌다. 때때로 나와 무슬림 동료들은 우리가 미국에서 이루어 낸 발전과 성취를 되돌아보곤 했다. 그것은 단순히 성취의 결과뿐 아니라, 그 성취를 이룬 방식에서도 놀라움을 느끼게 했다. 이는 결코 과장된 평가가 아니었다. 우리는 실제로 무언가를 이루어 냈고, 이를 자랑스럽게 생각했다. 또한 우리는 이 활동에 빠져 박사 과정 학업과 학문적 기준이 뒤처지지 않도록 주의를 기울였다. 지적 야망과 학문적 우수성은 다른 성취만큼이나 중요했기 때문이다. 활동의 중심지와 같았던 우리의 생활 속에서, 우리는 정밀한 시간 관리에 중점을 두어 아주 미세한 균형을 유지할 수 있었다. 이는 어떤 비즈니스 임원도 부러워할 만한 정교한 관리였다.

우리가 이룬 일이 결코 작지 않은 업적이었기에 스스로 과소평가하는 일도 없었다. 그것은 마치 산을 오르는 일이나 다름없었다. 우리의 집단적 에너지, 결단력, 시간과 노력을 돌이켜볼 때, 마음에 따뜻한 만족감이 스며들었다. 이 모든 경험은 상호 배움의 과정이었다. 우리는 조직, 리더십, 협상 등 다양한 기술을 익혔고, 우리는 개인의 성장과 발전에도 큰 영향을 미쳤다.

하지만 여기에 주의해야 할 점이 있었다. 우리는 계획을 세우고 조직하며, 수많은 프로젝트를 추진하고, 문제를 해결하고 또 해결하며, 우리의 상상을 뛰어넘는 활동으로 확장해 왔다. 그러나 조용히, 그리고 알아채지 못하는 사이에 무언가 옆길로 새어 나간 것이 있었다. 다른 사람들은 동의하지 않을 수도 있지만, 우리가 스스로를 평가한 결과, 지구 한쪽의 상황을 개선하려고 노력하는 동안, 우리는 무슬림 사회와의 연결에서 의도치 않게 멀어지게 되었다는 결론에 이르렀다. 이러한 상황은 의도한 바가 아니었지만, 엄격한 자기 평가를 통해 솔직히 인정한 우리의 현실이었다. 이에 우리는 이 불균형을 바로잡고, 세계 다른 지역의 무슬림 사회와 다시 연결하고 포용하기 위한 노력에 착수하기로 결심했다. 이 노력이 어떤 형태를 취할지, 어떤 방식으로 이루어질지에 대해서는 아직 결정되지 않았지만, 모든 여정은 첫걸음으로 시작된다. 우리의 학업, 우리가 선택한 일, 그리고 이번 평가는 모두 깊게 연결되어 있었으며, 우리가 삶을 바라보는 방식과 꾸란의 원칙에 따라 삶을 살아가는 가치를 중요하게 여기는 관점에서 긴밀히 연결되어 있었다. 대부분의 사람들은 자신이 살아가는 방식에 대해 깊이 고민하지 않는다. 무슬림이라면 대개 꾸란의 가르침에 대체로 부합하기 위해 노력하고, 그렇지 않다면 더 많은 쾌락을 추구하는 경향이 있다. 그러나 우리에게 내재된 가치는 꾸란의 교훈을 실현하고 삶을 개선하는 데 있었다. 나아가 우리는 아직 젊고 한창 혈기왕성한 시기에 이런 변화를 만들어 낼 수 있다는 사실에 행복했다. 그러나 이제는 계곡을 넘어 새로운 초원으로의 여정을 떠날 때가 되었다. 우리의 경험은 우리를 더욱 단련시켰으며, 덕분에 우리는 더 강한 사람이 되어 있었다.

마카

어느 날 엄청난 기회가 찾아왔다. 1965년, 나는 미국·캐나다 MSA의 추천을 받아 마카에서 열리는 세계무슬림연맹Muslim World League,

 동서방을 이은 여정

 회의에 MSA를 대표하여 참석하게 되었다. 전혀 예상치 못한 영광스러운 일이었다.

무슬림 세계의 중심지이자 우리의 정신적 고향이자 끊임없는 기도와 헌신의 장소인 카아바Ka'bah가 내 마음을 가득 채웠다. 기쁨에 들떠 있었지만, 동시에 이 기회가 단순한 방문 이상의 중요한 의미를 지니고 있음을 깨달았다. 어떤 새로운 것이 펼쳐질 것이라는 확신이 들었다. 나는 지체 없이 학과장을 찾아 휴가를 요청했고, 다행히 흔쾌히 허락해 주어 내가 원할 때 바로 떠나 여행할 수 있도록 준비했다.

이번 기회는 단순히 MSA를 대표하는 데 그치지 않았다. 이는 협력을 제안할 수 있는 중요한 기회였으며, 동시에 나에게는 더 깊고 개인적 의미를 지닌 목표를 이룰 수 있는 기회였다. 바로 성지 순례 하즈Hajj를 수행하는 것이었다. 하즈는 이슬람의 다섯 번째 기둥이자 무슬림이라면 일생에 한 번은 꼭 실현하기 위해 노력한다.

나는 하나님의 손님이 될 것이었다. 이 여정은 꿈의 실현이자 영적 추구와 새로운 앎과 존재 방식으로의 전환을 의미했다.

시간이 빠르게 흘러 마침내 고요한 양심과 숙인 머리로, 간결한 흰 옷을 입은 채 신성한 공간 하람Haram에 들어섰다. 그곳에 카아바가 서 있었다. 카아바의 압도적 존재감은 내 숨을 멎게 했다. 분명 이 세상에 속해 있지만, 동시에 그렇지 않은 듯했다. 마치 강력한 힘의 장에 끌려드는 듯한 감각이었다. 그 순간의 감격과 광경은 말로 표현할 수 없었다. 마치 하나님과 인간 사이의 장막이 거두어진 듯했다.

나는 무슬림 학자들과 지도자들, 그리고 파이살 국왕과 함께 신성한 구역에 들어섰다. 그 안에서 시인 오마르 바하 알딘 알라미리가 강하고 아름다운 목소리로 낭송하는 두아*du'a, 기도*가 또렷하게 울려 퍼졌다. 그의 두아는 모든 이의 영혼 깊은 곳을 울렸고, 나는 마치 두아를 처음 듣는 듯 깊은 감동을 받았다. 진실성, 참회, 자비, 그리고 하늘과 땅만큼이나 넓고 광대한 천국이 내 가슴 깊이 스며들었다.

"당신과 함께하는 어떤 동반자도 없습니다. 우리는 이를 확언합니다."

모두가 이 구절을 외쳤고 나도 따라 외쳤다. 모두가 어깨를 나란히 해 서 있었고, 그 연대의 힘이 내 마음속 깊이 스몄다. 카아바는 가장 강인한 정신도, 가장 완고한 얼굴도 녹여 냈다. 모든 이의 얼굴에 눈물이 흘렀고, 열정적 기도로 울려 퍼졌다. 내면에 묻혀 있던 고뇌와 고통, 희망과 두려움, 모든 것이 카바의 벽을 맴돌며 창조주를 향한 긴 절규로 터져 나왔다. 사람들이 내 주위로 몰려드는 동안, 나는 만물과 하나된 느낌과 동시에 혼자라는 느낌도 들었다. 내 안에서 솟아오르는 강렬한 영적 깨달음과 사랑 때문이었다. 이전에는 한 번도 경험하지 못했던 감정이었다. 마음은 가벼워지고 확장되었으며, 영혼은 하늘을 향해 날아오르는 듯한 순수한 영적 고양 상태에 있었다.

마치 꿈속에 있는 듯, 나는 하즈 의식을 수행했다. 내 주변의 인류와 외부 세계와 삶의 장식물과 물질적 존재가 녹아 사라지는 순간들을 경험하며, 인간 존재의 벌거벗은 진실이 우리 앞에 펼쳐졌다. 이곳에서는 정신적으로나 신체적으로, 우리가 하나님을 경배하도록 창조되었으며, 삶의 모든 활동은 죽음을 준비하는 것이라는 진리가 깊이 각인되었다. 형언할 수 없는 놀라운 경험이었다. 나는 카아바를 돌고, 동쪽 모퉁이에 있는 성스러운 검은 돌을 지나며, 사파Safa와 마르와Marwa 언덕 사이를 달렸다. 이 모든 순간은 공유된 의식 속에서 이루어졌다. 나는 전에 본 적 없는 피부색을 지닌 사람들, 그리고 세상의 가장 먼 곳에서 온 것처럼 보이는 사람들과 함께 기도했다. 내 마음 깊은 곳에 또 다른 층이 열리며 깨어나는 듯한 느낌을 받았다. 우리는 50만 명이 넘는 사람들이 함께한 이 여정에서, 내 인생 가장 소중한 열흘을 경험했다. 지금도 나는 그 귀중한 경험을 이렇게 젊은 나이에 선물로 받았다는 사실이 얼마나 큰 축복이었는지 믿을 수 없다. 순례를 마치고 돌아온 후, 나는 단지 이슬람 문명의 중심지이자 영적 배움의 샘인 이 지역에만 그치지 않고, 전 세계 무슬림 공동체와 더 나아가 전 인류를 위한 노력을 확장하려는 새로운 의욕으로 가득 차 있었다.

집회

마카에서 열린 세계무슬림연맹 회의가 곧 시작될 예정이었다. 전 세계에서 온 이슬람 학자들과 지도자들이 하나둘 도착하기 시작했고, 그들이 입장하는 모습을 보며 나는 그들이 누구인지 궁금해 하며, 이들과 함께할 수 있다는 영광에 마음이 벅찼다. 동시에 그들의 이야기를 듣고 배울 수 있는 기회에 대한 기대감으로 가득 찼다. 참석자 중에는 파키스탄 자마아테이슬라미Jamaat-e-Islami의 지도자이자 『꾸란의 이해를 위하여Towards Understanding the Qur'an』를 비롯한 여러 저서를 남긴 위대한 학자 셰이크 아불 알라 마우두디도 있었다. 그는 이슬람에 대한 공로로 파이살 국왕상의 첫 수상자로 선정된 인물이기도 했다. 그는 매우 조용하고 겸손하게 움직였고, 나는 그가 다른 학자들 사이에서 자리를 잡는 것을 지켜보았다. 회의 중 깊은 생각에 잠긴 그의 조용하고 겸손한 태도는 내게 강한 인상으로 남았다.

또 한 명 눈에 띈 참석자가 있었다. 인도네시아 독립 후 초대 총리이자 인도네시아 이슬람선교위원회Dewan Da'wah Islamiyyah 수장이었던 무함마드 나시르였다. 그는 후일 이슬람에 대한 공로로 파이살 국왕상을 수상하기도 했다. 나는 그가 보여 준 지식의 깊이와 지혜, 그리고 정치인으로서 어려운 상황에서도 침착함을 유지하는 능력을 깊이 존경했다. 실제로 그는 이슬람 신앙에 대한 수많은 공격을 정치적 평정심과 학문적 통찰로 대처하여 큰 존경을 받았다.

마흐무드 아부 사우드도 참석했다. 이슬람 경제 사상의 선구자 중 한 명으로 『이슬람 경제학 일반 개요General Outlines of Islamic Economics』(1965)의 저자인 그의 아이디어는 시대를 훨씬 앞섰는데, 생각건대 그 탓에 사람들에게는 어렵게 받아들여졌다. 하지만 그는 리비아 독립 후 리비아 통화기금의 수장이 되었으며, 덴마크와 룩셈부르크에 최초의 이슬람 은행을 설립했다. 그는 진정으로 진보적 사상가였다.

그 외에도 내가 알아볼 수 있는 학자와 지도자는 많았다. 시리아 출신의 시인 오마르 바하 알딘 알라미리, 이집트 출신으로 사우디 시민권을 가진 타우피크 알샤위는 카이로대학교 법학 교수로 뛰어난 사상가이자 법학자, 외교관으로 놀라운 통찰력으로 다양한 미래 현상을 정확하게 예측할 수 있는 능력을 지닌 인물이었다. 나이지리아 대법원 수석 판사이자 꾸란을 하우사Hausa어로 번역한 셰이크 아부 바크르 구미는 이슬람 봉사 부문에서 파이살 국왕상을 수상했다. 위대한 쿠르드족 학자이자 셰이크인 암자드 알 자하위는 이라크에서 가장 존경받는 학자 중 한 명으로, 젊은 시절 내가 여러 번 만날 수 있었던 영광을 누린 인물이었다. 일본무슬림학생연합 전 회장인 살레 알 사마라이와 다른 많은 학자들이 참석했으며, 그들 모두 나에게 크나큰 영감을 주었고 많은 배움을 얻게 해 주었다.

연설이 시작되자, 나는 수많은 빼어난 지성들의 농축된 지식과 다양한 전문 분야의 독특한 관점을 제시하는 이슬람 학문적 지혜를 흡수하기 시작했다. 이 학자들은 여러 분야와 학문에서 귀중한 측면을 대표하며, 이슬람 학문의 풍부하고 찬란한 유산을 증명하는 존재들이었다.

나의 지성은 배부르게 채워지고 상상력은 불타올랐다. 나는 이 모든 것을 동료들에게 전달하기 위해, 그리고 내가 지키겠다고 다짐했던 책임을 다하기 위해 열정적으로 상세히 기록했다. 각 연설자들의 말뿐 아니라 그들의 메시지와 영혼, 그리고 전체적 경험의 정신을 포착하려고 노력했다. 하지만 눈으로 본 것과 마음으로 느낀 것을 언어로 표현하기는 쉽지 않았다. 내가 목격한 통합과 협력은 내 영혼 속에 깊이 새겨졌지만, 그 느낌을 글로 옮기는 것은 불가능에 가까웠다. 보이지 않는 현상을 표현하기에는 시의 언어가 훨씬 적합하겠지만, 나는 시인이 아닌 과학자로서 이 중요한 장면의 사실적 기술이 더 적절하다는 것을 알고 있었다. 그때 문득 하나님의 말씀이 떠올랐다.

"모두 함께 알라의 밧줄을 굳게 잡아라. 그리고 분열되지 말라(수라 알-이므란, 3:103)**"**

내가 목격한 장면은 이 말씀의 더 깊은 도덕적 지침을 이해하게 해 주었다. 물론 연설에서 전해진 말도 중요했지만, 그보다 더 높은 차원에서의 메시지, 즉 '통합'이라는 위대한 메시지가 지배하고 있었다. 이는 최고의 중요성을 지닌 개념으로, 하나님께서 우리에게 주신 것을 굳게 붙잡아야 한다는 것이 얼마나 중요한지, 그리고 그것이 주는 강력한 힘을 깨달았다. 이 경험 속에서 내가 희미하게 듣기 시작한 것은 내 영혼 깊은 곳에서 나와 궁극적인 깨달음으로 이어졌다. 그것은 바로 항상 통합된 상태를 유지해야 한다는 이해였다. 꾸란이 우리의 공유된 의식이라면, 이러한 통합에 무슨 어려움이 있을 수 있을까?

그리고 연사들이 말을 할 때 그들의 이야기가 그들로부터 나오는 것이 아니라 그들을 통해 전해지는 듯 느껴졌다. 그 말들은 마치 치유의 물결처럼 나를 감싸며 흘러갔다. 내 마음에 역사의 여러 장면이 떠오르며 스쳐 지나갔다. 마디나가 보였고, 어깨를 나란히 한 무하지룬*Muhajirun*, 히즈라 때 선지자를 따라 이주한 사람들과 안사르*Ansar*, 히즈라 때 선지자와 그 추종자들을 받아들인 사람들, 그리고 하나가 되었던 아우스*Aws*와 카즈라즈*Khazraj* 부족을 보았다. 그 순간 파이살 국왕이 이 같은 무슬림의 단결의 이해에 대해 설파하며, 이를 실현하기 위한 구체적 실천 방안을 발표하는 모습이 비로소 인식되었다.

파이살 국왕은 이슬람의 고귀한 원칙과 목적을 설파하며, 이것들이 신앙의 핵심적이고 본질적 요소임을 강조했다. 그는 우리가 다른 분야와 관습을 어떻게 부차적으로 이해하고 분류해야 하는지에 대한 주의를 환기시켰다. 그는 이슬람에 대한 폭넓은 시각을 제시하며, 논쟁의 여지가 있는 문제들을 우아하게 피해 갔다. 이견은 우리 신앙에서 불가피한 부분이지만, 나는 파이살 국왕이 통합이라는 더 높은 이상과 목표를 뒷받침하기 위해 이러한 문제들을 얼마나 아름답게 다루는지 확인할 수 있었다.

목표의 변화

여행에서 돌아온 후, 나는 더 커진 에너지와 결단력으로 활동 범위를 확장하고, 더 많은 통찰력을 바탕으로 우리의 활동을 어떻게 발전시킬지 모색하기 시작했다. 여기에는 지금까지 동방과 서방 간 존재했던 간극을 메우는 일이 수반되었고, 이를 위한 한 가지 방법이 전 세계 무슬림 공동체의 학자들과 관계를 구축하고 발전시켜 이슬람에 대한 지식을 심화하는 것이었다. 우리의 어마어마한 성장은 많은 사람들, 심지어 우리 자신에게도 놀라운 일로 여겨졌다. 미국에 첫발을 내디뎠을 때 우리는 젊고 경험이 부족했으며, 이슬람에 대한 지식도 제한적이었다. 그럼에도 우리는 팀으로 뭉쳐 성공적인 프로젝트를 시작하고, 주도력을 발휘하며, 재정적으로 자립하고, 명확한 목표를 유지하면서 광범위한 학생층에게 유용한 정보와 지식을 제공할 수 있었다. 뿐만 아니라 더 헌신적으로 신앙을 실천하는 사람들과 이슬람에 대한 사전 이해 없이 새롭게 신앙을 받아들이는 사람들의 성장을 지원할 수 있었다. 내게 있어 다음 단계는 통합에 중점을 두는 일이었다. 하즈와 마카 컨퍼런스는 특히 다양성 속의 통합과 관련하여 여러 방면에서 나에게 깊은 영향을 미쳤고, 이는 북미 MSA가 나아가야 할 방향을 구상하는 데 매우 중요한 역할을 했다.

우리는 새로이 정립된 비전에 따라 전략과 활동을 전개했다. 이 새로운 통찰에 대해 동료들을 설득할 필요는 없었다. 지금까지 우리의 성공은 우리 내부의 소규모 단결에 기초해 이루어졌고, 우리는 모두 화합, 단결, 평화라는 더 큰 목표를 믿었기 때문에 그 시기 또한 적절했다고 믿는다. 그렇지 않았다면 우리가 그렇게 훌륭하게 협력할 수는 없었을 것이다. 더 높은 목표에 대한 논의는 신앙에서 멀어지거나 혼란스러운 방향으로 나아가는 공동체 문제를 집중적으로 다루는 데 큰 도움을 주었다. 이러한 사례는 통합을 활동과 학습의 지도 원칙으로 삼아야 할 필요성을 더욱 명확히 해 주었다. 또한 이러한 사례는 우리의 문화와 가치를 실천적으로 수용하기 위한 추가의 추진력으로 제공되었다. 우리는 전 세계 무슬림 공동체와 네트워크를 강화하고 확립함으로써 미국 무슬림으로서의 정체성을 보다 명확하고 긍정적으로 제시할 수 있는 자신감을 키웠다.

이러한 노력의 한 형태가 이슬람 원칙을 현대 학문적 사고에 통합을 시도하는 것이었다. 예컨대, 압둘하미드 아부술레이만은 1972년 이슬람에서의 국제 관계를 주제로 박사 논문을 썼고, 이후 말레이시아 국제이슬람대학교IIUM 총장으로 10년(1988~1998)간 재직하며 해당 주제에 대한 지식을 다양한 분야에 적용했다. 그는 또한 미국 무슬림사회과학회AMSS와 국제무슬림경제학회의 창립 멤버 중 한 명이었다. 다른 많은 학자들도 이슬람 원칙을 현대 학문적 연구와 융합했다. 예를 들면 다음과 같다.

- ❖ 아나스 무스타파 알 자르카: 20세기 후반의 저명한 이슬람 법학자인 무스타파 알 자르카의 아들로 1976년 마카에서 열린 첫 번째 국제 이슬람 경제학 회의의 조직자 중 한 명
- ❖ 미드하트 핫사나인: 이집트 출신으로 이후 재무부 장관을 역임하며 경제학 분야에서 선구적 역할
- ❖ 사이드 자인 알 아비딘: 인도 출신으로 영문학을 전공하고 이슬람 원칙을 영어 교육과 학습에 접목
- ❖ 자인 알-아비딘: 사우디아라비아 제다에 있는 '무슬림소수자문제연구소' 사무총장이자 이 지식을 서구의 학술 포럼에 소개하기 시작한 『무슬림 소수자 문제 저널』 창립자

이후 우리는 이러한 목표의 전환을 '교육 개혁' 계획이라고 명명했다. 이는 학문 기관들을 대상으로 더 큰 이해를 촉진하기 위한 움직임이었다.

보복

MSA를 확장하는 동안 우리는 아랍학생기구The Organization of Arab Students, OAS의 친구와 동료들과 정기적으로 교류를 이어 갔다. OAS는 당시 북미에서 가장 저명하고 활발한 학생 단체 중 하나였다. 우리는 더 큰 협력을 위해 그들과 긴밀한 관계를 발전시키는 것이 우리의 사명을 더 잘 지원할 수 있는 올바른 방향이라 생각했다. 안타깝게도 우리가 선망했던 화합은 실현되지 않았다. 우리의 관점은 너무도 달랐으며, 관계를 개선하려 할수록 그들 내부의, 특히 정치적

균열이 더 심화되었다. 점점 더 많은 아랍 학생들이 이집트의 자말 압델 나세르를 지지하는 나세르파가 되어 가고 있었다. 일부는 공산주의적 정치 성향을 노골적으로 드러냈고, 일부는 사회주의자, 또 다른 일부는 명백한 민족주의자가 되어 갔다. 아이러니하게도 그들의 정치적 견해차에도 불구하고 이슬람에 반대한다는 점에서는 대체로 의견이 일치했다.

우리가 기도와 금식 같은 의식적 관행에만 집중하며 눈에 띄지 않는 한, 그들은 우리에게 큰 관심을 두지는 않았다. 하지만 우리에게 이 의식들은 위대한 건축물의 기초처럼 우리 활동을 시작하는 출발점이었다. 우리는 단지 기도와 금식에 그치지 않고 이슬람과 무슬림 공동체, 그리고 우리가 살고 있는 사회를 위해 더 많은 일을 해야 한다는 의무감을 느꼈다. 우리는 신앙에 대한 건전하고 정확한 이해를 증진시키는 것이 우리의 책임이라고 생각했다. 우리에게 이슬람은 영적이든 정치적이든 삶의 모든 요소를 포함하는 것이었다. 우리는 우리의 믿음을 공개적으로 말하는 것을 피하지 않았으며, 문 뒤에서 편하게 은밀히 실천하는 것도 원치 않았다. 어디에 있건, 어디를 가건 이슬람을 삶에서 실천하고, 하나님에 대한 믿음에 자신감을 가지고 자부심을 느껴야 한다고 이해했다. 또한 우리는 주변 세계에서 꾸란의 비전을 실현하는 것이 우리의 역할임을 깨달았다. 그로 인해 이들 다양한 그룹은 이슬람이 가정 밖에서 드러나는 것을 원치 않았고, 결국 우리를 위협적 존재로 인식하기 시작했다.

우리가 주창한 통합은 아랍 문화보다는 이슬람 정체성에 기반한 것이었다(실제로 우리 모두가 아랍인은 아니었다). 우리는 우정을 나누고 차이를 수용할 준비가 되어 있었다. 그래서 우리는 공통의 관

 동서방을 이은 여정

심사를 찾았고, 팔레스타인 문제를 둘러싼 담론을 통해 마침내 서로의 차이를 좁힐 수 있었다. 이는 비아랍인들도 참여할 수 있는 공통의 관심사였다. 갈등을 더 잘 이해하기 위해 여러 회의와 대화가 진행되고, 그 과정에서 우리는 무슬림의 관점을 자연스럽게 이야기했다. 그렇게 관계는 곧 정상 궤도에 오르게 되었다.

하지만 안타깝게도 그 관계는 오래가지 못했다. 어느 날 아침, 우리 중 한 명이 우편물로 협박 편지를 받았다. 편지에는 MSA 대회에 참석하지 말라는 경고와 함께 참석을 강행할 경우 처벌을 받게 될 것이라는 내용이 담겨 있었다. 이 협박을 간단히 무시하고 넘어갈 수 없었던 이유는 이미 나세르파가 위협을 실행에 옮겼던 몇 가지 사건을 목격했기 때문이었다. 내가 나세르파라고 말하는 이유는 당시 이러한 위협의 배후에 나세르주의자들이 있었고, 이들은 이집트 문화참사관의 지원을 받고 있었기 때문이다. 예를 들어 나세르주의자들은 캘리포니아 리버사이드에 거주하던, 박사 학위 취득을 목전에 둔 한 이집트 동료 유학생의 장학금을 끊는 데 성공하기도 했다. 그는 당시 심장 질환으로 병원에 입원 중이었으며 아내와 두 자녀를 부양해야 하는 상황이었다. 그러나 이러한 사정은 전혀 고려되지 않았다. 이는 우리가 마주하고 있는 악의적 본질을 여실히 보여주는 사례였다.

상황을 정면으로 마주해야 한다는 점은 분명해졌다. 하지만 많은 이들이 그 파장에 깊은 우려를 표했다. 장학금이 끊기면 어떻게 학업을 마칠 수 있을 것인가? 반대로 아무것도 하지 않으면 어떻게 될 것인가? 우리의 활동이 쉽게 위기에 노출될 수도 있었다. 많은 논의 끝에 우리는 협박에 굴복하지 않기로 결정했고, 올바른 행동은 위협에 맞서는 것이라 판단했다.

병원에 입원해 있던 동료를 위해 우리는 각자의 주머니를 털어 그가 학업을 마칠 수 있도록 재정적으로 도왔다. 기쁘게도 그는 우등으로 학업을 마칠 수 있었다. 하지만 이것이 비단 그에게만 국한된 사례는 아니었다. 본국으로부터의 재정 지원에 의존하는 다른 이들도 학자금이 끊기는 일을 겪었다. 우리는 같은 방식으로 각자의 주머니를 털어 그들을 지원했다. 이 시기는 극도로 긴장되고 힘든 시기였다. 우리 모임 전체가 매우 적은 자원으로 버텨야 했을 뿐 아니라 상황이 더 악화될지도 모른다는 끊임없는 위협 속에서 살아야 했다. 그러나 함께 시련을 극복하는 과정에서 우리는 끈끈해졌고, 결과적으로 우리의 단결력은 더욱 강해졌다. 괴롭히는 자들이 행사하려 했던 통제는 오히려 역효과를 냈다. 이 경험은 우리를 더 나은, 그리고 더 용감한 사람으로 성장시켜 더 큰 책임을 감당할 수 있는 역량을 갖추는 데 일조하고 우리의 성장에 중요한 밑거름이 되었다.

모래성

1967년 아랍의 패배는 전 세계에 큰 반향을 불러일으켰고, 새로운 사고방식이 필요하다는 점을 분명히 드러냈다. 굴욕적인 패배는 민족주의자들과 나세르주의 학생들의 구호를 무력화시켰고, 그것들이 결국 모래성에 불과하다는 사실을 드러냈다. 좌파 세력은 더 이상 협력할 동력을 잃었고 OAS는 서서히 붕괴되기 시작했다. 많은 아랍인들은 한때 열정적으로 싸웠던 민족주의라는 이상을 외면하기 시작했다. 실제로 이 시점에서 몇몇 사람들은 민족주의가 어떠한 가치

나 의미도 없는 이데
올로기이며 결국 지속
가능하지 않다는 사실
을 깨달았다. 반면 움
마*Ummah*의 힘은 강한
믿음과 고귀한 이상에
기반을 두고 있으며,
통합의 원칙에 의해

1967년. 아랍-이스라엘 전쟁이 끝난 후 펜실베니아 주립대학에서 회의를 개최했다. 잘랄 키식이 강연 중이다.

지탱되었다. 이 통합의 원칙은 인종주의와 민족 중심주의를 거부하며, 모든 인종의 무슬림을 하나로 묶는 역할을 했다.

1967년 패배 이후, 일부 학생들이 불법적 방법으로 OAS 집행위원회를 장악하려고 시도했다. 이에 맞서 우리는 선거에 참여하여 이러한 불법적 시도를 막고 리더십에 가장 적합하고 자격을 갖춘 사람들이 집행위원회에 선출될 수 있도록 보장했다. 흥미롭게도 1969년 오하이오 주 콜럼버스에서 열린 OAS 회의에서 대부분의 집행위원회 자리를 이슬람 지향적 학생들이 차지하게 되었다. 그 결과 OAS의 활동은 보다 다양한 주제에 집중하게 되었고, 출판물과 회의도 보다 온건하고 건설적 방향으로 전환되었다. 우리는 동료 아랍 학생들과 많은 토론을 진행했고, 특히 이념적 차이에도 불구하고 아랍-이슬람 문화에서 공통점을 찾을 수 있었다. 이는 우리가 함께 합의한 목표들을 이루는 데 중요한 참조점이 되었다.

단번에 이해하는 이슬람

우리는 홍보를 위해 다양한 접근 방식을 채택했는데, 그중 하나가 〈단번에 이해하는 이슬람*Islam at a Glance*〉이라는 제목의 소책자를 제작하는 것이었다. 이 소책자는 이슬람의 주요 특징을 간략히 소개하여 독자들이 10분 이내에 신앙의 가장 중요한 요점을 이해할 수 있도록 계획되었다. 역사적으로 이슬람은 많은 적대감과 왜곡의 대상이 되어 왔고, 이러한 현상은 오늘날에도 여전히 존재하고 있다. 따라서 우리는 사람들의 두려움, 무지, 편견을 긍정적이고 존중하는 태도로 해결하려고 노력했다. 타인을 공격하지 않고 이슬람을 제대로 알리는 것이 우리의 접근 방식의 핵심이었다. 우리는 이 소책자를 수천 부 인쇄하여 항상 소지하고 다녔다. 무슬림이건 비무슬림이건 적절한 상황에서 소책자를 소개한 후 배포하곤 했다.

매년 소책자의 내용을 검토하여 필요한 정보를 개선했다. 일부 내용을 추가하거나 삭제하고, 문구를 다듬고, 어떤 부분은 더 상세히 설명하는 등 지속적으로 내용을 보강했다. 또한 제작 품질 향상을 위해서도 노력했다. 처음에는 약 5,000부를 인쇄하여 각 지부와 성원에 배포했다. 각 지역 MSA는 필요한 수량을 추정하여 그에 따라 추가로 인쇄했다. 그렇게 하여 어떤 경우에는 한 번에 100만 부를 인쇄하기도 했었다. 때로는 단순히 자료를 제작하여 복사본으로 배포하기도 했다. 이렇게 하여 이슬람에 대한 정보를 영어로 널리 보급할 수 있었다. MSA 간행물은 결국 무슬림 공동체에서 높은 평가를 받게 되었으며, 수요가 크게 증가했다.

학계에서의 발전

우리는 다양한 방식으로 활동을 더욱 풍요롭게 만들었다. 〈단번에 이해하는 이슬람〉이 큰 인기를 얻으면서 우리는 학술회의도 개최하기로 했다. 더불어 이슬람에 대한 일반적 강의를 넘어서는 심층 세미나를 개발해 이를 바탕으로 특정 주제에 초점을 맞춘 주제별 학술회의도 조직했다. 학술회의에서는 각각의 주제별 연사를 초청해 자신의 관점을 제시하도록 했다. 강연 내용은 소책자나 이티하드*Ittihad*라는 잡지 형태로 출판되어 북미 지역 사람들에게 배포되었다. 이 시점에서 우리는 소책자를 대학과 학계뿐 아니라 더 넓은 범위로 배포하고 있었다. 교도소 수감자, 학생, 학자, 정치인 등 자료를 요청하거나 혜택을 받을 만하다고 생각되는 이들에게 자료를 보내는 일이 우리의 관행으로 잡았다.

처음 시작한 프로젝트는 걷잡을 수 없이 성장했고, 시간이 지나면서 이슬람의 개요 수준을 넘는 심층적 글쓰기를 위해 몇몇 학자들에게 도움을 요청할 수 있었다. 예를 들어, 몇몇 학자들은 이슬람의 본질과 그 기초와 원천, 그리고 그것이 서구에 거주하는 무슬림들에게 시사하는 중요성에 대한 원고를 썼다. 이러한 방식으로 무슬림 청년들도 연구와 글쓰기를 시작하게 되었고, 이를 통해 학문적 역량으로 키워 나갈 수 있었다.

이들 학자 중 한 명인 고 이스마일 알-파루끼는 20세기의 가장 저명한 무슬림 지성 중 한 명으로, 비교신학 분야에서 예리한 통찰력과 탁월한 전문성으로 이 분야 권위자로 자리 잡은 인물이다. 1921년 1월 1일 팔레스타인 자파에서 태어난 그는 1949년 인디애나대학교 예술과학대학원에 입학하여 철학 석사 학위를 취득했다. 그 후 하버드대학교 철학과에 입학해 1951년 두 번째 철학 석사 학위를 취득하고 1952년 인디애나대학교 철학과에서 박사 학위를 취득했다. 1954년부터 1958년까지 카이로 알 아즈하르대학교에서 이슬람을 공부한 후, 1958년 미국 필라델피아 템플대학교 종교학과 이슬람학 교수로 임용돼 이슬람학 프로그램을 설립하여 이끌었다. 1986년 자택에서 아내 루이스 라미야 알-파루끼와 함께 비극적으로 암살당해 사망할 때까지 그 책무를 이어 갔다. 두 사람 모두 미국 대륙에서 이슬람 연구의 선구자로 칭송받는 뛰어난 지식인이었다. 이스마일 알-파루끼는 자신의 학문을 통해 종교 연구뿐 아니라 다양한 학문 분야에서 이슬람적 학습 방법론의 기초를 확립했다. 그는 특히 알-타우히드*al-Tawhid*에 초점을 맞춰 여러 저서를 집필했는데, 그중 1967년 맥길-퀸즈 출판사에서 발간된 『기독교 윤리*Christian Ethics*』는 그의 대표작 중 하나로 평가받는다.

알-파루끼는 현대 사회에서 점점 더 복잡해지는 지적 도전에 대응하려는 무슬림뿐 아니라 이슬람과 그 문명이 인류 문명에 기여한 바를 이해하려는 비무슬림들에게도 방대한 지적 유산을 남겼다. 그의 활동이 워낙 포괄적, 포용적이었기에 민족주의자들조차 그의 활동

1984년. 미국에서 열린 ISNA 회의. 가운데 흰 셔츠를 입은 사람이 위대한 무슬림 철학자이자 IIIT 창립자 중 한 명인 이스마일 알-파루끼 교수. 그의 오른쪽(사진 왼쪽)은 요르단 출신의 아드난 무타시브, 앞쪽에 안경을 쓰고 밝은 회색 정장을 입은 이는 라소울 펭기위니이다.

을 지지했다. 또한 압둘하미드 아부술레이만 같은 수많은 사상가들과 협력하며 그의 업적이 더 넓은 청중에게 다가갈 수 있도록 했다.

그러나 주목할 만한 업적에도 불구하고 알-파루끼와 그의 유산은 새로운 세대에게 거의 알려지지 않았고, 그에 마땅한 인정을 받지 못하고 있다. 인터넷에서 그의 생애, 업적, 저술, 심지어 사진 정보마저도 거의 찾아볼 수 없다. 알-파루끼 업적의 중요성과 영향력은 결코 잊혀서는 안 되며 과소평가되어서도 안 된다. 시간이 흘러 그가 정당한 위치를 회복하고 잊혀지지 않기를 바랄 뿐이다.

이슬람 경제학 학술회의

우리는 이제 여러 대학에서 지식인과 관심 있는 학생들을 대상으로 이슬람 지식이 교육되면서 학문적 영역에 성공적으로 진입했다고 자부할 수 있었다. 또한 이슬람 사상 분야에서도 점점 더 많은 성과를 평가할 수 있었다. 학문을 통해 지식을 확장하려는 방향성 속에서 무슬림과학자·엔지니어협회Association of Muslim Scientists and Engineers, AMSE 같은 전문 과학 조직을 발전시키고 있었다. 1968년, 뉴욕에서 이슬람 경제학에 관한 학술회의를 조직하여 이 분야에 관심을 가진 젊은 학자들을 참여시켜 새롭게 발전하는 이 학문 분야 관련 주요 이슈를 논의하고자 했다. 이 초기 단계에서 이러한 노력을 기울인 이유는 점진적 발전을 위한 초석을 다지기 위해서였다. 학술회의가 열렸고 박사 및 석사 학생들과 몇몇 학자와 전문가들이 참석했다.

토론과 발표된 논문의 수준 면에서 이 학술회의는 성공적이었

1969년. 미국 뉴욕. 워싱턴 이슬람센터의 모하메드 압둘 라우프 이사가 미국·캐나다무슬림학생연합이 주최한 제1회 이슬람 경제학 학술회의에서 연설하고 있다.

다. 이 시도는 또 다른 전문 학술회의와 이슬람 경제학 분야 전문가들의 성장으로 이어지는 촉매제가 되었다. 발표된 논문들은 미국·캐나다무슬림학생연합에 의해 출판되었다.

압둘하미드 아부술레이만은 이슬람 경제학의 저명한 지지자가 되었으며, 앞서 언급했듯이 말레이시아 쿠알라룸푸르의 국제이슬람대학교IIUM 총장이 된 이후에도 이 분야를 지속적으로 발전시켰다. 아나스 무스타파 알 자르카는 1976년 사우디아라비아 제다에 있는 킹압둘아지즈대학교에 이슬람경제학센터를 설립하는 데 기여했으며, 무함마드 사크르는 1978년 팔레스타인 가자대학교 총장이 되었다. 이러한 방식으로 우리는 이슬람 경제학이라는 학문을 전 세계적으로 발전시켰으며, 이를 이어받아 더욱 발전할 수 있는 기반을 마련했다.

나의 신부

"이 세상 모든 것이 기쁨이지만 가장 큰 기쁨은 올곧은 여성입니다."
_선지자의 하디스

이 몇 년간의 외부를 향한 치열한 활동 속에서 내 일은 충만했지만,

마음 한켠에는 내 삶의 무언가에 허전함을 느끼고 있었다. 1970년, 나는 어딘가 불완전함을 느꼈다. 남자의 삶에 있어 자신의 인생 여정과 슬픔, 기쁨을 함께 나누고, 서로의 옷이 되어 주며, 일에 있어 조력자가 되고, 영혼의 반려가 되어 줄 동반자를 갈망하는 순간이 오기 마련이

1971년. 미국 인디애나 주 해먼드.
결혼 첫해, 아내(사진 오른쪽)와 현지 무슬림(사진 왼쪽)과 함께.

다. 내 마음이 드러났던 걸까? 어느 날, 소중한 자매가 말했다. "아흐마드 형제님, 언제쯤 형제님의 결혼을 축하해 줄 수 있을까요?" 나는 깜짝 놀랐다. 바로 그 질문이 내 마음속에서 떠나지 않고 있었기 때문이다. 이 질문을 한 사람은 내 오랜 친구 히샴 알탈립의 아내 일함 알탈립이었다. 당시 그녀는 오하이오 주 신시내티에서 두 아들을 키우며 의대 레지던트 과정을 마무리하던 중이었다(그로부터 10년 후 그녀는 딸을 낳았다). 나는 돌아서서 요청했다. "혹시 좋은 신부감이 있으면 소개해 줄래요?" 그런데 이런 문제에 있어 여성들은 늘 열 걸음은 앞서 나가는 법이다. 그녀는 이미 적합한 사람을 마음에 두고 있었고, 나의 성격과 기질을 고려할 때 좋은 짝이 될 것이라고 답하는 것이었다. 그녀는 모술 출신의 메이순 야흐야 알탈리브였다. 일함이 그녀를 묘사하는 동안, 내 마음속에 메이순의 모습이 그려지기

1970년. 이라크 모술의 집 정원에서 장인어른 야흐야 알탈립.

시작했다. 들으면 들을수록, 그녀가 묘사하는 사람이 내 영혼의 반려임이 느껴졌다. 내가 열정적으로 얘기했다. "바로 제가 바라는 사람입니다." 순간 어깨를 누르던 어떤 무게가 사라지는 듯 마음이 한결 밝아졌다. 가정이라는 새로운 미래가 눈앞에 펼쳐지는 느낌이었다. 나는 지금까지도 메이순을 "나의 신부"라고 애정 어린 농담으로 부른다. 그녀는 오랜 세월 나의 신실한 동반자였으며, 그녀 없는 하루는 상상조차 할 수 없다.

알고 보니 메이순은 히샴의 여동생이었고, 우리의 결혼은 두 사람의 결합인 동시에 두 가족을 하나로 묶는 경사이기에 내가 히샴의 매제가 된다는 사실은 더없는 기쁨이었다. 히샴과 나는 서로의 아버

1970년. 내 아내 메이순의 아버지(가운데)가 약혼식에 아르빌을 방문했다. 장인어른 왼쪽 분이 나의 아버지, 그 왼쪽(사진 오른쪽 끝)에 선 이가 처남 이나암 알탈립. 장인어른 오른쪽에 선 이는 동생 카심.

지에게 편지를 썼다. 히샴의 아버지는 모술 출신이고, 나의 아버지는 아르빌 출신으로 두 분 모두 사업가였으며, 두 가족은 그 외에도 여러 공통점이 있었다. 그러니 양가의 반응은 예상대로 호의적이었다. 전통에 따라, 아르빌에 있는 내 가족이 모술에 있는 히샴의 집을 방문했고, 얼마 지나지 않아 양가 부친의 승낙서가 우리가 있던 미국으로 전해졌다. 하나님의 뜻이 이루어져 결혼 날짜는 이듬해 여름으로 정했다. 그런데 조건이 붙었다. 아버지께서 우리의 결혼 전에 내 학업을 마치는 것을 전제로 내민 것이다. 그때까지 박사 학위 취득을 미루고 있던 내게 이제 결혼 전에 최대한 빨리 학위를 취득해야 할 이유가 생긴 것이다. 내 운명은 하나님께 달려 있었다.

나는 압박에 놓였다. 박사 학위 논문 마감 시간은 4개월밖에 없었고, 시간은 촉박했다. 어찌해야 할까? 나는 이 문제를 지도교수인 파루끄 알리에게 상의했고, 교수는 장별로 논문 제출을 허락해, 각 장을 제출할 때마다 평가를 해 꾸준히 이어갈 수 있도록 조치해 주었다. 덕분에 큰 부담을 덜 수 있었다.

이 시기에 나는 '위임'이라는 행위의 소중함을 깨달았다. 박사 학위 논문을 완성하는 데 모든 노력을 쏟아야 했지만, 동시에 내가 관여하던 상당량의 비학문적 활동도 소홀히 할 수 없었기 때이었다. 여기저기 벌려 놓은 일들이 너무 많아 아무것도 방치할 수 없는 상황이었고, 그 해결책은 바로 위임이었다. 다행히 가까운 동료가 기술적 작업과 도면 작성에 도움을 주겠다며 나섰다. 논문 초안을 작성하기 위해 나는 페이지마다 내용을 작성하고, 해당 장을 검토하고 수정하면 필요한 도면 작업은 기술적 작업을 도와주는 동료에게 맡겼다. 컴퓨터 작업이 필요한 부분은 또 다른 형제에게 부탁해 대학

컴퓨터실에서 처리할 수 있었다. 물론 이 당시 컴퓨터는 매우 초기 발전 단계였고, 덩치도 매우 컸다. 이 젊은 조력자가 수정한 내용을 내게 주면 이를 검토해 다시 그에게 넘기는 과정이 반복되면서 작업이 체계적으로 진행되었다. 사실 나는 이 과정에서 MSA 활동을 조율하며 얻은 관리 경험, 특히 리더십과 감독 역할에서의 경험에서 큰 도움을 받을 수 있었다. 이때부터 나는 위임을 이해하고 실천하는 것을 매우 중요한 과제로 삼았다.

1970년 5월, 나는 박사 논문의 최종 초안을 지도교수에게 제출할 수 있었다. 논문은 심사위원회에 전달되었고, 시험과 구술 시험 일정이 정해졌다. 구술시험은 보통 3시간 정도 걸리지만 내 경우에는 단 40분 만에 끝났다. 매우 긴박한 기간이었지만, 하나님의 은총과 축복으로 박사 학위 과정을 효율적 도움과 정성으로 마칠 수 있었다. 이 모든 것은 내가 메이순과 정한 날짜에 결혼하기 위해, 더 이상 미뤄서는 안 된다는 간절함 덕분이기도 했다. 동기가 얼마나 강력한 원동력이 될 수 있는지를 깨닫는 순간이었다! 결혼식 날에 대한 이야기는 나중에 더 하겠다.

일은 계속된다

1976년 오하이오주 톨레도에서 한 회의가 열렸다. 미국·캐나다 MSA의 전임 회장 11명을 포함해 총 14명이 참석했다. 이들 모두는 무슬림 공동체를 지원하는 활동을 계속 이어 가고 있었다. 우리가 마련한 절차에 따라 전임 회장들은 회원 자격을 유지하며 새로 선출된 회장을 지원했다. 전임 회장들은 신임 회장에게 조언을 제공하고, 자신들의 경험을 공유하는 데 중요한 역할을 했다. 앞서 설명한 것처럼, 모든 신임 회장은 재임 기간 동안 소중한 경험을 쌓았고, 이를 후임들과 공유하며 MSA의 지속적인 발전에 기여했다.

공동체에 대한 봉사는 리더십 직책에 국한되지 않았다. 회원들은 리더십 역할을 맡건 그렇지 않건 지속적으로 공동체를 위해 헌신했다.

1976년 8월, 노동절 연휴를 활용해 미국·캐나다 MSA 연례 대회 개최를 위해 다시 오하이오주 톨레도에서 만났다. 이번 대회에서는 남성과 여성을 위한 포괄적 프로그램을 준비했으며, 3일간 진행되었다. 금요일 쿠트바를 시작으로 현재의 문제와 미래의 과제에 대한 토론이 이어졌다. 이 행사에서 학생들은 단지 배움에 그치지 않고, 다른 이들과 재회하며 우정을 강화할 기회로 삼았다. 우리가 오랫동안 추구해 온 다양성 속의 통합을 보여 주는 정말 훌륭한 모임이었다. 이전 회의들과 달리, 이번에는 집행위원회에만 책임이 지워지지 않고, 참가자 모두가 행사를 조직하고 진행하는 데 참여했다. 모든 이들이 행사 준비와 진행에 함께하는 모습은 감동적이었다.

대회와는 별개로, 함께 진행된 회의는 비교적 작은 규모로 이루어졌다. 10명의 엔지니어와 사회학자 1명이 한 방에 모여 논리와 공학적 접근을 중심으로 논의가 진행되었다. 우리는 학문적 접근을 통해 연구를 발전시키고 있었으며, 이는 현재의 실천을 넘어 엄격한 학문적 연구를 포함하여 이슬람의 다양한 요소들을 더 깊이 이해하고 정의하며, 발전시키는 학습과 영혼 개발의 길을 열었다.

이 시점에 나는 박사 학위를 취득했고, 세 개 대륙을 여행했으며, 결혼했고, 신앙과 지식의 거인들 사이에서 활동했다. 또한 동료들과 함께 캠퍼스 및 조직 업무를 미시적 수준에서 거시적 수준으로 발전시켰으며, 끊임없는 자기 평가와 그룹 개선을 위한 노력 아래 점점 더 복잡한 과제를 처리하는 법을 익혀 갔다. 하지만 돌이켜보면, 나는 이제 막 시작에 불과했다. 미래는 더 큰 목표로 나를 부르고 있었다.

제5장

세계로 나아가다

"한 민족은 마치 한 개인과도 같다. 자신의 재능을 활용하고, 자신의 역사를 자랑스러워하며, 자신의 문화를 표현하고, 자신의 정체성을 확립하기 전까지는 성장할 수 없다."_말콤 엑스

미국에서 MSA의 활동에 많은 관심을 받았고, 우리 자신도 이 활동을 통해 성장하고 성숙해질 수 있었다. 경험은 최고의 스승이 되어 우리에게 관리, 협상, 집중, 성장 및 발전의 기술을 가르쳐 주었다. MSA 활동을 통해 다양한 문화와 배경을 가진 무슬림들이 강한 신앙적 정체성을 바탕으로 하나로 모였고, 이는 새로운 공동 의식을 형성했다. 이로 인해 도덕적·영적 목적이 강화되었으며, 학생들의 필요와 시대에 맞는 현대적이고 지적인 맥락 속에서 이슬람 자료와 활동에 접근할 수 있는 환경이 마련되었다.

우리는 모두 같은 배를 타고 있었다. 지금까지의 우리 삶은 대륙, 문화, 언어, 사고방식, 그리고 다양한 사람들로 이루어진 수많은 파편적 조각들로 이루어져 있는데, 공유된 비전과 적극적 노력이라는 통합 요소가 없었다면 우리는 이 조각들을 하나의 일관된 그림으로 완성할 수 없었을 것이다. 그 그림은 또 다른 더 높은 단계로 올라가기 위한 사다리의 버팀목 역할을 했다. 따라서 우리는 하고 있는 일에 대한 강한 확신을 가지고 있었다.

모든 사람은 무언가에 대한 열정을 가지고 있어야 한다. 열정은 비전과 명확한 방향을 제공하며, 그 의미를 추구하는 과정에서 삶을 돌아볼 때 흔히 빠지게 되는 자책과 후회라는 두 악마에 사로잡히지 않게 해 준다. 이러한 감정은 우리를 '만약 그랬다면'이라는 감상적이고 쓸모없는 가정에 쉽게 빠져들게 만든다. 신앙의 지침에 충실할 때 그러한 삶을 영위할 수 있다. 삶은 변명거리로 삼기엔 너무도 성스러운 신탁물이다. 시간이 계속 흘러가고 있음을 깨닫는 깨어 있는 무슬림은 오직 현재가 중요하다는 사실을 알고 있다. 타우바*Tawbah, 회개*는 그에게 과거를 신속히 바로잡도록 독려하며, 현재와 미래를 개선하기 위한 노력으로 이끈다. 이러한 반半의식적 자각은 우리가 하는 일의 심연 속에 숨겨진 진주와 같았다. 우리는 지나가는 매 순간의 가치를 깊이 느꼈으며, 다만 앞으로 나아갈 수 있기를, 주변 사람들과 더 넓은 무슬림 세계의 필요에 부응하기 위해 끊임없이 움직이려는 열망에 사로잡혀 있었다.

국제이슬람학생연맹(IIFSO)

미국에서 MSA가 성공한 후 우리 팀은 활동을 국제적으로 확장하여 전 세계 무슬림 학생 단체를 지원하고, 우리의 경험을 바탕으로 그들의 활동을 개선하는 데 도움을 주어야 한다고 생각했다. 이러한 맥락에서 우리의 열망은 국제적 주요 학생 조직인 국제이슬람학생연맹International Islamic Federation of Student Organizations, IIFSO이라는 형태로 구체화되었다.

IIFSO의 활동은 MSA와 유사한 원칙을 따랐다. 많은 사람들에게는 생소할 수 있겠지만, 이는 학생 활동을 전 세계적으로 조율하는 우산 조직으로 구상되었다. IIFSO는 북미 MSA의 추진력에서 시작되어 빠르게 전 세계 무슬림 학생 연합 조직으로 발전했다. 이는 MSA의 미시적 차원의 활동을 거시적으로 확장한 것이다. IIFSO는 1966년 나이지리아 이바단대학교에서 학생 주도로 시작되어 1969년 독일 아헨에 위치한 빌랄 마스지드에서 공식 출범했다.

1966년, 내가 IIFSO 설립을 위해 방문한 장소 중 한 곳이 수단이었는데, 마침 라마단 시기였다. 우리는 영국, 유럽, 모로코, 나이지리아, 파키스탄, 차드, 니제르, 인도네시아 등의 대표들을 초청해 논의했다. 그런데 곧 문제가 발생했다. 나이지리아 대표단 중 카디아니Qadiani*에 속한 한 그룹이 우리의 활동에 반대했기 때문이다. 지도부가 그들을 초청했고, 우리도 이 초대가 문제될 것은 없다고 생

---

* 아흐마디야(Ahmadiyya)라는 이슬람 신앙 운동의 한 분파. 19세기 후반, 인도 펀자브 지역의 카디안 (Qadian)에서 미르자 굴람 아흐마드(Mirza Ghulam Ahmad, 1835-1908)에 의해 창시되었다. 아흐마디야 운동은 이슬람 내에서 논란이 많은 종파 중 하나로, 특히 주요 이슬람 종파와의 신학적 차이로 인해 종종 논쟁의 대상이 된다.

각했다. 그런데 그들은 우리의 초대에 놀랍다는 반응을 보였다. 아흐마디*Ahmadi, 카디아니의 이슬람 운동*와의 긴장 관계는 이번이 두 번째였기 때문이었다. 선지자 무함마드(그분께 평화가 깃들기를)의 말씀이 떠올랐다. 그분은 가장 순수한 방법으로 살 것을 가르치며, 곧은 길에서 벗어나는 자들은 파멸에 이를 것이라 경고했다. 우리는 이 문제를 논의하기 위해 모였고, IIFSO 설립을 연기하여 더 많은 무슬림 학생 단체들을 참여시키는 것이 최선이라는 데 합의했다. 나는 마침 마카와 가까운 이 지역에 머물렀으므로 움라*Umrah, 순례절이 아닌 때 수행하는 순례*를 행하러 떠났다. 나의 두 번째 움라로, 모든 근심과 걱정을 뒤로하고 마치 잠잠*Zamzam*(카아바 근처의 우물 이름) 같은 신앙의 샘을 마시며 깊은 만족을 느꼈다. 하나님의 기억의 아름다움에 흠뻑 잠기고, 내가 선지자(그분께 평화가 깃들기를)의 발자취를 따라 걷고 있다는 사실에 경외감을 느꼈다.

마디나의 축복받은 성원에서의 경험은 실로 경이로웠다. 선지자(그분께 평화가 깃들기를)의 가까이에 있다는 사실, 시간을 넘어 현실을 넘어 잠시 기도할 수 있다는 사실, 그리고 성스러운 구역에서 맞는 부드러운 환영이 마치 예언자가 한때 받으셨던 환영처럼 느껴졌다. 순례는 크건 작건 다른 어떤 것과도 비교할 수 없을 만큼 영혼을 새롭게 하고, 지친 마음을 달래며 동시에 활기를 불어넣는 향기로 가득 채운다. 선지자(그분께 평화가 깃들기를)의 마스지드 구석구석에서 그분과의 깊은 교감이 울려 퍼지는 듯했고, 마음을 적셔, 눈물을 자아내게 했다. 내면에서 솟아오르는 사랑은 말로 표현할 수 없었다.

사우디에 있는 동안 나는 미국에서 함께 활동했던 이집트인 동료 사이드 두수키 하산을 만났다. 그는 내가 만난 가장 친절한 사람 중 한 명이었으며, 캘리포니아 스탠포드대학교에서 항공공학을 전공했다. 만남 중에 그는 나를 타우피크 알샤위에게 소개했는데, 우리는 곧바로 강한 유대감을 느꼈고 나는 타우피크의 품격에 매료되었다. 더구나, 그는 세계무슬림청년회의World Assembly of Muslim Youth, WAMY 설립을 위한 준비 회의를 계획하는 데도 적극 참여했다.

움라를 마치고 이 영적인 장소와 그곳에서 만난 동료들에 대한 아름다운 추억으로 가득 찬 채 나는 쿠웨이트로 날아갔고, 그곳에서 이라크로 이동해 며칠 동안 아르빌에서 가족과 친척을 찾았다. 나는 이 세상에 좋은 일을 많이 가져다 주는 사람들과의 추억을 소중히 여기며, 삶의 여정에서 늘 그들과 함께하기를 희망한다.

1969년 IIFSO가 공식적으로 설립된 후 나는 초대 사무총장으로 선출되었다. 내게 있어 직책은 프로젝트를 추진하고 의제를 논의하기 위한 수단 외에는 큰 의미가 없었다. 야심찬 목표로 조직의 활동 범위를 더욱 확장하여 다양한 국가를 포함시키기로 결정했는데, 이를 위해서는 서구권 무슬림학생회들과 연결하여 관계를 구축해야 했다. 당시 우리 안에 글로벌 의식이 자리 잡으면서 세계와 단절되지 않기를 바라며, 비교적 균형 잡힌 발전 속에서 점점 더 외부로 시선을 돌려 다른 대륙에서 더 많은 파트너십을 구축하고자 했다. 이러한 필요를 충족시키는 데는 IIFSO가 바로 그 답이었으며, 우산 조직으로서의 역할을 맡게 되었다.

MSA와 마찬가지로 IIFSO에도 동일한 목표가 적용되었다. 그 중 가장 중요한 것은 무슬림 학생들이 신앙과 정체성을 굳건히 하고, 인류를 위해 긍정적으로 기여하는 주체가 되는 것이었다. 점점 더 복잡해지고 하나님으로부터 멀어져 가는 세상 속에서 이 세대와 교감하며 그들 사이에 책임감을 키우는 일이 시급한 과제였다. 이는 1960년대와 1970년대 초반의 시대적 배경과 맞물려 있었다. 전 세계로 퍼져 나가던 자유 연애와 방임주의적 물결, 그리고 세련된 세속적 세계주의와 결합된 낭만적 분위기는 신앙에 미온적인 이들에게 무방비 상태로 다가가 절제되지 않은 삶의 방식을 무해하게 인식하도록 가르쳤다. 하지만 '네가 하고 싶은 대로 하라'는 태도는 '(하나님에게)복종하라'는 메시지와는 전혀 다르며, 우리는 이러한 느슨한 관점을 도덕적 관점으로 대체하고자 했다. 다시 말해, 우리는 공유된 유대감과 이슬람 정체성을 통해 영적 기반 위에서 도덕적 태도를 형성하고, 그것을 꾸란의 가르침으로 반영하고자 했으며, 록 밴드의 가사에 반영된 메시지를 따르지 않게 하고자 노력했다. 학생들에게 책임을 강조하는 동시에 자신들의 권리를 인식하고 자신들에 관련된 중요한 문제를 다룰 수 있는 틀을 제공하는 것도 목표였다.

이 프로젝트는 오하이오 주 사비나의 한 캠프에서 시작된 일련의 토론에서 시작되어 여러 지역으로의 여정으로 이어졌다. 여정이라고는 하지만 실제로는 광활한 범위에 이르는 대장정이었다. 1970년, 나는 미국 동부 펜실베니아에서 출발해 서부 캘리포니아까지 이동한 후 하와이 호놀룰루로 날아가 그곳에서 마스지드와 MSA 지부 설립을 도왔다. 다음 목적지는 아시아였다. 하와이에서 일본, 싱가포르, 말레이시아, 인도네시아, 태국, 인도로 여정을 떠났는데, 당시 정치적 격변으로 파키스탄에는 들어가지 못했다. 숨 가쁜 여정을 마치고 돌아오는 길에 이란에도 들를 수 있었다. 이때의 내 삶은 말 그대로 길 위에서 그리고 하늘에서 이루어졌다. 화려해 보일 수 있겠지만 시간과 강한 에너지, 그리고 열정적 활동이 필요한 고된 여정이었다. 결코 휴가에 빗댈 수 없는 힘든 여정이었다. 하지만 내 일의 가치를 믿고 있었기에 포기할 수 없었다. 끊임 없는 노력이 요구되었으며, 시차와 격렬한 회의와 토론으로 완전히 뻗을 지경임에도 나는 멈추지 않고 나아갔다. 이어지는 이야기는 그 여정을 새의 눈으로 바라본 조감도이자 다차원적인 순간들과 최후의 귀환을 담은 흥미로운 스냅샷이다.

일본

일본은 근면하고 분주한 나라였으며, 진정으로 떠오르는 태양 같은 나라였다. 한편으로는 사무라이의 전통에서 비롯된 고요함이 있었지만, 동시에 기업가 정신이 활발히 넘쳐 흐르는 곳이기도 했다. 나중에 나는 일본에서의 경험이 내가 방문한 다른 나라들에서의 경험과는 상당히 독특하다는 것을 알게 되었다. 이는 부분적으로 일본에서 동료들과 나눴던 논의가 자동적으로 여러 경로의 큰 발전으로 결실을 맺었기 때문이었다.

도쿄에서의 논의 과정에서 나는 파키스탄에서 석사 학위를 받고, 일본에서 박사 학위를 받은 농업 전문가인 이라크 출신의 오랜 친구 살레 알-사마라이와 다시 만나는 행운을 누렸다. 살레 알-사마라이와의 인연은 내가 앞으로 맺을 어떤 인연보다 좋았다. 재미있게도 그의 이름은 일본 무사인 사무라이와 발음이 비슷해, 마치 운명적으로 연결된 것처럼 보였다. 알-사마라이는 동아시아 여러 나라

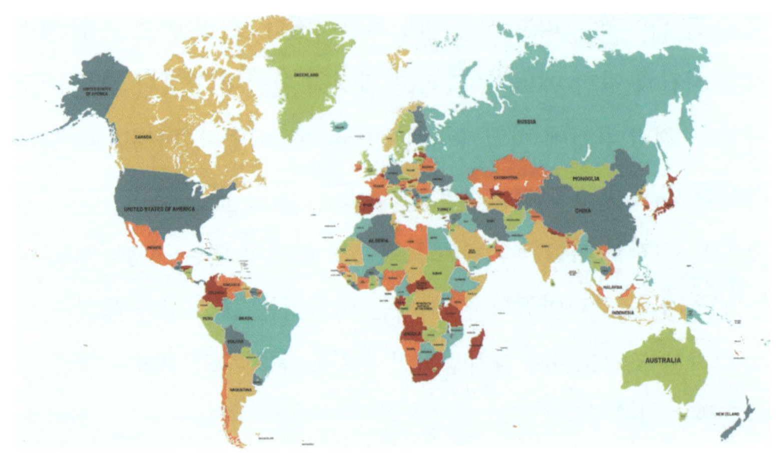

세계 지도

와 태평양 섬들을 아울러 활동했고, 일본 MSA를 통해 많은 업적을 쌓았다. 덕분에 그는 이 지역 무슬림 공동체에 대한 풍부한 경험과 지식을 가진 보물 같은 존재였다. 내 역할은 미국에서의 경험을 모든 관계자들에게 전달해 일본 동료들의 활동을 향상시킬 수 있는 요소들을 정제하고 아이디어를 구체화하는 것이었다.

집중적 논의를 통해, 동양의 청중들에게 보다 적합해 보이는 콘텐츠와 방식에 대한 많은 통찰이 도출되었다. 나는 특히 각 무슬림 공동체가 속한 국가적 상황에서 그들의 다양한 요구 사항을 이해하고, 공동체 내부의 구성과 각기 다른 관심사와 어려움들을 기록하고자 애썼다. 그들이 요구하는 구체적 사항의 본질을 이해하고 이를 문서화함으로써 우리의 경험에 맞춰 목적에 부합하는 프로젝트와 활동을 시작할 수 있으며, 이를 통해 효과적 결과를 얻을 수 있었다.

일본을 비롯한 동아시아 지역으로의 여정은 나에게 많은 것을 깨닫게 해 주었고, 여러 면에서 영감을 받는 경험이었다. 비록 많은 문제와 관심사가 유사했지만, 이를 해결하는 방식은 종종 달랐다. 이러한 정보는 이 지역에서의 활동을 확장하는 데 매우 중요한 요소였다. 예를 들어, 미국에서는 대부분의 활동이 두 가지 층위에서 이루어졌다. 하나는 이슬람 관련 문제를 다루는 것이었고, 다른 하나는 학업과 일반적 학생 생활의 일환으로서 전문성을 개발하는 것이었다. 그러나 일본의 경우, 대화에서 바로 드러난 점은 이 두 층위의 접근 중 기술적·전문적 지식 측면이 부족하다는 것이었다. 학생들이 개인적으로 발전하고 필요한 활동을 수행하며 주변 공동체를 도울 수 있으려면, 기술적 역량과 능력을 강화할 필요가 있었다. 따라서 무슬림 공동체의 발전을 위한 이러한 포괄적 접근이 이 지역에서 우리의 최우선 과제가 되었다.

말레이시아

도쿄에 "사요나라"를 고하고 말레이시아 쿠알라룸푸르에 도착했다. 일본과 마찬가지로 역동적이었지만, 여러 면에서 완전히 다른 분위기였다. 비행기에서 내려 뜨거운 열대의 기후 속으로 들어가자 일본에서 보았던 비교적 차분한 색조에 익숙해 있던 내게 사방에서 튀어나오는 듯한 생동감 있는 색채는 놀라움을 안겨 주었다. 햇살을 받아 펄럭이는 천들이 열대 앵무새처럼 펄럭이며 짙은 빨강, 주황, 분홍, 초록의 색조로 시선을 현혹시키는 모습은 정말 경이로웠다. 사람들을 보는 것만으로도 에너지가 쑥쑥 충전되는 기분이었다.

　예정된 여러 회의 외에도 나는 말라야대학교에서 학생들을 대상으로 한 강연에 연사로 초청을 받는 영광을 누렸고 흔쾌히 수락했다. 얼마 지나지 않아 나는 대형 강당에서 남녀 학생 2,000여 명 앞에 섰다. 지금까지 내 인생에서 가장 큰 규모의 청중 앞에서 연설한 순간이었으며, 그 소중한 관심이 내게 집중되는 것을 온몸으로 체감하며 절실한 책임감을 느꼈다. 이보다 더 적절한 순간은 없다고 생각하며 지금이 바로 메시지를 전달해야 할 때라고 생각했다. 흥미롭게도 나를 연사로 선정한 것은 다소 의외의 결정이었다. 이 대학은 세속주의적이고 반종교적 성향으로 알려져 있는데, 이는 내 관점과는 극명하게 대조되는 상황이었기 때문이다. 청중을 잠깐 둘러보는 것만으로도 이를 확인할 수 있었는데, 무슬림 여학생들 중 히잡을 쓴 이는 전혀 없었고, 5% 정도의 여학생만 머리를 풀어 놓은 채 스카프를 느슨하게 두르고 있었다. 강연 내용은 여기서 자세히 언급하지 않겠지만 대체로 긍정적 반응인 듯했고, 그 과정에서 내가 도착한 사회의 성격에 대해 몇 가지 귀중한 교훈을 빠르게 얻을 수 있었다. 당시 말레이시아의 사회·문화적 복잡성을 완전히 이해할 준비가 되어 있지 않았으나(이것이 애초에 내가 말레이시아를 방문한 이유 중 하나이기도 했다), 태도 변화의 여지가 있다는 것을 알 수 있었다. 청중들 사이에서 진정성을 느낄 수 있었고, 노골적인 적대감은 없었다.

몇 번의 긴 회의를 마치고 그날 밤 머물 장소로 향할 준비는 하는데, 스쿠터를 탄 말레이시아 청년 한 명이 나를 태우러 왔다. 이 청년은 다름 아닌 안와르 이브라힘이었는데, 우연한 만남이었고 지금 돌이켜보면 멋진 추억이다. 이 예의 바르고 매력적인 학생이 말레이시아 부총리(1993~1998년), 재무장관, 이후 인민정의당 창당자이자 지도자, '아말Amal, 희망연합' 지도자, 그리고 2022년 11월부터 총리가 될 것이라고 누가 예측이나 할 수 있었을까? 그는 말레이시아 국제이슬람대학교IIUM의 총장이 되어 작은 대학을 세계적 수준의 대학으로 탈바꿈시켰다. 그날 밤 그의 운명은 보이지 않았지만, 내가 말하고 싶은 것은 아직 젊은 학생이었던 안와르 이브라힘에게서 당시에도 이미 미소 띤 얼굴 뒤로 강철 같은 결단력을 엿볼 수 있었다는 것이다.

1970년 나의 말레이시아 방문 후, 1972년에 말레이시아의 무슬림 청년들이 ABIMAngkatan Belia Islam Malaysia, 말레이시아 이슬람청년운동을 결성했다. ABIM의 주요 목표 중 하나는 꾸란과 순나에 명시된 이슬람 원칙과 가르침을 확립하고 전파하는 것이었다. 이슬람은 말레이시아에서 빠르게 부흥하기 시작했고, 다른 단체들도 잇따라 생겨났다. 실제로 말라야대학교의 강의실은 불과 10년 만에 완전히 변모하였다. 약 10년 후 같은 대학교에서 강연을 하면서 나는 상황이 크게 달라졌음을 확인할 수 있었다. 이제 청중석에 앉아 있는 여학생 중 히잡을 쓰지 않은 학생은 소수에 불과했으며, 나 또한 훨씬 더 노련한 강연자가 되어 있었다.

인도네시아

쿠알라룸푸르에서 "살람salam"과 "셀라맛 팅갈selamat tinggal, 안녕히 계세요"을 고한 뒤 인도네시아 자카르타로, 그리고 태국 방콕으로 여정을 이었다. 인도네시아에서 나는 서자바 반둥에 있는 마스지드 살만으로 향했다. 인도네시아는 네게 강렬한 인상으로 남아 있다. 지금까지 방문한 각 나라마다 내게 각기 독특한 도전을 제시하며 사회 문화적 복잡성과 그 요구 사항에 대한 이해의 폭을 넓혀 주었다. 인도

1970년. 인도네시아. 가운데에 앉은 이가 저자. 내 오른쪽(사진 왼쪽)에 앉은 이는 이마두딘 압둘라힘 인도네시아 무슬림학생회 회장이자 전 IIFSO 사무총장이다.

네시아는 특히 세계에서 가장 많은 무슬림 인구를 자랑했는데, 당시 수카르노의 통치하에서 종교 탄압 정책이 진행되던 어려운 환경이었다. 독립 이후 인도네시아의 첫 총리였던 무함마드 낫시르가 정부의 공산주의 정책에 맞서 이슬람 부흥 운동을 이끌고 있었던 시기이기도 했다.

나는 미리 준비할 시간이 없었고, 살만 성원으로 가는 길 내내 어떤 주제로 이야기할지 고민했지만 주변 상황의 혼란스러움 탓인지 주제를 정하기가 쉽지 않았다. 그래서 결국 '발상'이라는 방법을 택하기로 했다. 주제를 적극적으로 찾으려 하기보다 생각을 내려놓고 머릿속에 떠오르는 것이 무엇이건 받아들여 즉흥적으로 이야기하는 방식이다. '다른 모든 방법이 실패했을 때' 쓰는 해결책이긴 했으나, 상황에 따라 충분히 실행 가능한 방식이었다.

반둥의 살만 성원에 도착한 나는 소개와 악수를 마치고 젊은 남녀가 섞여 있는 다양한 청중 앞에서 연설을 시작했다. 연설의 요지는 다음과 같았다.

"우리는 신앙인의 의지와 신앙의 힘에 의지하여 계획과 조직을 바탕으로 행동할 수 있습니다. 우리는 사람들을 교육하고 그들의 기술과 능력을 개발할 수 있습니다. 우리는 우리의 의지, 신앙, 지식,

그리고 헌신으로 현 상황을 더 나은 방향으로 변화시켜야 합니다. 선지자(그분께 평화가 깃들기를)는 홀로 세상에 맞섰고, 타우히드^{유일신}의 메시지를 온 세상에 전하라는 임무를 받았습니다. 저는 여러분에게 다섯 손가락으로 셀 수 있는 소수의 사람들에게 이 메시지를 전할 것을 요청합니다. 저 스스로에게도 같은 질문을 한 적이 있습니다. '내가 과연 그 일을 할 수 있을까?' 저는 순나와 역사책, 인류 경험의 이야기를 참조해 무슬림들이 무엇을 성취했고, 어떻게 현명하고 좋은 조언으로 이슬람의 메시지를 전파했는지 살펴보았습니다. 그들이 억압에 어떻게 맞섰는지 우리는 이러한 경험에서 배워야 합니다."

다행히도 미리 준비하지 않았기에 오히려 좋은 결과로 이어졌다. 자연스러운 '발상'을 통해 나오는 대로 말할 수 있었고 해야 할 말을 할 수 있었다. 꾸밈없이, 그 자리에 있는 사람들의 마음속에 있지만 공적으로 드러나지 않았던 메시지가 분명히 전달되었다. 청중들은 자신들이 처한 현실을 외부로 드러내어 스스로 통제할 수 있도록 하고, 그 과정에서 한 치의 소홀함도 없이 행동에 나서라는 제안이었다. 메시지는 단순했지만 그들이 처한 상황에 적합했으며, 훈계의 언어로 받아들여지지는 않았다. 나는 이러한 행동이 곧 책임이라고 강변하며 강연을 마무리했다. "무슬림 청년 여러분, 행동할 수 있습니다. 여러분은 설교할 수 있습니다. 그러니 변명하지 마십시오. 책임을 받아들이십시오! 하나님께서 말씀하십니다. '말하라. 이는 나의 길이니, 나는 나와 나를 따르는 모든 이들이 마치 누군가의 눈으로 보듯 명백한 증거로 하나님께 초대한다. 하나님께 영광을 돌리며 나는 결코 다른 신들을 하나님과 동등하게 두지 않을 것이다(수라 유수프, 108).'"

　나는 이어서 책임, 목표, 생각, 꿈 등 이슬람 활동의 범주 안에 포함되는 다양한 주제에 대해 설명했다. 강연, 네트워킹, 경험 공유, 사람들 돌보기, 에너지를 북돋고 단결하기, 신앙과 삶의 문제에 대한 교육, 전문적 사고와 실천을 활동에 적용하기, 무슬림과 비무슬림 간의 다리 놓기 등 여러 활동을 강조한 것이었다. 가장 중요한 것

1 1995년. 인도네시아 자카르타. 오른쪽 (사진 왼쪽 두 번째) 파란색 재킷과 안경을 쓴 이는 자말 알-바르진지 IIIT 부총장. 그의 왼쪽으로 WAMY의 전 사무차장 자격의 저자, 카마루딘 Md. 누르 ABIM 부의장, 카말 하산 전 IIUM 총장.

2 1996년. 인도네시아 자카르타, 제1회 국제이슬람과학기술인력개발포럼 (IIFTIHAR). 아내 메이순이 왼편에 서 있다.

3 1996년. 인도네시아 자카르타, 제1회 국제이슬람과학기술인력개발포럼 (IIFTIHAR). 자카르타 주지사 수르야디 수디르자와 함께했다.

은 모든 사람이 시간을 소중한 자산으로 여겨 매 순간을 목적성 있게 활용하고, 끊임없이 활동하며, 기여하고, 다른 사람의 성취를 기반으로 쌓아 올리고, 노력을 배가하며, 신앙에 기반한 일의 누적 효과를 인식하고, 현생과 내세 모두에서 되돌려받는 투자로 여기는 것이라 강조했다.

1 1997년. 인도네시아 자카르타. IIFTIHAR의 첫 집행위원회 회의. 왼쪽(사진 오른쪽) 첫 번째는 파키스탄의 아타 우르 라만 교수, 왼쪽에서 세 번째로 IIFTIHAR 부총재로 참석한 저자

2 1997년. 인도네시아 자카르타. IIFTIHAR의 첫 집행위원회 회의. 왼쪽(사진 오른쪽)에서 오른쪽으로 지밀리 아시디키에 IIFTIHAR 초대 사무총장, IIFTIHAR 창립 멤버인 자말 알-바르진지 박사, IIFTIHAR 부회장인 저자, 오른쪽(사진 왼쪽) 끝은 이브라힘 바드란 교수

3 1998년. 자카르타. 대통령궁에서 바루딘 Y. 하비비 박사가 IIFTIHAR 부회장으로 취임한 나를 환영하고 있다.

1 1999년. 수하르토 대통령 실각 후 인도네시아를 방문했을 때. 오른쪽(사진 왼쪽) 첫 번째부터 반시계 방향으로 쿠웨이트 종교부 장관 셰이크 유수프 알 히지, 저자, 인도네시아 IIIT 대표 하비브 치르진, 인도네시아 알-아자르대학교 총장 아흐마드 루비스.

2 2000년. 인도네시아 알-아자르 성원. 금요일 주무아 기도회를 마치고 연설 중이다.

3 2000년. 인도네시아에서 셰이크 유수프 J. 알히지와 찍힌 사진. 그는 VIP 라운지 오른쪽에 앉아 있고, 서 있는 이가 저자이다.

4 2000년. 인도네시아. 사진 왼쪽부터 하비브 치르진, 자카르타 알-아자르대학교 총장 아흐마드 루비스. 나는 오른쪽에 끝에 서 있다.

1 2010년. 전 인도네시아 과학기술부 장관이었고 후에 알-아자르대학 총장이었던 고 주할 압둘카디르의 사무실에서 열린 실무 그룹 회의, 그는 국제이슬람과학기술인력개발포럼(IIFTIHAR)의 사무총장이기도 했다. IIFTIHAR는 수하르토 이후 인도네시아 대통령인 바차루딘 주수프 하비비에가 이끌었고, 2010년에 대통령은 나에게 그의 대리인 중 한 명이 되어 달라고 부탁했다.

2 2012년. 인도네시아 수마트라에서 대학 총장들과 함께. 뒷줄 오른쪽(사진 왼쪽)에서 네 번째가 무함마드 시디크(IIIT 대표), 일곱 번째가 나, 아홉 번째(사진 왼쪽 두 번째)가 하빕 치르진(IIIT 대표)이다.

싱가포르와 태국

인도네시아에 작별을 고하고 나는 싱가포르와 태국으로 향했다. 싱가포르에서는 싱가포르국립대학교에서 무슬림 학생들과 프로젝트와 계획에 대해 열띤 토론을 나누고 현지 상황에 대한 정보를 수집했다. 이 학생들 중 일부는 이후 자국의 주요 직책을 맡아 영향력 있는 인물이 되기도 했다.

연대와 협력의 구축은 계속되었다. 다음 목적지는 다소 신비스러운 곳이었다. 1949년까지 시암^{Siam}으로 알려졌던 태국은 '자유의 땅'이라는 의미를 가지고 있는 나라로, 화려한 사원과 거대한 황금 불상이 뿌리 깊은 불교 전통을 상징적으로 보여 준다. 불교는 기원전 3세기에 이 지역에 처음 전파된 것으로 알려져 있다. 인구의 대다수가 불교 신자며, 힌두교도도 일부 있지만 무슬림은 오늘날 14.7%에 달하는 두 번째로 큰 종교 집단을 형성하고 있다.

싱가포르에서와 마찬가지로 이곳에서도 여러 무슬림 학생들을 만났다. 이들 중 다수가 이후 지도적 위치에 오르게 되었다. 예를 들어 1970년 싱가포르국립대학교 무슬림학생회 회장이었던 고故 수린 핏수완은 2008년부터 2012년까지 동남아시아 여러 국가를 대표하는 지역 기구인 동남아시아국가연합^{ASEAN} 사무총장을 지냈다. 몇 년 후 우리는 다시 만났는데, 이번에는 마디나에 있는 선지자(그분께 평화가 깃들기를) 모스크인 로다 샤리파에서였다. 그는 내 어깨를 두드리며 속삭였다. "아흐마드, 저를 기억하십니까?" 우리를 하나로 묶어 준 것은 하나님(그분께 찬양이 있으시기를)에 대한 믿음과 이슬람 활동에 대한 헌신이었다. 이슬람은 많은 사람을 하나로 묶는 영적 유대를 만들어 준다. 이러한 유대는 몇 분 안에 형성될 수 있는 기적적인 것이며, 시간이 지나도 약화되지 않는다는 것을 나는 경험으로 알게 되었다. 우리는 젊은 시절 멋진 날들을 함께 회상하며, 우리 안의 에너지가 하나님의 봉사를 위해 올바르게 쓰였다는 사실이 기뻤다.

극동 지역에서의 여정이 이제 종착지에 도달했다. 이제 나는 진정한 고대의 땅, 극동과 중동의 어느 쪽에도 온전히 속하지 않는, 중

간 지대의 땅으로 향했다. 이곳은 수세기 동안 많은 신앙, 많은 신, 그리고 다양한 문화를 흡수해 온 문화를 가지고 있으며, 무슬림들이 한때 강력한 이슬람 제국의 그림자 속에 살고 있는 나라, 인도였다.

인도

인도는 극단의 땅이었다. 눈 덮인 산과 타는 듯한 사막, 유일신과 수많은 신, 막대한 부와 놀라운 빈곤, 타지마할과 도시의 빈민가까지, 이 모든 것이 한 데 얽혀 있는 땅. 나에게는 시간이 멈춘 듯한 느낌을 주었으며, 학창 시절 가장 큰 배움의 경험을 제공한 곳이었다.

많은 사람들이 그러하듯, 나에게 가장 충격을 준 장면은 세대에서 세대로 이어지는 거리의 삶이었다. 길거리를 삶의 터전으로 삼아 누더기 옷으로 살아가는 사람들의 현실은 감수성 약한 사람들은 받아들이기 쉽지 않은 충격적 현실이었다. 빈곤에도 여러 종류가 있다. 하지만 설명조차 불가능한, 무너질 듯한 빈곤은 절망감을 동반하여 무거운 공기를 형성했다. 내가 처음으로 도착한 곳은 인도에서 가장 가난한 도시 중 하나인 캘커타였다. 도착한 날 저녁은 내 기억 속에 영원히 남아 있다. 무슬림 제국은 오래전에 사라졌고, 내 눈앞에는 가장 비참한 환경 속에서 살아가는 무슬림들이 있었다. 도착한 저녁에 나와 동행할 아마눌라 칸이 나를 산책길로 이끌었다. 우리는 주변의 다른 길들과 별반 달라 보이지 않는 길가에 도착했다. 하지만 달랐다. 그곳은 주민들의 집이었다. 주민들은 그곳에서 밤을 보내고 아침에 일어나 식사를 하고, 그들의 일상을 작은 돌바닥에 의지해 살아가고 있었다. 문득 이곳에서 결국 자신들의 생을 마감할 것이라는 생각에 미쳤다. 내게는 도저히 설명할 수도, 용납할 수도 없는 충격적인 현실이었다. 이 땅은 위대한 아름다움과 풍요로움을 간직한 곳이었다. 향신료 시장이 있으며, 재래시장에는 먹거리가 넘쳐나고, 다이아몬드와 금광이 부를 상징했지만, 내 눈앞에 펼쳐진 불평등은 너무도 충격적이었다. 인도의 역설은 연이어 수면 위로 드러났다. 정치적으로는 자유롭고 사회주의적 방식의 통치가 이루어지는 나라였지만, 여전히 뿌리 깊은 카스트 제도가 존재했다. 최하층 계급은 가장 천대받는 일을 하며, 자신들의 비참한 운명을 신들의 뜻으로 받아들이며 살아가고 있었다. 신들은 먼 곳에서 공허한 시선을 보내고, 고대 로마 제국을 연상시키는 사원들 속에서 그들을 내려다보고 있었다.

거리를 걸으며 이 광경들을 목도하고, 어떻게 정부가 이토록 자신의 국민을 방치할 수 있는지 이해하려 애쓰는 동안 비가 내리기 시작했다. 나는 이미 피폐해진 이 비참한 생명체들의 쇠약해진 몸 위로 비가 쏟아지는 모습을 지켜보았다. 거센 빗줄기는 그들의 야윈 피부에 닿아 뼛속까지 적셨고, 이를 피할 어떤 보호막도 없었다. 그

(좌) 오른쪽(사진 왼쪽)이 저자. 왼쪽으로 리즈완 우, 뒷 줄 오른쪽에서 두 번째는 IOS의 만주르 알람 회장
(우) 1997년. 인도 델리의 인도실증연구소(Institute of Objective Studies) 회의에 참석한 저자

들이 갈 곳은 그야말로 어디에도 없었다. 빗줄기가 계속되어 곧 웅덩이가 생기기 시작했고, 그들은 마치 부유물처럼 쓸려 내려갈 듯했다. 인간의 존엄성은 어디에 있는 것인가? 사람이 이토록 참혹한 상황으로 내몰렸을 때, 인간의 품위는 과연 어디에서 찾을 수 있단 말인가? 몇 곳의 무슬림 학교를 방문했을 때, 가장 가슴 아팠던 모습은 성냥개비처럼 가느다란 아이들이었다. 아이들은 제 나이를 훌쩍 넘어선 노인의 표정을 지니고 있었으며, 굶주리고 목말라 있었다. 그 모습을 보는 순간 눈물이 흘러내렸다.

인도의 전경이 갑자기 내 앞에 벌거벗은 채로 드러났고, 그 순간 나는 다른 사람이 되었다. 영국과 미국에서의 내 삶은 이제 특권과 엄청난 기회의 기념비로 인식되었고, 그 거대한 격차에 몸서리가 쳐졌다. 내가 목격한 부조리는 도저히 이해할 수 없는 것이었다.

내가 빈곤에 대해 전혀 인식하지 못했던 것은 아니었다. 카이로에서건 캘커타에서건 빈곤의 영향을 받는 인간들의 처지는 같은 언어로 표현된다. 그것은 바로 부패와 괴물 같은 불의의 언어이다. 그러나 인도에서 특히 가슴 아팠던 것은 특정 집단, 특히 무슬림 공동체의 고통을 목격하는 일이었다. 그들은 단순히 빈곤에만 취약한 것이 아니라, 내가 알게 된 바로는 그들의 존재 자체와 복지도 위협을 받고 있었다. 인도에 도착하기 전에 『타임』지에서 읽은 끔찍한 기사가 있었다. 기사는 힌두교도가 무슬림 결혼 축하 행사를 습격해 결혼식 참석자 전원을 불태워 버린 사건에 관한 내용이었다. 이 끔찍한 범죄는 인간의 감성을 뒤흔들었고, 무슬림들이 불안정한 상황 속에서 얼마나 취약한 존재로 살아가고 있는지를 여실히 보여 주었다. 또 하나의 문제가 있었는데, 교육 문제였다. 아이들에게 숙소, 음식, 그리고 교육을 제공하는 학교가 있었지만 이들 대부분은 힌두교도들이 운영했다. 부모들에게는 이른바 '홉슨의 선택 Hobson's schoice'*이 주어졌다. 아이들을 그곳에 보내면 거리에서 굶주리고 헐벗는 대신 더 나은 삶의 기회가 제공되지만, 동시에 자신들의 신앙을 빼앗기게 되는 것이었다. 피를 토하는 아픔이 느껴졌다. 상황은 절망적이었다.

무슬림과 힌두교도 간의 관계를 이해하는 것이 중요했다. 이는 다리를 놓고, 양쪽이 두려움 없이 함께 살아갈 수 있는 길을 모색하는 길이었다. 무슬림은 분명히 약했지만, 상당히 많은 수에도 불구하고 그들이 감내해야 하는 상황에 놀라움을 금치 못했다. 알 무타

---

* 표면적으로는 여러 선택사항이 있는 듯 보이나, 실제로는 하나의 선택지밖에 없는 상황을 의미한다. 영국의 말 임대업자였던 토마스 홉슨(Thomas Hobson, 1544-1631)은 고객들이 항상 가장 좋은 말을 고르려 하자 말을 골라서 빌릴 수 없게 만들고, 마구간 입구에 있는 말만 빌릴 수 있도록 강제했다. 결과적으로 고객은 '주어진 말을 임대하거나, 아무것도 빌리지 않거나'라는 단 하나의 선택만을 하게 되었다. 따라서 '진정한 선택권이 없는 강제된 상황'을 묘사하는 데 사용되는 개념이다.—옮긴이

나비*의 시구절이 떠올랐다. "죽음이 불가피한 것이라면, 비겁하게 살아야 할 이유가 무엇인가?" 무슬림들의 두려움 없는 삶을 위해서는 여러 면에서 상황을 개선해야 했다.

힌두교와 무슬림 간의 갈등은 길고 복잡한 역사를 가지고 있으며, 내가 해결책을 제시할 수 있을 거란 기대는 없었다. 힌두교도들은 영국이 통치하기 이전, 그들을 지배했던 무슬림 제국을 잊지 않았고, 그로 인한 과거의 전투와 승패에 대한 원한은 시간이 지나도 잦아들지 않았다. 최근에는 네루, 진나, 그리고 영국의 삼각 관계가 인도 분할로 이어져 수많은 사람들이 새로 획정된 국경을 넘어 무슬림 지역으로 피신하거나 목숨을 잃었다. 이 사건은 과거의 기억과 감정에 불을 지폈다. 한편 지금도 여전히 갈등의 불씨인 카슈미르 문제도 중요한 갈등의 초점이었다.

살아오면서 깨달은 점은, 정치적 혹은 종교적 지향에 상관없이 평범한 남녀는 단순한 이웃 간 관심사나 빈곤, 가족 갈등, 결혼 문제, 범죄에 대한 두려움 같은 공통 경험의 실타래를 통해 서로에게 끌린다는 것이다. 두려움을 한쪽으로 제쳐 두고 이를 해결하기 위한 공동의 노력을 기울이면 서로를 연결하는 관계의 다리를 놓을 수 있다.

인도에서 무슬림의 현실을 목격하면서, 무엇을 할 수 있을지 더 깊이 고민하지 않을 수 없었다. 그리고 이 문제에 떨칠 수 없는 시급함이 더해졌다. 이는 내가 영국, 미국 또는 다른 나라들에서 직면했던 상황과는 완전히 달랐다. 그곳에서는 해결책이 비교적 쉽게 떠올

랐고, 실행도 어렵지 않았다. 하지만 인도는 달랐다. 경제적 상황은 내가 해결할 수 있는 문제가 아니었지만, 한 가지 요소는 다룰 수 있었다. 그것은 바로 인도 무슬림들의 사고방식이었다. 무슬림들에게 있어 교육은 이러한 접근의 근본적 수단이었고, 따라서 그들의 우선순위를 바꾸고 이 중요한 목표를 실현하기 위해서는 전략을 세울 필요가 있었다.

무슬림 학생들에게는 해야 할 일이 많았다. 그들에게 필요한 것은 그들을 하나로 묶고, 그들 자신의 문제뿐 아니라 공동체 전체의 더 큰 문제를 다룰 수 있는 조직이라고 생각했다. 형제들에게 이 아이디어를 제안했고, 그들은 즉시 이를 받아들여 인도무슬림학생회Muslim Students Association of India를 만들었다. 아마눌라 칸과 다른 형제들은 팀을 조직하고, 목표를 향한 노력을 조율하며, 조직을 발전시키기 위해 현장을 방문하기 시작했다. 우리는 성취해야 할 과제들을 논의했는데, 그중 하나는 꾸란을 인도의 주요 언어들로 번역할 필요성이었다. 인도는 각 주마다 영어와 하나의 공용어를 사용하는 등 다양한 언어를 사용하고 있었기에 꾸란을 23개 언어로 번역해야 한다는 결론에 도달했다.

우리는 실행 계획에 대해 심도 있는 논의를 시작했다. 문제의 폭과 깊이는 우리가 이전에 경험했던 것보다 훨씬 컸다. 또한 방글라데시 무슬림들에게 이슬람 교육을 위한 좋은 자료를 제공하기 위해 이슬람 문헌을 벵골어로 번역해야 할 필요성에 대해서도 논의했다. 이 작업에 IIFSO가 도움을 주었고 곧 벵골어로 번역된 40권의 이슬람 서적을 출판했다.

두려움의 문제도 여러 차례 거론되었고, 이는 상황이 얼마나 심각한지, 그리고 이를 해결하기 위해 어떤 전략이 필요한지 다시 한번 우리를 깨닫게 했다. 많은 인도 무슬림들이 힌두교 공동체에 대한 두려움을 표현했다. 자기를 보호하고 자신의 권익을 지키는 법을 배우는 것이 우리가 강조했던 필수적 가능성 중 하나였다. 늘 그렇듯 나는 선지자(그분께 평화가 깃들기를)의 동료들, 사하바Sahabah의 모범을 참고하면 교훈이 될 것이라고 말했다. 그들은 극심한 고난을 겪었으며, 그들의 삶은 억압에 대해 우리가 배울 수 있는 많은 가르침을 제공한다. 나는 형제들에게 이와 관련된 프로그램 개발을 요청하며, 무슬림들의 존엄이 회복되기 위해서는 사하바의 삶에서 얻은 교훈을 배워야 한다고 설명했다. 그들의 세계, 그들의 능력, 그들이 일상적 상황에 대처하는 방식 등을 들여다보는 것이 필요했다. 이를 통해 그들이 얼마나 자신감 있고 상황과 감정을 통제하고 있었는지 보여 줄 수 있었다. 사하바들은 인내와 끈기의 훌륭한 모범을 보여 주었으며, 우리의 목표는 그들의 이러한 본질적 특성을 되살리는 것이었다. 우리는 이에 대해 많은 논의를 나눴으며, 나는 모든 지점에서 이 방향으로 나아가는 것이 얼마나 중요한지를 분명히 강조했다.

캘커타에서 럭나우, 그리고 델리까지

캘커타의 거리는 마치 책의 한 페이지처럼 보였다. 그곳에는 사람들이 생계를 꾸리고 삶의 고난을 견디며 물 위로 간신히 머리를 내밀기 위해 분투하는 모습이 고스란히 담겨 있었다. 고질적 빈곤만이 만들어 낼 수 있는 잔혹한 현실이 깃들어 있다. 한 번은 장애를 가진 여성이 붐비는 거리를 건너려 애쓰는 모습을 본 적이 있다. 사람들과 차량으로 가득한 거리에서 길을 가로지르려면 밀고 나아갈 수

밖에 없었다. 그녀는 굴하지 않고 느리게 앞으로 나아갔고, 사람들이 그녀를 밀치고 지나갔지만 누구도 신경 쓰지 않는 듯 보였다. "릭샤(인력거)를 타!"라고 외치는 남자도 있었다. 그것이 동정심에서 비롯된 것인지, 아니면 짜증에서 나온 것인지 알 길은 없었다. 또한 두 명의 승객을 끌고 가는 한 남자를 보았는데, 그는 뜨거운 태양 아래서 사실상 당나귀 같은 역할을 하고 있었다. 안타까움을 금할 수 없었다. 하루 종일 승객을 태워 끌고 다닌 후, 그의 지친 상태가 어떠할지는 상상할 수조차 없는 일이었다.

캘커타를 떠나 비행기를 타고 우타르프라데시 주에서 가장 큰 도시 럭나우Lucknow로 향했다. 럭나우는 무굴 제국의 고전적 흔적을 간직한 곳으로 나와브nawab, 무슬림 귀족들, 음식, 그리고 시詩로 유명한 도시이다. 이후 동남부로 이동하여 갠지스 강 유역에 위치한 도시 바나라스(현재의 바라나시)에 도착했다. 이곳은 힌두교의 주요 성지이자 관광 명소로, 세계에서 가장 오래된 도시 중 하나로 알려져 있다. 고대의 감각과 화려한 색채가 어우러져 감각을 압도하는 느낌을 받았다. 이 고대의 신성한 도시에 하디스를 공부할 수 있는 훌륭한 무슬림 학교가 있었다. 학교는 마치 향기로운 꽃처럼 주변에 평온함과 안정을 불어넣는 존재였다.

럭나우에 도착했을 때, 학생들 한 그룹이 나를 기다리고 있었다. 이들은 이미 스스로 자신들만의 단체를 결성하여 인도 무슬림들의 지위 향상을 위해 헌신하고 있었다. 다행히도 나는 이들 중 일부를 영국과 미국에서 이미 만난 적이 있었기에 익숙한 얼굴들과 새로운 얼굴들을 보게 되어 무척 기뻤다. 델리의 무슬림 공동체는 특히 교육 문제에 많은 관심을 가지고 있었다. 당시 그들은 이미 『아시안

토치』와『라이프』라는 두 개의 잡지를 발행하고 있었다. 이 잡지들은 이슬람 협회의 사상과 비전을 영어와 우르두어로 소개했다.

이번 여행에서 나는 럭나우의 자마트-에-이슬라미의 지도자였던 고故 셰이크 무함마드 나심을 만날 기회도 가졌다. 그는 정말로 훌륭한 인물이었으며, 자신의 공동체를 지원하는 데 헌신한 사업가였다. 그와 같은 사람들을 통해 우리는 네트워크를 빠르게 확장시킬 수 있었고, 곧 여러 주요 장소에서 많은 사람들이 함께 협력하며 무슬림들의 상황을 개선하기 위해 힘쓸 수 있었다.

럭나우 근처 마을에 계셨던 위대한 학자 고故 셰이크 아불 하산 알리 나드위를 방문할 수 있는 행운도 있었다. 우리는 그곳에서 점심을 함께했는데, 선한 마음을 가진 사람들이 만든 음식만큼 맛있는 것은 없다고 자신 있게 말할 수 있다. 이후 우리는 셰이크 나드위의 본부로 이동했는데, 그곳은 인도 내 그의 추종자들이 소속된 중추 기관이었다. 그들은 축복받은 친절한 사람들이었으며, 샤리아 과학과 더불어 현대적 학문에도 집중하고 있었다. 이 두 가지를 중시하는 접근 방식이 그들을 높은 수준의 탁월함에 도달할 수 있게 했음을 직접 확인할 수 있었다.

알리가르

알리가르Aligarh는 인도 아대륙에서 무슬림들에게 가장 중요한 대학으로, 이슬람 연구의 위대한 전통을 이어 가고 있다. 아름다운 아치형 건축물과 옅은 테라코타 색상의 건물은 방문객들에게 경외감을 불러일으키며, 마치 중세로의 시간 여행을 하는 듯한 느낌을 준다. 나는 이곳에서 인도 전역에서 모인 위대한 학자들을 만날 기회를 얻게 된 것을 큰 행운이라 생각했다. 그들의 지적 궤도에 함께할 수 있었던 것은 영광이었다. 또한, 이곳에서 당시 알리가르의 학생이었던 만주르 알람도 만났는데, 그는 이후 수년 동안 나와 함께 일했다. 그는 매우 지적인 인물이었고, 훗날 내가 WAMY에 있을 때, 그를 사우디아라비아로 초청하기도 했다. 만주르는 이슬람 경제학으로 박사 학위를 취득한 후, 리야드의 재무부에서 근무하며 당시 재무 및 국민경제부 차관이었던 셰이크 사이드 빈 사이드와 함께 일했다. 이후 그는 알이맘무함마드빈사우드대학 연구소에서 일했고, 이후 마디나에 있는 킹파드코란인쇄센터에서 근무했다. 그는 그곳에서 성^聖 꾸란의 번역 프로젝트를 감독한 뒤 인도로 돌아갔다. 인도에서 그는 뉴델리에 '실증연구소IOS'를 설립하고, 인도 무슬림 공동체 발전을 위한 10개년 계획을 세우는 데 주도적 역할을 했다.

알리가르에서 나는 또한 이 대학에서 경제학, 철학, 그리고 이슬람학을 가르치던 네자툴라 시디키를 만났다. 그는 1976년 사우디아라비아 제다에서 우리가 조직한 이슬람경제회의의 핵심 인물 중 한 명이었다. 우리는 그에게 아랍어, 우르두어, 페르시아어, 영어로 쓰인 무슬림 문헌에서 경제학에 관련된 모든 내용을 검토하는 임무를 맡겼다. 그는 1977년 제다의 킹압둘아지즈대학에 설립된 살레카멜이슬람경제학센터의 설립자 중 한 명이기도 했다.

알리가르에서 나는 이르판 아흐마드 칸을 만났다. 이르판 칸은 성^聖 꾸란의 영어 번역 작업을 스스로 맡아 진행하던 중이었다. 칸은 일을 세계종교간무슬림회의World Council of Muslims for Interfaith Relations 의 창립자이자 회장이며, 이슬람 학자이자 작가로 알리가르대학 철학과 교수를 역임했다. 또한 세계종교회의Council for a Parliament of the

World Religions의 부회장을 역임하기도 했다. 내가 그를 만났을 당시 그는 알리가르무슬림대학교AMU에서 청년 활동을 책임지고 있었다. 그는 인도 아대륙 전역을 대상으로 하는 청년 운동의 아이디어를 지지했다. 이 운동은 마침내 1971년에 설립되어 수십 년에 걸쳐 인도 무슬림 청년들의 영적 부흥과 신앙 강화를 위한 중요한 역할을 해왔다. 특히 그 성장은 괄목할 만했다. 설립 후 2년 만에 2,000개의 지부와 25만 명의 회원을 확보했다. 나는 우리의 작은 지원이 이 발전에 어느 정도 한몫했다고 믿고 싶다.

우리는 인도의 상황을 매우 현실적으로 바라보고 있었다. 단기적 해결책으로는 부족했으며, 인도는 특별한 도전들을 던져 주는 곳이었기에 장기적인 프로젝트와 체계적인 과정을 통해 접근해야 했다. 하지만 적어도 의도는 명확했고, 계획은 진행 중이었다. 10개년 계획이 수립되었으며, 이후 만주르 알람의 지도 아래 공동체 지원 활동이 시작되었다. 우리 모두는 인도 무슬림 공동체의 발전을 협력하며, 전능하신 하나님께 우리의 꿈이 현실로 이루어지고, 우리의 노력이 축복받기를 기도했다.

수십 년이 지난 지금, 우리의 프로젝트는 어느 정도 결실을 맺었을까? 나는 우리의 참여가 새로운 시대의 시작을 알리는 데 중요한 역할을 했다고 믿는다. 셰이크 사이드 빈 사이드와 그의 형제, 그리고 셰이크 압둘라만 파키흐 같은 분들의 관대하고 아낌없는 지원을 받을 수 있었다. 이러한 노력은 시간이 지나며 성공을 거두었고, 우리가 처음에는 상상조차 하지 못했던 규모의 기금을 마련하게 되었다. 이를 통해 우리는 지속 가능성을 확보했고, 인도 프로젝트를 자신 있게 진행할 수 있었다.

여정을 돌아보며

테헤란으로 향하는 여정에서 나는 지금까지의 과정을 반추했다. 사람이 프로젝트를 성사시키거나 실패로 이끈다는 사실을 다시금 깨달았다. 여정의 요구와 끝없는 공황과 회의의 순환에 지칠 대로 지쳐 있지만, 어디를 가건 누구를 만나건 일을 끝내겠다는 동기 부여와 개인적 이익을 고려하지 않고 돕겠다는 헌신적 태도는 나를 깊이 감동시켰다. 이렇게 할 수 있다는 정신과 반드시 하겠다는 태도는 강한 신앙에서 비롯된 강력한 윤리적 근면함의 결과로, 내게는 커다란 깨달음이었다. 발 아래 묻힌 모든 석유보다 더 귀중한 자원은 우리의 광산 속에 숨겨진 선한 인류의 금맥이었다. 나는 신앙과 노력 사이에 긍정적 관계가 존재한다고 믿는다. 신앙은 노력을 증폭시키고, 때로는 그 자체가 노력의 원천이 되기도 한다. 특히 이슬람에서는 노력의 가치와 실천이 신체적, 심리적으로 어린 시절부터 심어지며, 의로운 노력을 칭찬하는 꾸란의 가르침과 아침 기도로 일찍 일어나는 습관, 그리고 매년 한 달간 단식을 실천하는 행위는 근면함을 가장 중요한 미덕 중 하나로 만든다. 근면뿐 아니라, 신앙은 이타심과 관대한 성품의 발전과도 직접적으로 연관된다. 개인적 자아는 더 넓은 공익에 종속되며, 나는 이 모든 것을 책 속에서 먼지를 뒤집어쓴 이상이 아닌, 살아 있는 생생한 현실로 목격했다. 우리가 만난 많은 사람들은 재정적으로 성공할 운명이었고, 잠재적으로 수익성 높은 직업을 통해 경제적 미래가 '보장된' 사람들이었다. 하지만 그들은 재정적 이익보다 영적 이익에 더 큰 가치를 두었다. 그들은 이미 빠듯한 시간을 쪼개어 더 큰 선을 실현하는 데 헌신했다. 그들의 강렬한 영적 소명은 그 어떤 도전적 상황에서도 무시되지 않았다. 한 방울의 물이 생명을 불어 넣을 수 있듯, 한 사람의 영향력은 주변에 강력한 영향력을 미칠 수 있다. 모두가 열심히 일했고, 팀워크의 가치를 이해했으며, 프로젝트의 목표와 목적을 명확히 인식하여 진척을 위한 이정표를 세웠다. 이 모든 것이 우리에게 에너지를 공급했고, 새롭게 태어난 열정과 희망으로 나아가게 했다.

이란

여정의 다음 단계는 또 다른 고대의 땅으로의 이동이었다. 인도에서 이란으로, 인도가 극단과 모순의 땅이라면, 이란 역시 역설로 가득한 곳이었다. 현대 이란은 여전히 고대 역사를 고스란히 간직하고 있으며, 한때 광대한 제국이었던 고대 왕조의 유산을 이어받았다는 사실을 예리하게 인식하고 있다. 무너져 가는 고고학적 유물들은 한때 찬란했던 제국의 흔적을 보여 줄 뿐 아니라, 오늘날에도 여전히 행해지고 있는 고대 신앙 조로아스터교를 상기시킨다. 조로아스터교의 인도 신자들은 파르세스Parses로 알려져 있다. 나는 이러한 이란의 독특한 면모를 받아들일 준비를 했다. 페르시아는 무슬림 세계에서 항상 독특한 위치를 차지해 왔으며, 순니와 시아 무슬림 간의 미묘한 비율이 존재하는 곳이다. 이 지역은 역사, 제국, 그리고 강인한 정신적 전통으로 가득 차 있으며, 무슬림 세계에서 가장 위대한 학자들 중 일부를 배출한 곳이기도 하다. 따라서 이란인의 심리를 이해하려고 할 때, 이러한 요소를 간과하는 것은 현명한 처사가 아니다. 깊은 학식을 지니고 역사에 대해 강한 자부심을 가진 이들이기에, 이들의 관점은 분명 독특할 것이라 직감했다. 그들을 이해하기 위해서는 단편적으로 접근해서는 안 되고, 전체론적 시각이 필요하다고 느꼈다. 이란인은 또한 문학과 시의 민족이다. 하페즈 시라지, 페르도우시, 오마르 카얌 등의 세계적으로 유명한 시인들이 낳은 시문학은 이란의 낭만적 전통을 상징한다. 이는 현대의 미디어 이미지 속 전쟁의 어두운 그림자와 검은 옷을 두른 사람들의 모습과 나란히 자리 잡고 있어, 공존하는 모순적인 대중적 상상력을 보여준다.

　나는 이란 정치 상황에도 관심을 가지고 주의 깊게 지켜 보았다. 당시 이 나라는 극심한 혼란 속에 있었고, 무함마드 레자 샤 팔라비의 통치에 반대하는 목소리가 급격히 커지고 있었다. 그는 스스로를 왕 중의 왕으로 칭하며 군림했지만, 많은 사람들은 그의 사치와 부패에 불만을 품고 있었다. 1971년, 그는 페르시아 제국 2,500주년을 기념하기 위해 이란 사막에 화려한 천막 도시를 세우고, 세계의 엘리트를 초청해 어마어마한 파티를 열었다. 이는 평범한 파티가 아니었다. 상상을 초월한 호화롭고 방탕스럽게 돈으로 치장한 파티였다. 이 파티에 들어간 비용은 2,200만 달러로 추정된다. 이렇게 화려한 잔치가 벌어지는 동안 빈곤에 허덕이던 국민들은 이를 지켜보며 점점 더 깊은 분노를 쌓아 갔다. 많은 사람들에게 이 사건은 샤의 몰락의 시작을 알리는 동시에, 어느 특정 성직자의 부상을 드러내는 전환점이기도 했다. 그 성직자는 바로 아야톨라 호메이니였다. 그는 종교적 권위와 더불어 이 엄청난 예산 낭비에 대한 공개적 반대를 통해, 사막에 넘쳐나는 술과 사치에 대비되며 더욱 강렬한 존재감을 드러냈다. 영향력은 점점 더 커지고 있었고, 그는 권력을 잡을 태세를 갖추고 있었다. 내가 이란에 도착한 시기는 대단히 중요한 시점이었다. 이 모든 일들이 급박하게 돌아가고 있었고, 나는 조금도 긴장의 끈을 놓을 수 없었다.

이란에 머무는 동안 몇몇 종교 지도자들을 만날 기회를 가졌고, 테헤란 거리를 걸으며 이 위대한 수도의 풍경, 소리, 냄새를 체험할 시간을 가졌다. 그러나 공기는 무거웠고, 나는 깊은 슬픔에 사로잡혔다. 번영하는 많은 이슬람 수도들처럼, 이곳에서도 신앙은 돈과 부패에 밀려 뒷전으로 밀려난 듯했다. 술집 같은 부정적 요소들이 곳곳에 드러났으며, 그것들을 소유하려는 욕망은 눈에 띄게 확산되고 있었다. 세계 어디에서나 반복되는 이야기처럼 느껴졌다. 세계 어디를 가건, 도시가 크고 그 변화의 속도가 빠를수록 하나님은 더 빨리 잊혀지는 듯했다.

우리는 쿰Qom에서 열린 어느 모임에 참석했다. 그곳은 이란에서 여덟 번째로 큰 도시로, 주요 시아파 울라마ulama들이 거주하며 종교 기관을 운영하는 곳이다. 나는 이 자리에서 우리의 활동과 이슬람을 받아들이는 사람들의 수에 대해 알릴 기회를 가졌는데, 그들은 매우 기뻐하며 인상적으로 받아들였다. 모임에서 페르시아어는 물론 튀르키예어, 영어, 그리고 일부 아랍어 등 다양한 언어가 사용되는 것을 보고 놀랐다.

나는 쿰에서 호자톨레슬람 세예드 하디 코스로샤히를 만나고 싶다는 충동을 느꼈다. 그는 이란에서 가장 뛰어난 무슬림 학자 중 한 명으로, 샤에 의해 여러 차례 투옥된 경험이 있었다. 1979년 이란 혁명 후 그는 바티칸 주재 이란 대사로 임명되었다. 그를 만나기 위해 테헤란에서 쿰까지 달려온 125km의 여정은 그만 한 가치가 있는 일이었다. 전통 이란 복식과 터번을 두른 이 젊은 성직자는 부드러운 미소를 지으며 내가 다가서자 안경 너머 친근한 표정으로 나를 바라다 보았다. 그의 따뜻한 환대는 나를 실망시키지 않았다. 그는 매력적인 성품을 지닌 동시에 유창한 아랍어 실력을 갖추고 있어, 나는 그의 곁에서 바로 편안함을 느낄 수 있었다. 우리는 많은 주제에 대해 깊이 논의할 수 있었다. 이 만남의 결과, 그는 IIFSO의 몇몇 작업물을 페르시아어로 번역하는 데 동의했고, 그외에도 아불 알라 마우두디의 『이슬람의 이해를 위하여』 번역을 감수해 주기로 하였다. 아쉽게도 내 일정 탓에 더 오래 머물지 못하고 곧 떠나야 했다. 아쉬움을 뒤로하고 발걸음을 옮겼다.

쿰을 떠나 다음 목적지는 하우자Hawza라는 신학교로 시아 성직자를 양성하는 교육 기관으로 잘 알려진 곳이었다. 이쯤에서 '아야톨라Ayatollah'라는 호칭이 흔히 '호메이니'와 연관되어 냉담하고 엄중한 이미지로 받아들여지지만, 사실은 그것이 이름이 아니라 고위 성직자에게 주어지는 직위라는 사실을 아는 사람이 거의 없다는 점을 언급해야 할 것 같다. 따라서 내가 직접 확인한 바, 쿰의 하우자에는 그러한 아야톨라들로 가득 차 있었다. 신학교에서 나는 나보다 두 살 많은 한 학자를 만났다. 알고 보니 그는 내가 미국에서 진행했던 활동의 궤적을 따르고 있었다. 그는 아랍어를 잘 구사했으므로 다행히 언어 장벽은 없었으며, 무슬림 학생들을 위한 국제 기구가 이미 존재하며 시아와 순니 무슬림 모두에게 열려 있다는 사실에 무척 기뻐했다. 그의 호의적 반응에 나도 기분이 좋았다. 그는 아야톨라들로 구성된 청중에게 나를 소개하며 다음과 같이 말했다. "우리의 방문객은 미국·캐나다무슬림학생연협 전 대표이자 IIFSO 현직 사무총장입니다." 모두가 환영의 뜻을 표했고, 나는 우리를 나누는 두 세계[시아와 순니] 사이의 간극이 얼마나 쉽게 메워지는지 확인하고 놀랐다. 이는 인류를 진정으로 하나로 묶는 영적 동질성 덕분이며, 사람들의 우정뿐 아니라 나아가 애정까지도 빠르게 형성할 수 있게 하는 힘이었다. 나는 내 방문을 기념하기 위해 마련된 훌륭한 점심식사에 초대받았다. 이 자리에서 나는 진정으로 놀라운 페르시아 요리를 맛보는 호사를 누렸다. 식사를 하며 서로를 알아가는 동안, 우리 조직과 쿰의 하우자 간 협력 강화 방안에 대한 논의가 자연스럽게 진행되었다.

아마도 나는 이란을 방문한 최초의 무슬림 청년 지도자로 순니와 시아를 차별하지 않는 것으로 알려졌을 것이다. 물론 이것은 하나님께서만 아실 일이다. 순니와 시아의 분열은 오래되고 미묘하며 뿌리 깊은 갈등으로, 선지자 무함마드(그분께 평화가 깃들기를) 이후부터 이어진 정치적, 종교적 경쟁이 항상 긴장의 근원이 되어 왔다. 그 모든 역사의 무게를 감안할 때, 아야톨라들과 내가 서로를 피하는 것이 어쩌면 당연했을지도 모른다. 하지만 우리는 피하지 않았다. 당파주의의 장막 너머를 바라보며, 분열이 아니라 유대 강화를 위해 노력할 수 있었다.

이번 여정 내내 나를 반복적으로 깊은 인상에 빠뜨린 한 가지는, 내가 만난 사람들의 아랍어를 구사하는 능숙함이었다. 이는 어느 정도 예상 가능한 일이었다. 이란은 강력한 지적 전통을 가지고 있기 때문이었다. 그럼에도 특히 대부분이 페르시아계임을 고려할 때, 그들의 아랍어 실력은 놀라웠다. 일부는 튀르키예 출신이고 튀르키예어는 나의 모국어이므로 이들과는 쉽게 대화할 수 있었다. 하지만 아랍어 구사 수준은 유독 눈에 띄었다. 그리고 또 한 가지 내 관심을 끌었던 것은 그들이 자주 언급한 꾸란 구절이었다.

"그리고 우리는 땅에서 억압받는 사람들에게 은혜를 베풀고, 그들을 [신앙의]지도자로 삼으며, 그들을 후계자로 만들기를 원했다(수라 알-카사스, 28:5)."

아마도 그들이 이 구절을 언급한 이유는 당시의 어려운 상황과 불의에 대한 깊은 우려 때문이었을 것이다.

거의 10년 후인 1980년에 나는 이란을 다시 방문했다. 상황은 훨씬 더 복잡해져 있었다. 1979년 이슬람 혁명이 나라를 뒤흔들었고, 내가 도착했을 때 이란은 여전히 격랑 속에서 새로운 길을 찾아가는 과정에 있었다. 나는 바로 샤의 몰락 뒤에서 새로운 국가가 태동하고 있음을 느꼈다. 샤는 이집트에서 죽음을 맞이하고 있었고, 그의 이미지들은 이제 호메이니의 거대한 벽화들로 대체되었다. 나는 인생의 변덕스러움을 곰곰이 생각했다. 어제 부의 사치에 빠져 살던 한 남자가 오늘은 모든 것을 잃었다. 그 모든 것은 무엇을 위한 것이었던가? 연기처럼 사라질 덧없는 권력을 마치 영원할 것처럼 얻으려 애쓰는 인간들의 집착은 무엇인가? 나는 그때 사막에서 바람과 세월의 자비에 맡겨 둔 채, 무너져 내리는 고대 유적들과 왕들의 거대한 석상이 떠올랐다. 과거 그들이 지휘하던 그 모든 권력은 이제 어디로 갔는가? 영원히 지속되는 유일한 것은 영혼이며, 그 영혼을 보호하는 유일한 것은 믿음의 옷과 하나님의 기쁨을 구하며 선행을 실천하는 삶이다.

내가 왜 다시 이란을 방문했을까? 아마도 혁명이 이 나라의 사회·문화적 구성을 어떻게 변화시켰는지 직접 확인하고 싶어서였을 것이다. 어쩌면 세계 무대에서 새롭게 자리 잡으려는 이란의 정체성을 이해하려는 노력이었을 것이다. 당시 아랍과 이란의 관계는 악화된 상태였고, 그 배경을 이해하고 싶었는지도 모른다. 사실 여러 방향에서의 이끌림이 있었다. 하지만 단순히 가야만 한다는 느낌이 있었다.

당시 나는 리야드대학교(현재의 킹사우드대학교)의 석유공학과 교수로 재직 중이었기 때문에 세계무슬림청년회의WAMY 의장이자 고등교육부 장관이었던 셰이크 하산 빈 압둘라 알-알-셰이크에게 여행 허가를 요청했다. 그는 나의 요청을 승인해 주었고, 얼마 지나지 않아 나는 다시 한 번 테헤란 거리를 걸을 수 있었다. 확연히 달라진 점이 눈에 띄었다. 술집 등 기타 '시설들'이 신학적 통치의 결과로 사라져 있었다. 여성들에게 히잡 착용을 다시 요구한 것을 제외하면, 많은 변화를 알아채기는 쉽지 않았다. 이란의 강인함은 여전했고, 무언가의 변화가 자동적으로 가져다 주는 희망의 느낌도 있었다. 이전에는 공기가 무겁게 느껴졌지만, 이제는 무언가 큰 변화가 일어날 듯한 기대감으로 가득 찬 분위기였다.

나는 이슬람 세계의 여러 지도자들을 만날 기회를 가졌다. 새로운 국가 지도자가 권력을 잡으면 공식 방문이 이루어지는 일상적 절차였다. 그리고 마침내 호메이니를 만났다. 그의 불같은 설교와 의상은 세계적으로 논란을 불러일으키며, 그에게 중세적 이미지를 드리웠다. 어떤 사람이건, 그의 유산이 무엇이건 간에, 그는 이제 중요한 국가의 새로운 지도자였다. 이 역할에서 나는 그 인물의 이면에 숨겨진 인간적 면모와 마주하기 위해 마음을 다잡았다.

그가 연설을 할 때, 우리는 그의 말에 귀 기울였다. 미국·캐나다 무슬림학생연합에서 함께했던 동료들 중 일부가 이란의 장관으로 재직하고 있다는 사실에 놀랐다. 그들을 다시 만난 것은 정말 기쁜 일이었지만, 마음은 묘하게 무거웠다. 당시만 해도 내가 예상할 수 없었던 일은, 곧 두 무슬림 국가, 이란과 이라크가 끔찍한 전쟁에 돌입하려 하고 있었다는 사실이었다.

쿠웨이트

쿠웨이트에서 우리는 종교부의 이슬람국장이었던 아부 무스타파 알라킬 아부카프를 만났다. 그는 나를 자신의 집으로 초대해 후하게 맞아 주었고, 그 환대에 나는 영원히 감사할 것이다. 서아시아에 위치한 쿠웨이트는 크진 않지만 석유가 풍부한 걸프 국가로 번영을 누리고 있었다. 대부분이 사막 지형인 가운데, 긴 해안선을 가진 이 나라는 이름 그대로 '바다 근처에 세워진 요새'이다. 나는 무슬림 세계의 경제적 현실을 새의 눈으로 조감하는 특별한 경험을 했다. 극도의 빈곤을 목격했던 내가 이제는 그 반대편에 서 있는 극도의 부유함을 직접 목도하게 된 것이었다. 특히 걸프 지역 전체에 걸쳐 이러한 부유함은 감춰지지 않고 표면적으로 드러나는 특징이었다. 얼룩하나 없이 빳빳하게 다림질된 디쉬다샤와, 마찬가지로 깔끔하게 다림질된 검은색 아바야가 사막의 강렬한 햇볕 아래에 떠다니는 모습은 단순하면서도 세련된 방식으로 모노크롬 이미지를 만들어 내며 매우 강렬한 인상을 선사했다.

압둘라 알라킬은 이후 마카의 무슬림세계연맹MWL 부사무총장이 되었다. 그는 관대하고 따뜻한 성품의 소유자였으며, 그의 집은

1 2011년. 쿠웨이트. 국제이슬람자선기구(IICO) 이사회 회의에서. 왼쪽(사진 오른쪽)부터 나, 아딜 팔라 이슬람 사업부 차관, 셰이크 유수프 알 히지 IICO 회장, 아부 샤키르 부회장.

2 2012년. 쿠웨이트에서 열린 이슬람 지도자 초청 행사에 참석한 아들 오마르 토톤지와 저자

3 2012년. "미국에서의 자선 사업"이라는 제목으로 강연하고 있는 저자. 2012년 쿠웨이트에서 열린 국제이슬람자선기구(IICO) 본부에서 열린 이슬람 사업 책임자 회의에서 발표하고 있다.

4 2012년. 사진 왼쪽은 오마르 카술, 가운데는 2012년 쿠웨이트에서 열린 이슬람 단체장 회의에 참석한 사람 중 한 명이다. 우측이 저자

세계 각국의 무슬림들을 환영하는 열린 공간이었다. 그의 넓은 아량과 조언, 그리고 무슬림 젊은이들에게 더 나은 길로 인도하려는 열망은 절대 잊을 수 없다. 그는 항상 신뢰할 수 있고, 미국과 그 외 지역에서 우리의 활동을 돕기 위해 언제든지 준비된 사람이었다. 그는 타인의 복지를 자신의 것만큼이나 중요하게 여기는 특별한 인물이었으며, 이기심 없이 베푸는 '선한 인격'의 전형이었다. 그의 아내 움 무스타파 역시 그의 성품을 그대로 반영한 사람으로, 부부는 나

에게 내 마음에 지울 수 없는 깊은 인상을 남겼다.

알라킬은 우리의 활동에 많은 도움을 주었다. 그는 이라크 남부의 주바이르 시에서 태어나 이후 자신의 원래 국적인 사우디아라비아로 이주했으며, 나중에 쿠웨이트로 옮겨 수십 년 동안 그곳에서 일했다. 그는 또한 이슬람 활동 분야에서 만난 무슬림 지도자들을 두 권의 책으로 엮어 출간하기도 했다.

알라킬은 사려 깊고 이슬람 발전에 대해 대부분의 학자들이 가지지 못한 장기적인 안목을 가지고 있었다. 그는 이슬람이 겪는 단계들과 해외 무슬림 공동체의 요구를 매우 잘 이해하고 있었다. 그는 조용히 우리의 해외 확장 활동을 관찰했으며, 우리가 어떻게 열린 대화의 통로를 구축하고, 모든 사람들 앞에서 투명하게 문제를 논의하며, 타인의 의견을 수렴하고 우리의 아이디어나 해결책을 강요하지 않는 방식을 주의 깊게 보았다. 무엇보다도 그는 우리가 진정성을 가지고 있으며, 우리의 활동이 하나님의 대리자로서 인류에 대한 책임감에서 비롯된 것임을 보았다고 나는 믿고 싶다. 그 결과, 어느 날 그는 나에게 다음과 같은 편지를 보내 왔다. "아흐마드, 우리는 당신이 하나님을 위해 하고 있는 일에 대해 들었습니다. 많은 프로젝트들이 자금 지원을 받지 못하고 있다 들었으니, 우리가 지원할 수 있도록 제안서를 보내 주십시오." 전혀 예상치 못한 제안이었고, 하늘에서 내려온 축복 같은 자비로운 제안이었기에 나는 믿을 수 없을 만큼 기뻤다. 우리는 즉시 감사를 표하며 그의 재정적 지원에 대한 제안서를 보냈다. 그 순간 나는 마디나에 있던 안사르의 이타적 관대함을 떠올렸다. 그들은 마카에서 이주해 온, 사실상 낯선 사람들에게 자신의 소유를 나누어 주었다. 이는 내가 접해 본 가장 놀라운 친절 행위 중 하나였다. 그날 안사르와 이주민들 사이에서 무언가가 흐르며, 우리 중 얼마나 많은 이들이 오늘날 이런 기준을 실현할 수 있을까를 생각하게 한다. 우리는 이 역사적인 이타심에 대해 반복적으로 읽곤 하지만, 그 희생이 얼마나 큰 수준에서 이루어졌는지 온전히 이해하고 있을까? 마디나의 주민들이 그날 내어 준 것은 그들에게 소중했던 만큼, 오늘날 우리에게 소중한 것이었다. 그들의 관대함에 깃든 희생정신은 그들의 신앙과 헌신을 여실히 보여 준다. 이는 모두에게 본보기가 되는 행동이었다. 무슬림들이 이주민들과 그들을 지원하는 사람들 간의 도움을 장려하는 일은 역사적으로 뿌리 깊은 전통이다. 나에게 압둘라 알라킬은 그러한 발자취를 따랐던 인물이다. 그는 우리의 활동에 가장 크게 기여한 사람들 중 한 명이며, 항상 최선을 다해 도와주었다. 그의 도움에 대한 고마움은 말로 다 표현할 수 없다.

　당시 우리에게는 타자기도 없었고 비서도 없었다. 오늘날 기술이 우리 삶에 점점 더 침투하고, 내가 감당하기 벅찰 정도로 깊숙이 자리 잡은 것을 생각하면 믿기 어려운 일이다. 기술이 가져다 주는 기적 같은 혁신에 이의를 제기할 사람은 거의 없을 것이다. 새로운 기기가 출시될 때마다 대부분의 사람들은 경이로움을 느끼곤 한다. 하지만 과거의 기술이 실용성과 기능성에 초점을 맞췄던 반면, 오늘날의 기술은 과잉 공급되는 정보와 선택지의 홍수 속에서 우리 스스로를 잃을 위험에 처할 수 있다. "이 기술이 인간을 더 나은 존재로 만들고 있는가, 아니면 한 손으로는 내 주면서 다른 손으로는 빼앗고 있지는 않은가?" 하는 질문은 철학자들에 맡긴다. 그런 점에서 나는 알라킬에게 보냈던 프로젝트와 활동 제안서가 손으로 직접 쓴 원고였다는 사실을 부끄럽게 여기지는 않는다. 우리는 종이에 제안서를 직접 쓴 다음 그것을 우편으로 그에게 보냈습니다. 그러면 그는 그 내용을 타자기로 다시 작성하여 서명할 문서를 우리에게 다시 우편으로 보내 주었다. 서명 완료한 문서를 우리는 다시 알라킬에게 우편으로 보냈다. 오늘날의 기준으로 보면 매우 느리고, 믿기 어려울 정도로 복잡하며 심지어 우스꽝스러워 보일 수 있다. 하지만 당시의 세상은 지금과는 다른 곳이었다. 세월이 흐르며 내가 가장 큰 기쁨을 느낀 순간 중 하나는 사람들이 대의를 위해 한데 모이는 모습을 보는 것이었고, 나는 알라킬과 함께 이러한 경험을 직접 체험하고 있었다.

우편이 오고 가는 과정이 끝난 후, 얼마 지나지 않아 해외에서 미화 1만 7,512달러에 달하는 첫 기부금을 받았다. 우리 활동의 수준과 성격이 점점 확장되고 있었으며, 이러한 기부는 프로젝트의 범위를 확장하고 기존의 활동을 지속 가능하게 만드는 데 필수적이었다. 이 기부는 물질적 측면과 동기 부여 측면에서 우리의 작업을 크게 진전시켰다. 동기 부여 차원에서, 멀리 떨어진 누군가가 우리의 노력을 알아봐 주었다는 사실은 우리 모두의 마음을 깊이 감동시켰다. 이는 단순한 기부를 넘어 우리의 활동을 윤리적, 재정적으로 돕고자 하는 관심과 배려를 보여 주었다. 또한 우리가 우리의 책임을 명예롭게 수행할 것이라는 신뢰와 우리의 정직함과 능력에 대한 자신감이 담겨 있었다. 이 신뢰는 우리의 사기를 한껏 북돋워 주었다.

이러한 재정적 지원 덕분에 우리는 시간이 지나며 다양한 방식으로 우리의 노력을 배가할 수 있었다. 많은 책이 출판되었고 여러 청소년 캠프가 개최되었다. 책들은 MSA 지부에 배포되어 청소년들에게 신앙에 대한 자각과 책임감을 키워 주고, 자신들의 공동체뿐 아니라, 지역, 나아가 인류 전체에 대한 의무에 대한 인식을 높이는 데 크게 기여했다. 또한 아랍 세속주의자, 사회주의자, 나세르주의자, 민족주의자들과 상호 존중에 기반한 토론을 이끌어내는 데도 도움이 되었다.

또한 비무슬림을 대상으로 한 외부 확장 활동에도 참여했으며, 심지어 교도소에 수감된 사람들에게도 손을 내밀었다. 교도소는 우리에게 특히 중요한 관심사였다. 우리는 종종 그들의 과거 행적과 행위에 대한 두려움에 따라 도덕적으로 일탈했던 사람들을 간과하기 쉽지만, 이들은 오히려 과거로 인해 미래가 규정될 위험이 가장 크며, 그런 면에서는 가장 도움이 필요한 사람들이다. 하나님과 신앙을 소개함으로써, 그들은 과거와 화해하는 동시에 미래의 행동과 반응에 대해 새로운 선택지를 가질 수 있게 된다. 하나님의 존재는 삶의 의미를 찾고 방향을 제시하며, 더 큰 공동체의 일원이라는 소속감을 통해 마음의 평화를 제공한다. 이에 따라 MSA 회원들은 교도소를 방문해 강연하고, 금요 예배를 인도했으며, 꾸란 해석서와 번역본을 비롯 다양한 서적을 배포했다. 그 결과, 특히 많은 아프리카계 미국인들이 신앙을 접하고 받아들이게 되었다. 법무 당국 또한 교도소 내 성원에 상주하는 이맘을 임명할 수 있도록 허용했다. 교도소 선교 활동이 한 사람의 종교적 관점을 변화시킴으로써 그의 삶을 얼마나 극적으로 변화시킬 수 있는지를 보여 주는 가장 훌륭한 사례 중 하나가 말콤 엑스이다. 높은 도덕적 품격, 날카로운 지성, 그리고 깊은 신앙을 지닌 그는 평화로운 신념을 위해 자신의 생명을 기꺼이 바쳤다. 그가 단순한 하급 범죄자로 생을 마치는 모습은 상상할 수 없는 일이다.

1970년 여행에서 만난 수많은 사람들이 기억에 남지만, 그중 몇 명만 언급할 수밖에 없었다. 쿠웨이트에서는 셰이크 유수프 알-하지와 셰이크 압둘라 알-무타와가 있었다. 펜실베니아 주립대학에서 함께한 무샤리 알카슈람도 있었다. 또한 1968년에 설립되어 쿠웨이트와 외국인 자녀들에게 크게 기여한 알나자트학교의 주요 후원자 중 한 명인 파이살 무카위도 떠오른다. 우리는 지난날을 회상하며 당시의 문제를 논의하고, 함께 이룬 성과를 공유했다. 우리는 또한 아직 많은 과제가 남아 있음을 알고 있었으며, 한번 시작한 일은 완전히 끝나는 법이 없다는 것을 깨달았다.

여정의 숨고르기

나의 여정에서 잠시 숨을 고를 시간이 있었다. 그것은 일종의 실크로드 같은 여정으로 진행 중인 작업, 프로젝트, 헌신적인 사람들, 그리고 억압적 환경 속에 또는 극도의 빈곤 속에 살아가는 무슬림 공동체를 위해 더 큰 비전을 실현하려는 길이었다. 이 여정을 통해 나는 서로 다른 문화와 국적에도 불구하고 무슬림 세계를 하나의 아름다운 직물로 엮어 내는 씨줄과 날줄의 의미를 이전보다 더 깊이 깨달게 되었다. 그중 하나의 요소는 '소리'였다. 이슬람은 구전 전통을 가진 종교로, 꾸란은 문자로 기록되기 전에 암송되고 구전된 텍스트로 계시되었다. 따라서 내가 이슬람 세계를 여행하는 동안 신앙의 소리는 향수처럼 공기를 가득 채웠다. 하늘에 울려 퍼지는 아잔 *Adhan*과 멀리서 들려 오는 꾸란의 낭송 소리는 큰 안도감과 함께 타향에서도 집에 있는 듯한 아늑함을 주었고, 다양성 속의 통합을 체감하게 했다.

또한, 이 여정은 나에게 무슬림의 처참한 상황에 눈을 뜨게 했다. 나는 세상에 대해 더 많은 것을 배우게 되었고, 우리의 모든 노력이 어떤 궁극적 결과를 가져오든 적어도 변화의 씨앗을 뿌리고 무언가를 시작하게 되었다고 믿는다. 무엇보다 중요한 것은 우리가 하나님께서 기대하셨던 일을 했기를 바라는 것이었다. 그리고 이 모든 과정에서, 우리는 우리의 모든 성공이 하나님께 속해 있다는 사실을 잊지 않았다. 그분은 우리 앞길을 열어 주셨고, 그 길 위에 우리의 발을 굳건히 세우셨으며, 우리를 더 높은 곳으로 인도해 주셨다. 또한 프로젝트를 시작하고, 다양한 문화와 국적의 사람들을 대할 수 있는 지혜를 주셨으며, 우리의 결의가 결코 흔들리지 않게 하셨다. 나는 우리의 진실성이 중요한 열쇠였다고 확신한다. 진실성이 없다면 모든 일은 몰가치하기 때문이다. 이는 선지자(그분께 평화가 깃들기를)가 가르친 바와 같다. 아울러 우리의 교육 방식, 즉 한편으로는 기술적으로, 다른 한편으로는 영적으로 균형 잡힌 교육도 중요한 몫을 했다고 믿는다. 두 경우 모두 지식이 현실에 미치는 영향이지만, 그 영향의 형태를 정의하는 것은 영적 요소이며, 이를 통해 사람들, 환경, 그리고 인류를 향한 높은 수준의 책임감 가질 수 있게 된다. 이는 가장 쉬운 방편으로 무관심하게 대할 수 있는 대상들이다.

나의 여정도 끝을 향해 다가가고 있었다. 이라크에서 출발해 결국 미국에 이르렀고, 나와 동료들이 함께했던 모든 대외 활동도 마무리되고 있었다. 나의 학업은 이제 마무리 단계에 접어들었고, 나는 학문적 세계를 떠나 전문 경력의 세계로 들어갈 준비를 하고 있었다. 이에 대해서는 나중에 더 이야기하겠다. 하지만 가장 큰 변화, 그리고 나에게 있어 가장 영광스럽고 적합한 결말은 바로 총각으로 서의 삶에 종지부를 찍을 준비를 하고 있었다는 사실이다.

결혼과 행복

쿠웨이트는 내 마음속에 특별한 자리를 차지하고 있는 곳이다. 1970년 7월 9일, 내 인생에서 가장 중요하고 아름다운 사건 중 하나인 결혼식이 바로 이곳에서 열렸기 때문이다. 반짝이는 불빛들이 쏟아지는 밤, 향신료와 달콤한 디저트의 향기가 공기를 채우고, 훌륭한 저녁 식사와 가슴 속 깊은 곳에서 느껴지는 환희가 어제 일처럼 생생하게 기억에 떠오른다. 축하 행사는 정말로 놀라웠다. 어머니와 형 하지 자심은 신부를 쿠웨이트로 데려오기 위해 이라크에서 와 주셨다. 정말 그리웠던 두 사람이 함께하게 되어 너무도 행복했다. 또한 사랑하는 신부의 알탈리브 가문의 많은 친지들이 참석했는데, 그들과의 인연은 지금까지도 이어지고 있다. 특히 셰이크 압둘라 알-무타와의 관대함은 특별히 언급하고 싶다. 그는 전 세계 가난한 이들의 후원자 역할을 했고, 쿠웨이트와 무슬림 단체들을 지원하는 헌신적인 자선가였다. 성대하게 결혼식을 치러야 된다고 강력히 주장하여 나의 신부에게 큰 기쁨을 안겨 주었다. 내 아내는 지금도 그의 아내와 훌륭한 딸들을 극찬한다. 우리는 여전히 그 가족들과 정기적으로 교류하고 있다.

쿠웨이트에서의 결혼식이 끝나고 가족과 친구들이 떠났고, 아내 메이순은 하나님의 뜻에 따라 나와 함께 새로운 삶을 시작했다.

아내는 결혼 첫날부터 이 글을 쓰는 오늘에 이르기까지 항상 나의 기쁨이자 동반자였고, 버팀목이 되어 주었다. 그 어떤 말로도 내가 아내에게 빚진 것을 표현할 수 없다. 당시 메이순은 열아홉 살이었고, 고향인 모술을 떠난 것은 그때가 처음이었다. 나는 그녀를 행복하게 해 줄 수 있다면 무엇이건 하겠다고 다짐했고, 그녀 역시 같은 약속을 해 주었다. 우리는 항상 서로에게서 큰 위안을 얻었다. 물론 의견 차이가 간혹 없었던 것은 아니었지만, 그 정도도 없다면 우리가 어찌 인간이겠는가? 그럼에도 나는 우리가 진정으로 서로의 '옷'이 되어 주었다고 말할 수 있어 축복받았다 생각한다. **"그들은 너희의 의복이며, 너희 또한 그들의 의복일지니**(수라 알-바까라, 2:187).**"**

누군가 나에게 행복한 결혼 생활의 비결이 무엇인지 묻는다면, 나는 그것이 복잡한 수수께끼가 아니라 사실은 너무나 간단하다고 대답할 것이다. 결혼 생활의 가장 좋은 기반은 자신을 내려놓고, 우위를 점하려 하거나 방어적으로 도덕적 우위를 주장하지 않으며, 이타적으로 자신을 내려놓고 상대의 행복을 추구하는 것이다. 결혼 후에야 비로소 인간에 대한 진정한 이해가 시작된다. 우리는 상대의 성격과 필요를 연구하고, 제대로 소통하며, 감정의 벽 뒤에 숨지 않아야 한다. 나는 이제 결혼한 지 50년이 되었으니, 이 정도는 말할 자격이 있다고 믿는다. 분노 조절도 필수적이다. 나는 아내에게 소리를 지르거나 상처 주는 일을 한 적이 단 한 번도 없다. 아내 역시 늘 친절하고 품위 있게 나를 대했다.

실제 삶에서 우리는 가정이 '안전한 장소'라는 개념처럼 깊은 의미를 지닌 경험들을 마주하게 된다. 아내는, 페미니스트들이 뭐라고 말하든 간에, 남편에게 안정감을 제공하며 사랑과 자비로 가득 차 있다. 남편은 사랑과 존중을 받음으로써 따뜻함과 보호, 그리고 안정감을 제공한다. 꾸란은 말씀하신다. **"하나님은 인간에게 풍성한 은혜를 베푸시니**(수라 알-바까라, 2:243).**"** 가장 큰 은혜는 남편이 어려움 없이 일할 수 있도록 안식과 안정, 평온을 제공하는 아내다. 이러한 동반자 관계를 기반으로 남편의 능력은 배가 된다. 이것이 지난 반세기 동안 내 결혼 생활의 기초가 된 모범이었다. 실제로 아내는 나에게 무한한 영적, 실질적 에너지의 무한한 원천이었다.

결혼 및 가족

인생이 모두 외부 활동과 전문성 개발만으로 이루어진 것은 아니다. 오히려 나는 내 시간과 에너지의 상당 부분을 아내와 가족에게 쏟았다. 나는 가정을 아름답고 신성한 공간으로 여기기 때문이다. 우리는 결혼에 대해 은폐된 자기방어 또는 이상향의 노예 상태로 여기는 경향이 있다. 그러나 사실, 관계는 지속적인 관리와 보살핌이 필요하다. 다행히도 메이순과 나는 신혼 초부터 이 지혜를 깨달았고, 이를 결혼 생활에 충실히 적용하려고 노력했다. 아마 이것이 지난 세월 우리의 결혼이 피난처이자 평화와 안정, 그리고 영감의 원천이 되었고, 나를 정서적, 영적으로 새롭게 해 주었기 때문일 것이다. 개인의 심리적 특성은 모든 관계에서 중요한 역할을 한다. 그러나 결혼 관계의 성공이나 실패는 상당 부분 인내와 경계에 좌우된다. 아내와 나는 결혼 초기부터 우리의 소통이 상호 애정, 존중, 감사, 그리고 연민을 바탕으로 이루어지도록 했고, 결점보다는 필요에 집중하는 방식을 선택했다. 그에 따라 우리는 모든 이가 때때로 겪을 수 있는 주요 도전들에 성공적으로 대처할 수 있었다.

나는 메이순을 깊이 사랑하며, 그녀가 내 인생에 존재할 수 있게 해 주신 은혜에 대해 하나님께 감사드린다. 그녀는 나의 영적 여정과 경력에서 나를 지지하고 수없이 많은 도움을 주었다. 그녀와의 동반은 내게 만족과 기쁨의 원천이었을 뿐 아니라, 말로 표현할 수 없을 만큼 내 삶을 풍요롭게 해 주었다. 좌절과 실망의 순간에 희망을 붙잡을 수 있게 해 주었고, 아버지가 될 수 있는 은총을 안겨 주었다. 메이순 없는 내 삶은 상상할 수 없다. 모두가 결혼을 통해 외로움에서 벗어나 동반자와 기쁨을 찾을 수 있기를 바란다. 그러나 결혼 생활의 중요한 부분은 우리 자신의 성품을 시험하는 일임을 늘 마음에 두고 있어야 한다. 이는 어려운 순간에 인내와 선의, 그리고 연민을 발휘할 수 있는 능력뿐 아니라 상대의 필요를 이해하고 그에 맞게 행동하는 것을 포함한다. 결혼을 지나치게 단순하게 보거나 지나치게 복잡하게 생각할 필요는 없다. 또한, 관계가 성숙해지고 사랑이 커질수록 새로운 가족 구성원이 추가되어 더욱 번창한다. 내 인생에서 가장 행복한 순간 중 하나가 아이가 처음으로 "아빠" 하고 부르는 소리를 들었을 때였고, 비록 아이를 키우는 과정은 불안과 두려움으로 가득 차기도 했었지만, 내 아이가 성장하고 발달하는 모습을 지켜보는 기쁨은 세상의 모든 걱정과 불안을 무색하게 만들었다.

앞서 언급했듯이 결혼 생활은 순탄한 항해가 아니라 수많은 도전과 어려움을 동반한다. 소중한 정원처럼 조심스럽게 가꾸고 보살펴야 한다. 메이순과 나는 꽤나 힘든 상황에서 무례한 사람들을 품위 있게 대해야 하는 문제들을 포함, 우리에게 닥친 걱정과 어려움을 극복하기 위해 최선을 다해 왔다. 하지만 그녀가 아름다운 미소로 나를 맞이하는 순간 모든 걱정은 사라지고, 그녀가 매일 세상의 주인이신 하나님께 예배하며 나를 위해 기도하는 소리를 들을 때, 내 마음 깊은 곳에서 사랑이 솟구친다. 메이순은 힘든 상황 속에서도 불평 한마디 없이 긍정적으로 생각하며, 삶에서 정말 중요한 것이 무엇인지를 상기시켜 주는 축복에 대해 늘 하나님께 감사드렸다. 리비아에서 정치적 상황과 그로 인한 좌절과 박탈감, 고통 속에 있을 때도 그녀는 한결같이 밝은 면을 바라보았다. 소박하고 아름다운 영혼의 소유자인 그녀는 언제나 하나님을 삶의 중심에 두었다. 그녀가 나를 바라볼 때면, 그녀의 사랑과 깊은 감사를 느끼며, 우리 관계에서 안정과 깊은 평안을 얻는다. 우리는 항상 우리에게 진정으로 중요한 것, 즉 신앙을 실천하고, 자선 활동에 참여하며, 자녀들을 잘 키우는 데 함께 노력해 왔다.

지나치게 감상적인 의미에서가 아니라 결혼 초기에 느꼈던 기쁨과 생동감이 지속된다는 의미에서 우리의 개인적 삶은 끝나지 않는 신혼여행과 같다. 결혼 초기 몇 주 동안, 나는 내가 경험하고 있던 엄청난 사랑과 만족감이 시간이 지나면서 줄어들거나 사라져 버리지 않을까 걱정했었음을 고백하지 않을 수 없다. 나는 곧 회의와 컨퍼런스, 직업, 자선 및 종교 활동으로 매우 바빠지리라는 것을 알고 있었고, 메이순이 이런 변화에 어떻게 적응할지 걱정하지 않을 수 없었다. 아직 스무 살도 되지 않은 메이순은 젊고 활기한 나이였고, 그녀의 인생은 막 시작되고 있었다. 내가 그녀에게 나이에 비해 지나친 성숙함을 기대하고 있는 건 아닐까? 그녀가 조급해하거나 짜증을 내지는 않을까? 내 시간에 부담이 되지는 않을까? 하지만 다행

1973년. 리비아 트리폴리에서 찍은 가족 사진. 사진 앞줄 왼쪽에서 오른쪽으로 나와 두 살배기 아들 무함마드 토톤지, 그리고 아버지. 뒷줄 왼쪽에서 오른쪽으로 갓 태어난 딸 일함을 안고 있는 가정부 함디아, 그 옆에 나의 아내 메이순이 서 있다.

히도 내 걱정은 기우였다. 메이순은 정말 그녀의 오빠와 닮아 있었다. 성품과 강인함에 있어, 내가 자랑스럽게 처남이라고 부르는 고결한 지식 구도자 허샴 알탈립을 그대로 닮은 사람이었다. 내 비전을 완전히 이해하고 포용한 메이순은 내가 그토록 열심히 노력해 온 목표들을 달성하는 데 적극적으로 도와주었다. 그 결과, 그녀는 내가 나의 역량을 유지할 수 있게 해 주는 동시에 자신의 과업도 수행하려고 노력했다. 실제로 그녀는 하나의 책무를 해결하고 나면 곧바로 또 다른 책임을 기꺼이 떠맡았다. 내가 할 수 있는 말은 단 하나뿐이었다. "하나님, 메이순(움 무함마드)에게 축복을 내려 주소서!"

새로운 커리어의 시작

결혼은 새롭고 특별한 종류의 책임을 일깨운다. 이제 나는 사랑스러운 아내를 돌봐야 했고, 그만큼 내 경력에 더 집중할 필요가 있었다. 하나님께서는 모든 것을 돌보신다. 여기에서 결혼 전에 일어났고 이후 나의 경력을 형성하는 데 중요한 역할을 하게 될 사건을 언급하고자 한다. 이는 당장은 아니었지만, 하나님의 섭리가 어떻게 실재하는지를 보여 주는 일화이기도 했다. 마카에서 MWL 전 사무총장이었던 셰이크 살레 카자즈가 나에게 사우디아라비아 다란에 있는 석유광물대학_{현재 킹파드 석유광물대학, KFUPM}을 방문하여 평가해 달라고 요청했다. 나의 능력을 신뢰하여 이런 막중한 책임을 맡긴다는 사실에 놀라움과 감사함을 느꼈다. 당시 마카에 머물던 중 나는 동료들을 뒤로하고 다란으로 향했다. 대학을 둘러본 후 그곳에서 하루를 보내며 다양한 기술적 측면을 검토한 보고서를 작성했다.

그때 눈에 띄었던 점 중 하나는 석유공학 관련 강좌가 단 하나도 없다는 사실이었다. 나는 이 대학에 공식 연고나 소속도 없었음에도 과감하게 석유공학부 설립을 제안했다. 내가 무슨 자격으로 대학 관계자들에게 이런 제안을 할 수 있었을까 싶었지만, 내 자격이 충분히 신뢰를 주었거나 제안에 대한 논증이 제대로 설파되었기 때문인지, 놀랍게도 이후에 제안이 받아들여져 1973년에 실행에 옮겨졌다. 운명적으로 그해에 나는 사우디아라비아로 이주하여 리야드대학교^{현 킹사우드대학교}에 첫 번째 석유공학부를 설립하고 10년 동안 학부장을 역임했다. 두 분야에서 동시에 활동하면서, 나는 또한 사우디아라비아에서 세계무슬림청년회의^{WAMY} 설립을 도왔다.

알제리

나는 이제 결혼한 상태로 아내와 함께 알제리로 여정을 이어 갔다. 알제리는 많은 위대한 무슬림 학자와 지도자들이 탄생한 축복받은 땅이다. 나는 그곳에서 여러 훌륭한 인물을 만날 수 있었다. 그중 한 사람은 내가 만난 뛰어난 인물들 중 한 명이었던 압둘 하미드 빈 치코였다. 그는 조용히 일하면서도 많은 성취를 이룩한 사람이었다. 콜럼버스에 있는 오하이오 주립대학교에서 전기공학 박사 학위를 받았으며, 미국에서 우리 프로젝트를 함께 진행했던 동료였다. 이후 그는 알제리공과대학교의 과학기술대학 학장으로 재직했다. 그는 우리에게 자신의 집에서 하룻밤을 보내자고 강권했다. 그곳에서 내 아내는 아랍 세계, 특히 북아프리카에 대해 더 많이 배울 수 있는 기회를 가졌다. 또한 나는 20세기 아랍 세계에서 가장 뛰어난 무슬림 지식인 중 한 명인 알제리 학자 말렉 베나비를 만나는 영광을 누렸다. 우리는 오랜 시간 대화를 나누었고, 그의 독창성과 복잡한 문제를 면밀히 분석하는 날카로운 지성에 깊은 감명을 받았다. 그의 생각을 듣고 그가 하는 과업 방식을 볼 수 있었던 것은 특권이자 큰 기쁨이었다. 나는 그 기회를 활용해 여러 문제에 대한 그의 조언을 구했다. 나는 그의 책을 읽었고, 그가 전파하는 사상에 매료되었으며, 그것이 우리의 일에 매우 유용할 것이라 확신했다. 그가 나에게 했던 말이 아직도 기억난다. 그가 말했다. "친애하는 아흐마드 형제여, 나는 이슬람의 빛이 서방에서 인류를 위한 이익을 위해 빛나게 될 것이라 기대합니다." 나는 대답했다. "우리는 노력하고 열심히 일하며 할 수 있는 모든 것을 할 것입니다." 미국에서 공부하는 젊은이들 대부분이 가장 우수한 인재들이었기에 우리에게는 인적 자원이 있었다. 그들이 자신의 신앙과 정체성을 확립할 수 있다면, 이는 이슬람 사회에서 문명을 부흥시키는 엄청난 원동력이 될 것이다.

나는 말렉 베나비 같은 사람들의 통찰을 통해 이슬람의 지적 환경을 개선하고자 열망했다. 그래서 1971년, 그를 미국으로 초청했다. 우리는 여러 주에서 회의와 세미나를 포함한 체계적 프로그램을 마련했으며, 가능한 한 많은 청중에게 그의 사상과 아이디어를 소개할 기회를 제공했다. 시카고에서도 그를 만났고, 인디애나주 해먼드에 있는 우리 집에서 하룻밤을 보냈다.

이 무렵 나는 아내와 함께 거실과 주방이 있는 침실 한 개짜리 아파트로 이사했다(이 이사에 관한 이야기는 나중에 더 하겠다). 이 작은 공간에 미국 내 무슬림 단체 지도자들을 초대했으며, 이 모임은 축복받은 자리였다. 남성과 여성 약 40명이 함께했다. 여성들은 침실에서, 남성들은 다른 공간에서 잠을 잤다. 유일한 소파는 말렉 베나비를 위해 남겨 두었는데, 그가 말했다. "오늘은 제 인생에서 가장 멋진 날 중 하나입니다. 당신이 저에게 희망을 주었습니다!"

알제리로 돌아온 후 말렉 베나비는 『20세기 후반의 무슬림 *Risalat al-Muslim Fi al-Thuluth al-A'khir min al-Qarn al-'Ishrin*』을 집필했다. 한편, 많은 아랍 국가에서 청년 단체의 설립은 상당히 난해한 상황이었다. 북아프리카 아랍 국가들은 자원이 제한적이었으며, 안보 상황도 부정적 영향을 미쳤다. 많은 정권이 청년 단체의 설립을 허용하지 않았다. 이는 당시 알제리, 북아프리카, 쿠웨이트를 포함한 모든 무슬림 국가에서 공통적으로 나타난 문제였다. 그러나 몇 년 후, 쿠웨이트대학교에 학생회가 창설되면서 어느 정도 자유가 허용되고 있음을 보여 주는 신호가 되었다. 알제리의 경우, 국가의 조직적 활동 수준을 개선하는 데 중요한 역할을 한 사람들이 많았다. 그중에는 압둘 하미드 빈 치코, 무함마드 부잘카가 있었다.

미래를 위한 제안

어느 날, 나의 절친한 친구 셰이크 압둘라 알-무타와로부터 메모를 받았다. "친애하는 아흐마드, 이제 박사 학위를 마쳤는데, 왜 전문 경력을 시작하지 않는가?" 나는 하나님의 뜻이라면 그렇게 하겠다고 대답했다. 그의 조언은 정확했고, 시기적으로도 더할 나위 없이 적절했다. 마침내 미국에서의 임무를 마무리하고 다른 사람들에게 MSA 업무와 책임을 넘겨 줄 순간이 찾아왔음을 깨달았다. 하지만 결코 쉬운 일은 아니었다. 당시 거의 26개의 서로 다른 프로젝트가 진행 중이었는데, 이는 우리 업무의 규모와 복잡성을 보여 주는 지표였다. 인수인계 과정은 길고도 섬세한 작업이 될 것이었기에 나는 짐을 꾸려 떠나지 않았다. 그리하여 1년 정도 더 미국에 머물며 업무의 지속적인 진행과 체계적 이양을 가능케 할 전략을 기획하기로 했다. 각 활동 분야를 담당할 위원회를 구성해 업무를 재구성하고 책임과 역할을 체계적으로 조직하기로 했다.

한편 이 친구는 여기서 멈추지 않았다. 이후 그는 또 다른 쪽지를 내게 보내 진행 중인 업무와 관련하여 재정적 문제를 어떻게 처리할지 물었다. 심지어 내 후임자가 역할을 수행하기 위해서는 얼마의 재정이 필요할지까지 물었다. 유급 직책이라니? 참신한 아이디어였다. 나는 지금까지 누구에게도 금전적 보상을 요구하거나 받는 일 없이 기꺼이 무급으로 업무를 추진해 왔지만, 후임자들에게도 같은 생각을 기대할 수는 없었다. 동시에 딜레마에 빠졌다. 무급 정책은 의사 결정에 있어 자금원으로부터의 독립성을 보장하고, 자신의 노력을 하나님께 헌신한다는 만족감을 주는 명백한 이점도 있었다. 물론 이것이 제도화를 단념한다는 의미는 아니다. 그러나 이 원칙을 나 자신에게는 적용할 수 있어도 타인에게까지 강요할 수는 없었다. 업무량은 방대했으며, 따라서 이는 공정하지 않은 처사이다. 그래서 나는 모든 사항을 고려하여 한계 범위 내에서 800달러를 제안했다. 그러자 그는 새 담당자의 1년치 급여를 자신이 부담하겠다고 답했다. 정말 친절하고도 관대한 제안이었다.

그 순간 나는 "주는 손이 받는 손보다 더 높은 곳에 있다"는 말의 깊은 지혜를 온전히 깨달았다. 그의 진정성을 한순간도 의심하지 않았지만, 내 안에는 나의 원칙이 내재되어 있었기에 이 새로운 요소를 제도화하는 데 약간의 아쉬움을 느끼지 않을 수는 없었다. 또한 내 어머니께서 튀르키예어로 자주 말씀하시던 "이슬라미아산 야산Ishlamiasan Yasan", 즉 "하나님께서 너에게 생계를 위해 모든 시간을 소비할 것을 요구하지 않으시기를"이라는 부드러운 목소리가 떠올랐다. 하나님(그분께 영광을) 덕분에 나는 1983년 리야드대학교에서 급여를 받는 직책을 그만둔 이후 한 번도 급여를 받는 직업을 가질 필요가 없었다. 이에 대해서는 나중에 더 이야기하겠다.

유럽(1970)

아랍 세계와 유럽 간에는 행사 조직 방식에 있어 분명한 질적 차이가 있었다. 독일의 도시 하노버는 이를 잘 보여 주는 사례였다. 하노버의 YMCA에서 두 차례의 무슬림학생기구연합Union of Muslim Students Organizations, UMSO 집회가 열렸는데, 남성과 여성을 위한 각각의 섹션이 마련되어 있었다. 이는 여성들이 활동을 조직하고, 무슬림 여성 활동을 지원하며 여성 문제를 다룰 여성 리더 육성을 위한 노력이었다. 당시 우리는 호텔에 머물 만큼 자금이 충분하지 않았다.

이러한 환경은 나의 어린 아내에게는 새로운 경험이었다. 아내는 이 여성 그룹 중 아는 사람이 아무도 없었고, 그 환경 또한 낯설었다. 그럼에도 아내는 사람들을 알아가는 데 주도적으로 나섰다. 이는 우리의 삶에서 새로운 발전이었고, 그녀의 새로운 인맥은 우리의 활동에 큰 도움을 주었다. 그녀가 만난 사람 중에는 현재 사우디아라비아 리야드에 살고 있는 멋진 여성 움 우사마 알룰라비가 있었다. 지금 그녀와 나의 아내는 함께 꾸란 공부 모임에 참가하고 있다. 그녀의 남편 압둘 말릭 알룰라비는 1969년 독일에서 열린 첫 번째 IIFSO 컨퍼런스를 조직하는 데 나와 함께 일했다. 점차적으로 여성들이 교육 및 사회 활동에 점점 더 많이 참여하기 시작했다.

내가 독일에서 참석했던 컨퍼런스는 유럽 전역에서 온 무슬림 청년 지도자들을 대상으로 한 대회였다. 그 회의에 파키스탄에서 온 쿠르시드 아흐마드도 참석했는데, 이후 영국 레스터에 있는 이슬람 재단의 책임자가 되었으며, 내 생각에 20세기 후반 가장 훌륭한 무슬림 청소년 지도자 중 한 명이었다. 회의에는 또 다른 여러 지도자들도 참석했으며, 우리는 범유럽 학생 단체 설립에 대해 논의했다.

이 컨퍼런스는 생산적 논의와 대화를 나누기에 적합한 환경을 제공했다. 학생 단체와 무슬림 공동체 조직의 지도자들이 참여한 많은 강연과 회의가 이루어졌다. 당시 영국에서 가장 큰 무슬림 공동체는 벵골인들이었다. 이 단체의 수장은 방글라데시 실렛 출신의 셰이크 무함마드 압둘살람이었다. 그는 사실상 한 세대의 일꾼들을 배출한 인물이었다. 또한 영국에서 발행된 잡지『임팩트』의 창립자이자 편집자인 하셔 파루키도 참석했다. 파루끼는 파키스탄 출신으로 당시 최고의 무슬림 영어 작가 중 한 명으로 평가받았다.

나는 나의 과거 경험이 얼마나 중요한지 잘 알고 있었으며, 참석자들에게 이 경험을 나누면 유익할 것이라 생각했다. 그래서 나는 이 컨퍼런스에서 미국에서의 우리 활동에 대해 연설했다. 우리의 목표는 단순히 선한 사회와 도덕적 시민을 만드는 데 있음을 설명하며, 청소년에게 정신적, 조직적 방향을 제시하는 것은 바로 이를 달성하기 위한 것이라고 주장했다. 참석자들이 열정적으로 메모하는 모습을 보며 큰 보람을 느꼈다. 또한 미국에서의 MSA 프로젝트와 활동에 대해 열성적으로 질문하는 모습도 매우 흥미로웠다.

나만 연설한 것은 아니었다. 영국과 전 세계에서 공동체 활동의 선구자였던 쿠르시드 아흐마드는 이슬람재단에서의 활동에 대해 이야기했다. 영국에서 태어난 많은 젊은 무슬림 활동가들도 영국에서 청년 단체를 설립한 경험을 공유했다. 이들은 훌륭한 시민 의식을 높은 수준으로 발전시키고 있었다. 그들은 영국 사회의 중요한 구성원이었으며, 무슬림과 비무슬림 영국 청년들의 요구를 깊이 이해하고 있었다. 이들 영국의 무슬림 청년들은 평화롭고 도덕적인 신앙의 메시지를 타인에게 전하는 데 더 능숙하고 적합했다. 이러한 무슬림 단체들이 발전하면서 사회 다양한 계층의 사람들이 이슬람에 대해 더 잘 이해하고, 존중하며, 받아들이는 기회가 점점 더 늘었다.

미국으로 돌아와서

1970년 7월, 세계 일주를 마치고 뉴욕에 도착했을 때, 미국·캐나다 MSA 회장이었던 이브라힘 켈리지가 나를 맞아 주었다. 그는 전국 MSA 집행위원회에서 열심히 활동했던 사람으로, 나와 아내를 자기 집으로 초대했다. 사우디아라비아의 잠줌 가문 출신인 그의 우아한 아내가 우리를 따뜻하게 맞아 주었다. 사실 그의 집은 뉴욕과 뉴저지 지역 주요 무슬림 공동체 리더들이 모이는 중심이었다. 그곳에서 아침부터 저녁까지 회의가 계속되었고, 어떤 날은 밤을 넘겨 이튿날까지 이어지기도 했다. 고된 작업이었지만 우리의 노력이 훌륭한 결과로 이어졌기에 그 모든 피로가 충분히 보람으로 돌아왔다.

그 후 나는 오하이오 주 신시내티로 이동해 형제이자 오랜 친구인 히샴 알탈립과 그의 가족을 만났다. 나는 그에게 아파트를 임대하는 데 도움을 요청했는데, 그렇게 하여 나는 우리를 위해 준비된 첫 번째 집으로 이사하게 되었다. 이 집은 우리가 도착하기 전에 100달러의 비용으로 가구까지 비치된 아파트였다. 비록 소박하고 작은 아파트였지만 내게는 궁전이었고, 나는 나의 '성'의 왕이 된 듯 행복했다. 청년기를 뒤로하고 성인으로의 여정을 시작하는 감정이 들었다. 집은 벽돌과 콘크리트 만들어지는 것이 아니라, 사람과 그들이 만들어 내는 사랑과 감정으로 이루어지는 것이라는 깨달음이 들었다. 나는 우리의 보금자리가 가족 모두에게 평화롭고, 복잡다단해지는 외부 세계로부터의 안식처가 되기를 원했다. 그래서 혼자 조용히 생각했다. '아흐마드, 하나님께서 네게 아내를 주셨으니, 그것은 너의 종교의 반半이다. 자비의 하나님, 나머지 절반도 성공할 수 있게 도와주소서.' 그리고 아내에게 물었다. "메이순, 만족해?" 아내가 "네, 아흐마드!" 하며 답했다. 그 말은 내게 세상을 얻은 듯한 기쁨을 주었다. 아내의 행복은 곧 나의 행복이었다.

처남 히샴은 나를 위해 침실 하나에 거실과 화장실이 딸린 월세 130달러의 저소득층을 위한 아파트를 임대해 주었고, 이 도시를 떠나는 동료로부터 100달러에 중고 가구까지 구입해 주었다. 아내의 사촌 아메르 이스마일 알탈립은 그 가구를 훌륭히 수리해 주었다. 하나님께서 이들에게 큰 은혜를 베풀어 주시길! 이 소박한 집은 아내와 나에게 많은 기쁨과 평화, 그리고 평온을 가져다 주었다.

신시내티에서 인디애나 주 게리까지

1971년이 되었고, 나는 신시내티에서 6개월 정도 머물렀다. 그곳에서 나는 우리의 활동을 개선하고, 공동체 서비스를 확장하며, 무슬림 공동체의 업무를 조직하는 전략을 수립하는 책임을 맡았다. 그 기간 동안 새로운 무슬림들이 이슬람을 받아들임에 따라 무슬림 공동체 구성원이 부분적으로 증가했다. 동시에 공동체는 더 큰 동기를 부여받고, 자신들의 권리와 책임에 대해 더 잘 이해하게 되었다. 선지자(그분께 평화가 깃들기를)께서 무하지룬^{이주자}과 안사르^{마디나 주민}들를 연결했던 것처럼 새로운 무슬림을 주변 무슬림 공동체와 연결하는 일이 중요했다. 안사르들은 공공의 자비와 동정심으로 무하지룬을 마치 자신들의 가족처럼 받아들였고, 그들에게 숙소와 음식 및 기타 필수품을 제공하는 등 자신들이 가진 것을 함께 나누었다.

그 후, 나는 인디애나주 게리에 있는 알라민 성원에서 시간을 보냈다. 이곳은 미국·캐나다 MSA 본부가 되었다. 나는 신시내티에서 히샴 알탈립과 그의 가족과 헤어진 후 알라민 성원에 내 사무실을 두기로 결정했다. 나는 동료들에게 업무를 위임하고 분배했으며, 게리 인근 애먼드라는 도시에 아파트를 임대했다. 중고 가구를 트레일러에 싣고 새 아파트로 옮겼다.

알라민에서의 우리의 활동은 우리 업무에 매우 긍정적 영향을 미쳤다고 생각한다. 이곳은 손님들이 식사하며 강연을 들을 수 있는 충분한 공간이 준비되어 있었다. 우리는 또 사원 한 구역을 여성들을 위한 공간으로 따로 마련했다. 담요 200장과 베개 100개를 총 110달러에 구매해 세탁소에 맡겨 깨끗하게 세탁한 뒤, 사람들이 성원의 카펫 바닥에서 머무를 수 있도록 제공했다.

우리는 아주 적은 예산으로 소박한 기반을 마련했다. 하지만 나는 어떤 무슬림도 제한된 자원을 핑계 삼아 선행에 나서지 않으면 안 된다고 생각한다. 사실 전능하신 하나님께서는 한정된 자원에 축복을 내려 그분의 뜻에 따라 자원을 늘리신다. 이 소박한 침구들은 진정 축복받은 것이었고, 당시 미국에서 이 활동에 적극적으로 참여했던 거의 모든 사람이 이 담요들 중 하나를 덮고 하룻밤을 보냈다.

안타깝게도 당시 게리에는 범죄가 만연하고 살인 사건도 드물지 않았다. 게리의 거리를 걷다가 쓰러져 있는 시신을 발견하는 일이 이곳 주민들에게는 충격적인 일이 아니었다. 이는 우리의 오감을 뒤흔드는 일이었지만, 당시 미국에서 가장 가난한 아프리카계 미국인 거주 지역의 엄혹한 현실이었다. 이러한 도시들은 대부분 주요 고용주 역할을 하는 산업 프로젝트를 중심으로 형성되었지만, 이러한 사업장이 문을 닫으면 많은 사람들이 경제적으로 큰 타격을 입게 된다. 게리는 철강 산업에 의존하고 있었는데, 이 공장들이 문을 닫으면서 일할 기회가 더욱 줄어들었다. 예상대로 많은 사람들이 도시를 떠났고, 그들 대부분은 무슬림이었다. 문제는 알라민 성원이 은행 대출로 건축되었으며, 아직 상환되지 않은 대출금이 있었다는 것이다. 결국 은행이 소유권을 압류하여 성원을 매물로 내놓게 되었다.

상황은 매우 심각했으며, 우리는 기부금 모금을 위해 광범위한 청원 활동에 나섰다. 결국 사우디아라비아 파이살 국왕이 대출금 청산에 필요한 자금을 기부해 상환할 수 있었다. 성원의 소유권은 북미 이슬람신탁North American Islamic Trust, NAIT으로 이전되었다. 향후 법적 문제를 피하기 위해 우리는 사원을 와끄프*Waqf*, 즉 자선 기금으로 등록했다. 자선 기금으로 등록하면 신탁 관리자가 동의하지 않는 한 매매할 수 없으므로 지역 사회의 개인적 변덕으로 매각되는 것을 방지할 수 있었다. 알라민은 규모가 큰 성원이었으며, 여러 면에서 수리가 필요했다. 우리는 수리에 나섰고, 성원은 곧 활기 넘치는 중심지가 되었다. 마치 빛을 발산하는 장소처럼 경건한 사람들을 끌어들이는 곳으로 변모했다. 이것은 우리가 늘 의도했던 바였다.

새로운 새벽!

알라민 성원이 위치한 지역은 앞서 언급했듯이 다소 위험한 곳이었다. 청소년들이 종종 범죄에 연루된 모습이 보이곤 했는데, 이는 그들이 극심한 폭력, 빈곤, 그리고 비참한 환경 속에서 성장한 결과였기에 놀랄 일이 아니었다. 아이들은 남의 집 창문에 돌을 던지고 쓰레기를 버리곤 했다. 그들을 가득 채운 분노는 존재의 비참함과 빼앗긴 미래에서 비롯되었으며, 그들의 눈은 이를 고스란히 드러냈다. 절망적인 삶에 대한 반응으로 그들은 폭력적 행동을 통해 통제력을 행사하려는 독재자의 행동과 닮을 수밖에 없었다. 잃어버린 미래와 알 수 없는 운명을 눈에 담고 있는 그들에게 필요한 것은 비난이 아니라 도움이었다. 우리는 그들을 두려워하여 바리케이드를 치고 살 수는 없었다. 그런 행동은 결과적으로 우리가 구원의 손길을 내밀기를 스스로 거부하는 행위이기 때문이다.

우리는 하나님께 기도했고 하나님께서는 우리를 인도해 주셨다. 나는 용기를 내어 이 아이들을 알라민 성원으로 점심에 초대했다. 그리고 그들에게는 아마도 이전에 경험하지 못했을 무조건적 친절을 보내 줄 기회로 삼았다. 자신들의 처지가 해결 불가능한 것으로 여겼던 순간에, 그들에게는 세상을 바라보는 또 다른 방식이 제시되었다. 하나님께 축복받은 메이순은 40명의 아이들을 위해 음식을 준비했다. 나는 아이들과 이야기를 나누며 자신들이 환영받고 보살핌을 받고 있다는 느낌을 받을 수 있게 노력했다. 아이들에게 했던 말 중 하나가 기억에 남는다. "여러분은 우리의 이웃이며, 우리는 여러분을 자랑스럽게 생각합니다. 이슬람에서 이웃은 권리를 가지고 있습니다. 여러분은 진정한 남자들이며, 이 사원을 잘 유지하는 책임을 맡아 주었으면 합니다. 준비되었습니까?" 나는 이 말을 통해 아이들에게 방향성과 자존감을 심어 주고자 했다. 하나님께서만 아시겠지만, 그들이 받았던 비난은 이미 충분한 것이었다.

아이들은 우리의 말에 동의했고, 우리 또한 진심이었다. 우리는 정말로 그들의 도움이 필요했기 때문이다. 신문을 발송해야 했고, 지면을 정리하고, 주소를 준비하고, 봉투를 봉인해야 했다. 나는 그들에게 시간당 1달러를 주며 사원에서 일할 기회를 제안했다. 1971년 당시 청소년들에게는 적지 않은 금액이었고, 모두가 자신의 역할을 맡아 일이 시작되었다. 그들은 생산적 노력에 참여했고, 이는 변화를 알리는 신호탄이었다. 이것은 아이들이 이전에 알고 있던 현실과는 완전히 다른 모습이었으며, 이들에게 자부심을 심어 주고 자존감과 존엄성을 되찾을 수 있는 기회를 제공해 도덕적인 삶으로 향하는 첫 걸음을 내디딜 수 있게 만드는 시도였다.

얼마 지나지 않아, 나는 사원의 문 앞에서 나를 찾는 남녀 그룹을 만났다. 그들의 옷차림으로 보건대 매우 가난해 보였다. 나는 그들을 만나러 나갔고, 그들은 나에게 고마움을 표하기 시작했다. 그들은 우리가 보살피던 아이들의 부모들이었다. 아이들의 변화된 모습에 감사를 표하는 그들의 말을 들으며 가슴이 뭉클했다. 이전에는 거리를 배회하며 나쁜 행동을 일삼던 아이들이 스스로를 단정히 하고 이제는 바르게 행동하기 시작했다고 했다. 우리는 절망만이 도사리고 있던 곳에 희망을 심어 주었다. 놀랍게도 아이들은 기도 시간이 되자 기도에 참석했다. 우리는 그들에게 우두*Wudu, 세정*를 알려주며 요청했고, 그들은 그대로 따랐다. 그들이 얼마나 빨리 배우는지 보는 내내 뿌듯했다. 이렇게 하여 사원은 단순 예배 장소를 넘어, 아이들에게 가장 필요했던 사랑과 친절을 제공하는 개혁의 원천이 되었다. 상상해 보라. 모든 사원이 이러한 관행을 본받아 비슷한 상황에 처한 청소년들을 지원하고 인도함으로써 얼마나 큰 영향을 미칠 수 있겠는가!

친절의 열매

그 후로는 사원에 있는 창문, 관목, 방문객, 차량 등 그 어떤 것에 대한 공격도 더 이상 발생하지 않았다. 지역은 평온함과 아름다운 주거지로 변모했다. 물론 우리가 이 아이들에게 제공한 급여와 그들에게 보여 준 인내와 친절만이 그들의 변화를 이끈 것은 아니었다. 나는 하나님(그분께 찬미와 숭고함이)의 자비와 그들에게 영적 인도를 주시려는 그분의 뜻이 있었기 때문이라고 굳게 믿는다. 이 아이들 중 많은 아이들이 무슬림이 되었고, 어떤 경우에는 그들의 가족도 무슬림이 되었다는 소식을 전할 수 있어 기쁘다. 실제로 새롭게 무슬림이 된 이들 중 한 아이는 후에 모스크의 이맘이 되었고, 또 다른 한 아이는 장학금을 받아 사우디아라비아 마디나에서 공부할 수 있게 되었다.

나의 딸 일함은 한때 버지니아에서 고인이 된 그 이맘의 딸을 만날 기회가 있었다. 그녀는 일함에게 자신의 아버지가 '아흐마드 형제'에 대해 자주 이야기했다고 말했다. 내 딸이 "그분이 뭐라고 말씀하셨나요?"라고 묻자, 그 딸은 "아흐마드 형제가 아버지를 도왔고 많은 가르침을 주었다"고 대답했다.

선한 사회는 우연히 만들어지지 않는다. 도덕적이고 영적인 원칙을 심어 주어야 하며, 인간으로서 서로 간 상호 작용은 존중과 선행을 바탕으로 이루어져야 한다. 우리는 우리가 설교하는 원칙에 따라 살아야 하며, 다른 이들에게 기대하는 선함을 우리 자신이 발산해야 한다. 입에 발린 말은 이 계획에서 설 자리가 없다. 꾸란은 선행을 칭찬하고, 현세와 내세 모두에서 상상할 수 없는 보상을 약속하며, "고난이 있으면 평안이 있다"는 말씀으로 우리를 위로하며 자존감을 높이고, 하나님의 기쁨을 추구하도록 격려함으로써 우리의 행동에 큰 동기를 부여한다. 그렇다면 우리가 다른 사람들에게 가혹하게 반응하고, 하나님께서 우리에게 베푸시는 자비를 그들에게 확산시키지 못한다면 우리는 무엇이 될 것인가? 만약 내가 사원을 훼손하던 아이들을 붙잡아 경찰에 신고했다면 어떻게 되었을까? 그들의 미래는 어떻게 흘러 갔을까? 그들이 체포되었다면 위와 같은 좋은 결과를 얻을 수 있었을까? 그들이 더 나은 인간이 될 수 있었을까? 선지자(그에게 평화가 깃들기를)께서 말씀하셨다. "친절히 대하라. 친절이 무언가의 일부가 될 때, 그것은 그를 아름답게 한다. 반대로 친절이 제거되면, 그것은 그를 손상시킨다."

주일 학교

몇몇 가족들은 자녀들을 우리에게 보내 이슬람을 배우게 할 수 있는지 물었다. 그 결과 우리는 무슬림 어린이를 위한 주일 학교와 성인 남성과 여성을 위한 학습 모임을 개설했다. 새롭게 이슬람으로 개종한 사람들 중 일부는 사원에서 자원봉사를 시작했고, 우리는 하나님을 의지하며 교육 프로그램을 시작하기로 결정했다. 우리는 하나님의 축복으로 우리의 계획이 성장할 것이라는 믿음이 있었다. 나는 좋은 의도가 확립되면, 계획을 추진해야 한다고 생각한다. 모든 사람이 규율과 헌신성하에 열심히 노력한다면 반드시 성공이 따를 것이다.

우리의 계획이 자리를 잡아가면서 지역 사회는 우리의 활동을 점점 더 친숙하게 대했고, 활동에 참여하는 사람들의 수가 빠르게 증가했다. 심지어 시카고에서 차로 한 시간이 넘는 거리를 마다하지 않고 오는 가족들도 있었는데, 이는 게리 인근 지역의 위험스런 평판에도 불구하고 성원과 그 활동들에 큰 가치를 부여했기 때문이다. 그들은 와서 일하며 사회적 관계를 맺었고, 그 결과 그들과 자원봉사자들과 새로운 방문자들 사이에 깊은 유대가 뿌리 내리며 성장하기 시작했다. 이러한 모습은 매우 기쁜 광경이었다. 새로 온 사람들은 선배들의 경험을 통해 많은 도움을 받을 수 있었다.

우리 활동에는 지적 성장과 혁신이 절실히 필요했으며, 현대적 발전의 이점을 활용해야 했다. 우리는 새로운 아이디어를 기꺼이 수용하고, 이를 실행할 수 있는 사람들을 찾아 개발 과정을 면밀히 추적했다. 그렇게 함으로써 우리는 '지적으로 진보된' 그룹을 개발할 수 있었으며, 이들은 미국의 환경과 문화에 완전히 조화를 이루는 활동을 제공할 수 있었다. 그 후 우리는 대학 교수, 학생, 일반 사회, 의사 결정권자, 무슬림 여성 등 대상 그룹에 따라 활동을 차별화하기 시작했다. 다시 교도소 활동에도 집중하기 시작했다. 이 작업은 점차 제도화되었고, 나는 작업 리듬에 익숙해져 이를 더 높은 수준으로 발전시킬 수 있는 새로운 기회들이 열리는 것을 보며 만족감을 느꼈다.

미국에서 사람들의 삶이 변화하고 지역 사회가 활기를 되찾으며 신앙, 선한 시민 의식, 도덕을 촉진하는 프로젝트들이 진행되는 등 많은 선한 일들이 진행되는 동안, 동쪽에서 부는 바람이 끊임없이 우리의 영적 기반을 상기시켜 주었다. 사람들의 영적·복지적 측면에 대한 우리의 관심이 실현되고, 나아가 상호 유익한 사회적 관계로 발전하는 것을 보는 것은 큰 축복이었지만, 우리의 마음은 늘 마카를 갈망했다. 그곳은 결코 끊을 수 없는 탯줄과 같으며, 모든 무슬림들이 기도할 때마다 그곳을 향하듯 그들의 마음은 항상 손짓하는 존재를 의식하고 있었다.

당시 두 성지를 관리하던 사람은 사우디아라비아 국왕 파이살 빈 압둘아지즈 알 사우드로, 그 누구와도 비교할 수 없는 특별한 존재였다. 현대화와 개혁 정책을 시행한 것으로 평가받는 그는 1964년부터 1975년까지 통치했으며, 안타깝게도 암살당했다. 나는 그를 매우 존경했다. 그는 무슬림의 요구에 관심을 기울였고 1965년 초에 무슬림의 통합과 단결에 대해 현명하게 언급한 바 있으며 지성과

비전을 가진 인물로 인정받고 있었다. 한 사람의 인격에 대한 판단
은 그 사람의 행동에 근거해야 된다고 생각한다. 파이살 국왕은 많
은 선행을 통해 아랍 지도자들에게서는 쉽게 찾아 볼 수 없는, 존경
받을 자격이 있는 인물이었다. 풍부한 자원을 소유했음에도 돈에 관
한 한 초연했으며 자선, 모스크 건축, 그리고 여타의 자선 활동에 매
우 현명하게 돈을 썼다. 이 모든 활동은 드러내 보이기 위한 것이 아
니라 내재된 선행의 윤리를 보여 주는 증거였다. 그래서 그가 미국
을 공식 방문한다는 소식을 들었을 때 우리는 매우 흥분했다. 나는
그를 만날 수 있는 기회를 간절히 바라고 있었다.

이 방문은 중요한 방문이었고 국왕은 미국 정부의 국빈이었다.
그러나 뉴욕 시장이 파이살 국왕과의 면담을 거부하여 논란과 외교
적 관례에 대한 문제를 야기했다. 하지만 상황은 빠르게 정리되어
국왕과 그의 일행은 배터리파크에 도착했다. 그곳에는 손님을 맞이
하기 위한 공간이 준비되었으며, UN 미국 대표를 포함 200여 명의
UN 대사들과 그외 귀빈들이 참석했다.

우리는 국왕을 만날 방법을 찾기 시작했다. 회원 중 한 명이 워
싱턴 D.C.에 있는 사우디 대사관에 연락해 미국·캐나다 MSA 대표
단이 뉴욕에서 국왕을 만나고 싶다는 뜻을 전했다. 그들은 우리의
제안을 환영했고 나를 포함한 소규모 대표단은 얼마 지나지 않아 국
왕을 만나기 위해 길을 나섰다. 국왕이라는 존재 앞에서 기쁨과 약
간의 긴장감을 가졌지만, 국왕이 우리를 편안하게 대해 주었기에 긴
장감은 녹아 내렸다. 국왕은 우리의 이야기를 주의 깊게 들어주는
듯했고, 우리의 사고 방식, 운영 방식, 윤리와 가치, 선한 시민의식
을 증진하고 무슬림 학생들의 신앙과 정체성을 고양하며, 더 많은

대중에게 이슬람을 평화적으로 소개하려는 비전을 마음에 들어하는 듯했다. 우리는 대표단으로서 무슬림 세계 전역에서 온 다양한 국적을 대표하며, 특히 미국으로 유학 오는 학생들을 위한 지원에 나서고 있다고 설명했다.

국왕은 이슬람과 아랍 및 무슬림 세계에서 벌어지고 있는 현재의 갈등에 대해 이야기하며, 우리의 일과 강한 헌신에 감탄을 표했다. 매우 바쁜 일정과 국왕이라는 지위에도 불구하고, 우리의 긴장을 풀어 주고 전혀 지루함을 드러내지 않는 그의 태도는 깊은 인상을 심어 주기에 충분했다. 약 30분 간 진행된 대화가 끝난 것은 진행 담당자들이 정중히 대화를 마칠 시간이 되었음을 알리고 나서였다. 내가 국왕에게 말했다. "관계자분들이 우리가 너무 오래 머물렀다고 생각하는 것 같습니다." 그러자 매우 정중하게 국왕이 답했다. "걱정하지 마세요." 그리고 관대하게도 우리에게 필요한 것이 무엇인지 물었다. 나는 우리가 이야기한 내용이 국왕에게 감동을 주었을 것이라고 생각했다. "저희는 무엇을 요청하러 온 것이 아닙니다. 다만 폐하와 함께할 영광을 누리고, 경의를 담아 뵐 기회를 얻고자 했을 뿐입니다." 그러나 우리 동료 중 한 명이 덧붙였다. "동료들과 상의하지 않은 요청이긴 하지만 말씀드리고 싶습니다. 이집트 정부가 우리 무슬림 활동가들에게 압박을 가하고 있습니다. 우리 동료인 사이드 두수키 하산은 미국 항공공학 분야의 주요 연구자 중 한 명인데, 스탠포드대학에서 모든 과목에서 우등상을 받았습니다. 그런데 단지 그가 '알라는 나의 주님'이라고 선언했다는 이유만으로 여권을 박탈당했습니다. 우리는 앞서 와이슬라마*wa Islamaah, 이슬람에 간구*했던 이들처럼 와 파이살라*wa Faisalaah, 파이살 국왕께 간구*합니다."

　　파이살 국왕은 즉시 아흐마드 자키 야마니 장관을 불러 사이드에게 사우디 여권을 발급할 것을 명령했고, 그가 사우디에서 가르치기를 원한다면 환영할 것이라고 언급했다. 이 조치는 그의 인격을 잘 보여 주는 일화였다. 그는 부와 직위, 혈통에 연연하지 않고 일면식도 없는 사람의 처지에 공감할 수 있는 사람이었다. 국왕의 호의는 사이드에게 크나큰 영광이었으며, 그는 결국 킹사우드대학교^{옛 리야드대학교} 강단에서 학생들을 가르치게 되는 행복한 결과를 맞이했다. 펜실베이니아 주립대학의 동료 압둘 라흐만 알 알셰이크가 국왕에게 MSA를 대표하여 전달할 선물을 준비했다. 사각의 의식용 단검이었는데, 국왕은 우리의 선물을 기꺼이 받아들이며 우리 모두를 위해 기도해 주었다. 우리는 거기에 더해 우리의 출판물 몇 종을 함께 드렸다.

　　나는 그날 하루를 깊은 애정으로 기억한다. 파이살 국왕의 웅변과 지식, 그의 품위와 인내는 결코 잊을 수 없는 깊은 인상을 남겼다. 나중에 파이살 국왕은 우리에게 또 한 번 큰 호의를 베풀었다.

　　캐나다의 동료로부터 캐나다에서 가장 오래된 사원인 토론토대사원 이사회가 내분을 겪고 있다는 소식을 전해들었다. 그 결과 해당 건물을 무슬림에게 매각하지 않는다는 조건으로 처분한다는 결정이 내려졌다. 나는 한밤중에 하나님께 이 사원을 구해 달라고 간절히 기도했던 기억이 난다. 그리고 직감적으로 이 문제를 해결할 수 있는 이는 파이살 국왕뿐이라고 확신했다. 1973년 4월, 나는 사우디아라비아 제다로 향했다. 몇몇 형제들이 이 문제와 관련해 국왕을 만날 수 있게 주선했고, 국왕을 만났을 때 나는 뉴욕에서의 이전 만남을 상기시켰다. 국왕이 친절하게 말했다. “당신을 기억합니다.

당신은 우리의 아들입니다!" 나는 토론토 성원에 대해 이야기했고, 국왕이 간단히 물었다. "얼마가 필요하죠?" 내가 용기 내어 대답했다. "30만 달러입니다." 그는 이를 흔쾌히 수락했다. 사원은 무사히 보존되었고, 소유권은 즉시 북미이슬람신탁NAIT으로 이전되었다. 이 일은 당시 무슬림 공동체에 매우 깊은 인상을 남겼으며, 파이살 국왕의 또 하나의 위대한 업적으로 기록되었다. 그는 우리가 본받아야 할 본보기를 남긴 위대한 인물이었다.

아버지 되기

메이순이 임신했다는 소식을 들었을 때, 모든 예비 아빠들이 그러하듯 나도 믿기지 않는 마음과 기쁨, 그리고 엄청난 설렘이 교차했다. 아버지가 된다는 사실이 쉽게 실감되지 않았다. 나는 여전히 게리 성원에서 일했지만, 이제 정신적으로는 내 작은 세계를 두 명에서 세 명으로 확장할 준비를 하고 있었다. 부성애가 찾아오는 순간을 대비할 수 있는 사람은 아무도 없다. 1971년 라마단 어느 날 아침, 구급차로 메이순을 병원으로 급히 이송하고 얼마 지나지 않아 나는 아버지가 되었다(하나님께 영광을). 아들이 태어났고, 우리는 아들의 이름을 무함마드라고 지었다.

운명의 수레바퀴는 종종 놀라운 방식으로 움직인다. 아들이 태어난 그 시간에 나는 뉴욕 이타카에 있는 코넬대학교 내 대학 교회에서 이슬람에 관한 강연을 하기로 예정되어 있었다. 약 5,000명의 청중이 참석하는 강연이었다. 마음 깊은 곳에서는 아내와 함께하고 싶었지만, 나는 분만실에 들어간 아내를 남겨 두고 강연을 하러 가야 했다. 하나님께 간절히 기도했다. 새롭게 엄마가 된 사랑하는 아내와 우리의 소중하고 자랑스러운 아기를 보살펴 주소서.

미국: 새로운 조국

숙고 끝에 우리는 미국에서의 활동을 현지화하는 전략을 구상했다. 많은 헌신적인 동료들이 그토록 원하는 그린카드, 즉 영주권을 취득해 미국에 영구 거주하고자 했다. 미국에서 5년을 연속 거주하면 미국 시민권을 신청하고 취득할 수 있었다. 미국은 자유로운 국가였으며, 규칙과 법률을 준수하는 한 사람이 할 수 있는 일에는 거의 제약이 없었다. 당시 무슬림 공동체는 규모가 작았고 지금처럼 주목받지도 못했다.

실제로 우리는 미국에서 완전한 자유민으로 살고 있었다. 이에 따라 우리는 누구나 자신이 소속한 국가에 충성해야 한다고 믿었다. 충성은 진실해야 하며, 이는 "훌륭한 무슬림은 훌륭한 시민이어야 한다"는 이슬람 가르침의 일부이기도 하다. 당시 아랍과 무슬림 국가들은 외국인에게 시민권을 거의 부여하지 않았지만, 미국은 관대하게 이를 제공했다. 게다가 미국은 과학적 탐구나 영적인 일에 자신의 에너지를 사용하고자 하는 모든 사람에게 문호를 개방했다.

1972년에서 1973년 사이에 많은 젊은이들이 미국 시민권을 취득하였다. 시민권을 취득하면 더 넓은 시야와 새로운 기회가 열릴 것이라 생각했다. 그들은 미국 사회와 상호 작용하고 자신들에게 중요하다고 느낀 이 먼 나라에서 존재감을 확립하며, 미국과 인류를 위해 의미 있는 기여에 나설 계획을 세웠다. 그들은 미국에 대한 진정한 애정이 있었으며, 열심히 노력하는 모든 이들에게 열려 있는 '아메리칸 드림'의 정신을 좋아했다. 미국과 이슬람 간의 질적 관계가 개선되며 1960년대 초부터 많은 사람들이 이슬람으로 개종하고 있었다.

연결의 결합

전 세계를 돌며 다시 미국으로 돌아오는 과정에서 전 세계 무슬림들이 직면한 다양한 문제를 직접 보고 이해할 수 있는 기회를 얻었다. 겉으로는 서로 다른 문제처럼 보였지만 이들은 또한 비슷한 구조로 연결되어 있음을 깨달았다. 학생으로서 우리가 처음 직면했던 문제는 새로운 환경에서 당면한 조건들이었지만, 다른 나라의 학생들은 훨씬 큰 억압의 원천에 직면해 있었다. 무슬림과 비무슬림 국가 모두에서 만연한 이데올로기가 학생들을 주변부로 내모는 데 역할했다. 각국 정부는 무슬림들의 지적 발달을 두려워했다. 신앙에 대한 지식 개발은 모든 나라에서 명백히 필요로 하는 것이었다. 특히 일부 무슬림들이 경험하는 빈곤의 수준은 내가 상상했던 것 이상이었으며, 이러한 조건들은 우리가 해야 할 일의 또 다른 층위를 추가하여 형성되었다.

　여행과 방문을 통해 나는 잊을 수 없는 사람들을 만날 수 있었는데, 이들은 단순히 공통의 어려움이 아니라 하나님과 인류를 위해 봉사하려는 열정을 공유하는 사람들이었다. 그들과의 토론을 통해 우리는 지적 성장과 혁신이 우리의 업무에서 다음 단계로 얼마나 중요한지 더욱 분명히 인식하고, 세계 곳곳에서 무슬림들의 요구를 해결하기 위해 자원을 통합하고, 관대하고 혁신적인 방법을 찾는 일의 절실함을 깨달았다.

이 경험은 우리가 실제로 하나의 몸처럼 기능하기 시작했음을 시사한다. 우리는 전략을 세밀하게 다듬고 강력한 현실을 통해 끊임없이 발전하고 있다. 이는 협력, 경건함, 하나님의 지혜에 대한 신앙, 자신의 지혜를 키워야 할 의무, 전문가이자 리더로서의 자기 발전, 물질적 보상을 바라지 않는 봉사의 자세, 그리고 협의와 팀 정신이라는 핵심 원칙이 없었다면 결코 이룰 수 없었을 일이다.

마지막으로, "결혼을 통해 종교의 절반을 완성한다"는 하디스의 말처럼, 나의 의로운 아내 메이순과의 결혼이 나의 신앙 기반의 작업과 성공의 수준을 높이는 데 가장 중요한 원칙 하나였음을 덧붙이고자 한다. 그녀의 지원은 그 과정에서 중요한 역할을 했다.

제6장

새로운 길을 개척하다

"마음이 굳어지면 눈물이 마른다."_이븐 카임 알-조지야

"우리가 추구하는 경건함은 데르비쉬*dervish, 수피 수도사*가 애지중지하는 묵주나 자칭 셰이크가 쓰는 터번, 독실한 신자가 머무는 자위야*zawiya, 수도원의 일종*가 아니다. 오히려 그것은 지식과 행동, 내세와 현세, 영적인 것과 물질적인 것, 계획과 조직, 개발과 생산, 숙련과 자선의 추구이다."_아부 알 하산 알 나드위

여전히 젊고, 앞으로의 삶이 많이 남아 있음에도 나는 스스로 나이를 먹었다고 느꼈다. 이는 나이나 건강 때문도 아니었으며, 오히려 짧은 삶의 시간 동안 풍부하고 놀라운 경험에서 비롯된 성숙함 때문이었다. 학업에 몰두하지 않을 때면 거의 누군가와 함께 일하고 있

었고, 진지한 조언을 하거나 어떤 프로젝트의 씨앗을 뿌리거나, 다양한 자선 활동과 공동체 기반의 활동을 통해 신앙을 전파하지 않으면서 지나는 날은 거의 없었다. 하지만 그토록 선명한 시야로 세상을 바라보려 했던 노력이 결실을 맺기 시작한 순간, 나는 갑자기 혼란을 겪기 시작했다. 숨길 수 없는 강렬한 감정들이 내 안에서 몸부림쳤다. 주된 고민은 내 아이, 그리고 미래의 내 아이들을 키우면서 미국에서의 내 삶과 어떻게 양립시킬 것인가에 관한 것이었다. 나는 아버지가 되었고, 그 사실의 무게와 책임감이 참으로 무겁게 다가왔다. 그것은 내 삶의 전환점이었다. 갓 태어난 아들의 순수하고 천진난만한 눈동자를 응시하며 시선을 고정했다. 새로운 우선순위가 모습을 드러내기 시작했다.

나는 아버지가 되는 이 기적 같은 축복에 감격했다. 하나님께서 베풀어 주신 수많은 은총들, 그리고 깊이 심어진 신앙과 지식에 대한 열정 덕분에 나는 하나님의 기쁨과 이를 실현하기 위해 멀고도 넓은 여정을 떠날 수 있었다. 분명 하나님께서 주시는 은혜는 감사하고 인정하는 사람에게는 계속되지만, 이를 소중히 여기지 않는 사람에게는 줄어들 것이다. 그리하여 나는 깨달았다. 수주드*sujud*, 이슬람식 예배가 단지 마카에서만 행해지지 않고 무슬림이 있는 땅 어디에서건 수행할 수 있듯, 내가 하려는 일은 그 범위가 넓지만 보편적 본성의 구현이므로 나 자신이 어느 방향을 지향하든 신앙을 위해 일할 수 있다는 사실을. 그 부름은 여전히 강렬했고, 이는 단순히 마음속에 머물 뿐 아니라 계속 이어질 것이다.

부모님도 나의 마음에 공감했다. 다만 보호 본능의 관점에서 손주들이 자신의 정체성을 유지하며 동방 이슬람 전통과 문화적 아름다움을 경험하기를 바랐다. 아버지는 이를 위해 기도했고, 하나님(그분께 찬미와 숭고함이)께서 그 요청을 들어 주셨다. 미국을, 그리고 그곳 사람들의 따뜻한 환대의 성품을 사랑했지만 오랜 시간 중동에서 떨어져 지낸 내게 이제 사막의 산들바람은 나를 '고향'으로 부르는 부드러운 손길로 느껴졌다. 물론 내 마음에 갈등이 일었다. 지금 미국 내 무슬림 공동체의 요구를 너무도 잘 이해하고 있었기에 동료들과 함께 우리가 이룬 모든 것에도 불구하고 빙산의 일각을 만진 듯 떠나는 것이 꺼려졌고, 신앙에 기반한 더 큰 계획은 내게 계속 머물러야 할 것을 요구하고 있었다.

사적 감정과는 별개로, 중요한 일을 결정할 때면 꾸란에 내가 열렬히 따르는 아름다운 원칙이 있다. 그것은 알-슈라*al-Shura*라는 '상호 협의'로, 어떤 문제를 분석하고 그 요소를 분해하며, 건강한 공동체적 논의를 통해 불안과 두려움을 제거하고, 지나친 감정의 개입 없이 보다 명확한 사고를 가능케 하는 원칙이다.

"[그들의] 창조주의 부름에 응답하며, 기도를 충실히 이행하며, [모든 공동의 문제에 대한] 규칙은 상호 협의에 의할지니…."(꾸란, 수라 알-슈라, 42:38)

조언을 구하는 이 개념은 정치, 경제 등 일반적 인간사뿐 아니라 가정 문제까지 모든 영역에 적용된다. 특히 중대한 결과를 가져올 결정을 내릴 때, 배우자와 직계 가족과의 협의는 중요한 조화를 유지하며 모두가 수용할 수 있는 결론에 도달하도록 한다. 그 결과에 따른 결정은 성공으로 이어질 가능성이 높다.

나의 결정은 아버지의 의견과 일치했으며, 이는 내 마음에 큰 위안을 주어 평온을 가져다주었다. 나는 부모님을 지극히 사랑했기에 그들에게 상처를 주고 싶지 않았다. 창조주의 명령에 순종하고 부모님의 소원을 따르며 친절히 대함으로써 하나님의 기쁨을 얻기를 바랐다. 우리 삶의 이야기가 펼쳐지면서 부모님의 보호 아래에서 벗어나 독립적인 방향으로 나아갈 때, 부모님을 당장의 내 삶의 뒷 배로 여기기 십상이다. 나는 이러한 함정에 빠지거나 이러한 사고 방식에 익숙해지고 싶지 않았다. 그래서 부모님께 내가 중요하게 여 기는 존재라는 것을 느끼게 하고, 그분들이 여전히 내 삶의 필수적 이고 중요한 일부임을 보여 주기 위해 내 개인적 문제나 새로 시작 된 가정의 일에 대해 그분들과 상의했다.

중동으로의 귀환은 1970년, 나의 결혼과 여행의 해에서부터 비 롯되었다.

리비아

오늘날 리비아는 폐허가 되었으며, 한때 자랑스러웠던 갤리온선船*
이었던 나라는 난파선으로 전락해 금고를 약탈당했으며, 과거에 선 장으로 불렸던 인물, 많은 이들에게는 독재자였으나 어떤 사람들에 게는 영웅으로 여겨졌던 아부 민야르 카다피(1942~2011)는 죽었다. 그의 유산은 그 자체로 웅변하며, 수년에 걸쳐 기록된 인권 유린을 용인할 수는 없지만, 내가 이야기하고자 하는 시점에는 그가 막 정 권을 잡고, 1969년에 리비아 왕정을 전복한 시점이었다는 점을 기

* Galleon, 16~18세기 유럽에서 사용된 대형 범선. 주로 스페인과 포르투갈이 대서양과 태평양 무역 및 군사 활동에 사용했다. 갤리온선은 대체로 크고 튼튼하며, 여러 층의 갑판과 대포를 장착해 무역선이자 전투선으로 도 활용되었다. 특히 스페인 갤리온은 아메리카에서 유럽으로 금과 은을 운반하는 데 중요한 역할을 했다. 역 사적으로는 탐험, 무역, 전쟁 등 다양한 목적에 사용된 상징적인 선박으로 알려져 있다.—옮긴이

억해야 한다. 특유의 군복 차림에 젊고 활력 넘치는 카다피는 당시
만 해도 아랍 세계에 희망의 상징으로 여겨질 만한 인물이었으며,
카리스마 넘치는 인물로서 진정으로 민중의 목소리를 대변하는 듯
한 존재였다. 물론 이후에 평가하는 일이야 쉽지만, 나에게 있어 리
비아의 역사는 아직 쓰여지지 않았으며, 베두인 목동의 아들로서 논
쟁적 인물이며 『그린북Green Book』의 저자인 카다피는 통치 기간 내내
리비아를 단호하면서도 복합적인 방식으로 통치했다. 그는 문맹률
을 90% 감소시키고, 무상 교육과 무상 의료 서비스를 제공했으며,
국가 부채가 거의 없이 통치를 이어 나갔지만, 그 성공의 이면에는
매우 심각하고 어두운 측면이 드리워져 많은 비판을 받았다.

혁명 1년 후인 1970년 12월, 이슬람 권역 전역의 지도자와 학
자들이 새로운 지도자 카다피 대령이 주재한 지식인 회의 참석을 위
해 트리폴리에 모였다. 이 회의는 '이슬람의 부름'이란 이름이 붙여
졌으며, 알제리 출신 말릭 베나비, 모로코 출신 마흐디 빈 아부드,
시리아 출신 오마르 바하 알딘 알아미리, 그리고 알-아자르대학교
법학부의 셰이크 무함마드 아부 자흐라 등 일일이 언급하기 힘든 저
명한 인사들이 참석했다. 많은 리비아 동료들이 다양한 참석자를 초
청하는 데 열정적으로 나섰고, 이에 따라 미국·캐나다 MSA 대표도
정식으로 초대장을 받았다. 혁명 이후 새 국가 지도자가 이러한 회
의를 주최하리라는 예상은 못 했으나, 카다피는 이 회의를 조직함으
로써 이슬람 세계의 신뢰를 얻는 데 성공했다. 이 행사에서 특히 돋
보였던 한 인물이 있었다. 리비아 학자인 그는 당시 온건한 관점과
자유에 대한 사상, 그리고 이슬람 지식으로 유명한 트리폴리 '이슬
람선교협회Islamic Call Society'의 초대 사무총장 쉐이크 마흐무드 소브

히였다. 이집트 알아즈하르대학을 졸업한 그는 신앙의 강력한 옹호 자였으며, 움마의 발전을 위해 많은 공헌을 해 왔다. 그는 카다피와 최고혁명회의 위원이자 내무부 장관인 바시르 하와디의 존경을 한 몸에 받아 연설의 기회를 부여받았다.

그리하여 나는 쉐이크와 함께 무슬림 선교회 설립 방안에 대해 마치 오래 알고 지낸 사람처럼 상의하는 영광스러운 자리에 앉게 되었다. 당시 아랍 세계에서 무슬림 활동가들이 직면한 압박을 고려하면 대담한 아이디어였지만, 쉐이크 소브히는 망설임 없이 이 제안을 내놓았다. 놀랍게도 이 제안은 긍정적 반응을 얻었고, 카다피는 결국 1972년에 협회 설립을 가능케 하는 법령을 발표하였다. 아이러니하게도 이러한 수용은 1967년 아랍 패배의 영향 덕분이었다. 이 패배는 민족주의자, 사회주의자, 나세르파, 세속주의자들의 약점을 드러내며 (비록 일시적이었지만)이슬람이 우위를 점할 수 있는 분위기를 조성했다.

회의 기간 동안 나는 무슬림 학자 및 지도자들과 만날 기회를 가졌으며, 무슬림 사상가이자 전 주미 모로코 대사 마흐디 빈 아부드도 포함되어 있었다. 나는 회의 기간 동안 카다피와 두 차례 면담했으며, 그가 미국에서의 우리 활동에 대해 들어 알고 있으며 감명을 받았다는 사실에 놀랐다. 한 국가의 지도자가 당신의 활동에 감명을 받았다는 말을 듣는다면 어떤 느낌이겠는가? 그러나 얼마 지나지 않아 내가 듣게 된 말은 그야말로 충격적이었다. "나는 당신이 리비아로 와서 리비아공사Libyan Corporation의 대표를 맡아 주길 바랍니다." 이 엄청난 발언이 마치 차 한 잔을 권하듯 가볍게 그의 입에서 흘러나왔다. 나는 충격 속에서 그의 관대한 제안에 감사하다는 말과 함께 혼란스러운 마음으로 시간을 좀 달라고 요청할 수밖에 없었다. 머릿속에 수천 가지 질문이 떠올랐지만, 다행히도 바로 답하지 않고 미국에 있는 동료들과 상의할 여유를 가질 수 있었다. 동료들은 정치적 문제에 관여하지 말라고 조언했다. 내가 그러한 권력의 길을 헤쳐 나가기에는 너무 준비가 부족했기 때문이다.

나는 교육과 훈련 분야에 참여하면 어떻겠냐고 제안했다. 하지만 카다피는 끈질기게 나를 영입하려 했고, 이번에는 브리티시패트롤리엄British Petroleum, BP의 경영팀에 합류할 것을 제안했다. 당시 카다피는 기업 국유화 방안을 고려하고 있었다. 그러나 그 제안은 자체적으로 많은 문제가 따를 뿐 아니라, 내 삶의 모든 순간을 지배할 거대한 활동 계획과 맞물렸으며, 나는 여전히 선교 활동을 계속할 시간을 남겨 두어야 했다. 그러므로 그러한 영입 제안은 영광스러운 일이었으나 현실적으로 내가 선책할 수 있는 길은 아니었다.

결국, 1972년에 나는 리비아의 알파티대학교에 석유광물공학대학을 설립하자는 제안을 수락했다. 이로써 문제는 완전히 해결되었다. 카다피도 동의했고, 나는 곧 트리폴리로 향하는 비행기에 몸을 싣고 새로운 땅에서 새로운 삶의 걸음을 내딛게 되었다. 중동으로의 여정이 시작된 것이다.

부연하자면, 이 이야기는 최근 역사의 리비아, 내전으로 파괴된 현재의 리비아를 말하는 것이 아니라, 가난한 마을과 끝없는 가난으로 가득한, 불모지와 다름없는 사막의 나라 리비아에 관한 이야기이다. 당시 리비아는 적절한 인프라가 제대로 갖춰져 있지 않아 사무실이나 집에서 가족이나 친구들에 연락할 수 있는 전화조차 없었다. 적응하는 데 꽤 많은 노력이 필요했지만, 나는 주어진 자원 내에서 최선을 다했다. 하지만 언제나 그렇듯, 나는 자신감과 열의를 가지고 일에 착수했다. 대학 설립뿐만 아니라 나의 이상에 충실하면서 새로 설립된 '이슬람선교협회'의 활동에도 참여하고자 했다. 나는 신속히 작업에 착수했다.

다행히도 리비아에는 자선 활동을 위해 특별 기금을 운영하는 공적 기관이 있었는데, 이 기관은 리비아 돈 1디나르씩 기부받아 짧은 기간 내에 수백만 디나르의 기금을 축적할 수 있었다. 이 기금의 이사장이 이슬람선교협회 창립 멤버였으므로 우리는 협회 활동의 성격과 범위를 즉시 변모시키고 우리가 설정한 목표를 극적으로 확대할 수 있는 황금 같은 기회를 얻게 되었다. 우리가 요구한 것이 얼마나 큰지를 잘 알면서도, 우리는 기금을 이슬람선교협회의 통제하에 둘 것을 제안하기로 했다. 잃을 것은 없어도 얻을 것은 전부였다. 우리는 그렇게 제안하고 숨을 죽이고 기다렸다. 놀랍게도, 카다피는 우리의 요청에 동의했다. 믿을 수가 없었다. 하늘이 열리고 신이 주신 선물이 바로 우리 무릎에 내려 앉은 듯했다. 나는 삶의 굴곡과 반전을 경이롭게 여기며 우리의 비전이 진실하고, 마음이 깨끗하고 양심이 올바르다면, 하나님께서는 우리가 그분의 뜻을 펼치는 데 필요한 모든 것을 허락하신다고 믿는다. 그리고 그 뜻이란, 단순히 생각해 보면 그분의 존재와 권위를 상기시키고, 타락해 가는 인간의 도덕성을 되돌리는 것에 다름 아니다. 우리는 기적이 일어났음을 깨달았고, 기적을 정의롭게 실현하고자 했다. 이 재원은 진정 하나님의 선물이었으며, 미국에서의 경험을 바탕으로 우리는 협회의 활동 범위를 여러 나라로 확장하기 위한 작업에 착수했다.

영어로 쓰인 압둘라 유수프 알리의 『꾸란의 의미』*The Meaning of the*

Holy Qur'an』를 10만 부 인쇄하자는 제안이 있었다. 인쇄된 책들은 전 세계로 배포되었다. 오늘날 이 번역서는 지구상에서 가장 널리 읽히는 꾸란 번역본 중 하나이며, 그 주석을 통해 유수프 알리가 꾸란과 아랍어에 가졌던 깊은 사랑과 그의 영적 내면이 독자에게 전달된다. 그의 부드럽고 사색적인 문체는 텍스트에 더욱 큰 울림을 부여한다. 유수프 알리는 일찍이 젊은 세대 무슬림들이 신앙은 물론, 자신에 대해서조차 점점 회의적으로 변해 가며, 현실에 대한 영적 이해와의 연약한 연결고리가 끊어질 위험에 처해 있음을 깨달았다. 그에게 해답은 꾸란에 있었다. 그는 꾸란의 논리적 권위가 최고로 인식될 수 있게 꾸란과의 관계를 굳건히 하고자 했다. 이를 위해 그는 단순 번역에 그치지 않고 도덕적 가치와 올바른 행동의 중요성을 강조하는 주석과 각주 해설, 그리고 부록을 통해 현대적 관련성을 부각하려 했다. 그렇게 시작된 여정은 오늘날 우리가 접하는, 널리 알려진 해석으로 이어졌으며, 이 책은 초판 출간 이후 여러 차례 개정되었다. 우리는 유스프 알리와 무함마드 아사드 같은 인물들에게 진정 어린 감사를 표한다. 참고로 무슬림들은 꾸란이 '번역'되었다고 말하지 않는다. 하나님의 말씀은 어떤 언어로도 완벽히 담아낼 수 없기 때문에 번역이라는 단어 대신 '해석'과 '의미'라는 표현을 종종 사용한다. 유수프 알리의 노력(『꾸란의 의미』는 1934년에 초판이 출판되었다)에도 불구하고, 1972년에도 많은 비아랍어권 사람들에게 꾸란의 메시지는 여전히 아랍어라는 베일에 가려져 있었다. 그들은 그 의미를 이해하지 못한 채 꾸란의 구절을 암송했고, 꾸란이 여전히 그들의 삶의 도덕적 기반이 되었지만 더 큰 의미와 관련성을 가지려면 이해할 수 있는 언어로 읽어야 했다. 우리는 그 격차를 해소하는 사명

을 띠고 있었다. 우리의 인쇄 작업을 통해 수많은 사람들이 처음으로 꾸란의 의미와 해석을 그들이 접근할 수 있는 언어로 읽고 이해할 수 있게 되었다. 유수프 알리의 주석은 거의 모든 페이지 하단에 실려 있어 독자들에게 더욱 큰 의미를 제공하고 이해의 폭을 넓히는 데 도움을 주었다. 이러한 방식으로 하나님의 말씀과 메시지는 비아랍어권 무슬림들의 일상 생활에 더 가까워졌다.

더 많은 발전도 이루어졌다. 중요한 발전 중 하나는 리비아 베이다에 설립된 이슬람대학이었다. 이는 전 세계에 학생들을 모집하는 완전한 이슬람의 대학으로 발전했다. 선별된 학자 그룹이 이 대학에서 가르치게 되었고, 우리는 이 대학 졸업생들에게 특별한 관심을 기울였다. 결과는 고무적이었다. 이슬람대학 졸업생들은 자신들의 가족과 사회에 지도력을 발휘하고 발전을 이끌었다. 이 대학은 다른 대학들에서 이슬람에 우호적인 환경을 조성하는 데 긍정적인 영향을 미쳤음이 분명했다. 예를 들어, 이 대학 총장은 트리폴리대학교(후에 파티흐대학교로 개명)의 총장이 되었다. 나아가 트리폴리대학교는 모든 학생들이 필수적으로 이슬람 문화 과정을 이수하도록 했고, 압둘 카림 우트만의 이슬람 문화 관련 저서가 모든 학생의 필독서가 되었다. 나도 이 책을 한 권 구입한 적이 있었다.

여성의 역할

이슬람 세계에서 여성은 꾸란의 페이지 속에서도 선지자의 생애 속에서도, 그리고 이슬람 역사에서도 중요한 특징을 형성하고 있다. 그러나 오늘날 사회의 문화적 삶에 역동적으로 참여하기보다 점차 가정으로 흡수되어 변두리로 밀려난 상황은 이해하기 어렵다. 물론

1973년 7월. 이 사진은 리비아에서 열린 제1회 국제무슬림청년회의를 기념하여 촬영되었다. 금요기도회는 트리폴리 대성당에 딸린 사원에서 진행되었으며, 히샴 알탈립이 금요 설교를 맡았다. 사진에 일부 대표단의 아내들이 보인다. 오른쪽에서 두 번째는 아흐마드 사크르의 아내인 주하르 바루미, 오른쪽에서 일곱 번째는 히샴의 아내인 일함 알탈립이다. 뒷줄 맨 왼쪽은 나의 장모님이며, 왼쪽에서 두 번째는 히샴의 여동생인 내 아내 메이순이다.

이슬람에서 이는 정당화될 수 없는 일이지만, 이슬람이 비이성적으로 왜곡되어 실제로는 문화적 관행에 불과한 것을 정당화하는 데 사용된 사례가 많다.

우리는 남성과 여성 모두 현대 세대가 사회에 깊은 영향을 미칠 잠재력을 가지고 있음을 보였다. 현대 세대의 신앙 부흥은 특히 10대 소녀들에게 자신감 있는 정체성을 갖추고 교육을 받을 수 있도록 해야 했다. 그들의 잠재력은 거대하다. 그들은 미래 무슬림 세대를 양육하는 데 중요한 역할을 할 뿐만 아니라 사회 발전의 최전선에 설 수 있는 충분한 역량을 갖추고 있다. 따라서 우리는 리비아에서 여성의 역할에 대해 논의하고 리비아 여성들의 이슬람에 대한 이해를 개선할 필요가 있다고 판단했다. 많은 여성들이 이슬람을 단지 일련의 의식으로만 경험했다. 예를 들면, 살라*Salah*, 기도, 사움*Sawm*, 금식, 자카*Zakah*, 자선, 하즈*Hajj*, 성지순례 등이 그것이다. 그들의 참여는 여기서 더 나아가지 못했다. 우리는 그들 사고의 지평을 넓히고, 이슬람이 삶의 모든 측면을 포괄하고 있음을 깨닫게 하며, 가정의 범주를 넘어 사회적 범주로 나아가도록 돕고자 했다. 우리는 하나님에 대한 의식, 경건함, 신앙, 하나님의 유일성, 거룩한 속성, 그리고 인도하심의 빛을 널리 전파하는 개념을 고취하고자 했다. 실제로 무슬림은 중년 남성뿐만 아니라 움마*Ummah, 이슬람 공동체* 전체를 지원할 의무가 있다.

이 무렵 나는 협회 활동의 일환으로 무타 알아다미와 좋은 친구가 되었다. 그는 시리아 출신의 약사이자 사업가로 독일의 뮌헨이슬람센터 설립에 핵심적 역할을 담당했다. 또한 이슬람선교협회 이사였던 셰이크 무함마드 알카라디로부터 센터 부설 학교를 위한 기금 확보에 중요한 역할을 했다. 알카라디는 우리와 마찬가지로 자선 활동에 대한 열정을 공유하는 인물이었다. 우리는 여성의 역할에 대해 논의했다. 이슬람 서적을 많이 읽고 영어에 능통한 무타 알아다미의 아내는 일련의 세미나와 강연을 조직할 수 있도록 격려해 주었다.

우리가 세운 계획 중 하나는 여성들이 읽을 수 있는 서적들을 수집하는 일이었다. 우리의 계획을 알카라디에게 물었더니, 그는 우리의 노력을 극찬하며 매우 기뻐했다. 나는 그에게 또 다른 아이디어를 제안했다. 여성들이 일부 모스크에 모여 종교 지식을 탐구하고 무슬림 여성과 남성의 권리와 책임에 대해 교육받으며, 꾸란의 이해 심화를 지원하는 방안이었다. 알카리다는 다시 긍정적 반응을 표하며 우리의 성공을 위해 기도했다. 나는 그에게 우리를 대신해 최고혁명위원회 위원인 바시르 하와디와 이야기할 때가 되었다고 제안했다. 알카라디는 여성뿐 아니라 어린이들에게도 이러한 활동이 절실히 필요하다는 것을 깨닫고 적극적으로 동의했다. 나는 초기부터 공식적인 승인 없이는 어떤 활동도 하지 않기로 결정했다. 우리의 목표는 이러한 프로젝트를 위해 내무부와 최고혁명위원회로부터 동시에 승인을 받는 것이었다. 그래서 무타 알아다미와 나는 리비아 정부의 승인을 요청했으며, 알카라디는 최고혁명위원회와 협의하는 역할을 맡기로 했다.

우리는 알카라디에게 정부의 사전 승인 없이 어떤 활동도 하고 싶지 않으며, 우리의 활동이 완전히 투명하게 이루어지길 원한다는 입장을 분명히 했다. 이를 강조하며, 여성 강연의 내용을 알고 싶어 하는 사람은 누구나 자유롭게 참석하여 직접 들을 수 있음을 확실히 각인시켰다. 일주일 만에 알카라디는 필요한 승인을 얻어 냈고, 여성 활동 프로젝트는 본격적으로 시작되었다. 리비아 여성들이 모스크에 모여 신앙의 조항과 이슬람의 기본 원칙을 공부하며 점차 학문적으로 성숙해 갔다. 시간이 지날수록 그녀들의 인격과 정체성이 확립되는 모습을 보는 일은 놀라운 경험이었다. 그들의 마음이 피어나는 것을 목격하며, 이 새로운 삶이 그녀들과 그녀들의 가족에게 가져다 준 기쁨을 보는 일은 감격스러운 경험이었다. 특히 남편들이 아내들의 성취를 자랑스러워하고, 그 긍정적인 영향이 가정 환경과 영적 삶의 전반적 행동에 스며드는 모습을 기쁘게 바라보았다. 의무 기도*Salawat*가 올바르게 정립되었고, 자녀들은 긍정적인 영향을 받았으며, 가정 환경은 겸손과 사랑, 나눔으로 가득 찼다.

이러한 성공에도 불구하고, 우리는 군사 독재 정권하에서 활동하고 있다는 사실을 잊지 않기 위해 조심했다. 항상 정권의 동향에 유념하여 우리의 행동을 조심스럽게 제한하고, 어떤 형태로든 정치에 관여되는 것을 철저히 회피했다. 이렇게 '살얼음판 걷는' 상황을 피해 감으로써 적어도 잠은 마음 편히 잘 수 있었다. 우리 중 누구도 한 번의 실수로 공동체 활동에 재앙을 가져올 수 있고, 심지어 자원봉사자들에게 해를 끼칠 수도 있다는 점을 허투루 여기지 않았다. 이전 경험을 통해 리비아 청중이 더 많이 깨우치고 참가자들의 교육 수준이 높아질수록 정부 당국과의 충돌 가능성이 높아진다는 사실도 이해했다.

따라서 우리는 현지 상황을 고려해야 했고, 리비아 사람들을 섬기며 하나님의 은총을 얻는 데 가능한 최적의 서비스를 제공하기 위해 최선을 다했다.

이슬람교도들의 대규모 체포 사태

1973년 2월, 해외 방문을 마치고 트리폴리로 돌아오던 중 경유지인 벵가지 공항에 도착했을 때, 공항 벽에 줄줄이 걸린 여러 개의 불온한 현수막이 눈에 들어왔다. "이슬람에는 파벌이 없다. 파벌주의는 하나님의 적이다!"라는 구호들이 적혀 있었다. 무슨 일이 일어난 건지 궁금하여 물었는데, 이틀 전 몇몇 무슬림 선교사들이 이유도 없이 체포되었다는 소식을 들었다. 내가 단 3일간 리비아를 비웠을 뿐이었고, 떠나기 전과 비교해 상황이 이렇게 급변해 대량 체포에 이르게 된 이유를 나로선 도무지 이해할 수 없었다. 충격이었다.

트리폴리에 도착하자마자 나는 즉시 대학의 한 동료에게 연락을 시도했다. 그는 이슬람의 이바디Ibadhi 파에 관한 논문으로 박사학위를 받은 저명한 교수로, 트리폴리의 파티대학교에 재직 중이었다. 그는 또한 몇몇 아시아 국가 주재 리비아 대사를 역임하기도 했

다. 그런데 내 최악의 두려움이 곧 현실로 드러났다. 그가 체포된 상
태였던 것이다. 이어서 또 다른 동료인 셰이크 무함마드 후웨이사에
게 전화를 시도했지만, 그 역시 감옥에 갇혔다는 소식이 들려 왔다.
악몽을 꾸는 듯했다. 이 모든 불의가 칼로 찌르는 듯한 아픔으로 내
마음을 후벼댔다. 개인적으로 알기에 그들은 결코 파벌주의를 옹호
하지 않았다. 그런데 왜 그들이 체포되어 투옥된 것이란 말인가?

아이러니하게도 당시 우리는 이슬람선교협회 지도하에 제1회
국제무슬림청년회의를 준비하고 있었다. 그런데 이런 사태가 발생
한 것이었다! 무고한 무슬림 청년들에 대한 배신은 나를 깊이 좌절
하게 만들었다. 그들이 한 일이라고는 다만 컨퍼런스를 돕기 위해
자원봉사에 나선 것뿐이었다. 그것이 무슨 중대 범죄란 말인가? 하
나님에 대한 믿음을 옹호하는 것이 죄가 아니라면, 그들에겐 아무
죄도 없었다! 머리가 어지러워지는 가운데 나는 서둘러 교도소로 향
했다. 선량한 사람들이 범죄자 취급을 받는 것을 보는 일은 가슴 찢
어지는 고통이었다. 나아가 그 모든 고통에도 불구하고, 그들이 자
신들의 처지가 아니라 컨퍼런스의 향후 운명에 대해 우려하는 말을
듣는 것은 더 큰 고통이었다. 하나같이 그들은 말했다. "하나님께서
는 우리의 가장 위대한 동맹입니다! 제발 우리의 여정을 계속 이어
활동을 멈추지 말아 주십시오!"

우리는 무거운 마음으로 그들의 요청을 존중하여 우리의 목표
달성을 위해 리비아 정권과의 협력에 유연하게 대처해야 했다. 제1
회 국제무슬림청년회의가 예정대로 개최되었고, 무려 104개국 대표
단이 이슬람선교협회의 도움으로 선정되어 참가했다. 대단한 성공
이었다. 우리는 또한 여러 공식 대표단을 초청했다. 이 회의는 전 세

계 젊은 무슬림 지도자들이 처음으로 한자리에 모이는 계기가 되었다. 이들 중에는 미래의 대통령, 총리, 대학 총장, 사상가, 학자들이 포함되어 있었다. 한편으로는 동료들이 이슬람 활동에 관여했다는 이유로 감옥에서 고통받고 있는데, 다른 한편으로는 같은 리비아 땅에서 공식적으로 허가된 회의에서 세계 각지의 무슬림 선교사들의 만남을 허용하는 매우 아이러니한 현실이 펼쳐지고 있었다.

그렇게 삶은 이어졌다. 나는 목격했던 혼란의 그림자를 떨쳐 내고, 자선 활동에 대한 나의 헌신을 지키기 위해 바쁘게 지냈다. 한편으로는 새로운 대학 설립을 위해 열심히 나섰고, 다른 한편으로는 협회에 내 생각과 제안을 지속적으로 전달했다. 나는 매번 내 제안이나 요청에 대한 협회의 응답을 기다리지 않았다. 그들이 어떤 제안을 실행에 옮기든 그것은 하나님의 축복이었다. 상대의 성향과 성품을 잘 알고 있었기에 우리는 무리하게 불가능한 일을 강요하지 않았다. 지나치게 밀어붙이면 어떤 결과를 초래할지 잘 알고 있었기 때문이었다. 그들은 자금과 기관에 대한 통제권을 가지고 있었고, 우리는 경험과 아이디어를 가지고 있지만 외부인일 뿐이었다. 우리는 실질적 접근 방식을 취해야 했고, 우리의 활동을 달성 가능하고 현실성 있는 것인지를 기준으로 평가해야 했다. 모두가 조화롭게 협력했고, 리비아 정권의 도발에 반응하지 않도록 신중하게 접근했다.

제3국제론

리비아 독재 정권의 진정한 의도는 '제3국제론'이라는 개념을 내세우기 시작하면서 분명해졌다. 이는 카다피 대령이 제안한 통치 스타일로 사회주의, 민족주의, 이슬람을 뒤섞은 것이었다. 어떻게 이런 모순된 이념을 하나로 통합하려 할 수 있는지 의문에 놀라움을 금치 못했다. 그러나 정권은 그 실행에 집착했고, 이를 홍보하기 위해 두 차례의 회의를 조직했다. 사회주의자들은 이슬람과 민족주의 요소를 모두 거부했으며, 민족주의자들 역시 이슬람 요소를 거부하면서도 사회주의에 대해서는 이견을 보였다. 결국 두 회의 모두 실패로 끝났다. 카다피는 자신만만했을지 모르지만, 다른 사람들은 그 빛을 보지 못했다.

이에 반해, 우리가 조직한 제1회 국제무슬림청년회의에서는 참석한 410명의 대표단이 단호히 거부하며 자신들의 입장을 분명히 했다. 이슬람은 어떤 보조물도 필요치 않으며, 소위 '제3이론'이라는 이름의 사각형 틀에 끼워 넣어질 원circle이 아니다. 참석자들은 선교사들에게 제안된 내용의 진정한 본질을 명확히 밝힐 것을 요청하며, 어떤 기만이나 비논리적 사고를 단호히 거부했다. 이 회의의 결과 중 하나는 오늘날까지 온건한 비전을 옹호하며 꾸란과 선지자의 전통에 충실한 세계무슬림청년회의WAMY의 설립이었다. 비록 회의 조직위원회와 '혁명 지도부'는 무슬림 세계의 혁명 운동을 지지하기 위해 트리폴리 거리에서 시위에 참여해 줄 것을 요청했으며, 우리는 이에 참여했지만, 일부 참가자들은 무슬림 선교사와 일꾼들을 비난하며 외치는 구호를 들어야 했다.

리비아 정권은 청년회의를 제3국제론을 홍보하고 이슬람의 지지를 얻기 위한 플랫폼으로 이용하려 했다. 반면 이슬람 선교사들은 신앙을 강화하고 형제애를 지지하는 데 중점을 두고자 했다. 팽팽히 맞서는 대치 상황 속에서 양측이 물러서지 않는 가운데, 수단 출신의 아흐마드 시디크 오스만은 내가 지금까지 들은 최고 중 하나의 연설을 진행했다. 그는 진심과 열정을 담아 전 세계에서 모인 모든 대표단을 깨우치고 결집시켜 하나님의 섬김과 전 세계적이며 통합된 신앙에 기반한 최고의 이슬람 이상을 실현하도록 고무했다.

회의 조직의 일부로 선언위원회가 구성되었다. 위원회는 압둘하미드 아부술레이만이 이끌며 중요한 역할을 맡게 되었다. 회의 주최 측은 선언위원회가 제3국제론을 지지하고 이슬람과 양립할 수 있는 이론이라고 선언해 주기를 기대했다. 그러나 선언위원회는 이를 거부하며 이 이론의 본질과 그것이 대표하는 바를 청중에게 완전히 공개할 것을 요구했다. 이슬람은 속임수를 합법화하는 도구로 이용당하지 않을 것이며, 아이디어는 있는 그대로 진실되게 제시되어야 한다는 것이 그들의 확고한 입장이었다.

회의 공식 지도부는 대표단들에게 자신들의 의지를 관찰시키기 위해, 제3국제론의 이름은 바꾸되 본질은 동일한 또 다른 버전을 제시하려고 여러 차례 시도했다. 그러나 참석자들은 이를 단호히 거부하며 끝까지 물러서지 않았다. 결국 회의는 어떠한 승인도 없이 종료되었다. 비록 대표단들은 이번이 처음 만난 자리였지만, 그들은 진실에 대한 타협 없는 헌신 속에 확고한 의지로 단합된 모습을 보였다. 덕분에 우리는 흔들림 없이 진실과 정의를 추구할 수 있었다.

어려운 결정

이 시점에서 리비아는 나에게 독이 든 성배와 같았다. 이 나라는 광활하고 아름다우며, 고대 문명과 유적의 교차로였고, 사막과 아름다운 해안선이 모두 어우러진 나라였다. 모든 것을 가진 듯 보였지만 하나님과 신앙, 도덕과 지적 자유를 위해 진정으로 살고 죽을 수 있는 자유를 누리지 못한다면 아무것도 아닌 곳이었다. 이 나라 사람들의 잠재력은 이 나라의 사막만큼이나 광대했다. 그들은 모두를 이롭게 할 사회 개혁을 원했고, 도덕적이고 이슬람적인 이상을 품고 있었지만, 바로 그 이유로 박해받고 감옥으로 던져졌다. 나는 이 땅의 동료 무슬림들을 돕고 싶어하면서도 신앙과 높은 이상을 가진 사람들에게 전쟁을 선포한 억압적 환경 속에서 살 수 없다는 사실이 부딪히며 양심의 위기를 겪었다. 모든 선한 것들이 훼손되고 있었고, 그것을 지켜 봐야 하는 상황이 견딜 수 없었다. 내게는 큰 개인적 스트레스의 시기였다. 나는 셰이크 마흐무드 소비와 상의했고, 그는 아마도 이제 리비아를 떠날 때가 된 것 같다고 조언했다.

아프리카 다른 지역에서의 성공

리비아에서의 전망이 그리 밝지 않았던 그 시기, 아프리카의 다른 지역 가봉에서 놀라운 일이 일어나며 협회의 가장 큰 성공 사례 중 하나를 기록했다. 그것은 바로 당시 가봉 대통령이었던 엘 하지 오마르 봉고 온딤바El Hadj Omar Bongo Ondimba(1967년부터 2009년 사망 시까지 42년간 가봉 대통령으로 재임)가 이슬람교로 개종한 일이었다. 지도자가 스스로를 성찰하여 적극적으로 영성을 추구하는 모습은 드문 일이자 경이로운 일이었다. 오마르는 확실히 특별한 사람이었다. 그는 권력에 현혹되지 않았고, 수많은 회의, 사람들, 기자들, 그리고 결정을 내려야 하는 상황 속에서도 더 높은 차원의 것을 생각할 수 있었다. 나는 그를 깊이 존경한다. 그렇게 그는 이슬람의 원리를 배웠고 마음을 열어 인도를 받아들이며 무슬림이 되었다.

그의 개종을 기념하여 무엇을 선물할지 논의할 때, 나는 꾸란의 프랑스어 번역본을 제안했다. 봉고 대통령과 그의 참모들이 꾸란과 그 의미에 대한 연결을 지속할 수 있도록 돕기 위한 것이었다. 또한 프랑스어로 번역된 다른 이슬람 문헌들과 함께 꾸란이 가장 적합하다고 생각했다. 나는 한 무슬림 학자가 봉고 대통령과 그의 가족에게 신앙의 교리를 가르칠 수 있도록 시간을 함께 보내야 한다고 제안했으며, 얼마 지나지 않아 이상적인 사람을 찾을 수 있었다. 그는 코모로 제도 출신의 학자로 아랍어와 프랑스어에 능통했고, 봉고 대통령의 신앙 선언 관련 사절단에 합류하는 데 동의했다. 이 중요한 순간은 가봉에서 이루어졌다. 오마르 봉고 대통령은 단정하고 자신감 넘치며, 강인한 자세로 그의 운명을 현세와 내세 모두에서 결정짓는 중요한 말을 내뱉었다. "나는 하나님 외에 다른 신은 없으며, 무함마드(그분께 평화가 깃들기를)가 하나님의 사도임을 증언합니다." 이 장면은 많은 사람, 특히 사우디아라비아 파이살 국왕을 대표해 참석한 셰이크 무함마드 마흐무드 알사와프가 지켜보았다. 알사와프는 이라크에서 이슬람 운동을 설립한 인물 중 한 명으로 뛰어난 웅변가이자 다수의 이슬람 출판물 저저이다.

머리가 변화하니 몸이 따랐다. 오마르 봉고 대통령이 무슬림이 되자 그의 장관들 중 절반과 가봉의 주요 인사들도 함께 무슬림으로 개종했다. 또한 많은 가봉 국민들이 이슬람으로 개종했다. 과장 없이 말하자면, 이 사건을 목격한 것은 내 인생에서 가장 큰 특권 중 하나였다. 우리가 노력했던 것은 인류에게 영적 향상을 가져오는 것이었고, 그것이 실현된 순간이었다.

알-샤피이가 참으로 진실되게 말한 바 있다.

"귀로 듣는 사람은 전달자가 되고, 마음으로 듣는 사람은 깨달음을 얻는다. 그러나 행동으로 설교하는 사람은 영적 안내자가 된다."

리비아에 작별 인사

사실 우리는 카다피의 많은 생각에 동의하지 않았지만, 이슬람선교협회의 긍정적 기여는 많은 사람들에게 새로운 삶과 영적 부흥을 가져다 주었다. 결국, 위대한 정신과 마음이 하나로 모여 인류를 돕기 위해 힘썼고, 비록 그 과정에서 많은 장애물에도 불구하고 그들의 노력으로 하나님 뜻은 이루어졌다. 리비아에서의 경험은 나에게 많은 것을 가르쳐 주었고, 그것은 좋은 본보기였다. 나는 신앙을 위해 고군분투하는 동안 두려움과 정치적 억압의 환경 속에서도 굳건한 믿음을 유지하는 것이 얼마나 중요한지 배웠다. 아무리 끔찍한 상황과 광기 어린 상황에서도 결과를 설계하시는 하나님께 의지해야 함을 깨달았다. 감옥의 창살도 두렵지 않은 용감한 이들의 눈을 마주하면서 나는 겸손해질 수밖에 없었다. 이를 통해 나는 하나님의 계획이 항상 더 크다는 것을 배웠다. 시련이 가혹하고 그로 인해 절망에 이를 만큼 우리의 감각이 흔들린다 해도 그 시련에는 우리가 헤아릴 수 없는 목적이 있으며, 그것은 때가 되면 드러날 수도 있고 이생에서는 드러나지 않을 수도 있다는 것을 더 깨달았다. 그러나 그것은 중요치 않다. 중요한 것은 삶 자체가 결코 의미를 잃지 않는다는 사실이다.

인간의 영혼을 죽이려 하는 것은 하나님이 아니라 사람들이다.

내 삶을 되돌아보며, 내가 무언가 좋은 것으로부터 거부당한다고 느꼈던 모든 순간이 사실은 더 나은 것으로 다시 인도받는 것이었다는 것을 깨달았다. 하나님께서 정하신 모든 것은 나에게 가장 적합하고 은혜로운 것이었다._이맘 알-가잘리

제7장

사막에서의 발자취

역사의 위대한 기적은 항상 영감을 주는 아이디어와 관련이 있습니다. 무슬림에게 부족한 것은 생각의 논리가 아니라 행동과 운동의 논리입니다. 문명은 부품을 무작위로 조립한 것이 아니라 신중하게 설계되고 건설된 건축물입니다._말렉 벤나비

아라비아

사막에는 무언가 경이로운 면이 있다. 나무나 바위, 초목이 거의 없어 시야를 방해하지 않는 사막에서는 끝없이 펼쳐진 지평선을 볼 수 있다. 시야가 맑아지며, 고요함과 풍부한 단일 색조가 더해져 모든 생각이 깊은 자기 성찰로 변모한다. 마음은 시각적 공간을 포용하며

내면의 문제에 집중하게 되고, 자아는 제어되어 소멸된다. 광활하고 장엄한 모래 언덕과 우주의 위대함을 손끝에 가져다 주는 웅장한 밤하늘은 인간을 미미한 존재로 만들고, '우주의 주님'이라는 표현이 실제로 무엇을 의미하는지 엿보게 하는 경외감을 불러일으킨다. 하나님께서 '강이 흐르는 정원'을 말씀하실 때, 지속적으로 강렬하게 내리쬐는 태양 아래 살며 그 조건을 완전히 결여한 초기 무슬림 공동체만큼 그 선물의 엄청난 가치를 더 잘 이해할 수 있는 이들이 또 있을까? 그들은 하나님을 열렬히 사랑하고 낙원을 열렬히 갈망하며, 이를 통해 위대한 문명의 씨앗을 뿌렸다. 선지자 무함마드(그분께 평화가 깃들기를)는 이 극한 환경에서 살아남아 번성했으며, 아라비아의 고요한 풍경 속에서 하나님의 첫 번째 계시를 들으며 자아의 완성을 이루었다. 사막이 척박하지만은 않아 그 아래 생명을 품고 있듯, 아라비아 역시 수도원이 아니었다. 중심지인 카바의 성역은 점점 하나님을 잊고 창조를 잊으며 죽음을 잊는 망각 속으로 빠져드는 인류에게 영적 생명을 불어넣는다.

　내가 이렇게 이야기하는 이유는 아라비아가 우리의 상상 속에서 매우 다른 울림을 주기 때문이다. 마카와 마디나의 영적 장소와 종교 의식에서 벗어나면, 우리는 낯선 영토로 빠져들어 사우디아라비아라는 왕국이 어떻게 운영되는지에 대한 혼란스러운 인식을 마주한다. 그곳은 나의 최종 목적지가 되었고, 마침내 내가 뿌리를 내리고, 과거 영국에서 나와 동료들이 열정적으로 시작했던 외부 활동을 계속하기 위한 장소가 되었다. 당시 우리는 주변 무슬림 공동체의 요구를 깨닫고, 하나님께서 지상에 두신 대리자로서 더 중요한 역할과 잠재력을 실현하려고 노력하고 있었다. 동방 세계와 유일신 신앙의 근원에 대한 갈망 속에서, 나는 자연스럽게 히자즈^{Hijaz}*에 점점 더 깊이 끌려갔다. 마카라는 계시의 심장부를 상징하는 장소로 나를 이끌었다는 점을 되돌아보면 참으로 이상한 일이다.

아라비아로의 여정은 앞서 언급했듯 리비아에서 시작되었다. 나는 여러 차례 리비아에서 당시 사우디아라비아 교육부 장관이었던 셰이크 하산 빈 압둘라 알-알-셰이크와 서신을 주고받았다. 그는 사려 깊고 친절한 사람이었기에 나는 편지에서 솔직하게 나의 어려움, 특히 나에게 큰 영향을 미쳤던 리비아 경험에 대해 털어놓았다. 지금은 평범하게 들릴지 모르지만, (예컨대, 내 조국 이라크가 그 예시가 될 수 있듯)당시에는 사람들이 종교적 도덕성을 포함한 다양한 이유로 감옥에 던져지는 상황이 내 상상 속에 무겁게 자리 잡았다. 나는 무슬림 세계에서 살며 일하고 싶어했지만, 그 안에서 내가 이전에 경험했던 자유의 분위기가 반드시 보장되지 않을 수도 있다는 것을 깨닫기 시작했다. 더구나 어떠한 죄도 저지른 일 없는 데 체포되어 감옥에서 고통받고 있는, 내가 알고 지내던 사람들을 떠올리며 신앙 기반의 개발 활동에 집중할 수 있을지 의문이었다. 이는 나에게 쓰라린 현실이었다. 나는 아직 젊었고, 청년의 이상을 실현하려 노력하고 있었기에 이러한 왜곡된 현실은 나의 이상적 사고에는 충격이었다. 내 처지를 이해한 셰이크 하산이 리야드로 오라고 권유했다. 그는 나를 잘 알고 있었고 가치 있는 프로젝트에 몰두해야 한다는 것을 충분히 인식하고 있었다. 그는 나에게 리야드대학교^{현 킹사우}

---

* 사우디아라비아 서부 지역을 지칭한다. 이 지역은 이슬람의 두 성지인 마카와 마디나가 위치한 곳으로 이슬람 역사와 문화에서 매우 중요한 의미를 지닌다. 여기서는 두 지역을 포함하는 이슬람 신앙의 심장부를 상징하는 것으로 이해된다.—옮긴이

드대학교에서 조교수직을 제안하며 내가 전공 분야를 계속할 수 있도록 했을 뿐 아니라, 세계무슬림청년회의WAMY를 설립하는 데 도움을 줄 것을 요청하기도 했다. 이 제안은 리비아 상황을 들은 다른 여러 사람들이 셰이크 하산에게 도움을 요청하면서 이루어진 것이기도 했다. 그들의 친절에 나는 깊이 감사하고 있다. 그의 제안은 시점에서 이보다 더 적절할 수 없었으며 그 형태에서 이보다 더 나을 수 없었다. 나는 이 기회를 놓치지 않고 부여잡았다. 이는 내 공로에 대한 인정과 존중을 드러내는 것이기도 했으며, 나는 이에 대해 하나님께 깊은 감사를 드리고 있다.

초기의 여정들이 아이디어로 가득 찬 머리와 새로운 문화를 보고자 하는 열망으로 가득 찬 흥미로운 에피소드였다면, 이제 나는 변해 있었다. 사우디아라비아로 향하는 여정은 이전과는 달리 더 차분하고 깊은 성찰의 시간이 되었다. 아라비아만과 이라크 항구로 이어지는 그 해안으로 돌아오면서, 내 마음은 어린 시절의 기억으로 가득 찼다. 나는 아르빌, 부모님과 형제자매들, 초등학교와 그 입구, 어릴 적 살던 집의 문을 떠올렸다. 아버지의 가게와 그곳을 찾아오는 가난한 이들에게 아낌없이 베풀던 아버지의 너그러운 손길이 떠올랐다. 아름다운 아잔 소리로 가득했던 아침들, 아버지의 따뜻하고 자애로운 시선 아래 진행되던 꾸란 낭독 시간, 그리고 지금도 내 마음에 메아리치는 아버지의 아름다운 영적 말씀이 떠올랐다. "아들아, 내 말을 잘 들어라. 늘 하나님을 의식하고, 하나님을 네 생각의 중심에 두며, 결코 그분을 떠나지 마라." 나는 그 말씀대로 살기 위해 얼마나 노력해 왔는지 생각했다. 나는 바그다드의 위대함, 그곳에 있던 나의 중등학교, 그리고 위대한 이슬람 학자 셰이크 암자드 알-자하위를 기억했다. 마치 사막의 전경처럼 내 삶의 요소들이 선명하게 보였고, 각 사건은 맥락 안에서 뚜렷이 자리 잡고 있었다. 내 삶은 태어난 순간부터 서로 얽혀 있으며, 각 사건은 그 자체로 목적을 지니고 있었고, 더 큰 그림 안에서도 그 의의를 지니고 있었다. 그 그림은 세월이 흐르면서 서서히 펼쳐졌다. 아마도 어린 시절의 회상은 인간으로서 우리의 취약성과, 하나님의 자비로운 손길이 없다면 스스로를 파괴로 이끌 수 있는 가능성을 표현한 것일지도 모른다. 그분의 손길은 우리를 이 방향 저 방향으로 인도하며, 낮은 자아로부터 우리를 구원하고, 더 높은 본성을 포용하도록 인도했다.

1973년 사우디아라비아에 도착한 것은 바로 이러한 영적 맥락과 감정 속에서였다. 그때는 라마단이었고, 나는 축복받았다는 느낌과 함께 즉각적인 평화를 느꼈다. 이는 내가 겪어 온 모든 일의 적절한 결론이자 새로운 영감 가득한 미래를 향한 희망의 징표였다.

상서로운 시작

단순함과 명료함이 필요했던 나에게 눈앞에 있는 두 가지 분명한 목표는 새로운 활력을 불어넣었다. 두 목표 모두 상당한 노력과 전문성이 요구되었지만, 무엇보다도 나의 두 가지 열정, 신앙과 지식을 동시에 추구할 수 있는 기회를 제공했다. 바쁘고 집중해야 했던 나에게 이 작업은 완벽한 선택이었고, 다른 생각으로부터 마음을 돌릴 수 있었다. 첫 번째 목표는 세계무슬림청년회의를 설립하는 것이었고, 두 번째 목표는 사우디아라비아 최초의 석유공학과를 설립하는 것이었다. 두 프로젝트 모두 매우 중요한 일이었다. 석유가 걸프 국가들의 주요 수입원이었으므로 내가 맡게 될 석유공학 분야는 이 지역에 있어 매우 중대한 일이었다. 특히 세계 에너지 공급의 중심지인 아라비아만에 석유공학 학위 프로그램조차 없었다는 사실은 놀라웠다. 그러나 나에게 있어 WAMY의 설립은 석유공학만큼이나 중요했다. 이는 무슬림 청년들의 요구와 열망에 적절한 가치를 부여할 때 더더욱 그랬다. WAMY는 무슬림 학자들과 신앙 기반 활동가들의 성장을 지원하고, 전 세계에 흩어져 있는 무슬림 청년들이 자신이 속한 사회와 세계 최고의 시민이 되도록 돕는 안정적 지원 조직으로 서야 했다. 젊은이들의 에너지는 정치적이고 불안정한 영역으로 쉽게 흐를 수 있으므로 이들을 청렴하고 단합된 분위기 속에 모으고, 인류 봉사에 초점을 맞춘 비전과 외부 세계에 대한 책임감을 심어 주는 문화로 발전시키는 것이 중요했다. 이것이 바로 이 단체의 사명이자 가치가 될 것이고, 나는 이 단체의 설립에 기여하게 된 것을 자랑스럽게 생각했다.

앞서 말했듯이 이슬람력에서 가장 중요한 달인 라마단이었다. 우리는 라마단을 금식의 달로 인식하지만, 사실 라마단은 꾸란의 달이기도 하다. 이 달 동안의 영적 성취와 활동에 대한 몰입의 수준은 놀라울 정도로 높으며, 다른 어느 곳에서도 찾아볼 수 없는 독특한 것이었다. 금식 자체는 다양한 활동의 배경이 될 뿐이다. 무슬림들은 일상의 안락에서 벗어나 새로운 일상 패턴에 적응하며, 시간과 장소가 새로운 차원으로 융합된다. 해가 뜨고 지는 것을 일상적 루틴의 중심으로 삼아 긴 기도, 꾸란 완독, 배고픔, 부족한 수면, 고갈된 에너지를 극복하기 위한 엄격한 정신적·육체적 훈련이 요구된다. 라마단은 우리의 영적 잠재력과 고귀한 본성을 보여 주는 시기로,

삶을 진지하고 아키라*Akhirah, 내세*를 지향하는 일로 만들며, 이것이 바로 지금까지 내 삶의 만트라*Mantra, 주문, 기도문*를 형성한 메시지다.

리야드에 도착하자마자 나는 WAMY 창립식 준비에 즉시 투입되었다. 창립식은 라마단과 하즈 시즌 사이에 열릴 예정이었고, 대규모 행사였기에 할 일이 많았다. 나는 이 행사가 요구하는 다층적 준비와 조율 작업에 몰두하여, 함께 일하는 동료들과도 가까워졌다. 우리는 적합한 대표단을 선정하는 등 크고 작은 모든 세부 사항과 과정을 꼼꼼히 계획했다. 그중에는 고위 인사도 있고, 그렇지 않은 사람들도 있었다. 세 대륙에 걸친 경험은 나에게 중요한 교훈을 주었고, 나는 세부 사항에 대한 주의가 얼마나 중요한지 잘 알고 있었다. 또한 리비아에서의 경험 덕분에 정치적 파급 효과의 민감성도 깨닫고 있었다. 예컨대, 잠재적으로 문제를 일으킬 수 있는 사람들을 초대하지 않는 것이 중요했다. 우리는 처음부터 그러한 문제를 차단하기로 합의했고, 이는 우리가 확고히 닫아 두어야 할 문이었다.

나는 동료들과 함께 공동위원회를 구성하여 WAMY 설립에 착수했다. WAMY의 기본 정신은 "무슬림 청년의 정체성을 보존하고 현대 사회에서 그들이 직면한 문제를 극복하도록 돕는 것"이었다. 우리는 사우디아라비아에 도착하기 전에 이미 구성된 감독위원회(여러 대학 학장과 교수들로 구성된 위원회)의 준비 작업을 지원하며 우리의 임무를 수행했다. 핵심 목표에 중점을 두고 모든 활동에서 이를 최우선에 두었다. 이렇게 하여 모든 세부 작업이 그 목표 아래 하나로 통합될 수 있도록 하였다. 특히 조직에 대한 무슬림들의 마음과 지지를 얻는 데 열정을 쏟았다. 이는 WAMY가 대표하는 바에 대한 공유된 의식이 그 성공에 필수적이었기 때문이다. 심지어 그 명 칭인 WAMY를 정하는 일조차 중요했다. WAMY를 통해 우리는 무 슬림 청년들에게 현대 사회가 그들에게 던지는 도전들 즉, 세속적 인본주의와 공산주의 사상의 궤변들을 해결하는 데 필요한 가치와 도구를 제공하고자 했다. 당시에도 이미 공격적 무신론이 확산되고 있었으며, 전통적 종교를 공격하는 움직임이 본격화되고 있었다.

창립 멤버

어떤 프로젝트의 성공은 그 기초에 달려 있다. 즉, 벽의 첫 번째 벽 돌이 어떻게 놓였는지, 그리고 그것들을 결속시키는 몰타르의 품질 이 핵심이다. 벽돌 자체는 그 프로젝트를 실현하기 위해 노력하는 사람들을 상징하며, 이들이 약하고 부실하다면 프로젝트는 무너질 것이다. 하지만 이들이 강하고 효율적이라면 프로젝트는 성공할 것 이다. 따라서 팀의 성공은 구성원들의 강점과 자질에 달려 있다. 팀 원이 적더라도 강력한 역량과 결단력이 있다면 많은 것을 이룰 수 있다. 선지자(그분께 평화가 깃들기를)의 시대에 초기 무슬림 공동체는 이 점을 잘 보여 준다. 그들은 하나님에 대한 강력한 신앙에서 비롯 된 굳건함과, 엄청난 역경에도 불구하고 길을 개척해 나가는 충성심 과 결단력을 증명했다. 나는 WAMY의 창립 멤버들에게서 이와 같 은 자질을 찾고자 했고, 실망하지 않았다.

이 인상적 멤버들을 열거하면, 리야드 교육부의 이슬람 계몽 담 당 국장인 셰이크 하마드 알 셀레피, 당시 교육부 차관이었으며 이 슬람개발은행IDB 설립자이자 초대 총재, 그리고 제다의 킹압둘아지즈대학교 부총장을 역임한 아흐마드 무함마드 알리, 킹압둘아지즈 대학교 총장이며, 사우디아라비아 알-슈라위원회 부의장, 통신부 장관, 제다의 이크라자선재단 회장을 역임한 무함마드 압도 야마니가 있었으며, 지부 구성원들로 압둘라 나세프, 압둘라만 알 알 셰이크, 압둘하미드 아부술레이만, 살레 알-사마라이 등이 있었다.

국제적으로 WAMY 창립에 참여한 멤버로는 미국 출신의 아흐마드 사크르, 히샴 알탈립, 자말 바르진지, 그리고 미국·캐나다 MSA 회장을 역임한 후 수단의 무슬림선교기구 사무총장으로 활동한 티자니 아부 게데이리가 있었으며, 말레이시아 출신으로 무슬림청소년운동ABIM 설립자이자 대표이며 말레이시아 집권당 통일말레이국민조직UMNO 청년 지도자, 재무부 장관 겸 부총리를 역임한 안와르 이브라힘, 인도네시아 출신으로 전 반둥공과대학 교수이자 인도네시아의 여러 이슬람 학생 및 청소년 단체의 영적 지도자이며 IIFSO 전 사무총장과 국제이슬람과학기술포럼 부회장을 역임한 이마두딘 압둘라힘, 파키스탄 출신의 쿠르시드 아흐마드 등이 있었다. 그 외에도 언급하지 않은 많은 인사들이 있었다. 또한 리야드대학교와 사우디아라비아 교육부의 많은 교수들이 다양한 역할에 참여했으며, 특히 컨퍼런스 운영위원회 위원으로 활동했다.

WAMY의 설립에는 통찰력 있는 지성, 단합된 마음, 그리고 경건한 영혼들이 함께 모였다. 짧은 시간 안에 조직의 활동과 책임은 기하급수적으로 확대되었다.

WAMY는 곧바로 리야드대학교 공과대학에서 열린 과학과 기술을 위한 연대 중심의 컨퍼런스에 착수했다. 우리의 목표는 모든 활동을 총체적으로 결합한 컨퍼런스를 개최하는 것이었다. 우리는 무슬림 세계 안팎의 무슬림 단체 지도자들과 지속적으로 연락하며, 주제에 대한 제안을 받고 가장 자격을 갖춘 회원들을 행사에 초대했다. 예를 들어, 이슬람 텔레비전 프로그램의 인기 진행자로 꾸란 해석서와 다수의 저서를 집필한 셰이크 무함마드 무트왈리 알샤라위, 시리아 출신의 영향력 있는 이슬람 학자이자 수십 년간 사우디 TV의 스타로 활동한 셰이크 알리 탄타위 등 저명한 학자, 저술가 및 이슬람 사상가들의 강연을 주최했다. 또한 WAMY의 초대 사무총장으로 선출된 압둘하미드 아부술레이만의 강연도 진행했다.

거인과 원로들

1973년 10월 6일, 리야드에 도착하자마자 사우디아라비아 교육부에서 제공하는 지역 호텔의 숙소를 제공받았고, 이후 리야드대학교 공과대학에 공식적으로 합류했다. 그 시기는 나에게 행복한 시간이었고 맡은 일도 매우 즐거웠다. 공과대학에는 훌륭한 형제들과 저명한 학자들이 많았으며, 나는 그들과 모두 친해지고 싶었다. 특히 기억에 남는 인물 중 한 명은 공과대학 학장이었던 자파 압둘라흐만 사바그였다. 그는 학문적 자질뿐 아니라 높은 윤리적 기준을 가진 인물로서 그를 깊이 존경했다. 기계공학 분야의 선두적 학자인 그는 미래 에너지 활용을 위한 수많은 프로젝트와 혁신에 힘썼다. 또 다른 인물로 전기공학과 학과장이자 바그다드대학교의 전 부총장이었던 살라 알사마라이가 있었다. 또한 토목공학과를 이끌던 다팔라 알투라비 같은 인물도 있었다. 시리아 출신의 파우지 하마드 역시 토목공학과에서 강의하며 학문적 기여를 하고 있었다. 이처럼 훌륭한 인재들과 함께할 수 있다는 것은 진정한 영광이자 축복이었다.

여러 중요한 성과에 참여할 수 있는 행운도 누렸다. 그중 하나는 리야드대학교 공과대학에서 열린 '과학과 기술을 위한 이슬람 연대'를 주제로 한 컨퍼런스였다. 이는 무슬림 세계에서 이 주제를 다룬 최초의 행사였다. 또한 리야드대학교 농과대학에서는 농업 과학 및 관련 주제를 다룬 유사한 컨퍼런스도 개최되었다.

이 모든 일이 진행되는 동안, 나는 석유공학부 설립 작업에도 바쁘게 참여했다. 리비아에서 석유광물대학을 설립하면서 얻은 경험은 여기서 큰 도움이 되었다. 그 경험은 비교적 최근의 일이었기에 기억이 생생했으며, 하나님의 은혜로 내가 전문성을 키웠던 바로 그 분야였다. 또한 나는 대담하게도 새 건물에 석유공학부를 배치할 것을 제안했다. 공과대학 내에 제공된 공간이 너무 좁고 목적에 적합하지 않았기 때문이었다. 특히 석유와 가스 추출을 개선하기 위한 연구에는 전문 실험실이 필요했기에 연구 수준 향상을 위해 확장을 요청하는 것이 합리적이라고 판단한 것이었다. 나는 목표를 설정하고 전략을 수립하며, 실험실, 재료, 장비, 인력 등을 조사했다. 모든 준비를 마친 후, 나는 공과대학 학장에게 제안서를 제출하여 승인을 받았다. 그 순간은 정말 기뻤다.

화재로부터 책을 구하고 지식을 촉진하다

나는 공과대학 내에 세 개의 연구실을 배정받았다. 그중 하나는 미국 시절 오랜 친구이자 스탠포드대학교 항공공학과에서 재직했던 유명한 이집트 학자 사이드 두수키 하산의 연구실 바로 옆이었다.

세상은 참 좁았다. 나는 그의 능력과 경험을 다시 접할 수 있게 되어 매우 기뻤고, 1960년대 중반 미국에서 시작된 우리의 관계를 재개할 기회를 놓치지 않고 이야기와 협력을 이어 갔다. 공과대학 학장이었던 자파 사바그는 함께 일하는 사람들에게 높은 기준을 요구하는 것으로 유명했고, 모든 이들에게 내 업무를 돕도록 지시했다.

당시 우리가 사용할 수 있었던 기술은 매우 제한적이었다. 사실 우리 학과는 복사기를 제공받은 유일한 학과였으며, 이는 이슬람 연대 회의를 조직하는 데 필요한 막대한 문서량 때문이었다. 반면 타자기는 모든 정부 기관에 배포된 만큼 쉽게 구할 수 있었다. 그런데 흥미롭게도 그중 상당수가 사용되지 않은 채 몇 년이나 배치된 부서나 창고에서 먼지만 쌓이고 있었다. 이는 엄청난 자원 낭비였다. 누군가 유용하게 활용할 방안만 찾으면 될 일이었다. 이는 단순한 수요와 공급 문제였다. 우리는 중개자 역할을 자임하여 타자기를 WAMY에 기증하도록 했다. 이러한 조치를 통해 우리는 이 타자기들을 무슬림 세계의 청년 단체들에 보내 줄 수 있었다. 이러한 제안에 대해 어떠한 이의도 없었고, 정부 부처들은 기꺼이 타자기를 기부했다. 우리는 몇 대의 복사기를 포함하여 이 기증하는 타자기들을 여러 컨테이너에 담아 수단과 여타의 지역으로 배송을 준비했다. 오늘날의 기술 발전을 고려하면, 매우 구시대적으로 들릴 것이다. 현대 세대에게는 타자기가 마치 분필과 칠판처럼 느껴질지도 모른다. 하지만 당시에는 이 타자기들이 많은 무슬림 공동체에 축복과도 같은 도구였다.

타자기 문제는 우리가 곧 직면하게 될 더 큰 사건에 비하면 비교적 평범한 문제였다. 사우디 관세청이 창고에 보관 중인 엄청난 양의 불필요한 책들을 불태우기로 결정했다는 소식을 듣게 되었을 때였다. 나는 즉각 행동에 나섰다. 사우디 관세청장에게 서둘러 편지를 보내는 한편, 셰이크 하산 알-알-셰이크에게 도움을 요청했다. 다행히도 관세청장은 이해심이 깊은 사람이었고, 내가 설득한 끝에 책들을 소각하는 대신 WAMY에 맡기는 것이 더 경제적이란 점을 받아들였다. 나는 또한 해외로 보내는 책들 중 금지된 서적은 배포하지 않을 것을 약속했고 그는 흔쾌히 동의했다. 책을 받은 후, 우리는 학생들을 고용해 분류 작업을 맡겼다. 이들에게는 시간당 10리얄의 급여가 지급되었다. 분류된 책들은 무슬림 세계 곳곳의 학생들에게 보내졌는데, 이 책들이 담고 있는 지식은 매우 소중한 것이었다. 나에게 지식은 신성한 것이며 어떤 대가를 치르더라도 지식을 보존해야 한다고 믿었다. 다행히도 우리의 요청에 따라 국왕께서 무료 배송을 허락했다. 뿐만 아니라 유학을 마치고 고국으로 돌아가는 많은 학생들에게 따로 비용을 받지 않고 필요한 책들을 가져갈 수 있게 허락받았다. 이 배송 지원금은 우리에게 큰 도움이 되었다.

우리는 또한 수많은 꾸란 사본을 해외로 보낼 필요성과 기회를 찾았다. 마카와 마디나에 있는 두 성원에는 많은 중고 꾸란이 기부되고 있었는데, 우리는 이 사용되지 않는 꾸란을 우리에게 맡겨 달라고 요청했다. 성원 관리자들은 이에 동의하여 많은 양의 꾸란을 우리에게 제공했다. 우리는 지체 없이 각각 20kg들이 가방에 담아 가능한 많은 국가로 배송했다. 이와 같은 이타적 활동에 참여할 때마다 나는 늘 큰 기쁨을 느꼈다. 이런 일을 통해 다른 사람들의 삶이 나아질 뿐 아니라, 나 자신의 삶도 풍요로워졌다. 이를 통해 신앙을 섬기며 하나님의 기쁨을 얻기를 바랐다. 이것이 결국 우리 모두가 추구하는 궁극적인 목표가 아니겠는가?

새로운 학부의 첫 번째 그룹

1974~1975년, 석유공학부 공식 출범과 개설 준비를 위해 우리는 이 분야에 대한 홍보와 인식 제고에 나섰다. 특히 석유 엔지니어에 대한 막대한 수요와 에너지 생산에서 기술 발전이 절실히 요구되는 강력한 산업적 필요성을 강조했다. 흥미롭게도 1973년은 욤키푸르 전쟁 이후 발생한 석유 위기의 해이기도 했다. 초기 석유 금수 조치로 유가가 급등하면서 서구의 산업에 연쇄적인 영향을 미쳤다. 석유는 갑자기 모든 사람의 관심사가 되었고, 석유와 가스 산업의 세계적 중요성과 전 세계 에너지 소비의 절대적 중요성을 부각시켰다.

약 25명의 첫 입학생은 모두 남학생이었으며, 이들은 대학의 석유공학 분야에서 개척자가 되었을 뿐 아니라 이후 사회와 산업 발전에 중요한 역할을 했다. 나는 그들을 지도하며 성공에 필요한 모든 지원을 아끼지 않았다.

또한 석유공학부에 강력한 교수진을 구축하기 위해 노력했다. 첫해에는 이집트 출신으로 전략적 사고와 접근 방식으로 유명한 아딜 하미다를 영입했고, 두

1975년. 킹사우드대학교 석유공학부 창립. 이 사진에는 학과 초대 교수들이 포함되어 있다. 첫 번째 줄 오른쪽부터 나, 아드난 오마르, 모하메드 수유, 무함마드 알라와디.

번째 해에는 두 명의 교수를 추가 영입하여 총 4명의 교수진을 구성했다. 그들은 팔레스타인 출신의 누만 알카티브와 이집트 출신의 모하메드 사요였다.

암기부터 열린 사고방식까지

내게 있어 중요한 과제는 우리의 학문적 목표를 명확히 설정하여 프로그램의 학문적 기준을 확립하는 것이었다. 특히, 개혁이 필요하다고 판단한 분야는 커리큘럼이었다. 당시의 교육 과정은 다른 많은 프로그램들처럼 암기 위주의 평가에 의존하고 있었다. 나는 첫 번째 학생 그룹을 대상으로 단순히 수동적으로 자료를 암기하는 방식에서 벗어나, 이를 적극적으로 활용하고 새로운 방식으로 지식을 적용할 수 있도록 하고자 했다. 이를 위해서는 학생들의 창의적 능력과 내재된 재능을 활성화시키는 교육 과정이 필요했다.

암기 중심 문제를 해결하고 목표를 달성하기 위해 여러 단계를 계획했다. 나는 석유공학 입문 과정에 대한 세부 강의 내용을 작성했는데, 여기에는 '석유공학이란 무엇인가?', '엔지니어처럼 사고하는 법' 등의 주제가 포함되었다. 또한 학생들이 다양한 사고 기법을 습득할 수 있도록 일반 수학 강의도 개설했다. 내 목표는 학생들이 제한된 사고방식의 장벽에서 벗어나 자료를 읽고 이를 실질적 응용으로 전환하는 법을 배우게 하는 것이었다. 물론 실질적 응용을 목표로 하지 않는 기초 연구의 중요성에 의문을 제기하지는 않지만 당시의 목표 지향적 환경에서는 이를 포기해야 했다. 응용 중심의 학습이 그 시점에서는 매우 중요했다.

공과대학 학생들과 교수들은 환영받는 분위기와 헌신적이고 열정적인 환경에서 많은 혜택을 누렸다. 각 학과장들은 최고의 학자들이었고, 학장들은 서구 교육을 받은 사람들이었다. 우리가 비록 서로 다른 배경과 국가에서 왔지만, 더불어 높은 업무 기준을 발전시키고 매우 긴밀한 협력 관계를 구축할 수 있었다. 특히 자파르 사바그는 윤리와 가치를 기준으로 한 과학적 사고방식을 개발하려는 목표를 통해 학문의 우수성을 한 단계 더 끌어올렸다.

장기적인 관점에서, 사우디아라비아 내에서 성공적으로 자리 잡기 위해서는 유능한 사우디 학생들이 행정적 역할에서 중요한 위치를 차지할 수 있도록 지원이 필요하다는 점은 분명했다. 이를 염두에 두고 우리는 이를 교육 과정에 통합하여 행정 업무에 대한 전문성을 훈련하는 프로그램을 개발했다. 이 기술은 후에 이들이 주요 행정 및 기타 리더십 위치에서 중요한 역량으로 작용할 것이었다. 이러한 전략을 통해 우리는 당시 서구인들이 맡고 있던 역할을 사우디 학자들이 점차 대체할 수 있게 함으로써 그들이 자국의 필요와 비전에 맞게 발전시킬 수 있게 도움을 주고자 했다. 교육 프로그램에는 사우디 연구자들이 학장실에서 책임을 맡을 수 있는 기회를 제공하는 등의 내용이 포함되었다. 이는 학문적 경력 초기부터 그들이 리더십 역량을 습득할 수 있도록 한 것이었다. 예컨대 비록 외국인 또는 비사우디인 정교수가 있을지라도 사우디인이 조교수가 되면 학장을 맡을 수 있었다. 이러한 접근 방식은 사우디 국민이 왕국 내에서 고위직을 맡을 수 있는 가능성을 열어 주는 조치였다.

우리는 주요 프로그램의 '사우디화' 과정을 추진하고 지원하는 과정을 매우 중요하게 여겼다. 두 성스러운 모스크의 땅인 이곳은 계시의 원천이자 선지자 무함마드(그분께 평화가 깃들기를)와 그의 동료들이 걸었던 땅이며, 무슬림 메시지가 마카의 하나님의 집에서부터 퍼져 나가기 시작한 곳이다. 이 축복받은 근무 환경은 나로 하여금 WAMY를 통한 이슬람 부흥을 돕는 일과 대학에서의 전문 경력을 쌓는 일에 몰두할 수 있게 해 주었다.

삶에서 중요한 것

WAMY는 이제 완전한 기능을 갖춘 조직으로 발전하고 있었고, 우리는 이제 정관을 작성해야 하는 매우 중요한 과제를 안고 있었다. 여기에는 조직의 목적, 회원 자격, 이사 선출 방식, 그리고 업무와 회의 진행 방식, 사업 수행 방식 등 다양한 문제가 포함될 것이었다. 고려해야 할 사항이 많았고, 나는 곧바로 초안을 작성해 기본 논의에 들어갔다. 논의 끝에 사무총장과 사무차장의 직위는 사우디 정부의 차관급과 동일한 수준의 보수를 받는다는 데 합의했다. 다만 나와 압둘하미드 아부술레이만은 이 규정에 제외하기로 했다. 우리에게는 하나님의 기쁨이 곧 충분한 보상이므로 어떠한 영예나 개인적 이익, 칭찬이나 인정도 바라지 않았다. 우리에게 세상은 단지 환영에 불과했으며, 우리의 모든 투자는 내세를 위한 것이었다. 우리는 후대 사람들에게 겸손과 희생의 가치를 보여 주고, 권리 의식에서 벗어나 하나님 섬김을 위해 개인적 이익을 생각하지 않고 헌신하는 삶을 살아야 한다는 모범을 보이길 희망했다.

결국 삶의 목적은 무엇인가? 우리는 아무것도 없이 이 세상에 왔다가 아무것도 가진 것 없이 떠난다. 그렇다면 우리가 삶에서 정말로 필요한 것은 무엇이며, 단순히 욕망하는 것은 무엇인가?

나는 이에 대해 깊이 성찰했다. 생존에 필요한 음식, 물, 거처, 의복을 제외하고 무엇이 가장 중요한가? 이는 우리 모두가 인생의 어느 시점에서 스스로에게 물어야 할 질문이다. 나는 내세가 우리의 초점이 되고 지위와 욕망이 지배하는 축적의 세계가 녹아 내리면, 우리의 필요는 단순해지며, 우리의 관심은 선행을 중심으로 돌아간다는 것을 깨달았다. 이는 아름다움에 대한 우리의 필요를 부정하는 것이 아니다. 사실 하나님께서는 이를 요구하지 않으신다. 오히려 그 반대이다. 그러나 이 아름다움은 영성에서 비롯된 자연스러운 상태이며, 한 방에서 사는 삶이 열 개의 방에서 사는 삶만큼 성공적일 수 있는 자연스러운 장식성을 포함한다. 장미는 인간의 어떤 예술 작품보다 위대한 아름다움을 알게 해 주며, 부자와 가난한 자 모두 어떠한 대가도 없이 즐길 수 있다. 이러한 원칙과 가치, 예컨대 노동과 희생은 중심 무대에 서게 되고, 우리의 동기는 미래의 보상에서 비롯된다. 이는 우리가 들어갈 천국, 선택받은 이들과의 동행, 그리고 무엇보다 하나님의 임재에 대한 희망에서 나온다. 흥미롭게도 하나님에 대한 의식이 쇠퇴하면서 오늘날 세상에 수많은 '동기 부여 강사'들이 우후죽순처럼 등장하여 활동하고 있다. 대부분의 사람들에게 끊임없이 돈을 벌고 소비하며, 부와 지위를 쫓는 생의 쳇바퀴 끝에는 무덤과 소멸만 기다리고 있을 뿐이며, 이는 깊은 우울과 삶의 무의미함만 초래한다. 이슬람은 우리에게 부유하고 화려한 '타자'가 아닌, 꾸란에 명시된 원칙과 가치를 기준으로 우리 '자신'을 평가하라고 가르친다. 그리고 선행을 위해 열심히 노력하며, 삶의 사소한 장식물들이 우리를 지배하지 않도록 자존감과 도덕적 가치를 높이라고 가르친다.

협력 및 생산성

WAMY는 정부 지원으로 첫해에 100만 리얄의 초기 예산으로 시작하여 300만 리얄, 600만 리얄로 증가되었다. 이후 인플레이션에도 불구하고 더 이상의 증액은 이루어지지 않았고, 오히려 정부 전체 예산이 10% 삭감된 시기에 WAMY의 예산도 540만 리얄로 감소했다. 이에 따라 우리는 필요한 경우 관리 직원을 줄이고 WAMY의 우선순위를 재조정하며 예산 삭감에 맞게 조정했다. 그러나 예산 삭감에도 불구하고 제공되는 활동의 수준과 질을 유지하기 위해 최선을 다하며 우리의 기준을 지키기 위한 노력을 강화했다. 부족한 예산은 사업가와 자선가, 그리고 우리의 신앙 기반 활동을 지원할 수 있는 뜻과 여력이 있는 사람들에게 기부를 요청하여 보충했다. 또한 여러 부처와 사우디아라비아 및 기타 지역에서 청년 문제 및 자선 활동을 담당하는 고등위원회로부

1977년. 이슬람협력기구(OIC) 회의에서. 두 번째 줄에 옵서버 자격을 가진 기관의 대표들이 앉아 있다. 왼쪽부터 압둘하미드 아부술레이만(WAMY 사무총장), 무함마드 알 알셰이크(국무장관, 전 환경농촌부 장관), 그리고 나는 왼쪽 네 번째에 앉아 있다.

터도 자금을 지원받고자 요청했다.

추진력을 잃지 않고 활동을 계속 이어 가기 위해 우리는 이슬람 협력기구OIC, 구 이슬람회의기구와 협력하여 다양한 활동을 조직했다. 사우디아라비아의 아브하에서 여름 청소년 캠프를 개최하여 큰 성공을 거두었다. 언제나 그렇듯, 우리는 관리 경험, 기술적 역량, 기관 및 개인과의 네트워크를 활용했다. 전략은 단순했다. 세계 각지의 다양한 기관들로부터 요청이나 제안이 접수되면 이를 정부나 특정 기관 또는 개인에게 전달하여 필요한 자금을 확보하려 했다. 다행히 자금을 지원받으면 해당 프로젝트를 실행하는 데 필요한 모든 조치를 취했다. 예를 들어 말레이시아 무슬림청년운동본부 설립을 위한 청원을 재무부의 이슬람사무위원회에 제출하여 200만 리얄의 보조금을 승인받았다. 이와 같은 방식으로 WAMY는 대규모 예산 없이도 활동을 유지하며 최적의 수준으로 운영될 수 있었다.

지속성과 발전, 그리고 개선, 이것이 바로 우리의 일상적 모토였고, 무슬림 공동체를 더 잘 섬기기 위해 우리가 의지한 동아줄이었다. 나는 MSA 시절의 영향으로 무슬림 청년 단체들에 특별한 애정을 가지고 있었으며, 그들의 활동을 지원할 기회가 주어질 때마다 기쁨으로 가득 찼다. 이는 WAMY 설립의 핵심적인 부분이자 우리의 목표를 달성하기 위한 중요한 요소였다. 이러한 노력을 통해 인터넷, 페이스북, 트위터 같은 소셜 네트워크가 존재하기도 전에 무슬림 청년들은 이미 서로에 대한 국제적 인식을 가지기 시작했고, 심지어 서로를 알게 되며 협력과 멘토십의 문을 열었다. 무대 뒤에서 일하던 우리 모두도 서로의 경험을 통해 배우고, 신뢰를 바탕으로 팀 정신을 발전시켰으며, 같은 영적인 길을 걸으며 목표에 성실하게 임한 결과로 더욱 강한 유대를 형성했다. 이는 단순한 우정을 넘어서는 유대감으로 이어졌고, 신앙과 공유된 비전에서 비롯된 소중한 자산이었다. 우리는 서로를 지지하고 흔들림 없이 나아갔으며, 나이가 많고 경험이 풍부한 이들은 아버지와 같은 멘토 역할을 하며 지혜와 지침을 제공했다. 우리 노력의 결실은 전 세계적으로 우리의 활동을 지원하려는 청년 및 학생 단체들의 참여로 드러났다. 이러한 상호성 덕분에 WAMY는 미래 세대가 신앙 기반의 정체성과 단결, 협력 의지에 의해 긍정적으로 동기 부여되어 기여할 것이라는 확신을 가질 수 있었다.

여러 가지 동기 부여 요인에 대해 이야기하지만, 실제로 우리를 움직였던 것은 오직 하나, 바로 공유된 신앙이었다. 이는 우리 내부의 빛을 계속 타오르게 하는 원동력이었으며, 어떤 바람이나 힘으로도 꺼뜨릴 수 없는 등불이었다. 그것은 우리의 업무 방향과 비즈니스 모델의 윤리를 결정짓는 진정한 기준이었다. 이를 반영하는 원칙 중하나는 재무 및 관리의 투명성이었다. 투명성은 우리가 하는 모든 일의 근간이었으며, 모든 활동의 특성이었다. 막대한 자금과 동서양의 주요 국가 및 국제적 정부·비정부 기구들과 협력하면서, 모든 당사자의 신뢰를 유지하는 일은 필수적이었다. 우리는 하나님 앞에서 한 푼도 정확하고 정직했으며 양심은 지극히 깨끗했지만, 다른 사람들에게는 우리의 말이나 막연한 보고서만으로는 부족했다. 모든 것이 명확하고 구체적이어야 했다. 따라서 우리는 함께 작업하거나 활동을 조율하는 모든 당사자에게 우리의 모든 작업을 완전히 공개했다. 여기에는 서면 자료, 상세 보고서 및 재무제표가 포함되었다. 우리는 수많은 '○○주의'가 난무하던 당시에도 특정 정치 이념을 지지하지 않으며 정치에서 철저히 거리를 두었다. 이는 특히 우리가 여러 정부들과 좋은 관계를 유지하는 데 유용했다. 또한, 잘못된 정보가 다른 출처로부터 얻어져 우리와 우리의 작업을 해치거나 우리의 윤리와 활동의 본질을 왜곡하지 않도록, 정보를 요청하는 모든 이들에게 완전한 정보를 제공했다. 우리의 활동은 단순히 청소년들에게 다양한 언어로 번역된 책을 배포하고 청소년 캠프, 교육 워크숍 및 세미나를 개최하며, 우리 활동을 위한 자금원을 찾는 것이었다.

정치적 중립을 유지하는 일은 또 다른 측면에서 중요했다. 당시 많은 청년들은 각국 정권에 의해 정치적으로 억압받거나 자신들이 추구할 수 있는 활동에 제약을 받으며 좌절감을 느꼈다. 우리는 이러한 불만에 불씨를 지피고 싶지 않았다. 우리가 조직한 활동을 통해 이러한 정치적 좌절과 에너지를 긍정적 방향으로 전환하고, 비록 작은 수준일지라도 변화를 이루는 과정의 일부로 느낄 수 있게 했다. 작은 발걸음이 큰 의미를 지닌다는 것은 나의 오랜 신념이었다.

우리는 또한 젊은 세대에게 동일한 원칙을 따르도록 조언했다. 즉, 동일한 업무 윤리를 따르고 활동을 명확하고 집중력 있게 유지하며, 조직의 모든 계층에서 투명성을 지키며, 신뢰와 협력의 원칙을 가르치면서 멘토로서 그들을 지도했다.

이러한 예방 조치는 조직에 큰 도움이 되었으며, 정부를 포함한 모든 관련 당사자의 신뢰를 먼저 얻고 이를 유지함으로써 우리의 운영과 활동 선택에서 중요한 자유를 확보할 수 있는 기반을 마련했다.

1973년, 우리는 더 야심 찬 프로젝트를 시작했다. 무슬림 세계 전역의 청년 지도자들을 리야드에 있는 WAMY에 초청하기로 결정했다. IIFSO와 공동으로 기획된 이 행사는 성공적이었다. 이 무렵 나는 청소년 행사에 있어서는 거의 베테랑이 되어 있었으며, 젊은이들이 무엇에 동기를 부여받고 어떻게 생각하는지를 이해하고 있었다. 이 프로젝트의 목표는 그들에게 공유된 정체성을 느끼게 하고, 서로의 지식과 경험으로부터 배우고, 신앙에 기반한 단결과 공통의 비전으로 참가자들을 모으는 것이었다. 이를 통해 지역적 관점에서 보다 글로벌한 자아로 나아가 서로를 지원할 수 있는 의지를 심어주려 했다. 우리는 강연과 견학을 조직하고 그들에게 책을 제공했다. 하지만 이번 여행의 백미는 모든 참가자들이 하즈와 움라를 수행할 기회를 가진 데 있었다. 사우디 정부는 무료 항공편을 제공하는 관대함을 보였다. 이는 참가자들에게 친밀한 시간을 제공하며 그

1973년. WAMY의 창립식에 참여하는 영광을 누렸다. 나는 제일 왼쪽에 앉아 있다. 맨 오른쪽은 당시 교육부 차관이자 WAMY의 부총재였으며 이후 이슬람개발은행(IDB)의 총재를 역임한 아흐마드 무함마드 알리이다. 그의 오른쪽에는 사우디아라비아 교육부 장관이자 WAMY의 초대 회장인 셰이크 하산 빈 압둘라 알-알-셰이크가 있다. 그의 오른쪽으로 교육부 차관인 칼리드 빈 파드 빈 칼리드 알 사우드 왕자가 있다. 당시 나는 WAMY 설립을 위한 운영위원회의 위원이었다.

들의 신앙과 목적, 소속감을 더욱 깊게 만들어 준 놀라운 결속의 경험이었다. 그들은 사회 개선을 위해 새롭고 더 큰 에너지와 결의를 가지고 돌아갔다.

비극

WAMY는 성장하면서 자신감을 얻어 더 많은 활동을 조직하며 꽃을 피웠다. 1975년에는 과학 기술에 관한 국제 컨퍼런스를 제안하고, 이를 위해 킹사우드대학교의 교수진을 파견하여 행사에 참여하고 그 목적을 지지할 만한 학자들을 직접 만나도록 했다. WAMY는 이를 위해 다양한 대표단을 구성했는데, 공과대학의 살레 알아틸이 아시아 대표단을, 다팔라 알투라비가 아프리카 대표단을, 사이드 두수키 하산이 아랍 국가 및 미국 대표단을 이끌었다. 나는 나머지 회원국을 맡아 무려 17개국을 방문해 최고 수준의 학자들을 만나 참여를 권유했다.

이 시점에서 언급하고 싶은 것은, 우리가 국왕과의 특별 면담 기회를 얻었다는 것이다. 이는 내가 미국에서 국왕을 만난 이후 두 번째 만남으로, 국왕은 WAMY의 상설 사무소 설립을 공식 승인하고 관련 문서에 서명했다. 파이살 국왕은 이 회의를 승인했을 뿐 아니라, 그 중요성과 규모를 인정해 직접 개회사를 할 예정이었다. 우리는 국왕의 연설을 들을 날을 기다리며 기대에 부풀어 있었다.

그러나 안타깝게도 그 일은 이루어지지 않았다. 국왕은 WAMY가 청년 문제를 다루는 활동에 착수한 것을 보았지만, 비극이 닥친 것이었다. 회의 준비가 막바지에 이르렀고, 치밀한 보안 관련 작업이 진행되던 중 충격적인 소식이 전해졌다. 1975년 3월 25일, 파이살 국왕이 총격을 받아 암살당했으며, 의료진은 그를 구하지 못했다. 충격과 슬픔에 휩싸인 우리는 엄청난 상실감에 가슴을 쥐어뜯었고, 즉시 긴급 회의를 열어 행사 취소를 결정했다. 회의 개최를 불과 하루 앞둔 시점이었고, 그 끔찍한 시간 이후 18시간 동안 대표단들에게 전화를 돌리며 긴급 소식을 전했다. 일부 초청객들은 이미 공항에 도착했거나 비행 중이었다. 어쩔 수 없는 일이었고, 그들은 우리와 함께, 그리고 온 나라와 함께 국왕을 애도하는 운명을 받아들여야 했다. 거인이 세상을 떠났고, 다시는 그와 같은 인물을 보기 어려울 것이라는 사실이 모두의 마음을 무겁게 했다.

그의 동생 칼리드 왕이 뒤를 이었다. 그리고 삶은 계속되었다. 새로운 통치자는 우리에게 지원의 손길을 내밀어 모두에게 안도감을 주었다. 이듬해인 1976년, 엄청난 어려움과 슬픔 속에서도 과학 기술 회의가 열렸다. 무슬림 학자들이 모여 동료 학자들과 교류하며 연구 결과를 발표하고, 풍부한 지적 교류의 기회를 누렸다. 파이살 국왕에 대한 추모의 그림자가 행사를 짓누르고 있음에도 회의는 이전의 노력을 기반으로 한 여러 권고안을 제시하며 앞으로 나아갈 기반을 마련했다.

WAMY는 무엇보다도 신앙과 도덕을 지키기 위한 역할을 담당했다. 당시 세속주의와 일반 청소년 문화(패션, 음악, 마약)의 유행이 수 세기 동안 유지되어 온 도덕적 경계를 위협하고, 시대를 초월해 유지되어 온 하나님에 대한 믿음을 흔들고 있었다. 새로운 상징, 가치, 규범이 기존의 것을 대체하며, 종교는 무의미하고 하나님은 시대착오적 존재라는 생각이 빠른 속도로 확산되고 있었다. 특히 청소년들은 이런 영향에 쉽게 휩쓸렸다. 무슬림 청소년들 또한 예외가 아니어서 우리는 단순한 도덕적 설교로는 그들을 바꿀 수 없다는 것을 알고 있었다. 신앙에 대한 완전하고 올바른 이해가 필요했다. 이를 통해 방탕한 삶이 마치 즐거운 삶인 양 가장하는 허위 주장과 유혹에 넘어가지 않도록 해야 했다. 청소년을 대상으로 하는 다른 프로그램과 달리, 우리는 꾸란 구절을 암기시키는 데 집중하지 않았다. 대신 하나님의 말씀과 이슬람, 현대 세계에서 종교의 위치, 신앙이 개인과 공공 영역 모두에서 인류에게 어떻게 유익했는지, 그리고 신의 존재를 부정하는 주장이 얼마나 잘못된 논리로 가득 차 있는지를 올바르게 이해시키는 데 초점을 맞췄다. 우리는 청소년들이 하나님에 대한 확신, 이슬람에 대한 자신감, 그리고 선지자에 대한 사랑을 확고히 다질 수 있도록 필요한 도구를 제공하고, 그들이 도덕적 관점을 강화하고 실천하며 다른 사람들을 이끌 수 있는 위치에 설 수 있도록 하는 것을 목표로 했다.

셰이크 하산 사무총장이 WAMY의 회장이었던 덕분에 전 세계의 청소년 단체 및 학생 그룹과 네트워크를 형성할 수 있었다. 우리는 MSA 및 다른 학생 단체들로부터 그들의 계획을 지원해 달라는 다양한 요청을 받았고, 그들을 대신해 정부 기관에 요청 사항들을 전달했다. 어떤 단체는 건물과 시설에 대한 자금, 어떤 단체는 이슬람 문학이나 꾸란 번역 지원, 또는 컨퍼런스 및 청소년 캠프에 대한 자금 지원을 요청했다. 우리 예산으로는 이러한 요청을 모두 감당할 수 없었기에 우리는 가능한 범위 내에서 지원하며 추가 지원을 제공할 수 있는 공적 기관이나 자선가에게 프로젝트 제안서를 제시했다.

하나님 은혜로 자선 활동과 무슬림 공동체 개선을 위한 지원은 전반적 증가 추세를 보였고, 우리는 무슬림들이 사적 및 공적 영역 모두에서 도움을 받고 있음을 알게 되었다. 자선의 한 원천은 사우디아라비아 국방부 장관이었던 술탄 알 사우드 왕자가 이끄는 이슬람선교고등위원회였다. 사우디 재무부의 이슬람위원회도 여러 기관과 국가에 지원을 제공했다. 셰이크 하산은 두 위원회의 위원이었기에 자선 활동을 촉진할 수 있는 두 개의 문이 모두 열려 있었다.

학자들은 젊은이들의 지적·사회적 경험을 비롯한 다양한 측면에서 매우 중요한 역할을 했다. 사우디아라비아는 지식뿐 아니라 비전을 가진 최고의 이슬람 학자들을 자랑했다. 우리는 이러한 학자들이 청소년들과 긍정적으로 교류할 수 있도록 돕기 위해 때때로 청소년 지도자들을 그들에게 방문하게 했다. 이를 통해 그들의 지식과 조언을 얻고, 지혜를 흡수하며, 그들의 존재감을 익히는 기회를 주선했다. 놀랍게도 이러한 만남은 호혜적이어서 학자들 또한 이러한 만남을 통해 청소년들과의 교류를 통해 혜택을 얻었다. 이를 통해 학자들은 세계적으로 신앙 기반 활동 현황을 파악하고, 청소년들로부터 직접적인 상황을 이해할 수 있었다.

우리는 또한 청소년들에게 사우디아라비아 유명 인사들을 만날 수 있는 기회를 주선했다. 여기에는 고故 셰이크 압둘아지즈 빈 바즈 사우디아라비아 그랜드 무프티*, 고故 셰이크 압둘아지즈 빈 압둘라 빈 하산 알셰이크, 셰이크 압둘라 빈 후마이드, 셰이크 하산 빈 압둘

* Mufti, 이슬람 법률 전문가이자 종교학자. 이슬람 율법(샤리아)에 따라 공식적인 법적 의견(fatwa, 파트와)을 내리는 역할을 하는 사람을 의미한다. 특히 'Grand Mufti'는 한 국가나 지역에서 가장 높은 권위를 가진 무프티로, 중요한 종교적, 법적 문제에 대해 결정권을 가지며, 그 나라의 이슬람 신앙과 율법 해석에 있어 중요한 지침을 제공한다. 여기서 언급된 고(故) 샤이크 압둘아지즈 빈 바즈는 당시 사우디아라비아에서 이슬람 법학과 신학에 있어 최고 권위자로, 신앙 지도와 율법 해석을 담당했던 인물이다.

라 빈 하산 알알셰이크, 그리고 고^故 셰이크 알리 알탄타위 등이 포함되었다. 국왕의 자문위원이었던 고^故 마루프 알다왈리비는 진정한 천재였으며, WAMY를 방문하여 많은 지도와 지원을 제공했다. 이들뿐 아니라 국내외의 많은 학자들이 우리를 지원하고 청소년들을 이끄는 활동의 중요성을 인식하며, 우리의 성장을 돕기 위해 많은 시간과 노력을 기울였다.

달콤한 노력의 결실

이 모든 활동과 청소년을 대상으로 한 노력의 결과는 무엇이었을까? 우리는 청소년들의 사고방식이 변화하는 것을 목격했다. 신앙은 더 이상 단편적 삶의 일부가 아니라, 완전한 삶의 방식으로 인식되었다. 가치관, 도덕성, 윤리적 행동이 강화되고 지적 능력이 발달했으며, 존중감이 심어졌다. 또한 청소년들은 꾸란 원칙의 위대함을 평화롭게 드러내고, 가능한 한 최선에 이르고자 하는 진정한 열망을 갖게 되었으며, 이는 선지자(그분께 평화가 깃들기를)를 본받으려는 노력으로 나타났다. 이제 청소년들은 하나님께서 요구하시는 방식으로 신앙에 헌신하며, 꾸란과 순나를 기반으로 도덕적 선택과 삶의 결정을 내리기 시작했다. 선지자(그분께 평화가 깃들기를)를 본보기로 삼아 자신뿐 아니라 주변 사람들을 더 나아지게 하며, 공동체와 인류를 위해 평화와 자비를 증진하고자 노력했다. WAMY는 내가 상상하지 못했던 방식으로 그들의 눈을 뜨게 했다. 우리가 조직에 쏟아부었던 모든 투자, 정규직 일을 병행하며 가족의 삶의 요구와 책임을 감당하며 쏟았던 노력들이 이제 놀라운 결과를 만들어 내는 듯 보였다. 한때 영적으로 무관심했던 곳에서 이제는 인성 개발과 열정적인 청소년들로 가득 찬 강의실을 보게 되었다. 그들은 우리의 행사에 참여하고 싶어했으며, 때로는 이것이 단순한 꿈이 아니라 현실임을 나 자신에게 설득해야 했다. '나는 실제로 선지자의 땅에서, 하나님의 일을 하며 젊은이들을 섬기고, 무슬림 공동체를 되살려 더 나아지게 하며, 하나님의 은혜로 성공하고 있다!' 이 믿음을 확인한 순간, 그 감정은 상상할 수 없는 달콤한 기쁨이었다.

초기 컨퍼런스와 전문 컨퍼런스

WAMY는 1973년에 공식적으로 결성되었지만, 실제로 첫 번째 컨퍼런스를 조직한 해는 1972년이었다. 당시 나는 다른 사정으로 참석할 수는 없었지만, IIFSO를 대표하여 임시 집행위원회 4명 중 한 명의 위원으로 멀리서나마 끊임없이 소통하며 내 역할을 다했다. 고등학생과 대학생, 순수하고 열정으로 가득 찬 청년들이 모였고, 청년과 학생 개발이라는 아이디어가 눈앞에서 뿌리를 내리고 대중화되는 것을 목격했다. 우리는 젊은 세대에게 그들이 우리의 미래를 대표하며, 그들에게 큰 희망을 걸고 있다는 사실을 상기시키곤 했다.

열정으로 가득 찬 청년들은 기꺼이 자신들의 의견을 제시했으며, 그들의 제안은 청소년 개발에 있어 통찰력 있는 내용이 많았다. 우리는 그들이 염두에 둔 여러 프로젝트를 지원할 수 있었는데, 그들이 요청한 자금 지원에도 제한된 자원 탓에 모든 요청을 수용할 수는 없었다. 나는 그들에게 이렇게 조언하곤 했다. "스스로 시작하세요. 첫걸음은 여러분 자신으로부터 시작됩니다. 우리는 여러분에게 토론의 장을 제공할 것입니다. 우선 친구들과 함께 모여 봉사에 힘을 쏟으세요. 그 후에는 우리가 여러분을 지원하고 돕겠습니다." 그들은 이 말을 받아들이는 듯했다. 우리는 가능한 범위 내에서 재정적 지원을 제공했지만, 그들이 독립적으로 활동을 시작하도록 격려했으며, 모든 성공적인 봉사의 첫걸음은 자기 계발이라는 점에 집중하도록 독려했다.

1973년 WAMY의 두 번째 회의에서는 다양한 지식과 인간 활동 분야를 다루는 전문 국제 회의 조직을 권고했다. 이에 따라 앞서 언급한 바와 같이 지리, 농업, 법학, 그리고 긍정적이고 평화로운 활동에 관한 회의가 개최되었다. 셰이크 하산 빈 압둘라 알-알-셰이크는 이러한 노력을 적극 지원하며, 이러한 회의가 사우디아라비아의 여러 대학에서 열릴 수 있도록 길을 열어 주었다.

1976년, 리야드에서 이슬람 법학에 관한 회의가 열렸고, 칼리드 국왕을 대신해 당시 왕세자였던 파드 빈 압둘아지즈가 공식적으로 개회식을 진행했다. 나는 이 회의가 이슬람 학문에 특화된 법학자들, 즉 학문적이고 체계적인 연구와 교육을 수행할 수 있으며, 선교 활동에 관심을 가지고, 무슬림 세계가 직면한 문제들을 해결하는 데 진정성을 가진 학자들을 필요로 한다는 점을 깨달았다. 다시 말해, 우리는 이러한 도전에 응답할 수 있는 학자들로부터 실질적인 해결책을 원했다. 또한 이들이 서로 네트워크를 형성하고, 아이디어를 공유하며, 서로의 지식으로부터 혜택받기를 원했다. 이러한 사람들은 쉽게 찾을 수 있는 인재들은 아니어서 초청자 명단을 확정하는 데 시간이 걸렸다. 최종 명단이 확정된 후 이집트, 아랍 국가들, 모로코, 수단, 튀르키예, 파키스탄, 인도, 인도네시아, 방글라데시 등에 초대장이 발송되었다. 회의에서는 영어와 프랑스어 통역도 제공되었다.

선교와 관련하여 WAMY를 통해 이 주제에 관한 별도의 전문회의를 조직했다. 꾸란은 다음과 같이 말씀하신다. "말하라. 이것이 나의 길이다. 나는 분명한 증거 위에서 하나님께 초대하며, 나와 나를 따르는 자도 그러하다. 하나님께 영광을 돌리며, 나는 결코 하나님과 함께 다른 신을 섬기지 않을 것이다(수라 유수프, 12:108)." 이것이 바로 선지자(그분께 평화가 깃들기를)가 선교 활동을 통해 다른 이들에게 이슬람을 이해하도록 초대했던 방식이다. 그는 온화하고 존중하는 태도로 상호 대화와 명확한 타위드*Tawhid*, 하나님의 유일성의 정신 속에서 이를 수행했다.

당시 마디나 이슬람대학 총장이었던 압둘라 알 자이에드는 여러 가지 칭찬할 만한 노력을 기울였으며, 우리는 하나님께 보상을 간구했다. 그의 노력 중 하나는 전 세계에서 신앙 기반 활동에 관여하는 가장 많은 사람들을 초대하여 만나고, 논의하며, 경험을 공유하고, 이슬람 활동 및 조직이 직면한 문제들에 대한 해결책을 찾는 것이었다. 그는 또한 이슬람대학교가 특정 학파(마드하브)에만 국한되지 않고, 무슬림 세계에 존재하는 다양한 학파들을 반영하도록 교육을 확장하려고 노력했다. 이는 특히 석사 및 박사 과정을 추구하는 학생들에게 큰 도움이 되었으며, 그들의 학문적 시야를 넓혀 더 다양한 주제와 연구 가능성을 제공했다. 이 회의들은 정책 입안자들이 진지하게 고려할 수 있을 만큼 유용한 권고안을 도출했으며, WAMY에서도 이를 심각하게 받아들였다. 우리는 이러한 권고안을 발전시키고 실행할 방법을 모색했다.

1987년, 지리학 컨퍼런스는 리야드에 있는 이맘 무함마드 빈 사우드 이슬람대학교에서 주최했다. 이 컨퍼런스는 무슬림 세계의 문제를 지리적·인구 통계학적 관점에서 해결하려는 선구적 노력의 일환이었다. 당시 무슬림 공동체와 그들의 상황에 대한 연구는 거의 찾아 보기 힘들었지만, 예외적으로 많은 책을 출판한 지리학자인 마흐무드 샤키 르 교수가 있었다. 그는 이 대학의 교수로, 내가 어렸을 때 읽었던 『차드*Chad*』와 『에리트레아와 에티오피아*Eritrea and Ethiopia*』의 저자이다. 우리는 그를 연사로 초청할 수 있었던 것을 다행으로 여겼고, 그는 언제나처럼 주목할 만한 기여를 했다. 이 회의에서는 문제들이 식별되고, 해결책이 심도 있게 논의되었으며, 결과적으로 컨퍼런스 자료집이 발간되어 큰 호평을 받았다. 이를 통해 무슬림 세계의 지리적·인구 통계학적 사안에 관한 추가적인 연구와 중요한 미래 연구의 문이 열렸다.

또한 무슬림 세계 안팎에서 조직된 훌륭한 국제 청소년 캠프들도 있었다. 이 캠프들은 청소년들에게 서로를 알아 가고 새로운 삶의 경험을 얻을 수 있는 귀중한 기회를 제공했다. 이러한 캠프는 그들이 다른 곳에서는 배우기 어려운 많은 중요한 것들을 흡수할 수 있게 해 주었다.

성공을 향한 발걸음

모든 조직이든(그리고 개인적으로는 그 구성원들) 이상적으로는 자신의 강점과 약점을 분석하고 검토하며, 경험을 바탕으로 효율성을 개선하여 조직 전체가 어떻게 작동하고 개선될 수 있는지를 종합적으로 이해하려고 노력해야 한다. WAMY도 예외는 아니었다. 하지만 우리에게 특히 유리했던 한 가지는 팀의 자질과 팀워크의 본질이었다. 우리 팀은 매우 강력한 구성원들로 이루어져 있었다. 오랜 연구와 학문적 경력을 가진 뛰어난 학자들과 개인들이 포함되어 있었으며, 이들은 모두 폭넓은 지식과 경험을 보유하고 있었다. 이들 중에는 사회과학, 자연과학, 종교과학 분야의 전문가들이 포함되어 있어 계획을 수립하고 의사 결정을 내릴 때 다양한 관점을 제공하며 통합적 지식을 활용할 수 있었다.

또한 이들은 모두 절제되고 존중심이 강하며 자기를 내세우기 싫어하는, 하나님을 의식하는 사람들이었다. 우리는 우리의 일을 진정으로 사랑했고, 우리의 일에 대한 열정이 우리를 지속적으로 앞으로 나아가게 했다. 우리는 가능한 한 전문성을 갖추기 위해 노력했으며, 스스로에게 의존하는 한편, 필요한 경우 전문가의 도움을 구하기도 했다. 기술적 프로젝트, 학습과 교육에 관한 회의, 농업 세미나, 인간 사회적 상호 작용에 관한 강의 등 무엇이건 해당 분야의 최고 전문가들을 초청했으며, 대부분이 우리의 작업을 강력히 지지하며 기꺼이 참여해 주었다.

그러나 열정만으로는 부족했기에, 우리는 실현 가능한 것과 그렇지 않은 것을 명확히 인식하며 계획을 세웠다. 역동적이고 신속하게 일하는 방식을 채택하여 무한한 논의나 지연된 의사 결정이라는 조직 활동의 현실적 위험을 피하려 했다.

WAMY는 그 역사와 목표, 성취를 통해 여전히 나에게 소중한 존재이며, 우리가 해 냈던 많은 일들에 대한 아름다운 기억으로 남아 있다. 그중 일부는 제한된 예산에서 최대한의 효과를 끌어내기 위해 노력하는 것이었고, 때로는 상당히 창의적인 계획을 세우기도 했다. 또한 예산이 부족할 때는 활동의 우선순위를 정할 뿐만 아니라 앞서 언급했듯이 추가 재원을 확보하기 위해 애썼다.

또한 나는 이슬람협력기구Organization of Islamic Cooperation, OIC, 당시에는 이슬람회의기구의 기원을 회상한다. 이 기구는 1969년 파이살 국왕의 무슬림 연대와 협력을 촉구하는 호소에 따라 25개 회원국으로 출범했다. 초대 사무총장은 말레이시아 총리였던 툰쿠 압둘라만이었고, 뒤를 이어 세네갈의 전 총리였던 카림 가이가 이끌었다.

오늘날 이 25개 회원국은 57개국으로 확대되어, 유엔을 제외한 가장 큰 국제 기구가 되었다. 이 기구의 정신은 이슬람 세계가 직면한 많은 문제를 해결하고자 하는 것으로, 비교적 최근인 2008년 제11차 이슬람 정상회의에서 '21세기의 도전에 맞선 10년 행동 계획'을 채택하기로 했다.

당시 많은 청년 단체들이 좌파, 우파, 공산주의, 자유주의 등 정치적으로 편향되어 있었기에 WAMY와 OIC가 설립되어 명백히 비정치적 플랫폼에서 활동하게 된 것은 기적과도 같은 일이었다. 우리는 오랫동안 이를 꿈꿔 왔다.

본부는 사우디아라비아에 있었지만, 우리의 주요 초점은 외부 세계의 문제를 다루는 것이었고, 전 세계 청년들에게 메시지를 전하며 지적, 재정적, 개인적 지원을 제공하여 이슬람 사회를 부흥시키는 데 기여하는 것이었다. 이러한 노력의 일환으로 앞서 언급했듯이 우리는 무슬림 세계 안팎에서 몇몇 훌륭한 국제 청소년 캠프를 조직했다. 다음은 그중 일부에 대한 간략한 설명이다.

아브하 캠프

1975년 WAMY는 아브하 시市의 평화로운 오아시스에서 대규모 국제 청소년 캠프를 개최했다. 남부 지역의 총독이었던 알 파이살 왕자는 필요한 자원을 아낌없이 지원하며 우리의 활동을 후원했다. 105개국 이상에서 온 대표단이 참석한 이 행사는 그 자체로 부분의 합을 넘어서는 위대한 행사로 발전했다. 학생들은 세계 유수의 무슬림 학자들로부터 얻은 경험과 지식을 통해 서로를 알아 가고 배우는 기회를 가졌을 뿐 아니라 우리가 예상하지 못했던 특별한 경험을 공유했다. 그들은 다양성 속에서의 통일성을 엿보았고 우리가 미시적 수준에서 목격했던 가능성이 거시적 차원에서 실현될 가능성을 감지했다. 이 캠프는 따뜻한 영혼들이 모이고, 타우히드*Tawhid, 하나님의 유일성*로 묶인 마음들이 이슬람에 대한 진정한 사랑으로 결합된 자리였으며, 이 분위기는 캠프 주변을 넘어 아브하 마을 자체로 퍼져 나갔다. 마을 주민들은 우리 모두를 따뜻하게 맞이하여 이웃과 성원에서 손님으로 대해 주었다. 특히 아프리카, 아시아, 유럽 출신 사람들이 함께 어울리는 모습은 이전에 이런 인종 및 민족 그룹을 접한 적 없었던 아브하 주민들에게도 경이로운 일이었다. 마카나 제다와 같은 도시와 달리 이 지역 주민들은 이러한 다양성을 처음 접했다. 다시 한번 나는 신앙을 가진 자들이 서로에게 낯설지 않다는 것과 신앙과 하나님의 언어는 모든 경계를 뛰어넘는다는 것을 목격하는 특권을 누렸다.

차나칼레 캠프

1980년 튀르키예의 차나칼레 시에서 두 번째 대규모 청소년 캠프를 열었다. 차나칼레는 다르다넬레스 해협에 위치한 해안 도시로, 제1차 세계대전 당시 오스만 군대와 연합군 사이의 역사적인 전투가 벌어진 곳이다. 이곳은 오스만 제국의 땅이었으며, 제국은 오래전에 사라졌지만 그 웅장함과 위엄은 여전히 공기 중에 남아 풍기고 있으며 앞으로도 그러리라 생각한다. 제국은 왔다가 사라지지만 로마처럼 상상 속에 오래 남아 있는 제국도 있다. 튀르키예도 예외는 아니어서 이곳의 분위기 자체가 창의적 사고와 비판적 사고를 자극했다.

특별 초청 연사로 엔지니어이자 학자인 네메틴 에르바칸(후일 1996~1997년간 튀르키예 총리 역임)이 참석하여 사랑과 신앙, 열정을 담아 청중을 사로잡았다. 청소년들은 참석한 많은 저명한 학자들과 연사들의 지식과 경험을 통해 큰 유익을 얻었다. 모든 것이 순조롭게 진행되었고, 태양은 밝게 빛났으며, 대화와 아이디어로 공기는 활기찼고, 튀르키예의 경관은 모두를 매료시켰다. 그러나 맑고 푸

튀르키예의 차나칼레(출처: 위키미디어).

른 하늘 아래에서 다가오는 폭풍 구름을 전혀 알아채지 못했다. 갑자기 꿈은 악몽으로 바뀌었다. 나라가 정치적 혼란에 휩싸이며 케난 에브렌 장군이 쿠데타를 일으켜 튀르키예 정부가 전복되었고, 평범한 사람들이 감옥에 내던져졌으며, 항공편은 취소되고 공항이 폐쇄되었다. 나는 대표단의 안전한 즉각적 대피를 보장해야 하는 막중한 책임감을 느꼈다. 남아 있는 항공편 좌석을 확보하기 위해 필사적인 검색이 시작되었고, 하나님 은혜로 모두가 귀국할 수 있는 길을 마련할 수 있었다. 사우디에 돌아왔을 때 우리는 깊은 절망에 빠졌다. 너무도 많은 노력과 약속, 그리고 많은 잠재력이 소수의 행동에 의해 배신당했다. 군사 쿠데타를 통해 독재가 다시 한번 그 추악한 모습을 드러냈다. 튀르키예의 무슬림들은 민주주의와 자유 선거를 원하며 인권을 재확립하고자 했지만, 안타깝게도 새로운 억압의 현실에 직면했다. 상황은 절망적으로 보였다.

낮이 얼마나 갑작스레 밤으로 바뀔 수 있는지. 나는 1975년을 돌아보았다. 당시 IIFSO 사무총장으로서 튀르키예 타라비야 호텔에서 첫 번째 국제 이슬람 컨퍼런스를 조직했었다. 아이러니하게도 그때의 상황은 완전히 달랐다. 에르바칸 튀르키예 부총리가 컨퍼런스 개회식 초대를 수락하고 연단에 차분히 서서 연설을 준비하고 있었다. 텔레비전 카메라가 행사의 전 과정을 촬영하고 있었고, 전례 없던 일이 막 일어나려 하고 있었다. 현대 튀르키예 역사상 처음으로 공식 행사에서 고위급 인사가 공개적으로 꾸란 한 구절을 낭송했다. 수라 알 이므란 장(3장) 103절에 담긴 하나님 말씀이 회의장 전체에 울려 퍼지자 사람들의 마음과 영혼에 경외감이 가득 일며 경건한 마음으로 깊은 침묵에 잠겼다. 그 경험은 믿을 수 없으리만큼 놀라웠다. 그리고 그 메시지는 가슴 뭉클한 감동이었다.

"그리고 너의 모두 하나님과의 끈을 굳게 잡아라. 그리고 서로 갈라지지 말라. 하나님께서 너희에게 베푸신 축복을 기억하라. 너희가 서로 적대하던 시절, 그분께서 너희의 마음을 하나로 모으시어 그분의 축복을 통해 너희를 형제로 만드셨으며, 너희가 불구덩이의 가장자리에 있을 때, 그분께서 너희를 구하셨다. 이와 같이 하나님께서는 그분의 메시지를 너희에게 명확히 하시니, 너희로 하여금 인도받게 하시기 위함이라."

우리의 주최자는 당시 튀르키예학생연합Milli Turk Talebe Birligi, MTTB 회장이었던 레제프 타이이프 에르도안으로 현재의 튀르키예 대통령이다. 무슬림들은 대립을 피하고자 했고, 튀르키예 당국의 승인을 얻기 위한 방법을 모색했다. 이러한 상황을 헤쳐 나가는 데는 더디고 정교함이 필요했지만 평화가 최우선이었기에 새로운 기반 위에서 관계는 서서히 발전해 나갔다. 그래서 비록 정신이 압도되었을지라도 완전히 꺾이지는 않았다.

깨달음과 리더십

인생은 복잡하고 그 여정을 따라가는 길은 어렵다. 인간사의 일들은 언제나 단선적 방향을 따르지는 않는다. 그래서 "생쥐와 인간의 치밀한 계획"에도 불구하고 일이 궤도를 벗어나는 경우가 많다. 이는 기억을 복잡한 것으로 만들며, 우리가 나이를 먹을수록 더욱 얽히고 설키게 된다. 내 기억이 정확하다면, 튀르키예 쿠데타로 인한 감정적 충격이 가라앉는 데는 시간이 좀 걸렸던 것 같다. 하지만 결국 가라앉았는데, 나는 무슬림 세계의 상태를 감안할 때 이런 일들은 피할 수 없다는 사실을 받아들였다. 무슬림 세계는 쇠퇴와 끝없는 정치적 혼란 속에 있었기 때문이다.

마치 해독제와도 같이 어린이를 대상으로 한 프로젝트가 떠올랐다. 다행히도 나는 사우디아라비아 최초의 사립 무슬림 학교를 설립하는 데 기여할 기회를 얻게 되어 매우 기뻤다. 이 학교의 목표는 영혼과 지성, 그리고 신체를 발전시켜 이슬람을 삶의 방식으로 고양하고, 꾸란의 가르침을 전파하며, 사람들을 교육하고, 잠재된 가능성을 전반적으로 개발하는 것이었다. 학생들은 분석하여 추론하며 창의적이고 비판적인 사고를 발전시키는 훈련을 받게 될 예정이었다. 이 프로젝트는 하나의 꿈으로 시작되었지만, 우리에게 열정을 심어 준 타우피크 알샤위의 지도 아래 열심히 노력하여 그것을 현실로 만들었다.

이러한 노력의 첫 번째 결실로 내가 목격한 것은 마나라트학교의 설립이었다. 무함마드 마흐디(리야드에 있는 WAMY 사무소의 캠프 디렉터이자 훌륭한 교육자)가 교장으로 임명되었고, 최고의 스포츠 트레이너 중 한 명인 술레이만 아부 하자르가 이곳에서 교사로 활동했다. 이 프로젝트는 개인적으로도 큰 의미가 있었다. 내 아들 무함마드가 이 학교 학생 중 한 명이었기 때문이다.

경제 붕괴에서 성공으로

1976년, 전 세계가 금융 위기를 겪으며 개인, 기관, 그리고 국가에 이르기까지 많은 이들이 고통을 겪었다. 이를 주시하던 WAMY는 이슬람 경제에 관한 컨퍼런스를 개최하기로 했고, 무함마드 오마르 주바이르 총장의 지원 덕에 킹압둘아지즈대학교가 이 행사를 주최하게 되었다. 나와 압둘하미드 아부술레이만은 컨퍼런스 집행위원회 위원으로 활동하며 최대한 많은 도움을 주었다.

이 회의는 이슬람 세계에서 가장 저명한 이슬람 경제학자들이 초청되었다. 이집트의 이사 압도, 하버드대학교 출신의 요르단의 무함마드 사카르, 펜실베이니아대학교 출신으로 시리아의 아나스 무스타파 알 자르카, 그리고 이슬람 경제학의 기초를 닦은 최초의 인물로 평가받는 미국의 마흐무드 아부 사우드가 그들 중 일부였다.

우리는 이슬람 경제와 경제사를 다룬 문헌을 아랍어뿐 아니라 주요 이슬람권 언어(페르시아어, 튀르키예어, 우르두어)로도 수집하려고 노력했다. 참석자들에게는 이 주제에 관한 훌륭한 자료가 제공되었고, 우리의 노력과 아이디어는 그들에게 깊은 인상과 함께 큰 도움을 주었다. 하나님의 축복으로 우리의 노력은 결실을 맺어 회의 이후 이슬람 경제와 관련된 구체적 조치들이 이루어지기 시작했다. 그 주요 성과 중 하나는 셰이크 사이드 루타의 노력으로 설립된 두바이 이슬람은행이며, 무함마드 알 파이살 알 사우드 왕자의 노력으로 설립된 이집트와 수단의 파이살 이슬람은행이었다. 이후 수백 개의 이슬람은행과 기관이 빠르게 생겨나기 시작했다.

성찰을 통한 성공

WAMY는 지속적으로 개선 방법을 모색했다. 조직 내부의 일반적 운영, 즉 의사 결정, 기획 및 프로젝트 관리 등 실행 계획 외에도 우리 자신을 비판적인 시각으로 돌아보며 호혜, 협력 및 신뢰의 가치를 통해 우리 자신과 WAMY의 성과를 어떻게 향상시킬 수 있을지 고민했다. 결국 어떤 조직이건 그 생명력은 그 조직을 구성하는 사람들에게 달려 있기 때문이다. 그래서 우리는 자기 성찰을 통해 여러 중요한 영향을 달성하고자 노력했다. 우리는 또한 성공으로 가는 길은 가용 자원을 최대한 활용하는 데서 시작된다는 점을 인식했고, 이러한 자원은 다양한 형태로 제공된다는 것을 알게 되었다. 예를 들어, 우리는 국가에 거주하는 전문 학자들로부터 최대한의 이익을 얻기 위해 그들과 협력하고, 그들의 작업에서 기술적 측면을 지원하는 데 집중했다. 그리고 호혜주의 정신을 실천하며, 이는 자원을 더욱 효율적으로 활용하고 영향력을 확대하기 위한 우리 업무 방식의 핵심이 되었다. 학자들 역시 청년들로부터 받은 제안, 개인적 또는 집단적으로 공유된 제안을 채택하여 이를 다시 공유했다. 이러한 상호성과 협력을 통해 영향력을 확대하는 과정에서 우리는 개인적으로나 집단적으로 성장했으며, 덤으로 모두가 강한 우정을 형성하는 성과를 얻었다.

IIFSO의 활동 또한 많은 사람들과 신뢰를 구축하고 네트워크를 구축하는 데 도움을 주었다. 특히 성대한 하즈 시즌은 엄청난 순례자들이 도착하며 우리들을 대중에게 다가갈 수 있게 하는 놀라운 기회를 제공했다. 우리는 순례자들에게 다양한 언어로 된 소책자를 배포하고 순례 캠프를 방문하여 강연과 세미나를 진행하는 교육 캠페인을 조직했다. 이를 통해 당시 사우디아라비아의 대무프티이자 울라마 평의회 의장이었던 고故 셰이크 압둘아지즈 빈 바즈와 좋은 관계를 맺게 되었고, 우리는 하즈의 왕실 초청자 명단에 이름을 올

1984년. 하즈 기간 중 아라파트에서 이라크 순례자들과의 만남. 오른쪽에서 두 번째가 살리 알 사마라이와 셰이크 플레이이 사마라이다. 나는 오른쪽에서 네 번째에 서 있다.

렸다. 1975년 하즈 기간에는 리야드대학교의 전 공학 교수이자 이집트 출신의 사우디 사람 무함마드 오베이드와 동행했다. 다행히 우리는 같은 숙소에 머물렀고, 함께 머물렀던 셰이크 그룹과 금세 우정을 쌓을 수 있었다. 한 지붕 아래에서 함께 먹고 마시고 자면서 우리는 하나의 팀, 즉 하즈 의식을 수행하고 순례자들을 교육하는 단일 대오가 되었다. 이 셰이크들은 WAMY의 지지자가 되었고, 우리의 활동을 옹호하는 데 앞장섰다.

그 나라는 무슬림 세계의 신학적 중심지로서 정말로 재능 있는 학자들이 다수 있었고, 우리는 그들의 지식과 지혜에 접근할 수 있는 큰 행운을 누렸다. 하지만 이러한 지식을 지역 내에만 국한시키는 것은 다소 아쉬운 일처럼 느껴졌다. 나는 아라비아 외부의 무슬림들도 이 지식으로부터 혜택을 받을 수 있으리라 확신했으며, 이를 공유하고 싶었지만 그 방법을 찾는 일이 쉽지는 않았다. 결국 내가 선택할 수 있는 유일한 방법은 학자들이 여름방학 기간에 무슬림 세계의 다양한 지역을 여행하며 외국 대학을 방문하고 학생, 교수진, 교직원 등을 만나 강연을 통해 지도를 제공하는 것이었다. 이 제안서를 작성하여 다르 알-이프타(최고의 권위를 가진 종교 당국)에 제출했고, 그들을 통해 국왕에게 전달했다. 우리는 초조하게 기다렸고, 결국 국왕의 승인으로 보답을 받았다. 그해 여름, 예상을 훨씬 뛰어넘는 일이 일어났다. 150명 이상의 학자들이 세 명씩 한 조를 이뤄 여러 무슬림 국가를 여행하며 지식을 전파했다. 그들은 강연을 진행하고 지도와 조언을 제공하며, 학생들이 제기한 우려 사항에 대해 답변하는 방식으로 활동했다. 수많은 사람들이 이 활동의 혜택을 받았다. 이슬람 활동에 참여하면서 나는 다시 한번 우리의 목표는 명확히 정의되어야 하며, 적절한 도구를 사용하여 이를 추구해야 한다는 것, 그 시작은 반드시 자기 성찰과 원칙에 기반한 관계의 발전에서 시작되어야 한다는 것, 그리고 우리가 가진 모든 자원을 최대한 활용해야 한다는 점이었다.

다르 알-이프타의 대표인 셰이크 압둘아지즈 빈 바즈는 헌신과 결단력의 본보기였다. 그의 사무실은 알 올라이샤에 있던 내 사무실과 가까웠다. 시간이 허락하는 한 나는 그와의 지혜로운 동행을 위해 그의 사무실을 자주 방문하곤 했다. 그의 부관이었던 셰이크 압둘라자크 아피이피 또한 존경받는 인물이었는데, 그는 사우디 방송국 옆에 있는 작은 모스크의 강단에서 설교를 했으며, 나는 그가 인도하는 금요 예배에 참석하기 위해 특별히 시간을 냈다. 나만 그런 것은 아니었다. 많은 대학 교수들이 기도회에 참석하려고 노력했다. 우리는 항상 셰이크 아페피로부터 새로운 통찰을 들을 수 있었고,

예배 후에는 커피나 차를 마시며 그와 열린 토론을 즐기곤 했다.

선한 의도와 강한 의지가 결합되면, 개인이 때로는 기관조차 이루기 어려운 성공을 거둘 수 있다. 이와 관련하여 나는 신앙을 위해 헌신하려는 사람들에게 훌륭한 모범을 보인 셰이크 무함마드 빈 쿠우드를 떠올린다. 당시 그는 다르 알 이프타의 해외 선교 업무를 총괄하는 국장이었다. 약 1,000명의 사람들이 그의 지휘 아래에서 일하며 다르 알-이프타로부터 급여를 받았다. 또 다른 1,500명은 셰이크 빈 바즈가 일부 사업가들의 도움을 받아 직접 월급과 여행 경비를 지원했다. 셰이크 빈 바즈의 사무실에는 아시아, 아프리카, 아메리카, 그리고 공산주의 지역(구 소련과 동유럽, 중국) 등 전 세계에 걸쳐 보좌관들이 배치되었다. 우리는 셰이크 빈 쿠우드와 함께 여름학자 해외 방문 프로젝트를 준비했고, 여름 대표단이 돌아와 제출한 보고서를 함께 논의했다. 우리는 프로젝트를 통해 달성한 성과와 향후 대표단이 해결해야 할 과제를 기록했다. 이 대표단은 단순히 신앙 기반 문제에만 초점을 맞추지 않고, 무슬림들이 자신들의 맥락을 충분히 이해하여 지역 사회 및 더 큰 공동체에 문화적, 기술적으로 기여할 수 있도록 돕는 데 초점을 맞추었다.

타하 자비르 알알와니와 1979년의 발전

문제에 대한 평화로운 해결책은 내가 관여했던 모든 조직과 구성원들이 항상 소중히 여기는 원칙이었다. 우리 내면에 평화와 평온을 길러 내면 우리가 하는 모든 일과 업무에 외적으로 드러난다. 이러한 원칙의 중요한 요소는 항상 소통과 대화의 문을 열어 두는 것이

다. 이와 관련하여 훌륭한 사례가 있다. 어느 날 서아프리카의 프랑스어권 국가인 부르키나파소의 한 마을과 관련된 문제가 우리의 관심을 끌었다. 함달라라는 마을의 수피 주민들이 자신들만의 카아바 *Ka'bah*를 세우고 그 주변에서 순례 의식을 거행하고 있었다. 이는 충격적이고 매우 도발적인 행동이었다.

이 사건에 대한 보고서가 셰이크 압둘아지즈 빈 바즈에게 전달되었고, 우리는 그가 어떻게 반응할지 정말 궁금했다. 다른 사람들이라면 날카롭게 반응했을 상황에서도 그는 차분함과 침착함을 유지했다. 그의 평온한 얼굴에는 짜증의 기색조차 보이지 않았고, 유리 같은 평정심으로 상황에 대한 추가 조사를 요청했다. 그는 이 사건을 극단적 조치가 취해진 이유를 이해하고, 이를 통해 지역 주민들을 지도하는 지침으로 활용할 기회로 삼았다. 소통의 창구는 계속 열려 있었고, 이 일을 맡기에 적합한 인물인 타하 자비르 알알와니가 선발되어 함달라로 파견되었다. 그는 주민들과 협상하고 이 명백한 일탈에서 벗어나도록 지도했으며, 그 결과 사건은 결국 무사히 평화적으로 해결되었다.

2016년에 안타깝게 세상을 떠난 타하 알알와니에 대해 많은 이야기가 있다. 그는 학문이 삶에 실질적 영향을 미치지 못하면 가치를 잃는다는 것을 깊이 이해하고 있었던, 학문과 행동을 결합한 뛰어난 학자이자 다작의 작가로 1935년 이라크에서 태어나 알-아즈하르대학을 졸업했다. 나는 1970년대 중반 WAMY 설립 시 함께

했던 친구 압둘 자바 알바야티를 통해 그를 만났다. 알-아즈하르대학에서 박사 학위를 받은 후 이슬람과 이슬람 법학 분야에서 세계적으로 인정받는 최고 전문가 중 한 사람이 되었다. 그의 많은 공헌 중 하나가 파크르 알-딘 알-라지의 『법학 과학의 전형*Al-Mahsul fi Ilm al-Usul*』을 6권으로 편찬한 법의학서였다. WAMY는 이맘 무함마드 빈 사우드 이슬람대학교의 교수로 알알와니를 추천했고, 그의 이력에 깊은 인상을 받은 대학 총장은 지체 없이 그를 임명했다. 그렇게 또 한 명의 중요한 인물이 내 삶에 들어왔다. 타하는 WAMY의 활동에 적극적으로 참여하며 프로그램에 헌신했다. 그 과정에서 그는 WAMY의 가장 두드러진 지지자 중 한 명이 되었다. 실제로 그는 젊은이들 사이에서 매우 인기가 있었으며, 청소년 발전과 활동 프로그램 개발에 집중했다.

타하와 세이크 압둘아지즈 빈 바즈는 가까운 관계를 맺었고, 이는 세이크 압둘아지즈 빈 바즈가 타하를 부르키나파소로 보내기로 한 결정에 반영되었으며, 이는 그들 사이에 발전한 신뢰와 우정을 보여 주는 사례였다. 이 관계는 또한 두 사람이 시아파와의 긴장을 완화할 방안을 연구하기 위해 협력하기로 결정하면서 더욱 중요한 의미를 갖게 되었다. 그 목표는 단순히 시아파와의 미묘한 공존을 유지하는 것을 넘어, 시아 공동체와 실질적이고 의미 있는 사회적 유대와 협력의 길을 열어 가는 것이었다. 이를 위해 위원회가 구성되었고, 나와 타하 알알와니, 누만 알사메르라이, 세이크 압둘라흐만 빈 우와인, 그리고 세이크 무함마드 빈 쿠우드가 위원회에 참여했다. 우리는 협력 가능한 영역을 파악하고, 순니 공동체를 이해하며 이들의 사회적, 조직적 영향력을 발휘할 수 있는 시아 부족 지도자의 아들 중에서 새로운 인재를 양성하는 포괄적 계획을 수립했다. 위원회는 수개월에 걸쳐 회의를 열고, 계획을 논의하고, 연구 자료를 모아 마침내 50페이지 분량의 보고서를 작성했다. 이 보고서는 셰이크 압둘아지즈 빈 바즈에게 제출되었고, 그는 이를 국왕에게 전달했다. 그러나 어떠한 응답도 돌아오지 않았다.

아이러니하게도 이 보고서가 제출된 시점은 매우 적절했지만, 제안된 내용이 실행되지 못했다는 점에서 안타까웠다. 왜냐하면 그로부터 얼마 지나지 않아, 1979년 이란에서 이슬람 혁명이 일어났기 때문이다. 물론 이 혁명은 국민들의 만연한 빈곤에 비해 샤의 호화로운 생활 방식에 대한 국민 불만을 고려할 때 거의 불가피한 것이었지만, 우리는 중요한 기회를 놓쳤다고 생각했다. 당시야말로 그어느 때보다 관계를 공고히 할 필요가 있었던 때였고, 우리의 보고서는 최소한 현재의 긴장 상황을 크게 완화하고, 시아 측에서도 순니 측에서 제안한 이니셔티브를 통해 더 큰 공감을 얻을 수 있었을 것이다. 우리는 시아 형제들과 협력하고, 다음 단계를 논의하길 간절히 원했다. 타하 알알와니는 셰이크 압둘아지즈 빈 바즈에게 시아 학자들과 시아 무슬림 공동체와의 관계 수립을 제안했으나 어떤 이유에서인지 이 또한 실행되지 않았다. 그리고 1년 후인 1980년 이라크와 이란 간의 비극적인 8년 전쟁이 시작된 것이다. 아이러니하게도 양국 지도자인 사담 후세인과 호메이니는 모두 1979년에 권력을 잡았다.

나는 호메이니 주변에 수준 높은 교육을 받은 청년 그룹이 있었다고 기억한다. 이들은 유럽과 미국에서 성장하며 서방의 순니 공동체와 관계를 형성했고, 대립적이거나 적대적이기보다는 오히려 협력적이고 이해심이 있었다. 서방에서는 순니와 시아가 함께 이슬람 의식을 준수하며 단합되어 있었다. 또한 호메이니 첫 내각의 장관 7명은 북미에서 교육받은 인물들이었다. 이들 중에는 무스타파 샴란 국방부 장관도 포함되어 있었다. 또한 이란의 부총리 겸 외무장관이 된 이브라힘 야즈디를 기억한다. 우리는 북미에서 유학생들의 도덕을 보존하고 이슬람을 더 잘 이해하려는 공동의 목표를 위해 장벽 없이 협력했다. 결국, 분열은 역사책이나 사람들의 마음속에 존재할 뿐이다. 현실에서는 평범한 사람들이 그들의 민족적 소속이나 정치적·종교적 이상에 관계없이 공동의 도덕적 가치를 공유하고 단순한 인간애의 정신 속에서 서로 협력하는 것은 충분히 가능한 일이다.

새로운 세대

"하늘과 땅의 모든 피조물은 그분께 의존하고 있으며, [그분은]매일 다른 [놀라운]방식으로 자신을 나타내십니다."_수라 알-라만, 55:29

1983년, 우리는 WAMY를 위한 또 다른 국제 컨퍼런스를 조직하기로 했다. 몇 가지 이유로 사우디아라비아에서 개최할 수 없는 사정 탓에 이번에는 케냐의 나이로비를 개최 장소로 선정했다. 이 회의에서 찍은 한 장의 사진은 매우 의미심장하다. 과거와 미래의 WAMY 사무총장들이 한데 모여 찍은 사진으로, 이 사진은 이 회의에서 조직의 리더십을 다음 세대로 이양했기 때문이다.

이 사진을 보면 승계 계획이 미래의 성장과 발전을 위해 얼마나 중요한지 다시금 깨닫게 된다. 승계 계획의 핵심은 단순히 공석

1983년. 이 사진은 케냐에서 WAMY 지도자 그룹과 함께 찍은 사진. 왼쪽에서 첫 번째는 압둘하미드 아부술레이만(초대 사무총장), 그 옆에 내가 사무부총장 자격으로 서 있고, 그 다음이 3대 사무총장 타우피크 알쿠사이르와 2대 사무총장 아흐마드 바하프잘라이다.

을 채울 적임자를 찾는 것 이상으로, 리더십을 맡을 수 있는 후계자를 양성하는 데 있다. 이를 위해서는 우리가 자리에서 물러나 자리 자체를 비워야 했다. 다시 말해, 우리가 계속해서 모든 것을 지휘하며 자리를 지켰다면 다음 세대는 물론, 어쩌면 그 다음 세대의 리더십 잠재력까지 죽이는 결과를 초래했을 것이다. 이슬람 기관이 종종 저지르는 실수 중 하나가 기존 리더십과 새로운 리더십 간의 연속성 부족이라는 점을 고려하여 WAMY 컨퍼런스에서는 새로운 팀을 구성하기로 했다. 우리는 모두 WAMY의 최고 지도자들은 사우디의 젊은이들이어야 한다는 데 동의했다. 우리가 선정한 이들은 책임 지고 결정을 내릴 수 있는 능력과 자질이 분명했고, 다와선교 활동 경험과 오랜 봉사 이력, 그리고 지성과 지식, 강한 도덕성을 겸비한 이들이었다. 그중 한 명이 타우피크 알쿠사이르였는데, 모범적 성품을 지닌 인물이자 리야드공과대학의 모범생으로 미국에서 박사 학위를 취득한 인재였다.

승계 계획은 결국 내면의 잠재력과 책임을 맡는 데 필요한 기술을 개발하는 것에 불과하다. 사실 이는 지혜로운 부모라면 자녀를 키울 때 자연스레 시작하는 과정이기도 하다. 나의 어린 시절을 회상하면, 아버지의 가게에 서서 이런저런 책임을 맡았던 기억이 난다. 그 경험을 통해 나는 스스로를 중요한 존재로 느꼈고 자신감을 얻게 되었다. 나중에는 재무 및 다른 사업적 측면에 더 깊이 관여하게 되었고, 특히 가난한 이들에게 자선을 베푸는 일에도 참여하는 기회를 얻게 되었다. 어린 나이에 사업을 경영하고 자신에 의지하는 법을 배울 수 있는 놀라운 기회를 주신 돌아가신 아버지를 위해 기도한다. 한번은 아버지가 허락하여 아르빌에서 바그다드까지 거래를 위한 여행에 동행할 기회가 있었다. 그 과정에서 관찰하고 참여하면서 이후 내가 수행한 많은 업무에 적용할 수 있는 귀중한 기술들을 배웠다.

새로운 팀은 단순히 깊은 바다에 내던져진 채 헤엄쳐야 하는 상황에 놓이지는 않았다. 사실 우리는 1년 내내 이들에 대한 체계적 교육에 시간을 할애했다. 이 과정은 역할이 원활하게 전환되도록 도왔을 뿐 아니라, 우리가 관여했던 모든 이슈, 프로젝트, 그리고 의사결정의 모든 차원을 이해하여 앞으로 직면할 과제를 준비할 수 있게 보장했다. 이를 통해 WAMY의 활동은 날이 갈수록 성장하고 확장되었다.

꾸란 순례 여행

꾸란은 하나님 말씀이자, 우리가 삶이라고 부르는 이 환상적인 세계를 모든 영적 실체와 연결하는 사슬이다. 이 영적 실체는 보이지 않지만 신비롭고 실재하는 차원으로, 하나님을 의심 없이 경배하며, 죽음과 최후의 시간 이후 심판을 의미한다. 따라서 꾸란의 말씀은 우리의 최상의 주목과 진지한 태도를 요구한다. 하나님의 뜻을 드러내는 꾸란은 우리의 모든 존재에 스며들어야 하며, 우리는 그것을 중심으로 우리 삶을 설계해야 한다. 그러나 꾸란이 암송되고 읽히며 이러한 방식으로 존중받고 있음에도, 많은 사람들에게 꾸란의 말씀은 혀에 머물러 있을 뿐 마음으로 내려가지 못하거나 일상의 삶에 스며들지 못하고 있다. 무슬림 젊은이들 또한 이 함정에 빠져 꾸란을 아예 외면하거나 암송, 학습, 적용, 가르침, 그리고 정의를 위한 노력 등의 차원에서 단순히 읽기만 하고 내면화하지 않은 경우가 많다. 꾸란이 우리에게 권위를 갖지 못한다면, 우리는 길을 잃게 될 것이다.

우리는 이 문제를 심각하게 이해했고, 젊은 세대와 꾸란의 관계를 강화하기 위해 필요한 일을 해야 한다고 여겼다. 이에 따라 많은 학자들이 이 문제를 해결하기 위해 나섰다. 그렇게 나선 학자들 중에는 셰이크 무함마드 알리 알 사부니, 시리아 출신의 셰이크 압둘라 알완, 그리고 자선 활동으로 유명한 셰이크 하산 알 샤르바틀리가 포함되었다. 셰이크 알 사부니는 『무크타사르 타프시르 이븐 카티르*Mukhtasar Tafsir Ibn Kathir*』와 『사프왓 알 타파시르*Safwat al-Tafasir*』 등 방대한 작업을 요약하여 집필했으며, 이 책들은 쉬운 꾸란 해석을 위해 서술되었다. 셰이크 알완은『이슬람의 자녀 양육』이라는 아랍어 책을 펴냈다. 하나님께서는 이 작업을 위한 지원자를 보내 주셨다. 셰이크 하산 알 샤르바틀리는『무크타사르 타프시르 이븐 카티르』의 요약본 100만 부와『사프왓 알 타파시르』의 요약본 200만 부 인쇄 비용을 부담해 주었다. 이 중 절반은 양장본으로 제작되었다.『이슬람의 자녀 양육』40만 부도 제작되었다.

우리는 책 인쇄를 담당하는 책임자와 합의하여 책들을 창고에 보관하는 대신 인쇄 직후 우리가 지정한 국가로 배포되도록 했다. 그런데 '성毘꾸란의집Dar al-Qur'an al-Kareem, 다르 알-꾸란 알-카림' 대표였던 바삼 에스와니가 나를 찾아와 어려움을 토로했다. 그는 "이 책들을 여러 나라로 대량 배송해야 하는데, 자금을 지원한 사람이 이 선적물들이 실제로 수령되었음을 증명하는 영수증을 요구합니다. 어떻게 해야 할까요?"라고 물었다. 나는 WAMY가 도움을 줄 수 있을 거라고 제안했다. 단 WAMY가 수령인을 지정하고, 이 지정된 수령인들에게 책을 배포할 권한을 부여하는 조건이었다.

목록이 작성되었고, 여러 국가의 형제들에게 연락을 취했다. 각국의 형제들이 책을 수령해 다양한 성원들, 단체, 이슬람센터에 배포하는 책임을 맡았다. 우리는 그들에게 컨테이너를 보냈다. 내가 세계 곳곳, 무려 130여 개국을 방문하는 동안 들른 성원과 단체의 책장을 흘깃 살펴볼 때마다 그곳에서 배포된 책들을 보며 뿌듯한 기쁨을 느꼈다. 나는 하나님께서 이 책들의 저자, 후원자, 그리고 배포자들에게 자비와 보상을 베풀어 주시길 간구한다. 이 책들은 학생, 이맘, 연구자, 다와 활동가, 그리고 일반 대중을 포함해 많은 무슬림 지역 사회에 큰 혜택을 주었다. 책들이 미친 엄청난 영향력을 되돌아볼 때마다 나는 깊은 감동을 받는다. 또한 이러한 노력을 통해 무슬림 사회가 얼마나 많은 도움과 지원을 필요로 하는지 명확히 드러났다. 집과 성원을 짓는 사람들은 많다. 이는 감사한 일이며, 우리는 그들의 노고를 존중하며 그들에게 보상이 주어지기를 기도한다. 그러나 우선순위는 무슬림의 마음과 영혼을 세우는 데 있다. 예배자의 인격은 예배당을 건축하는 것보다 우선해야 하기 때문이다.

이슬람 활동은 남미 북부 지역, 특히 수리남에서 빠르게 발전하고 있었다. 수리남은 유럽 식민지로부터 독립을 이뤘고, 나는 이 지역 공동체를 돕기 위해 꾸란의 네덜란드어 번역 작업을 지원할 기회를 발견했다. 우리는 무슬림세계연맹의 한 형제와 협력했는데, 셰이크 하산 알 샤르바틀리가 자금을 지원했다. 이 프로젝트는 여러 난관을 극복한 끝에 마침내 완료되었다.

기금과 기부는 우리의 활동을 가능하게 하는 데 매우 중요한 역할을 했다. 때로는 식량 지원, 고아 돕기, 성원 건립과 같은 일에 사용할 거액의 기금을 받기도 했다. 우리는 이러한 분야에서 전문성과 경험을 가진 단체들과 협력하여 일을 진행했다. 이를 통해 해당 단체들이 강화되고, 선행과 하나님의 보상을 나누어 받을 수 있도록 했다. 우리는 또한 다와 활동가들 사이에서 자원봉사의 중요성과 자선 활동 참여의 필요성을 홍보했다. 우리의 노력은 오로지 하나님의 뜻을 위한 것이었으며, 우리는 어떠한 금전적 보상을 받거나 요구하지 않았다. 기부자의 기금은 전적으로 해당 프로젝트에 사용되었으며, 관리비나 조직 운영에 단 한 푼도 지출되지 않았다. 실제로 우리는 기부자들에게 그들의 후원금이 올바르게 사용되고 있음을 보장했다. 모든 프로젝트에 대해 상세한 보고서와 재무제표를 작성하여 기부자들에게 제공했고, 필요하다면 기부자들을 현장으로 초대하여 자신들의 지원 결과를 확인할 수 있도록 준비했다.

업무 촉진

미국에서의 학업은 우리에게 훌륭한 사람들을 만날 기회를 제공했다. 그중에는 펜실베니아에서 만난 형제 압둘라흐만 빈 압둘아지즈 빈 압둘라 빈 하산 알 알셰이크도 있었다. 그는 우리의 활동을 관찰한 후 여름 방학 동안 사우디아라비아에 있는 가족과 친구들에게 그 내용을 공유했다. 그 결과 사우디아라비아에 있는 그의 인맥들이 우리 활동에 관심을 보이며 도움을 주고 싶다는 의사를 밝혔다. 이로 인해 우리는 신앙 기반 활동을 뿌리내릴 수 있는 강력한 관계를 구축하게 되었으며, 그들은 우리의 여러 프로젝트에 초기 지원을 제공해 주었다.

나는 이러한 만남과 지원에서 하나님의 은혜와 무슬림 청년들과 인류를 돕는 여정에서 만난 아름다운 영혼들, 이타적이고 자비로운 자선가들의 존재를 마음 깊이 감사히 새겼다. 그중 한 명이 바로 마카의 성스러운 사원의 전임 이맘이자 알하람의 이드 기도를 이끈 셰이크 압둘아지즈 알 알셰이크였다. 나는 아스르와 마그립 기도 후에 그의 세미나에 참석할 수 있었다. 많은 사람들이 전 세계 무슬림 사역의 현황에 대해 알고 싶어했다. 그래서 나는 무슬림들의 소식을 수집하고 WAMY의 활동을 요약해 보여 주는 보고서를 작성하는 습관을 들였다. 이 보고서에는 유럽과 미국에서 일어나고 있는 일들도 함께 공유했다. 이러한 노력은 우리의 활동에 대해 훨씬 더 많은 지원과 관심을 이끌어내는 데 큰 역할을 했다.

다와 활동의 탈중앙화를 향하여

많은 무슬림 조직에서 중앙 집권화로 인해 활동에 제약을 받는 경우가 많다. 하지만 WAMY에서는 활동가들에게 더 큰 자유를 허용하기 위한 중도적 방식을 모색했다. 우리는 신앙에 기반한 자선 및 지역 사회 활동에 참여하는 모든 사람들을 그들이 어디에 있건 지원하고자 했으며, 이 업무를 셰이크 무함마드 빈 쿠우드에게 맡겼다. 그는 도움이 필요한 지역을 파악하고, 해당 지역 사람들이 자체 프로그램을 시작하고 일부 업무를 분산하여 탈중앙화할 수 있는 전략을 개발할 수 있도록 지원했다. 신앙 기반 활동은 높은 수준의 중앙 집중화 외에도 상황에 대한 이해 부족이나 자금 부족 같은 장애물로 인해 제약을 받기도 한다. 나는 신앙 활동가들과 그들의 상황에 대한 개별적 이해를 기초로 협력했다. 일부 활동가는 공동체 활동에 투여할 노력과 시간은 있지만 재정적 제약으로 인해 이동이나 더 많은 활동 수행에 어려움을 겪었다. 자금 부족은 이들의 활동을 제한된 지역으로 국한시켰고, 그 결과 넓은 지역이 지원을 받지 못하고 있었다. 나는 이러한 지역 사회 활동가들에게 소정의 지원금과 교통비 제공의 필요성을 강조했다. 이 지원금은 활동가들이 자신의 조건과 상황에 맞게 사용할 수 있도록 유연성을 두었다. 각 활동가는 평가를 받고, 매월 활동 보고서를 제출해야 했다. 보고서에는 이전에는 방문할 수 없었던 마을들에 대한 방문 성과들이 언급되었다. 또한 활동가들은 재정적 한계와 저렴한 교통 수단의 부족 탓에 이전에는 소홀히 할 수밖에 없었던 지역에도 관심을 기울이기 시작했다.

우리는 일부 분권화에 필요한 조치로서 신앙 기반 활동가들에게 제공되는 활동과 도구의 다양성을 확대하고, 무슬림세계연맹 MWL, 사우디아라비아의 다르 알-이프타, 그리고 쿠웨이트 이슬람재단 및 이슬람 문제부와도 협력을 확대했다. 우리는 많은 활동가들과 후원자들이 협력과 상호 보완, 이해와 의사소통을 촉진하는 조직을 설립하도록 설득했다. 그러나 이러한 조직들을 우리의 우산 아래 더 탈중앙화된 운영 방식을 구축하는 과정에 어려움도 있었다. 일부 사람들은 리더십 위치를 책임감, 지원, 조언 및 봉사를 제공하는 임무로 여기기보다 자신의 사회적 지위를 높이는 수단으로 간주했다.

약 80개국에 이르는 다양한 국가에서 활동가들과 광범위하게 접촉하며 얻은 중요한 이점 중 하나는 해당 지역에서 무슬림들이 직면한 많은 재정적 문제를 다른 누구보다 먼저 알게 되었다는 점이다. 어떤 면에서는 뉴스 기자들처럼 사건의 중심에서 저널리즘적 왜곡이나 이념적 편향 없이 검증된 형태로 소식을 가장 먼저 접하게 되었다. 이후 우리는 이러한 문제를 해결할 책임이 있는 관계 당국에 이를 알리는 역할까지 담당했다.

우리의 활동은 각 개인의 사회·경제적 지위나 배경 또는 스스로 인식하는 한계에 관계없이 모두 가치를 가진다는 원칙에 기반을 두었다. 이슬람은 모든 사람을 존엄하고 존경받을 자격이 있는 존재로 간주하며, 누구든 신앙 안에서 성장하고 천국에 이를 수 있다고 가르친다. 우리는 활동가들에게 세상에서 방치된 빈곤하고 궁핍한 지역, 그리고 버림받았다고 느끼는 사람들에게까지 노력을 확장하라고 지시했다. 해외를 방문할 때 가장 가슴 따뜻해지는 순간 중 하나는 우리가 도움을 준 사람들을 직접 만나 그들의 눈을 마주할 때였다. 그들의 감사함이 전해질 때는 돈으로 살 수 없는 귀중함이 느껴졌다. 우리는 의도치 않게 이들에게 자신들의 가치와 우리가 그들을 얼마나 소중히 여기는지 느끼게 해 주었고, 그 느낌은 그들에게 깊은 영향을 미쳤다. 우리의 방문은 종종 그들에게 예상치 못한 놀라움을 안겨 주었고, 그러한 상황에서 그들은 우리의 존재가 자신들의 가치를 완전히 인정해 주었다고 느꼈다. 나는 가끔 그 순간들을 되새기며 선지자 무함마드(그분께 평화가 깃들기를)의 말을 떠올리곤 했다. "그대들에게 약한 자를 통해 승리와 축복이 주어질지니(부카리, 사드 이븐 아비 와까스의 전승)."

추가적인 보고 메커니즘으로, 여러 국가의 형제들이 현장에서 작성한 손으로 쓴 보고서를 우리에게 보내 왔다. 이 보고서들에는 각국의 상황과 전개 사항이 상세히 기술되었다. 우리는 이 보고서들을 검토한 뒤, 각각의 요청에 따라 필요한 조치를 결정했다. 이 과정에서 활동가의 성실성, 그의 경험, 그리고 현지 상황이 그 대응 방안을 결정하는 가장 중요한 요소가 되었다. 당시 우리는 약 80개국에 신앙 기반 활동가들이 상당히 넓게 분포해 있던 상황이었다.

우리는 이 보고서들을 내부에서만 공유하지는 않았다. 이것들을 문서화하여 개인과 기관을 포함한 모든 후원자들에게 배포할 수 있도록 했다. 많은 동료들이 우리가 활동하는 현장에서 무슨 일이 일어나고 있는지 알기 위해 이러한 정기 보고서를 기다렸다. 우리는 이들 보고서를 준비하고 모든 관계자들에게 우편으로 보내느라 늘 시간이 부족함을 실감했다. 아프리카에 있는 사람들에게는 아프리카에 관한 보고서를, 아시아에 있는 사람들은 아시아에 관련된 보고서를 보냈다. 또한 일부 보고서는 광범위한 관심을 끌 만한 내용을 담고 있어 전 세계로 발송되기도 했다. 이러한 보고서는 신앙 기반 자선 활동의 발전과 그 활동이 미친 영향을 연구하고, 지역 간 차이뿐 아니라 방법론과 조직상의 차이를 파악하는 데 유용했다.

아랍 국가에서 제기되는 딜레마

이슬람법학*Fiqh, 피끄*이나 학파에 대한 차이는 WAMY의 활동에 영향을 미치지 않았다. 우리는 이러한 차이가 무슬림들의 정신적 깨달음과 다양한 관점을 수용할 수 있는 샤리아의 능력과 유연성을 보여준다고 생각했다. 학파 간 차이는 우리의 노력을 방해하거나 제한하지 않았다. 우리는 모든 무슬림들에게 손을 내밀었고, 이를 통해 우리의 활동은 특히 아프리카, 아시아, 아랍 세계를 중심으로 전 대륙으로 퍼져 나갔다.

WAMY 활동은 동서양에서 모두에서 펼쳐졌지만, 아랍 세계에서는 활동 범위를 확장하는 데 어려움을 겪었다. 아랍 국가들 정부는 일반적으로 자국 내에 학생 단체나 신앙 기반 청소년 단체 설립을 허용하지 않았다. 정부가 허용한 조직들은 소수에 불과했으며, 실제 조직이라기보다 껍데기에 가까웠다. 이러한 조직들은 일반적으로 정부의 통제하에 운영되었으며, 직원 선발부터 조직 구조, 정책, 활동까지 모두 정부가 지시했다. 이러한 조직들은 독립적인 이슬람 정신을 따르지 않았고, 단순히 정치적 권위의 도구로 사용되었다. 그들은 청소년들에게 다가가 그들의 사회적, 신앙적 필요와 열망을 충족시키는 방식으로 활동하지 못했다.

우리는 아랍 세계에서 수많은 문제에 직면했으며, 무슬림 청소년들은 이러한 상황에 대해 당연한 좌절감을 가지고 있었다. 이에 우리는 이들 국가의 청소년 리더들을 아랍권 밖에서 열리는 컨퍼런스와 캠프에 초청하기로 결정했다. 이를 통해 필요한 기술과 경험을 쌓을 수 있도록 지원했다. 이후 그들은 자신들이 배운 내용을 현지 상황에 맞춰 가능한 범위 내에서 실행할 수 있었다.

좋은 나무는 좋은 열매를 맺는다

아라비아에서 보낸 시간은 학문과 공동체 활동으로 가득 찬 정신없는 시기였다. 나는 열정과 열의를 가지고 일에 착수했다. 그 과정에서 겪은 모든 기복과 희로애락을 통해 무슬림 사회의 안타까운 현실과, 젊은이들이 하나님을 주변부로 밀어내고 신앙과 시민적 책임보다는 유흥에 기반한 삶에 빠질 위험에 깊이 통찰하게 되었다.

나는 또한 우리 각자가 최선을 다해 자신의 잠재력을 실현하고 성장을 위해 노력함으로써, 무슬림 사회의 많은 상처를 회복시키는 데 중요한 역할을 할 수 있음을 배웠다. 단순하고 작은 한 걸음이라도 인류를 위한 봉사 정신으로 내딛는 걸음이 다른 사람들에게 긍정적 영향을 미칠 수 있으며, 우리의 지식과 경험을 후대에 전함으로써 그들의 능력을 개발할 수 있음을 배웠다. 나는 이 여정에서 하나님의 뜻을 위해 헌신한 놀라운 사람들을 만났다. 그들은 시간과 재정을 아낌없이 내주었으며, 이는 인간의 진실성을 잘 보여 주면서 우리의 수고를 크게 덜어 주었다. 우리의 진실성과 성실성 덕분에 다른 이들의 특별한 관심을 이끌어냈고, 이를 통해 많은 무슬림 공동체와 젊은이들에게 다양한 방식으로 유익함을 주는 귀중한 프로젝트를 시작할 수 있었다. 또한 그들 간에 영적·지적 관계의 발전을 이끌어낼 수 있었다.

한때 아버지의 가게에 얌전하게 서 있던 소년은 이제 자신의 가정을 꾸렸고, 가장 경건한 사람들과 우정과 애정을 쌓으며 성숙해졌다. 나 자신도, 내 아버지도, 하나님의 은혜로 내가 걷게 될 축복의 여정을 상상할 수 없었다. 그리고 이 여정에서 나는 그토록 매료되었고, 오랫동안 오직 하나님의 기쁨을 추구하며, 타인의 삶을 개선하기를 원하며 부단히 노력해 왔다. 이는 단순한 삶의 틀이지만, 그 발자취가 얼마나 깊은 흔적을 남기는지는 모른다.

좋은 나무는 반드시 좋은 열매를 맺는다.

제8장

두 명의 이맘과 함께한 세계 일주

"집을 떠나 신의 초월성을 찾아 나서라. 여행은 다섯 가지 혜택을 제공해 줄 것이니, 고통으로부터의 해탈, 생계 마련, 지식의 습득, 세련된 예의, 그리고 고귀한 동반자를 얻음이 그것이다."_이맘 알-샤피

도전이 없는 삶은 얼마나 지루할까. 나는 다가오는 모든 일에 '슈크르shukr, 감사'의 태도를 기르고, 필연적으로 새로운 길로 인도할 광명의 빛을 찾기만 한다면 끈기 있는 인내심은 항상 우리에게 보상을 가져다 준다고 생각했다. 하나님(그분께 찬미와 숭고함이) 께서는 우리가 내면과 외면에서 자신감을 가지고 평화롭게 이 세상에서 번영하여 살기를 원한다. 시련에 절망하여 침잠하지 않고 그 시련의 본질이 우리의 지혜와 지식을 발전시켜 우리가 상상조차 할 수 없는 도덕과 윤리를 미세 조정하기 위한 것임을 깨닫기를 바란다. 우리가

세상과 우리 자신으로부터 숨어 버린다면 어떻게 하나님과 정의를 위해 설 수 있을까?

목표를 향해 나아가는 길에서 좌절을 만나 희망이 흔들릴 때, 나는 이러한 생각을 자주 떠올리곤 한다. 우리 마음이 만드는 감옥은 매우 강력하다. 두려움과 끊임없이 변화하는 불확실성이라는, 우리 스스로 만든 벽을 깨뜨리기 위해서는 주로 사탄의 심리 게임으로 인해 생긴 것들을 극복해야 한다. 이는 결코 쉬운 일이 아니다. 삶에서는 종종 실패에 대한 두려움이 우리를 나약하게 만들고, 우리의 강점을 깨닫거나 목표 달성을 방해하기 때문이다. 하지만 개인적으로 나는 이러한 두려움에 크게 신경 쓰지 않는다. 하나님께서는 우리의 행동 이면의 노력과 목적을 보시며, 산 정상에 도달했는지의 여부가 아니라 산을 오르기 위해 내디딘 발걸음을 보신다는 것을 알기 때문이다. 어떤 대가를 치르더라도 모든 것에서 반드시 성공해야 한다고 생각하며, 그외의 모든 것을 실망으로 여기는 사고방식은 나의 선호가 아니며, 내가 사물을 정의하는 방식도 아니다. 물론 무슬림으로서 우리는 최선을 바란다. 하지만 이것은 성공하지 못할 것에 대한 두려움과는 다른 감정적 태도이다. 내가 무엇보다도 신경 쓰는 것은 필요한 곳에 최선을 다해 도움을 제공하지 못하는 데 있다. 내 삶의 페이지를 펼치면서 독자들에게 분명히 드러날 수 있길 바라는 바는, 내가 결과 중심적인 사람처럼 보일지라도, 실제로는 대부분 노력 중심의 삶을 살아 왔다는 것이다.

따라서 아랍 세계에서 여러 이유로 문이 닫히는 것을 목격하기는 결코 쉽지 않은 일이었지만, 대신 우리는 문이 열리는 곳을 바라보기로 했다. 우리가 살고 있는 세계는 새로운 광적 소비주의 시대에 접어들었고, 사람들은 영성을 희생하면서 욕망을 쫓거나 최소한 현란한 광고와 기타 미디어를 통해 그렇게 하도록 배우고 있었다. 그 결과 아이러니하게도 마음의 평화는 물건이 소비되는 속도보다 더 빠르게 침식되고 있었다. 그러나 우리는 또한 신앙에 대한 더 큰 각성이 전 세계 여러 지역에서 마치 정화 효과처럼 떠오르는 것을 느꼈다. 마치 인간이 자신의 병을 이해하고 본능적으로 그 치유법을 깨닫는 것처럼 보였다. 많은 무슬림들이 지도와 조언을 절실히 필요로 했고, 우리는 그들에게 다가가고 싶었다. 내 마음속에 하나의 아이디어가 떠오르기 시작했다.

내가 이러한 공동체 활동을 통해 배운 한 가지는 신뢰, 협력, 그리고 상호 의존의 원칙을 더 큰 규모로 적용하면 목표를 더 쉽게 달성할 수 있다는 점이었다. 하루하루의 경험을 통해 나는 선지자 무함마드(그분께 평화가 깃들기를)가 확립한 형제애 개념의 가치를 배우게 되었다. 역사상 가장 훌륭한 사례 중 하나는 마디나의 안사르가 사막에서 아무것도 가진 것 없이 이방인으로 도착한 마카의 이주민들에게 자신들이 가진 것을 나누어 주며 도덕적 책임과 보호를 다한 것이다. 이 독특한 형제애의 유대는 선지자(그분께 평화가 깃들기를)가 마카에서 마디나로 히즈라 후 창조하신 것이며, 그분이 이루신 변화를 웅변적으로 보여 준다. 아라비아의 서로 적대하던 부족들은 분명 도덕적, 윤리적으로 진화했다. 이 지역의 역사적 배경을 이해하는 사람들만이 완전히 공감할 수 있겠지만, 한때는 타인의 피가 하찮게 여겨지고 혈연이 정의 위에 서 있던 곳에서 이러한 형제애의 실현은 기적이었다.

그래서 형제애에 관한 하디스를 읽을 때마다 깊이 감동받는다.

이는 암시된 희생과 연민의 정신이 분명 더 높은 영혼을 반영하는 것이기 때문이다. 나에게 있어 이는 인종차별을 아무리 비난하고 평화를 갈망하더라도, 진정한 깨달음은 오직 영적인 관점만이 이룰 수 있는, 자아의 속박에서 완전히 벗어날 수 있는 고도로 진화한 본성을 필요로 한다. 이 주제에 관한 시는 이러한 이타적 행동의 본질을 가장 잘 담아낸다고 생각하며, 내가 특히 좋아하는 시 구절은 다음과 같다.

> 진정한 형제는 당신 곁에 서 있는 자이다.
>
> 당신을 돕기 위해 스스로 고통받는 자이다.
>
> 삶의 시련이 당신을 찢어 놓을 때
>
> 당신을 치유하기 위해 자신의 길을 벗어나는 자이다.

이 구절은 이맘 알리(그에게 하나님의 영광이 있기를)에게서 유래한 것으로 전해진다.

학생 시절에 나는 우리 주변에서 고군분투하던 다양한 무슬림 공동체를 돕기 위해 일하면서 동료들과 함께 일하며 형제애의 가치를 배운 바 있다. 하지만 무슬림들에게 있어서, 안사르의 모범은 세기를 넘어 울려 퍼진다. 그들이 마디나에서 보여 준 그날의 기준에 미치지 못할지라도, 최소한 그것이 무엇이었는지, 그리고 무엇을 의미하는지 인식한다. 사실 형제애라는 개념은 그 존재만으로도 인간의 마음속에 자신감, 안정감, 그리고 미래에 대한 희망을 불러일으킬 만큼 강력하다. 반면, 다윈의 '적자생존' 가정은 인간에 대한 슬픈 고발이며, 내가 보기에는 다소 우울한 관점이다. 이는 선지자적 관점과도 충돌한다. 선지자들은 그와 정반대의 극단을 실천한 모범이었으며, 윤리적 규범을 실제로 살아 내는 존재들이었다. 그들의 연민의 그림자 아래에서 수많은 평범한 사람들이 시詩의 희생정신을 실천하며 선지자들의 가르침을 증언해 왔다. 이는 자아에 지배된 본능적 영혼의 낮은 본성을 초월한 것이다.

내가 형제애에 대해 글을 쓰는 이유는, 내 안에서 불붙은 아이디어를 실현하기 위해 형제애가 필요했기 때문이다. 내가 미국에서 친밀한 우정을 쌓은 사람들 중 한 명이 압둘라흐만 빈 압둘아지즈 빈 압둘라 빈 하산 알 알셰이크였다. 우리는 바로 의기투합했으며, 그는 여름 방학 동안 집으로 돌아갈 때마다 가족과 친구들에게 우리의 MSA 활동을 전했다. 그의 고향은 사우디아라비아였다. 후에 그곳이 나의 고향이 되었을 때, 나는 그의 아버지와 삼촌을 잘 알게 되었는데, 그들은 우리의 노력에 깊은 감동을 표했다. 그들을 통해 나는 후에 압둘라흐만의 아버지이자, 거룩한 모스크의 이맘이자 아라파의 이맘이었던 셰이크 압둘아지즈 알 알셰이크를 알게 되었다. 그는 우리의 노력에 많은 지침을 제공해 주었고, 학자로서 다른 방식으로도 우리에게 유익함을 주었다. 그의 가르침 아래 우리는 이슬람의 본질, 신앙의 원칙, 하나님의 유일성타우히드에 대한 믿음, 하나님에 대해 인류가 가져야 할 책임, 타우히드와 이슬람 사상의 복잡한 연결 고리, 그리고 이슬람 문명의 업적에 대해 배울 수 있었다. 나는 동서양의 무슬림 현황에 관한 보고서를 공유해 달라는 요청을 받았다. 특히 위대한 셰이크 압둘아지즈 알 알셰이크는 WAMY의 노력 덕분에 세계적으로 이루어진 우리의 업적에 대해 들을 때마다 큰 열정과 지지를 보여 주었다.

그와 함께하는 동안 내가 언급한 아이디어가 서서히 모습을 드러내기 시작했다. 우리는 이 모든 지식에 접근할 특권을 누리고 있었지만, 밖에 있는 다른 사람들은 어떠한가? 사실 그들이야말로 이러한 지침이 특히 필요한 사람들이었다. 그 이유는 세속적, 물질주의적 기운이 영적 영역에 침투하고 있었기 때문이다.

그 아이디어는 이런 것이었다. 왜 셰이크 압둘아지즈에게 해외 여행을 제안해 보지 않았는가? 이렇게 하면 그분이 바깥 세상을 직접 보고, 다양한 배경과 신앙을 가진 무슬림과 비무슬림들을 만나게 될 것이며, 반대로 그들도 그분을 직접 만나 그분의 말씀을 들을 수 있을 것이다. 이 긍정적 교류는 모두에게 이익을 줄 수 있을 것이다. 하여 내가 그분께 아이디어를 말씀드리자마자 동의했다. 내가 초대하고 싶었던 또 한 명의 인물은 WAMY를 통해 알게 된 셰이크 사이드 빈 압둘아지즈 알잔둘이었다. 그는 문화에 대한 이해가 깊고 개방적 사고를 가진 계몽 사상가로서, 지식이 풍부하며 소탈한 성격의 이상적 여행 동반자였다. 그는 교육부에서 중요한 공헌을 했으며, 이후 정보의 더 높은 직책으로 승진하여 매우 바쁜 와중이었다. 그럼에도 불구하고 조심스레 요청을 드렸고, 내가 제안한 것의 가치를 인정하고 그 제안을 수락해 주었다.

여기서 두 가지를 강조하고 싶다. 첫째, 우리는 총 16개국에 걸친 매우 힘든 일정을 앞두고 있었다. 둘째, 항공료는 국왕의 명령에 따라 지원을 받았지만, 그 외 모든 비용은 우리 스스로 부담해야 했다. 각자의 직장에 휴가를 내야 했고, 여행 전에 복잡한 계획도 세워야 했다. 우리의 목표는 명확했지만 시간이 촉박했기에 각 나라의 요구 사항에 맞추기 위해 현지 단체들과의 협력을 제안했다. 현지 단체들이 지역 사회의 요구를 가장 잘 이해하고 적절한 조언을 제공할 수 있었기 때문이다. 이는 적절히 실행되었고, 각국에 대한 활동 계획, 여행 장소, 만날 사람 등의 목록이 작성되었다.

1978년, 우리 세 사람은 마침내 여정에 나섰다. 나는 70일 동안 전 세계를 돌아보는 거대한 여정에 셰이크 압둘아지즈 알 알셰이크와 셰이크 사이드 빈 압둘아지즈 알잔둘과 동행하게 되어 영광이었다. 우리의 단순한 목표는 인류의 선을 추구하며 같은 뜻을 가진 영혼들과 교류하는 것이었으며, 그들이 우리에게 배우고, 우리가 그들에게 배우는 기회를 가지는 것이었다. 우리는 여행 경비를 우리 개인 자금으로 충당하기로 합의했다. 항공료는 국왕의 명령에 따라 지원받았지만, 그 외 모든 비용은 우리 스스로 충당했다. 우리는 어떠한 혜택이나 업무 인센티브 또는 후원을 요구하지 않았다. 이 여정은 교육부 장관의 승인을 받아 공과대학에서 휴가를 받을 수 있었던 덕에 가능했다. WAMY에서의 나의 활동은 자원봉사였으므로 여행을 위해 시간을 내는 데는 문제가 없었다. 이것은 우리 활동주의에 있어 중요한 요소다. 여행의 날이 다가오자 두 구절의 꾸란 말씀이 떠올랐다.

"그리고 시간이 지난 후에 너희는 반드시 그 뜻을 이해할 수 있을 것이다!(수라 사드, 38:88)"와 "[오, 선지자여]말하라. 이것이 나의 길이다. 나는 나와 나를 따르는 자들이 분명한 증거로 보듯이 명확히 하나님께 초대한다. 하나님께 영광을 돌리며, 나는 결코 하나님과 함께 다른 신들을 두지 않을 것이다(수라 유수프, 12:108)." 이 구절들은 우리의 의도와 마음속에 품은 결심을 반영했다.

파키스탄

우리가 받은 환대는 거의 완벽에 가까웠고, 앞으로의 여정을 위한 좋은 징조였다. 일반 무슬림들뿐 아니라 몇몇 고위 정치인들까지도 우리를 만나고 우리가 하려는 일에 감사를 표하고자 하는 모습에 큰 기쁨을 느꼈다. 우리의 진실된 의도와 내 동료들의 학문적 자격이 그들과 다른 이들을 우리에게 이끌었다고 느낀다.

저명한 학자이자 철학자, 법학자, 그리고 언론인이었던 셰이크 아불 알라 마우두디가 우리의 연락 창구 역할을 맡았고, 과거 여러 회의와 모임에서 그를 만난 적이 있던 나는 이번에 그의 고향 땅에서 다시 볼 기회를 갖게 되어 기뻤다. 우리는 마우두디에게 도착 시간만 간단히 알려 주고 나머지는 그에게 맡겼다. 그가 우리를 위해 마련한 일정은 정말 놀라운 것이었다. 그는 카라치, 라호르, 그리고 수도인 이슬라마바드라는 인구가 가장 많은 세 개의 주요 도시를 포함하여 다양한 활동으로 가득 찬 일정이었다.

그러나 이러한 일정이 시작되기도 전에 사건들이 스스로 생명력을 틔우기 시작했다. 셰이크 압둘아지즈가 파키스탄을 방문한다는 소식이 빠르게 퍼졌고, 어느 날 나는 놀라운 전화를 받게 되었다. 그것은 파키스탄의 고故 무함마드 지아-울-하크 대통령 집무실에서 걸려 온 전화였다. 그들은 이번 방문을 매우 영광으로 생각하며, 대통령 자신이 직접 셰이크를 환영하고 그의 영광을 기리기 위해 이슬라마바드에서 오찬을 주최하고 싶어한다는 내용이었다. 나는 그 따뜻한 환대에 감동했고, 셰이크 마우두디에게 연락하여 우리 일정에 초대 일정을 포함해 달라고 정중히 요청했다.

그 이후에도 세심한 배려가 이어졌다. 파키스탄으로 가는 항공 일정에 혼선이 있었으나 대통령실 참모들이 신속히 개입하여 셰이크에 대한 특별 배려로 비행기가 예정에 없던 이슬라마바드에 착륙하도록 조치했다. 우리가 도착했을 때, 우리를 대통령과 내각, 고위 관리들과의 만남에 데려가기 위한 특별 차량 행렬이 대기하고 있었다. 정말 놀라운 경험이었다. 우리는 모두를 만나 함께 점심을 먹으며 다양한 주제에 대해 편안하게 대화를 나눴다. 나는 손님과 주인을 하나로 묶는 유대감에 깊은 인상을 받았다. 이것은 의심의 여지없는 신앙의 결과였다. 인간이 하나님에 대한 공유된 믿음을 통해 점화될 수 있는 일체감이었다. 이는 문화와 인종이라는, 외적 장벽을 넘어 인간이 스스로 세우는 더 미묘하고 거대한 장벽들을 제거했다. 내가 보기에, 인간이 하나님을 더 의식할수록 이러한 일체감은 더욱 강하게 나타난다.

우리는 매우 솔직하게 자신들의 꿈과 투쟁, 이슬람과 이슬람에 대한 사랑에 이야기했다. 일반적으로 정치인이나 관리들과 나누는 대화와는 결이 다른 종류의 대화였다. 우리는 그 이야기들을 인내심을 갖고 경청하며 우리의 경험에 대해 나누었다. 시간이 순식간에 흘러, 살라Salah, 기도의 시간이 되자, 마카의 거룩한 모스크의 이맘이 기도를 인도하는 영광을 목격한 사람들은 놀라움과 감격의 감정으로 숨을 죽였다. 그들 중 일부는 자신들이 마카에 갈 수 없다는 사실을 알았기에 더욱 감동에 젖어들었을 것이다.

그 후 우리는 건강이 악화되고 있던 셰이크 마우두디의 집으로 향했다. 우리는 이 저명한 학자이자 작가인 그의 곁에 앉아 빠른 회복과 건강을 위해 기도했다. 나는 그의 책들을 떠올렸다. 그 책들은 우리에게 많은 것을 가르쳐 주었고 우리의 활동주의의 길을 밝혀 주었다. 우리는 마우두디의 책을 영어와 아랍어로 읽었는데, 우르두어 원문을 번역한 사람은 셰이크 칼릴 알 하미디(하나님께서 그의 영혼에 복을 내리시길)였다. 마우두디와 눈이 마주칠 때마다 나는 그에게서 익숙한 것을 많이 볼 수 있었다. 그것은 신앙을 고양시키려는 사랑과 열정이었다. 이는 마우두디의 모든 저술과 연설에서 나타나는 공통된 주제였다.

마우두디가 활짝 웃으며 셰이크 압둘아지즈 알 알셰이크를 가리키며 말했다. "이분이 거룩한 모스크의 이맘입니다." 그리고 나를 가리키며 말했다. "이 사람은 젊은이들의 이맘입니다!" 이 이야기는 삽시간에 퍼져 나갔고, 가는 곳마다 사람들은 나를 "젊은이들의 이맘!"으로 소개했다. 이 호칭은 내 열정에 불을 지폈고 이전보다 더 큰 책임감을 느끼게 했다. 오늘날까지도 혼자 있을 때면 나는 하나님께 성공을 허락해 주시고, 나를 인도하시며, 형제들과 스승들의 기대에 부응할 수 있도록 진실성과 인내를 허락해 달라고 간구한다.

우리는 카라치에서 여러 회의와 세미나를 열었다. 셰이크 압둘아지즈가 연설할 때 나는 아랍어를 영어로 통역했고, 내가 세계 무슬림 청년을 대표해 연설할 때는 우리의 경험과 청년들의 고난과 열망에 대해 이야기했다. 거룩한 모스크의 이맘인 위대한 셰이크의 비전, 셰이크 사이드 알잔둘의 건설적 조언, 그리고 나의 경험을 통해 표현된 청년들의 열망과 투쟁이 하나로 어우러졌다. 이러한 아름다운 통합은 청중들의 환영을 받았으며, 그 가치는 포괄성과 개인주의를 초월하는 집단적 결속력을 강조하는 데 있었다.

인도

다음으로 우리는 인도의 자마아테이슬라미가 우리의 여정을 맡아줄 옆 나라 인도로 이동했다. 셰이크 무함마드 유수프가 매 순간 우리와 동행했는데, 그의 미소 띤 태도 이면에 사자의 영혼이 깃들어 있음을 느낄 수 있었다. 그는 25만 명이라는 엄청난 인원이 참석한 집회를 조직했다. 나는 그 숫자에 놀라움을 금치 못했다. 수많은 사람들이 거룩한 모스크의 이맘 뒤에서 기도하기 위해, 그리고 그의 지혜로부터 배움을 얻기 위해 그의 조언을 듣기 위해 모였다.

델리에서 우리는 러크나우로 향했고, 그곳의 대표적인 학자 중 한 명인 저명한 마울라나 아불 하산 알리 나드위를 만날 수 있기를 고대하고 있었다. 공항을 빠져나오자 공항에서 도시까지 30km에 달하는 도로 양쪽에 사람들이 줄지어 서 있었다. 무슬림뿐 아니라 힌두교도와 시크교도도 있었다! 이것이 바로 인도였다. 사람들이 거룩한 모스크의 이맘을 환영하고 무슬림 손님을 맞이할 기회를 얻은 것에 대한 감사의 마음을 표현하기 위해 모였다. 모든 계층과 종교를 초월해 사람들이 이맘을 맞이하는 모습은 정말 아름다웠다. 심지어 한 시크교 신사가 우리에게 작은 선물을 가지고 와서 셰이크와 그의 동료들에게 감사의 마음을 표현하기도 했다. 나는 다시 한번 이 모든 것에 깊은 감동을 받았다.

러크나우의 무슬림들이 금요 기도를 위해 모였는데, 결과적으로 100만 명이 모인 대규모 집회가 되었다. 이 글을 쓰며 그날을 회상하는 지금도, 100만 명의 무슬림이 한자리에 모였다는 사실에 여전히 놀라움을 금할 수 없다! 나는 여행 중에 많은 것을 보아 왔지만, 이것은 그야말로 기념비적인 규모였다. 이것이 가능하도록 셰이크 나드위의 추종자들만이 계획한 것만 생각해도 경이로울 따름이다. 저녁에는 강연 준비를 위해 의자가 배치되었으며, 강연에는 80만 명이라는 놀라운 인파가 모였다. 그들은 모드 셰이크의 말씀을 듣고자 간절히 기다렸다.

이러한 일들은 우리가 전 세계적으로 진행한 네트워크와 조직 개발 활동을 통해 무슬림들 사이에 형성되기 시작한 연대 문화를 더욱 강화했다. 특히, 가장 가난한 도시 중 한 곳인 캘커타^{현재, 콜카타} 방문은 이러한 흐름에 중요하게 기여했다. 수천 명이 길거리에서 잠을 자는 이곳에서도 무슬림들은 놀랍도록 체계적으로 조직되어 있었다. 우리의 방문은 여러 단체의 책임하에 이루어졌으며, 다양한 이슬람 단체들이 캘커타 무슬림청년운동과 협력하여 몇몇 단체의 본부를 방문하고 다양한 회의를 조직했다. 대규모 광장에 40만에서 50만 명에 이르는 엄청난 인파가 모인 장면은 경이로움 자체였다.

셰이크는 델리와 캘커타의 이슬람협회 및 여타의 단체들이 꾸란의 의미를 지역 내 모든 공용어와 비공용어로 번역하는 데 우선순위를 둔 것에 깊은 인상을 받았다. 이 번역본들은 잘 조직된 전시회를 통해 소개되었으며 인도의 각 언어, 지리적 분포, 그리고 각 지역 언어 사용자 수를 나타내는 지도와 함께 제공되었다. 당시 인도의 인구는 8억 명이었다. 2021년 기준으로 이 숫자는 약 14억 명으로 증가했으며, 그중 무슬림 인구는 1억 7,200만에서 1억 9,500만 명으로 추산되었다.

방글라데시

2020년 기준, 방글라데시의 인구는 1억 6,500만 명으로, 대다수가 무슬림(90% 이상)이다. 공식 언어는 방글라데시어로 무슬림 대다수가 사용하는 언어다. 일부 지역 언어도 있다. 대개 인도 아대륙 남부 지역에서 힌디어는 모든 무슬림의 제2외국어로 간주된다. 무슬림은 우르두어도 다양한 수준에서 이해하며, 특히 실천적 무슬림들 사이에서 우르두어는 신앙의 언어로 간주된다. 따라서 우르두어는 인도 아대륙 전체 무슬림이 사용하는 공통 언어가 되었으며, 동시에 우르두어는 움마의 역사와 문명과 연결되는 매개로 작용한다.

우리의 방글라데시 여정 중, 우리는 이슬람 활동 지도자들과의 회의에 참석하고, 현지 이슬람 단체의 지도자들과 만날 기회를 가졌다. 우리는 여러 단체들이 따르고 있는 전문화된 활동 방식에 대해 배웠다. 일부 단체들은 이슬람을 선교의 한 형태로 대중에게 전파하는 데 주력했고, 일부는 이슬람 원칙에 대한 인식을 개발하고 확신시키는 역할을 수행했으며, 또 일부는 국가적으로 이슬람 정체성을 보존하는 데 힘썼다. 당시 방글라데시는 파키스탄에서 분리 독립한 지 7년밖에 되지 않은 신생 국가였다.

우리는 델리에서 인도 대통령을 방문했던 것처럼 방글라데시 대통령 지아우르 라흐만(1936년 1월 19일~1981년 5월 30일)을 방문했다. 또한 정부 고위 관리들, 대학 총장들, 그리고 몇몇 장관도 방문했다. 셰이크가 무슬림 공동체에 대한 포괄적 관점을 얻을 수 있었던 데서 기뻤으며, 이 만남은 내가 이러한 단체들과의 관계를 강화하고 우리 사이에 다리를 놓아 미래에 생산적인 협력의 기회를 열

수 있는 기회가 되었다. 지아우르 라흐만은 특히 청년들에게 초점을 맞춘 이슬람적 의식을 발전시키는 데 중요한 역할을 했다. 그는 헌법을 개정하여 창조주의 개념을 포함함으로써 세속주의적 입장을 부정하고, 학교에서 이슬람 교육을 의무화했다. 그러나 비극적으로 그는 1981년 군부 세력에 의해 암살되었다.

그는 우리를 따뜻하게 맞이했으며, 방글라데시의 고위 관리들도 우리를 진심으로 환영해 주었다. 셰이크는 이에 화답하여 무슬림 간 단결과 이슬람 도덕, 원칙, 신앙을 보존해야 할 필요성에 중점을 둔 조언을 담아 훌륭한 연설을 했고, 나는 이를 영어로 통역했다. 많은 경우 영어를 잘 구사하는 사람들이 나를 찾아와 함께 다양한 주제를 논의했다. 학생들과 청년 문제, 그리고 방글라데시 상황 개선을 위해 할 수 있는 것들이 포함되었다.

대학생들은 이슬람을 실천하는 데 있어 훌륭한 역할을 하고 있었지만, 좌파와 사회주의자들로부터 강한 압력을 받고 있었다. 이러한 상황에서는 잠재적인 부정적 결과와 폭력의 심각한 악영향 탓에 대립을 피하는 것이 중요했다. 그럼에도 상황은 악화되었고, 이는 내가 이 첫 만남 후 3년 뒤 방글라데시 무슬림학생연합을 다시 방문했을 때 명백해졌다. 그때 나는 사방에 퍼져 있는 엄청난 분노를 체감했다.

바이툴 무카람은 방글라데시에서 가장 큰 모스크다. 3층으로 이루어져 있으며 넓은 마당으로 둘러싸여 있다. 40만 명의 예배자들이 모스크 안팎에 모였고, 셰이크 압둘아지즈가 그들을 위해 마그리브저녁 기도를 인도했다. 기도 후 우리는 연설을 했다. 하지만 떠날 시간이 되자 모스크 안의 모든 사람들이 셰이크의 손을 잡으려 하면서 상황이 혼란스러워졌다. 밀치고 당기는 과정들이 도를 넘어서며 실제로 위험한 상황으로 번질 조짐이 있었다. 우리는 군대의 도움을 요청했고 그들이 나서 길을 열어 주었다. 물론 당시의 상황은 단순한 사랑의 표현이었을 뿐 그 이상은 아니었다. 다음 날 신문에 이 집회에 긍정적 보도가 실렸다.

태국, 소수 무슬림 공동체

방글라데시를 떠난 우리는 기차를 타고 태국으로 향했다. 태국에서 무슬림은 가장 큰 종교적 소수 집단을 이루고 있다. 방콕에서는 무슬림이 수도 인구의 4%를 차지하고, 나머지 무슬림 인구는 주로 남부 지방에 집중되어 있다. 신앙인들이 존재하는 곳은 나에게 기쁨을 주는데, 이는 신앙이 있는 땅, 지역, 혹은 장소가 내 마음에 가깝고 소중하기 때문이다.

셰이크 압둘아지즈의 태국 방문은 놀라운 일이었는데, 많은 이슬람 단체들이 이처럼 경사스러운 방문이 비교적 알려지지 않은 무슬림 소수 집단이 있는 땅에서 이루어질 것이라고 기대하지 않았기 때문이다. 이 방문은 여러 이슬람 지도자 및 무슬림 단체들과의 중요한 회의로 이어졌다. 많은 축하 행사가 열렸고 예상치 못한 성대한 만찬도 열렸다. 셰이크는 여러 주요 인사 및 무슬림 국가 대사들과 함께 초대되었다. 그들은 우리에게 큰 존경을 표하며 매우 중요한 존재로 우리를 대했으며, 진정으로 주목할 만한 관심과 애정을 보여 주었다.

말레이시아, 그리고 외교단의 학장

말레이시아에서 셰이크 압둘아지즈가 받은 환대는 우리가 방문한 여느 나라에 못지 않았다. 우리는 최근 감옥에서 출소한 안와르 이브라힘과 말레이시아 주재 사우디아라비아 대사 셰이크 무함마드 알 하마드 알 셰빌리를 만났다. 그는 외교단 전체로부터 존경과 칭송을 받으며, 흔히 '대사 중의 대사' 또는 '외교단의 학장'으로 불렸다. 나는 1974년 그가 아프가니스탄 주재 사우디 대사로 있을 때 처음 만났다. 그는 공항에서 말레이시아의 공식 대표들에게 둘러싸인 채 현지에서 가장 맛있다는 과일로 가득 찬 커다란 과일 접시를 준비해 우리를 맞아 주었다. 그는 무슬림 세계의 셰이크나 학자들을 가장 환대하는 태도로 맞이하는 것으로 유명했다.

과거 안와르는 ABIM^{말레이시아 무슬림청년운동}의 본부 건립을 위한 자금을 요청한 적이 있었다. 사우디 정부는 이 요청을 승인하고 프로젝트를 위해 200만 리얄을 보냈다. 그러나 말레이시아 정부는 이 자금을 2년 동안 동결했고, 안와르 이브라힘이 말레이시아 정부에 합류한 후에야 자신의 이름으로 된 수표를 무슬림청년운동 계좌로 이체할 수 있었다.

당시에도 지금도 우리는 말레이시아 정부와 좋은 관계를 유지하고 있으며, 그들은 WAMY의 역할과 사우디 정부가 동남아시아 이슬람 활동을 지원하는 역할을 높이 평가했다. 안와르 이브라힘은 WAMY 총회에서 말레이시아를 대표했다. 이슬람 활동은 다양한 해석을 허용하며, 이는 모두 움마에 이익이 될 수 있고, 무슬림 국가들 간 더 나은 관계를 만드는 데 기여할 수 있다. 나는 여전히 셰이크 압둘아지즈가 말레이시아 국립 모스크에서 했던 연설을 기억한다. 이는 모든 언론에 보도되었다.

우리는 많은 이슬람 단체를 방문하여 그들과 대화하고, 다른 이슬람 단체들과의 접촉을 확립하여 네트워크를 구축하고 서로의 관점을 조화시키도록 권장했다. 이슬람 단체들은 우리에게 문을 열어 주었는데, 그들은 모두 셰이크를 존경하며 그를 맞이한 것을 영광으로 여겼다.

하나님을 위한 사랑

하나님을 위한 사랑은 인류를 하나로 모으기 위한 모든 노력에서 가장 본질적인 측면이다. 이는 천국에 들어가는 최고의 길 중 하나다. 여행 중에 우리는 어디를 가든 우리에게 비친 사랑의 양에 대해 잠시 생각해 보았다. 우리는 애정과 존경을 담아 악수하는 사람들의 눈빛에서 그것을 보았다. 셰이크는 재정적 지원을 약속한 바 없었고, WAMY 역시 제한적인 자원 탓에 줄 수 있는 것이 많지 않았다. 그럼에도 우리는 진정한 사랑을 담은 환영을 받았다. 이슬람은 진정한 보상이 물질적인 것에 있지 않고, 사람들을 얼마나 잘 대하고 인간에 대한 사랑이 얼마나 진실한지에 달려 있다고 가르친다. 이러한 여행은 형제애와 자매애, 그리고 단합의 노력이 얼마나 중요한지를 내게 증명해 주었다.

싱가포르

다음 일정은 싱가포르였다. 싱가포르는 작은 나라이지만 제한된 자원에도 불구하고 매우 잘 조직되고 발전된 나라였다. 싱가포르는 무슬림에게 세금을 부과하여 이슬람 사원을 짓고 이슬람 서비스를 제공하기 위한 기금을 마련하는 몇 안 되는 국가 중 하나이다. 이는 매우 유용한 관행으로 무슬림 사무가 상당히 체계적으로 관리되는 결과를 낳았다. 싱가포르 이슬람 단체와 정부 간의 관계는 매우 우호적인데, 이는 싱가포르 무슬림 지도부가 다리 놓기에 집중했던 덕으로 보인다. 싱가포르 주재 사우디 대사관은 다양한 수준과 문제에 걸쳐 활발히 활동하며, 싱가포르 무슬림 공동체에 큰 도움을 주는 결속력을 형성하는 데 기여했다. 세이크를 위한 연설이 조직되었으며, 이번에도 전달된 메시지는 따뜻하게 받아들여졌다.

인도네시아

우리의 여정은 인도네시아로 이어졌다. 우리가 그곳을 방문했을 당시, 수하르토 정권하에서 무슬림 활동가들은 많은 제약을 받고 있었다. 무함마드 낫시르는 인도네시아 이슬람 활동의 실질적 지도자였으며, 우리 여행을 조직하는 과정에서 많은 불편을 겪었지만 정부와 협력하여 우리의 방문을 조율하고 준비하는 데 성공했다. 현재 사우디아라비아의 이슬람 사무 차관으로, 당시 자카르타에 있는 사우디아라비아연구소 소장이었던 압둘아지즈 알 암마르는 우리의 여정이 원활하게 진행되고 큰 가치를 지닐 수 있도록 매우 큰 도움을 주었다. 우리는 인도네시아 대통령과 일부 고위 관리들을 만났다. 또한 여러 대형 모스크들의 노력 덕분에 대중들과도 만날 수 있었다. 이 모스크들은 사람들에게 우리의 메시지를 전달하기 위해 연설과 기도회를 조직했으며, 우리의 공개 설교를 통역해 주었다.

사람들로부터 엄청난 호응이 있었다. 두세 차례에 걸쳐 무려 50만 명이 넘는 놀라운 참석자가 모였다. 이러한 성과는 이 임무에 헌신한 수많은 남녀의 노력 덕분이라는 점에는 의심의 여지가 없다. 인도네시아에는 여러 무슬림 청년 지도자들이 있었는데, 그중 한 명이었던 이마두딘 압둘라힘은 모두에게 존경받는 친절한 인물이었다. 그들의 모든 노력은 하나님의 은혜로 결실을 맺을 수 있었다. 우리는 자카르타에 이어 두 번째로 중요한 도시인 반둥을 방문했다. 셰이크가 모스크에서 연설을 하는 동안, 나는 그가 청중들에게 미치는 강한 영향을 분명히 느낄 수 있었다. 이번 여정 중 우리는 짧은 순간들을 활용하여 각 지역이 제공하는 아름다움과 장엄함을 만끽했다. 자카르타와 반둥 사이에는 '푼칵Punkak'이라는 관광지가 있는데, 인간이 상상할 수 있는 가장 아름다운 장소 중 하나로 하나님의 창조물을 경이롭게 느낄 수 있는 곳이다.

우리는 또한 아랍어를 장려하는 보고르의 '성공연구소'도 방문했다. 셰이크 압둘아지즈는 보고르 농업대학에서도 연설을 했는데, 이 대학은 인도네시아 농부들이 농업에서 성공할 수 있도록 돕는 전문가를 양성하는 곳이다. 졸업생들은 농촌 지역에서 이슬람 관련 교육 및 정보 캠페인에도 참여하고 있었다.

홍콩, 무슬림을 위한 두 개의 학교

홍콩을 이슬람과 연결 짓는 경우는 드물지만, 이곳에도 무슬림 공동체가 존재한다. 물론 그들은 정치적 또는 사회적 권력을 가지고 있지 않았으며, 활동은 단순히 종교 의식을 수행하는 데 초점이 맞춰져 있었다. 이곳의 무슬림 공동체는 초등학교 한 곳과 중등학교 한 곳을 보유하고 있었으며, 중등학교 교장은 비무슬림이었다. 무슬림 단체는 많았지만, 그들의 활동 역시 제한적이었다. 그럼에도 불구하고, 당시 영국 통치하에 있었던 홍콩은 보장된 자유와 개방성 덕분에 신앙 기반 활동을 위한 기회가 많았다.

우리의 일정은 홍콩의 무슬림 청년 중 가장 활발하게 활동했던 유수프 유가 조직했다. 이를 통해 우리는 이슬람협회의 대표인 사디크와 중국 이슬람 형제애 및 문화연합의 대표인 카셈 투트를 만났다. 투트는 홍콩 유일의 이슬람 초등학교와 이슬람 대학 소유자이기도 했다. 모스크에서는 무슬림들이 거룩한 모스크의 이맘과 함께 기도하며 그의 연설을 들었다. 셰이크는 그들에게 자녀들의 이슬람 정체성에 집중하고, 신앙을 붙들며 강화할 것을 촉구했다.

일본, 정교한 시스템

여러 공항을 거쳐 마침내 세계의 동쪽 끝 일본에 도착했다. 사우디아라비아 대사관에서 따뜻하게 환대해 주었으며, 일정에는 공식 및 비공식적 만남이 포함되어 있었다. 셰이크는 연설에서 두 가지 중요한 점을 강조했는데, 하나는 타우히드 하나님의 유일성이고 다른 하나는 무슬림 형제애였다.

우리는 일본 무슬림 연합을 방문하여 그들이 직면한 특정의 도전 과제에 대해 배웠다. 이맘은 그들의 활동을 격려했으며, 나도 나의 경험을 그들과 나누었다. 그들의 전문성과 방법론은 매우 인상적이었다. 그들은 일본 무슬림들과 일본에 거주하는 아랍 무슬림들을 대상으로 정기적인 선교 활동을 하고 있었을 뿐 아니라, 신앙과 고유의 일본 전통을 조화롭게 연결하고 있었다. 즉 일본 문화를 존중하며 그들의 엄격한 행동 규범을 따르고, 인간 발전에 대한 전체론적 접근, 즉 마음과 몸을 강화하여 어려움을 극복하는 데 관한 일본의 오랜 지혜를 활용하고 있었다.

예컨대 우리는 체계적 조직화의 중요성과 이것이 삶에 미치는 영향을 논의했다. 체계적 조직화는 삶의 필수 요소다. 이 그룹은 규율에 대한 감각을 수용하고 발전시킬 필요가 있다고 강조했는데, 이는 사실 일본인의 성격에 나타나는 핵심적 특질이었다. 나는 무슬림들이 일본의 전후 발전의 기적을 연구하고 배워야 한다고 생각했다. 일본은 어떻게 히로시마의 폐허, 천연자원의 부족, 그리고 반복되는 지진과 태풍에도 불구하고 세계 최대 경제대국 중 하나로 설 수 있었을까? 일본은 연구와 분석이 필요한 훌륭한 교훈을 우리에게 제공한다. 나아가 일본인이 창조주를 발견하고 이슬람을 받아들이면 그 결과는 놀랍다. 예컨대 도쿄의 주요 병원장이었던 쇼키 후타키 박사는 이슬람을 받아들인 후 수백 명의 일본 남녀를 이슬람으로 이끌었다. 전문 영역에서의 그의 성공과 다와^{선교} 활동에서의 성공은 놀라운 모범 사례이다. 나는 도쿄 이슬람센터 설립에 기여한 나의 소중한 동료 살레 알사마라이를 기억한다. 끔찍한 일본 대지진이 발생하고 당국이 파괴된 모스크를 사무실 건물로 대체하기로 결정했을 때, 살레는 모스크가 보존될 수 있도록 노력했다.

특히 셰이크 압둘아지즈가 인간의 감정과 인간 지성의 핵심을 다룬 강연에서는 놀랍게도 연설이 끝나자마자 약 1,000명의 일본인

1 1978년. 세계 일주 여행의 일환으로 일본을 방문하여 연설을 하고 있는 저자. 앉아 있는 두 사람은 하람 셰이크 압둘아지즈 알 알셰이크와 셰이크 사이드 알잔둘의 이맘이다.

2 1978년. 일본 여행에서. 일본 이슬람학회 회장 살레 알 사마라이 박사가 왼쪽 첫 번째, 내가 네 번째, 다섯 번째가 셰이크 압둘아지즈 알 알셰이크, 여섯 번째가 셰이크 사이드 빈 압둘아지즈 알잔둘이다.

3 1978년. 일본 여행 시 도쿄에서 일부 무슬림들과 함께.

4 1978년. 일본 여행에는 많은 활동과 프로그램이 포함되었다. 하람 성원의 이맘인 셰이크 압둘아지즈 빈 압둘라 알 알셰이크가 이슬람으로 개종하는 사람을 위해 샤하다(Shahadah, 신앙 선언)를 진행하고 있다.

1 1978년. 일본 여행 당시 이슬람을 받아들인 일부 일본인 형제들.
2 1978년. 도쿄의 무슬림들과 함께 하람의 이맘 앞에서 테이프를 선물하고 있다.

이 그 자리에서 이슬람을 받아들였다!

미국, 새로운 세계

일본에서 우리는 미국으로 향했다. 비행은 하와이 호놀룰루에서의 경유를 포함해 8시간이 걸렸는데, 셰이크의 미국 방문은 이번이 처음이었다. 내게는 이제 고향과도 같은 곳이었으므로 다시 미국 하늘 아래 서게 되어 기뻤다.

나는 셰이크 압둘아지즈를 현지의 동료들과 신앙을 위해 함께 일하는 사람들에게 소개했으며, 그는 자선 활동과 공동체를 위한 노력의 수준에 대해 이해하게 되었다. 우리는 여러 주를 여행하며 부유한 지역과 빈곤 지역을 모두 방문했고, 그 과정에서 셰이크는 갈등으로 얽힌 문제들을 해결하는 데 도움을 주고, 전반적인 조언도 아끼지 않았다.

또한 당시 세계에서 가장 높은 건물인 시카고의 시어스 타워^{현재} 월리스 타워를 설계하고 건축을 도운 벵골 출신의 무슬림 엔지니어 파즐루르 라흐만 칸을 만나는 일정도 마련했다. 1,451피트(442미터)

높이의 이 마천루는 1973년에 완공되었으며, 칸은 초대에 크게 기뻐하며 서둘러 셰이크를 만나러 갔다. 나는 늘 무슬림들이 더 넓은 사회에서 중요한 역할을 하며, 그 발전에 기여하고, 시민적 책임을 긍정적으로 수행하는 모습을 즐겁게 바라보곤 했다.

우리는 워싱턴 D.C., 시카고, 인디애나폴리스, 로스앤젤레스를 방문했다. 이번 여행에서 우리가 다룬 가장 중요한 문제 중 하나는 무슬림 공동체의 정치적 진전이었다. 무슬림들은 정치적으로 자신을 대변하기 시작했다. 투표권을 행사하는 등 간단한 방식으로도 참여를

1978년. 미국 시카고. 시어스 타워(현재 윌리스 타워). 세계 최초의 고층 빌딩으로, 파즐루르 라흐만 칸이 설계한 건물이다. 그는 하람 성원의 이맘인 셰이크 압둘아지즈 알 알셰이크와 나를 위해 직접 건물을 안내해 주었다.

보였다. 많은 무슬림들이 선거에 참여하지 않았던 이유는 일부 종교적 율법파트와이 선거 참여를 금지했기 때문이었다. 하지만 남캘리포니아 이슬람센터의 하산 하타우트(그의 영혼에 하나님의 축복이 있기를)와 그의 (그리고 우리의 사랑하는)형제 마헤르 하타우트 같은 사람들의 노력 덕분에 미국 무슬림 공동체는 이 단계를 넘어설 수 있었다. 마헤르 하타우트의 부재는 그 지역에 큰 빈자리를 남겼다(그의 영혼에 하나님의 축복이 있기를).

미국을 떠날 때 우리는 그곳에서 만난 많은 사람들에게서 받은

선물을 남겨 두고 떠났다. 나는 받은 선물을 다음에 만난 사람에게 돌려 주는 습관이 있었다. 이는 우리에게 있는 다음 하디스에 근거한다. "선지자(그분께 평화가 깃들기를)께서 말씀하시길, '서로에게 선물을 주라. 그러면 서로 사랑하게 될 것이다(알 부카리, 『알 아답 알 무프라드』, 순나닷컴(Sunnah.com) 참조: 책 7, 하디스 196)." 또한, "아나스가 그의 아들 타빗에게 말하기를, '아들아, 선물을 주고받으라. 그러면 너희 사이에 사랑이 생길 것이다(알-아답 알 부카리, 『알 아답 알 무프라드』, 595쪽, '선물의 수용', 사히흐, 알-알바니, Sunnah.com에서)."

다와에 참여하는 사람들은 두 가지를 스스로 훈련해야 한다. 하나는 금전적 부정 행위의 가능성으로부터 최대한 멀리하며, 오로지 하나님을 위해 일하고 기부하는 것이다. 특히 지도자의 위치에 있을 때 자신의 노동에 대해 어떠한 대가도 받지 않는 것이 중요하다. 그러기 위해서는 독립적 존재가 되어야 하며, 자신의 삶과 재산을 하나님께 바쳐야 한다. 두 번째 목표는 명예와 지위, 자기중심적 유혹을 피하는 것이다. 이는 파괴적이기 때문이다. "보라, 하나님께서는 믿는 자들의 생명과 재산을 구매하셨으니, 그 대가로 그들에게 낙원을 약속하셨다(수라 알-타우바, 9:111)."

영국으로의 귀환

영국 땅을 다시 밟는 감정은 묘했다. 이곳은 내 여정의 출발점이었고, 이제는 말하자면 하나의 원을 아름답게 마무리하는 지점이 되었다. 돌이켜 생각해 보니 내가 처음 이곳에 왔을 때 무슬림 활동이 거의 없었고, 무슬림 공동체는 고립되고 열악한 상태였다. 우리는 자발적인 공동체 활동과 다와 활동에 수년을 바쳤으며, 단합과 강인함을 키워 왔다. 나는 우리가 목격하고, 겪고, 해결하고, 성취한 모든 일들과 그 지식과 경험을 해외로 가져가 확장해 온 과정을 되돌아보았다. 그리고 이제 다시 돌아왔을 때, 더 이상 풋풋하고 순진한 학생이 아니라 성숙한 어른이자 아버지로서, 하람 성원의 이맘과 함께 WAMY의 사무차장으로서 돌아온 것이었다. 영국에서의 1960년대는 시간과 돈, 노력을 크게 희생한 시기였지만, 영광의 하나님의 은혜로 그 모든 노력이 결실을 맺어 공익과 공동체의 이익을 위해 사용된 것을 보니 감격스럽고 눈물이 났다.

출국까지 며칠밖에 시간이 없었기에 이번 여행은 런던에 집중했다. 나는 이맘에게 서구 문명의 몇 가지 측면을 관찰하게 하고, 아랍 세계가 이로부터 배울 수 있는 점들을 보여 드리고 싶었다. 우리는 런던대학교, 박물관, 버킹엄 궁전을 방문했다. 또한 무슬림 공동체가 많은 이스트 런던을 찾았다. 셰이크의 방문은 그들의 사기를 북돋우고, 이슬람과의 관계를 재평가하며 신앙을 강화하는 데 도움을 주었다. 우리는 또한 영국·북아일랜드 무슬림학생회, 기타 단체 및 학생회, 쿠르시드 아흐마드와 같은 중요한 인물들과 시간을 보냈다.

스페인

옛 고향과의 아쉬운 작별이 슬픈 한편으로, 다음 목적지인 스페인을 생각하니 마음이 무거웠다. 무슬림들에게는 '잃어버린 안달루시아'로 느껴지는 곳이기 때문이었다. 우리의 여행은 안달루시아 이슬람 문명의 놀라운 역사와 분리해 생각할 수 없었다. 이곳은 장엄하고 찬란했던 역사와 스페인 종교 재판의 압제 아래 겪었던 끔찍한 역사를 모두 품은 장소이다. 한 가지 질문이 떠오를 수 있다. '왜 스페인의 이슬람 활동은 그렇게 풍부한 유산에도 불구하고 다른 유럽 국가에 비해 덜 발전했는가? 또한 왜 스페인의 주요 이슬람 단체들 사이에는 갈등이 그렇게 많은가?'

이 문제에는 여러 가지 복잡한 이유들이 있겠지만, 이번 여행의 주요 초점은 갈등하는 당사자들을 하나로 모으고, 그들에게 창조주를 상기시키는 것이었다. 결국 그들은 같은 신앙을 가지고 같은 선지자를 따르며, 같은 경전^{꾸란}을 믿고 같은 방향을 바라보며 기도한다. 이처럼 위대한 공통 경험이 어떻게 연합으로 이어지지 않을 수 있을까? 이맘은 그들에게 더 높은 사고방식을 가지라고 조언하며, 서로 동의하는 부분에 집중하고 동의하지 않는 부분에 대해서는 용서하라고 조언했다. 이는 이슬람에서 의견 차이에 대한 윤리의 핵심이다. 결국 선지자의 동료들조차 선지자(그분께 평화가 깃들기를)의 명령을 이해하고 실행하는 데 있어 의견 차이가 있었다. 이븐 우마르가 전하기를, 선지자(그분께 평화가 깃들기를)께서 (동맹군으로)알 아흐자브 전투에서 돌아온 후 우리에게 말씀하시기를, "바니 쿠라이자 외에서는 누구도 아스르 기도를 해서는 안 된다"라고 하셨다. 그러나 일부 사람들은 가는 도중에 아스르 기도 시간이 되었을 때, 이를 바니 쿠라이자^{Bani Qurayza}에서만 드려야 한다고 생각해 기도를 하지 않았고, 다른 일부는 선지자의 의도가 그렇게 엄격하게 이해되어야 하는 것은 아니라고 생각해 그 자리에서 기도를 드렸다. 이 이야기를 들은 선지자(그분께 평화가 깃들기를)께서는 양쪽 모두에 대해 책망하지 않았다(『사히 알 부카리』946, 12권, 하디스 5, vol.2, 14권, 하디스 67). 이 하디스의 요점은 선지자(그분께 평화가 깃들기를)께서 양쪽의 행동을 승인하셨으며, 그들을 하나로 통합했음을 보여 주는 것이다.

스페인에서의 이슬람 활동과 관련된 또 다른 문제는 스페인어로 된 이슬람 문헌의 부족에 있다. 이 문제를 해결하기 위해 우리는 스페인뿐만 아니라 라틴아메리카에서도 이슬람 문헌을 스페인어로 번역하는 작업에 집중했다. 그리고 이 문제를 해결하기 위한 다양한 프로젝트들에도 참여했다.

스위스 루가노, 지상 낙원

우리는 스페인 주재 사우디아라비아 대사로부터 받은 선물을 들고 떠났다. 대사가 각각 우리 모두에게 준 선물은 아름다운 상자에 담긴 사프란이었다. 훌륭한 선물이었지만, 나는 그 사프란을 다음 목적지인 스위스에서 형제들에게 건넸다. 우리는 루가노에서 아름다운 이틀을 보냈다. 신앙 및 다와 활동가들이 우리를 환대하며 현지 무슬림 공동체의 상황을 논의했고, 스위스에 오기 전에 방문했던 국가의 무슬림 활동과 다와 활동에 대해 질문을 받기도 했다.

물론 모든 논의가 이러한 주제에만 국한되지는 않았다. 루가노의 놀라운 자연 경관은 우리를 매료시켰고, 주변 풍경을 감상하다 보니 자연스럽게 하나님의 창조의 힘을 증명하는 이 시각적 웅장함에 대해 이야기하게 되었다. 우리는 아름다움의 본질과 그 가치를, 그리고 하나님께서 모든 피조물에 유용성과 아름다움을 함께 부여했다는 점에 대해 긴 대화를 나눴다. 인간이 이 선물을 받고 이를 감상하며 반응할 수 있는 능력을 부여받은 것이 얼마나 큰 축복인가를 다시금 느꼈다. 예를 들어 나무는 단순히 우리의 식량과 생계를 위한 열매뿐 아니라 꽃과 새싹도 제공한다. 우리는 가젤이나 앵무새의 아름다움, 해가 뜨고 지는 장면, 파도가 밀려오고 밀려가는 모습을 묵상할 때 이 점을 깨닫는다. 우리는 꾸란의 한 구절을 떠올렸다. "저녁에 그들을 몰고 올 때나 아침에 그들을 목초지로 데리고 나갈 때, 너희는 그들에게서 아름다움을 발견한다(수라 알-나흘, 16:6)." 실제로 루가노는 나에게 카슈미르의 스리나가르를 떠올리게 했다. 산 위에 자리 잡은 집들, 맑은 하늘을 배경으로 한 풍경, 어디에나 있는 현지 식물들, 그리고 눈부신 초록의 아름다움이 떠오르는 곳이었다.

스위스에서 가장 중요한 일정 중 하나는 무슬림 공동체를 위한 이슬람센터들을 방문하는 것이었다. 스위스 제네바에는 사이드 라마단이 운영하는 이슬람센터가 있었는데, 이곳은 유럽의 젊은이들과 무슬림 학생들을 위한 신앙과 다와 활동의 중심지 역할을 하고 있었다. 당시 사우디 정부도 제네바에 센터를 설립했으며, 우리는 하나님의 뜻과 공동체의 이익을 위해 협력과 단결, 상호 연대의 필요성을 강조했다(1961년 사우드 빈 압둘아지즈 알 사우드 국왕에게 무슬림 세계연맹의 설립을 제안한 것도 바로 이 사람이었다).

튀르키예, 신성한 유물

튀르키예의 톱카프 궁전은 사실상 역사와 문화를 담은 박물관으로, 경내에는 선지자(그분께 평화가 깃들기를)의 망토, 수염의 일부, 발자국, 서신, 활, 칼 등 매우 신성한 유물들이 보관되어 있다. 이는 단연

코 우리가 이곳을 방문한 여정에서 가장 중요한 하이라이트였으며, 오스만 제국이 그토록 소중히 지키고 보존해 온 이 유물들을 보기를 크게 기대하며 도착했다.

오스만 제국의 몰락에도 불구하고, 튀르키예는 여전히 상상 속에서 그 웅장함을 잃지 않았으며 국가로서 더욱 강력해지고 있었다. 하지만 내 마음을 깊이 아프게 한 것은 역사상 가장 크고 오래 지속된 제국 중 하나를 잃었다는 사실이 아니라, 훨씬 더 소중한 것을 잃었다는 점이다. 그것은 바로 아랍 문자와 오스만어이다. 아타튀르크와 공화국 정권이 이를 금지하고 라틴 문자를 대체 문자로 도입했을 때, 그 영향은 막대했다. 이로 인해 후세대들에게는 오스만 문자와 언어로 쓰였던 이슬람 학문, 튀르키예 이슬람 역사, 그리고 기타 지적 작업들이 사실상 단절되었다. 오늘날에는 이슬람 대학과 신학교의 소수 학자들만 이 언어를 사용할 뿐, 튀르키예 젊은이들은 다른 이슬람 세계에서는 찾아볼 수 없는 이슬람 정체성의 단절을 경험했다. 또한, 꾸란 문자와의 거리감으로 인해 꾸란과의 관계에도 영향을 미쳤다.

오늘날 튀르키예의 상황을 내가 처음 방문했던 때와 비교해 보면 확연한 차이가 있다. 내가 미국·캐나다 MSA 활동에 관여하던 시절인 1973년, 1975년, 1981년에 튀르키예를 방문했을 때와는 많이 달라졌다. 당시에는 군사 쿠데타, 이슬람주의자들의 체포와 구금이 빈번했던 시기였다. 1975년, 당시 튀르키예 학생연합의 대표였던 레제프 타이이프 에르도안은 오늘, 이 글을 쓰는 시점에 대통령의 자리에 올라 있다.

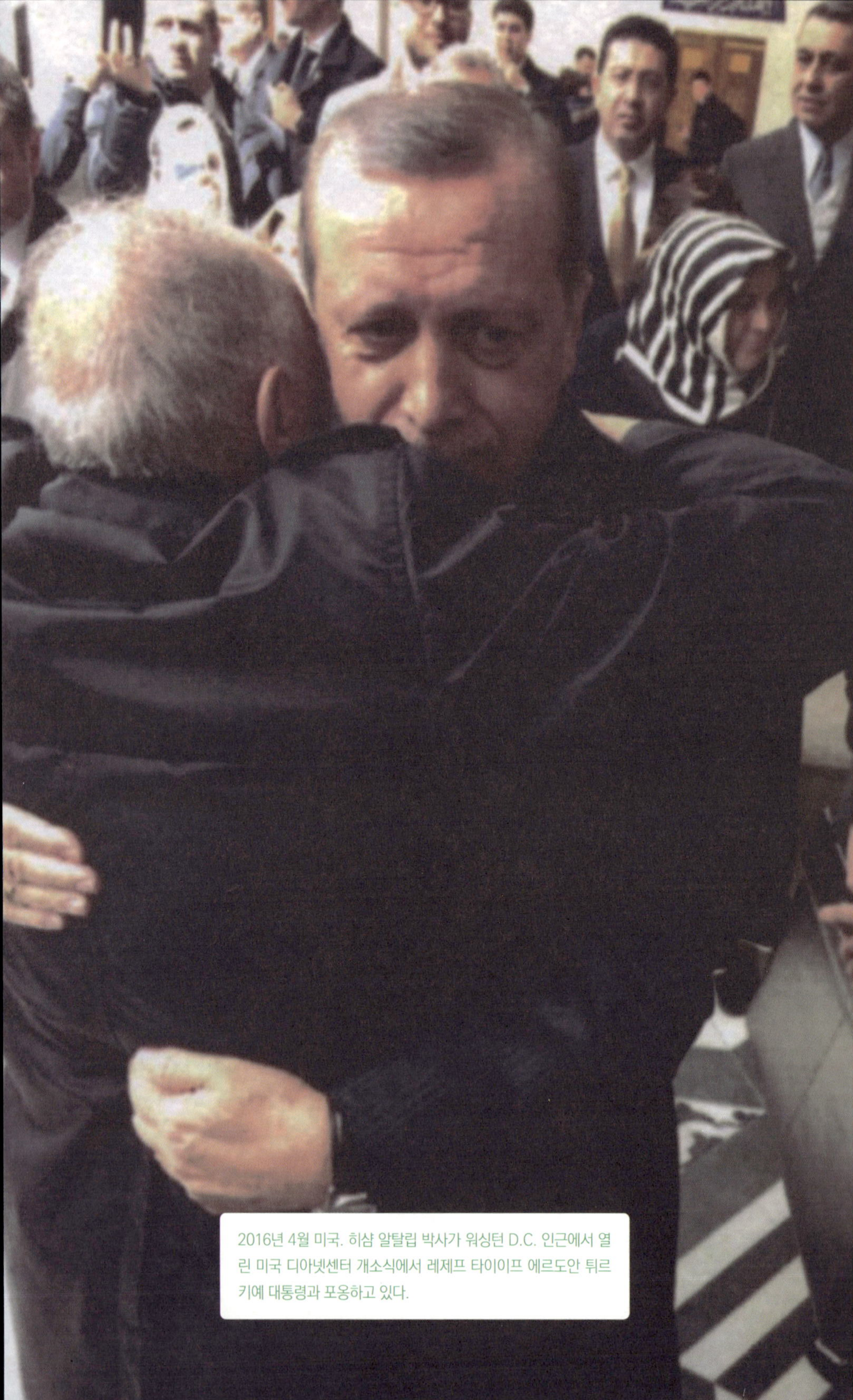

2016년 4월 미국. 히샴 알탈립 박사가 워싱턴 D.C. 인근에서 열린 미국 디아넷센터 개소식에서 레제프 타이이프 에르도안 튀르키예 대통령과 포옹하고 있다.

1 2016년 4월, 미국에서. 히샴 알탈립이 튀르키예 대통령 레제프 타이이프 에르도안과 함께 워싱턴 D.C. 근처에 위치한 미국 디야넷센터의 개관식에 참석했다. 이 이슬람센터는 튀르키예 정부가 자금을 지원하여 오스만 제국식 모스크 스타일로 건축되었다.

2 2016. 튀르키예에서 열린 태평양 지역 무슬림들 폐막식에서. 튀르키예 부총리 누만 쿠르툴무스가 폐막 연설을 했다. 나와 내 아들 무함마드 토톤지(오른쪽)와 이스탄불 이슬람문명재단의 회장 레샷 에롤이 함께 있다.

시리아, 마지막 여정

튀르키예 남쪽에 위치한 시리아는 이번 축복받은 여행의 마지막 목적지였다. 나는 처음으로 아름다운 시리아 하늘 아래의 그늘을 경험했다. 시리아는 중세 우마이야 칼리프 시대의 중심지이자 이슬람 정복의 출발점이기도 했다. 그러나 오늘날 이 지역은 심각한 갈등과 무슬림 대중과 정부 간 악화된 관계로 혼란에 휩싸여 있다. 당시 나는 시리아에 개인적 연고가 없었고, 불의가 만연한 시기에 시리아를 방문하고 싶지도 않았다. 도착하자마자 공항에서 시리아 이민청 당국이 아무런 설명도 없이 나를 한참 동안이나 붙잡아 두었다.

오늘날 알레포Aleppo는 폐허가 되었고, 국가의 비극을 상징하는 도시가 되었다. 나는 알레포의 주민들과 비슷한 운명을 겪고 있는 전 세계 무슬림들을 애도한다. 내가 말하고 싶은 것은 단 한 가지이다. 빛은 희미해졌을지언정 꺼지지는 않았다는 것이다.

여정의 끝

여정의 마지막에 셰이크 압둘아지즈는 우리에게 하나님께 용서를 구하고 우리의 실수를 인정하며, 시간과 노력, 재정적으로 희생한 점들을 돌아보라고 격려했다. 선지자(그분께 평화가 깃들기를)는 마디나와 마카에서 전쟁 후, 그리고 평화로운 시기에 많은 사람들이 대거 이슬람의 품으로 들어오는 것을 보며 용서를 구하셨던 것을 떠올리게 되었다.

나는 여행의 결과를 정리하고 우리가 쌓은 교훈들을 기록하기 위해 에너지를 모았다. 우리는 많은 사건을 목격하고 여러 무슬림 및 비무슬림 국가를 방문했으며, 셰이크의 존재는 큰 영향을 미쳤다. 동시에 긍정적이건 부정적이건 우리가 겪은 다양한 경험은 셰이크의 감정과 태도에도 깊은 변화를 가져왔다.

셰이크의 가족에 대한 끈끈한 애정은 나에게 깊은 인상을 남겼다. 우리는 방문한 모든 나라에서 그가 가족과 소통할 수 있도록 신경 썼다. 특히 방문이 길어지는 경우나 미국처럼 큰 나라에서는 여러 번 통화를 주선하기도 했다. 셰이크가 전화로 자녀들에 대해 물어보는 질문은 때로는 사소하게 보일 수 있었지만, 그에게는 가족을 존중하고 돌보는 중요한 방식이었다.

이 긴 여정은 실용적 차원, 활동가적 차원, 학문적 차원, 그리고 이론적 차원 등 여러 방면에서 나에게 큰 영향을 미쳤다. 지구 한쪽 끝에서 다른 쪽 끝까지 오가며 만난 수많은 이슬람 인물들은 나에게 압도적인 깊은 인상을 남겼다. 그들은 창조주를 위해, 그리고 무슬림의 대의를 위해 자신의 돈과 재산을 희생하며, 경제적으로나 정치적으로 어려운 삶을 살고 있었다. 특히 많은 정부가 억압적인 독재 정권 아래 있었음에도 말이다.

우리는 셰이크 아불 알라 마우두디, 셰이크 아불 하산 알리 나드위, 안와르 이브라힘, 무함마드 낫시르, 네크메틴 에르바칸 같은 지도자들과, 그 외에도 인내와 끈기로 자신들의 사회에 봉사하고 국가를 발전시킨 많은 인물들을 만났다.

이 여행은 나에게 잊을 수 없는 여정이었다. 놀라운 사람들을 만나고, 경이로운 장면들을 목격하며, 무슬림 세계의 풍부한 문화적 다양성을 한눈에 볼 수 있었다. 이는 인간의 존엄성을 강조하며, 이슬람 신앙과 적극적인 무슬림 윤리가 생생히 살아 있음을 보여 주는 것이었다. 이는 움마 의식의 통일성과 하나님, 꾸란, 그리고 선지자(그분께 평화가 깃들기를)에 대한 사랑을 웅변하며, 미래의 성장을 위한 자극이 되었다. 세월의 흐름과 수많은 도전에도 불구하고, 내가 목격한 무슬림 정신은 하나님의 은혜로 굴복하지 않는 강인함을 지니고 있었다.

제9장

아프리카

아프리카가 손짓했다. 본질적으로 아프리카 대륙의 풍경을 생각해 보면, 특히 해안 국가들을 벗어난 내륙으로 들어갈수록 독특한 모습이 떠오른다. 그곳은 우리가 다른 곳에서는 경험할 수 없는 웅장함과 강렬함으로 가득 차 있다. 자연의 강렬함, 다양한 인종의 놀라운 조합, 그리고 역동적이며 때로는 폭력적이지만 장엄한 동물의 왕국이 그곳을 대표했다. 그로 인해 전 세계의 정글 사냥꾼들과 밀렵꾼들을 끌어들였고, 그들의 뒤를 이어 남은 것을 보존하려는 환경 보호론자들이 몰려들게 했다. 세계 지도에서 아프리카는 상상 속 거대한 모습으로 떠오른다. '인류의 요람'이라 불리며 사랑을 받기도 했고, 약탈을 당하기도 했지만, 나에게 아프리카는 온화한 아비시니아

왕Abyssinian king을 상징한다. 그는 하나님을 두려워했던 사람이자 한때 박해를 피해 피난 온 무슬림들에게 피난처를 제공했던 인물이었다. 지금까지는 대충 훑어보기만 했던 아프리카를 이제 더 깊이 탐구하고 싶다는 갈망이 생겼다. 나는 이미 지도를 보는 습관이 몸에 배어 있었고, 어디를 여행했는지 어디를 가지 않았는지 살펴보며 새로운 아이디어를 떠올렸다.

무슬림은 키블라기도 방향의 사람이다. 이는 무슬림이 나침반에 익숙하고 항상 세계 어디에서건 자신의 위치를 찾을 수 있음을 의미한다. 이러한 방향 감각은 영적 활력이며, 공간 인식과 자신감을 부여한다. 또한 항상 자신의 기원마카을 상기시키는 역할을 한다. 따라서 무슬림 세계가 빠르게 확장되며 마카의 해안에서 멀리 퍼져 나갈 때, 무슬림 학자들이 지도 제작에 능숙해졌다는 것은 놀랄 일이 아니다. 이들은 정확성과 아름다움을 동시에 염두에 두고 지도 제작에 상당한 기여를 했다. 옛 지도들은 정교한 예술 작품이자 공간에 대한 문화적 이해를 반영하는 도구로, 이를 관찰하는 일은 흥미롭다(물론 무슬림에게는 이 공간적 맥락이 기도의 방향이라는 점에서 의미를 더한다). 나는 지도에 대해 애정을 품게 되었고, 지도는 내 상상력을 자극했다. 내 사무실에는 큰 지도가 걸려 있었고, 집에도 하나 있었다. 공부하거나 일하지 않을 때면 그 지도들을 바라보며 곳곳의 지리적 위치를 외우고, 가 본 곳과 가지 않은 곳을 확인하여 다음에 어디로 가는 것이 좋을지 고민하곤 했다. 이 모든 것은 수년 전 시작된 다와 활동의 연장선이었다. 결국 세상이 내 집이 되었다. 이러한 성찰은 많은 방문으로 이어졌다. 지도와의 관계가 없었다면 이루어지지 않았을 여행들이었다. 실제로 이러한 사색과 질문을 통해 나는 평생

130개 이상의 국가를 방문했다. 그리고 여전히 변치 않는 열정으로 같은 지도를 살피며 다음 목적지를 고민하고 있다.

존경받는 동료들과 함께 나는 동서남북으로 여행하며 무슬림 세계와 무슬림 공동체들의 상황을 머릿속에 그려 나가고, 이들을 지원하는 최선의 방법에 대한 아이디어를 개발하여 이를 실행에 옮겼다. 그러한 여정 중 하나에서 나는 아프리카 대륙을 방문할 기회를 가졌다.

역사적으로 이슬람은 북쪽, 이집트를 통해 아프리카로 들어왔지만 나는 1974년 남쪽에서 여정을 시작했다. 첫 방문지는 남아프리카공화국이었다. 오늘날 관광객들이 알고 있는 온화한 낙원이자 사파리 목적지이며 다민족 국가로서의 남아프리카공화국은 우리가 도착했을 때와는 매우 다른 모습이었다. 당시 아파르트헤이트인종 분리 정책가 여전히 강력하게 지배하고 있었고, 공동체들은 위태로운 균형 속에서 살아가고 있었다. 우리는 이 상황을 신중히 다룰 필요가 있었다. 마침 그곳에서 10개국 대표단이 참여하는 회의가 막 열리던 시점이었다. WAMY는 이 회의의 목표와 목적에 대한 세부 정보를 받아 검토한 결과, 주최 측이 달성하고자 하는 가치 있는 목표를 인지하게 되었다. 이에 따라 그들의 노력을 지원하기 위한 방안을 시급히 결정했다. 나는 이 회의의 후속 회의에도 반드시 참석하기로 했고, 그 회의는 1977년에 보츠와나에서 열렸다. 보츠와나는 인구가 약 100만 명인 비교적 작은 나라였으며, 그중 무슬림은 약 1,000명에 불과했다.

아프리카의 복잡성

남아공 컨퍼런스가 시작되었다. 날씨가 완벽했기에 우리는 오전에는 컨퍼런스에 참석하고, 오후에는 아름다운 야외 정원에서 청년들을 위한 가벼운 교육 세션을 진행했다. 이들은 특히, 섬세하고 성숙하게 문제를 다루는 방법에 대한 지침과 교훈이 필요했다. 왜냐하면 이 지역은 다양한 집단들이 공존하는 긴장감으로 가득 차 있었기 때문이다. 여기서 단순히 무슬림들만을 탓하는 것은 아니다. 아프리카는 다종교 대륙이며, 선교 활동이 다른 어느 곳보다 치열하게 벌어지는 곳이라는 점을 기억해야 한다. 젊음은 다소 감정적으로 활기차고 변화에 대해 성급한 경향이 있어 자신의 견해, 좌절감, 그리고 차이점을 표현하려다 의도치 않게 피해를 입히는 일이 발생하기도 한다. 이를 염두에 두고 우리는 청년들의 흥분된 기질을 진정시키며, 지역 종교 지도자들과 대립하지 말고, 비록 문제를 다루는 방식에 있어 차이가 있을지라도 그들의 온화한 노력을 존중하라고 권고했다. 중요한 것은 그들의 마음을 얻고 신뢰를 쌓는 것이지 그들의 업적에 도전하는 것이 아니었다. 결국, 이 지도자들은 젊은이들이 어릴 때부터 지역 공동체의 신앙을 지키기 위해 헌신적으로 노력해 온 사람들이었다.

나는 아프리카가 숨어 있는 영웅들로 가득 차 있음을 알았다. 이들은 대륙이 겪어 온 문화적 황폐화를 이해하고, 그로 인해 벌어지고 있는 거대한 투쟁과 그로 인한 긴장감을 깊이 인식하고 있는 사람들이었다. 그리고 이들은 부족한 재정 지원에도 불구하고 신앙을 지키고 공동체의 결속을 유지하기 위해 지적, 실질적으로 헌신하

고 있었다. 나는 '선한 사람들이 자원이 부족하더라도, 진리는 결코 결코 인원이나 자원의 부족 때문에 멈추지 않을 것이며, 성공은 언제나 하나님의 손에 달려 있다'고 스스로에게 말해 왔다. 하나님께서는 남아프리카 무슬림청년운동과 그 지도자들에게 축복을 내리셨다. 이들은 자선 활동에서 큰 공헌을 해 왔고, 그들의 공동체에 미치는 영향이 얼마나 큰지는 누구나 알 수 있을 정도이다. 그들은 사람들을 이성적이고 열린 대화와 관련성 있는 담론으로 다룰 뿐 아니라, 전능하신 분을 위해 무슬림과 비무슬림 모두를 돕는 자선 활동과 사회 봉사에도 헌신적으로 참여했다. 이렇게 잠재적으로 분열적일 수 있는 환경에서 이토록 많은 능력을 발휘한 사람은 많지 않다.

우리는 또한 짐바브웨옛, 로디지아의 크웨크웨Kwekwe로도 여행을 떠났다. 그곳에서 우리는 작고 예쁜 모스크의 이맘인 아담 막다를 만났다. 이 모스크는 주로 인도 구자라트 출신 무슬림 비즈니스 공동체와 성공한 상인들로 둘러싸여 있었다. 아담 막다는 이 나라에서 가장 활동적인 무슬림 다와 활동가 중 한 명이자 큰 아이디어와 그것을 실현하고자 하는 굳은 결단력을 지닌 인물이었다. 그는 특히 훈련과 교육을 통해 새로운 무슬림들에게 다가가는 탁월한 능력이 있었다. 이는 크웨크웨의 무슬림 공동체가 타블리기 자마아트* 운동과 바렐비 수피** 교단과 강하게 연관되어 있지만 종교적 지식이 제한적이었기 때문에 매우 중요했다. 그들은 자녀들에게 구자라트뿐 아니라 우르두어(그들이 신앙의 언어로 여기는 언어)를 가르치며 신앙을 지키고 무슬림 활동을 지원하기 위해 최대한의 노력을 기울였다. 이는 남아프리카공화국과의 상황과는 약간 달랐다. 남아공에서는 구자라트 출신 무슬림들이 소수였고, 더반과 몇몇 다른 도시에 집중되어 있지만 말레이계 무슬림들이 다수를 차지하는 케이프타운에서는 그렇지 않았다. 남부 아프리카에서 신앙을 보존하기 위해 헌신적으로 활동하는 아흐마드 디닷과 아담 막다를 비롯해 많은 인물들이 있다는 사실이 매우 든든했다.

* Tablighi Jamaat. 타블리기 자마아트는 1920년대 인도에서 시작된 이슬람 신앙의 순수성과 실천을 강조하는 운동으로, 세계적으로 많은 무슬림들에게 영향을 미쳤다. '타블리기'는 '전도'를 의미하는 말로 이름에서 알 수 있듯 전도를 중심으로 한 활동이다. 특정 이슬람 교파나 목표에 치우치지 않고, 무슬림들에게 신앙의 본질로 돌아가도록 권고하는 것을 주요 목표로 삼는다. 그러나 현대적 맥락에서의 한계와 비판도 존재한다. 이 운동은 여전히 세계 여러 지역에서 신앙을 강화하고 공동체를 연결하는 중요한 역할을 하고 있다.―옮긴이

** Barelvi Sufi. 인도 아대륙에서 형성된, 수피 전통에 뿌리를 둔 이슬람의 한 종파. 바렐비라는 이름은 19세기 후반 인도 바렐리(Bareilly) 지역에서 활동했던 학자인 아흐마드 리자 칸(Ahmad Raza Khan)의 이름에서 유래했다. 선지자와 성인들에 대한 존경, 수피 영성, 그리고 전통적 관습을 중시하는 종파로, 인도 아대륙과 무슬림 디아스포라에서 깊은 뿌리를 내리고 있다. 이들은 공동체적 신앙 활동을 통해 문화적, 종교적 유산을 보존하려고 노력하지만, 현대적 도전과 비판에도 직면해 있다.―옮긴이

보츠와나

보츠와나 컨퍼런스에서 우리는 남아프리카공화국 출신의 카리스마 넘치는 인물, 셰이크 아흐마드 디닷을 두 번째로 만나는 특별한 기회를 가졌다. 그의 이름과 활동을 모르는 사람은 거의 없을 것이다. 셰이크 디닷은 사람들의 관심을 끌고자 했고, 이는 지적인 추론과 풍부한 문헌, 그리고 전설적인 토론을 통해 확실히 이루어졌다. 그는 따뜻한 미소와 반짝이는 눈빛, 그리고 우렁찬 목소리를 가진, 사람들을 매료시키는 대단한 인물이었다. 어떤 회의에서 나는 그의 놀라운 설득력을 직접 목격했는데, 그의 노력 덕분에 많은 사람들이 이슬람으로 개종하는 모습을 볼 수 있었다. 우리는 남아프리카공화국과 리야드에서 그를 다시 만날 기회가 있었다.

다음으로 우리는 보츠와나의 수도 가보로네에서 열린 컨퍼런스에 참석했다. 보츠와나의 고위 관리들이 참석하는 중요한 자리에서 개막식 연설을 요청받았다. 신중하게 생각한 끝에 나는 도덕적으로 고양된 메시지로 청중들에게 연설했다. 나는 그곳 무슬림 공동체의 업적과 노력을 찬양하며, 그들이 비록 소수일지라도 우리는 전폭적인 지지를 아끼지 않을 것임을 강조했다. 이 연설은 참가자들의 사기를 높이고 에너지를 북돋는 것이 목적이었는데, 내가 느낀 경이로움과 기쁨으로 그 이상의 효과를 거두었다. 다음 날 신문에서는 내 연설 내용을 보도하며 일부 인용하기도 했다. 더욱이 이 컨퍼런스를 계기로 보츠와나 무슬림 공동체는 자신들의 역할에 대해 더 깊이 인식하고, 책임감을 갖게 되었으며, 그 긍정적인 영향은 보츠와나를 넘어 전체 지역으로 확산되었다. 이로 인해 오늘날 남부 아프리카의

1 1992년. 사우디아라비아 리야드에서. 왼쪽 두 번째가 무스타파 알라자미, 첫 번째가 그의 아들, 네 번째가 남아프리카공화국의 셰이크 아흐마드 디닷, 그리고 내가 왼쪽 다섯번 째에 서 있다.

2 1994년. 사우디아라비아 리야드. 내 사무실을 방문한 셰이크 아흐마드 디닷과 우리는 남미 지도를 보고 있었다.

3 1995년. 남아프리카공화국. 왼쪽 구석에 안경을 쓴 셰이크 아흐마드 디닷. 서 있는 사드 알탈립. 나는 아흐마드 디닷과 살레 알후세인 전 두 하람의 수장 오른쪽에 앉아 있다. 살레 알후세인이 내 오른쪽 옆에 있다. 내 맞은편에는 살레 알합단과 압두루라만 알라지히가 있다.

4 1995년. 남아프리카공화국. 셰이크 아흐마드 디닷의 사무실에서 나와 맨 왼쪽의 살레 알후세인 전 총리가 서서 책을 선물하고 있다.

무슬림 공동체는 더 큰 결속력, 공유된 우선순위, 강력한 역량, 그리고 무한한 잠재력을 갖게 되었다. 특히 남아프리카공화국에서의 아파르트헤이트 철폐는 이러한 모든 노력에 엄청난 동력을 제공했다. 공동체 간의 가까운 친밀감이 형성되고 발전하는 모습을 지켜보는 일은 그야말로 놀라운 일이었다.

또 다른 아프리카 여행

1978년, 우리는 영어권 국가인 말라위에서 컨퍼런스를 열었다. 말라위의 무슬림들은 안타깝게도 모잠비크의 무슬림들과 마찬가지로 많은 억압을 겪고 있었다. 모잠비크는 포르투갈어를 사용하는 국가였기에, 우리는 브라질에서 포르투갈어를 구사하는 무슬림들을 보내 그들의 공동체를 조직적으로 훈련시키고, 특히 의회 선거에 출마할 수 있도록 정치적 조직화를 지원했다. 레바논 출신의 브라질 작가이자 번역가인 사미르 알 하이에크는 자신이 번역한 포르투갈어 꾸란을 대량으로 기증했다. 또한 현지에 거주하는 인도계 사업가들도 꾸란을 대량으로 구입해 배포하며 이 활동에 동참했다. 이러한 노력은 큰 영향을 미쳤고, 우리는 이듬해에도 계속해 이 작업을 이어갔다.

여행은 자원과 시간을 효율적으로 사용하는 것이 중요한 만큼 매우 힘든 일이었음에도 만나는 훌륭한 사람들과 그들이 보여 준 배려 덕분에 우리는 힘을 얻고 계속 전진했다. 이 모든 자발적 노력과 자선 활동의 중심에는 사람들의 필요를 충족시키고자 하는 진심이 자리 잡고 있었다. 공동체 개선은 빈곤이나 적대적인 환경 속에서 특별한 결단력과 헌신이 필요하다. 그리고 아프리카는 그러한 결단력과 헌신이 풍부한 대륙임을 알 수 있었다. 이는 단순히 이슬람 사원과 가정에 머무르는 종교적 활동이 아닌, 공공의 삶 속에서 적극적으로 실천되는 신앙이었다. 그러나 한 가지 안타까운 점은 그 활동이 주로 수도와 주요 도시들에 집중되는 경향이 있었다는 것이었다. 수많은 마을과 고립된 지역은 여전히 지원이 필요했다. 우리가 도시에서 만난 사람들과 효과적인 협력을 구축하고 있었지만, 나는 이러한 협력이 도시 외곽 지역의 사람들과도 반드시 이루어져야 한다고 강하게 느꼈다. 그래서 우리는 무슬림 자선 활동가들과 다와 활동가들에게 거리와 어려움에 상관 없이 작은 마을과 외곽 지역으로 나아갈 것을 독려했다. 이 제안은 즉각적으로 이해되고 받아들여졌으며, 일부 남아프리카공화국의 자선 활동가들은 심지어 분쟁 지역인 나미비아까지 용감히 이동했다. 어떤 경우에는 수도에서 500km 이상 떨어진 지역으로 이동하며, 그들의 헌신 덕분에 외딴 지역에 모스크가 세워지고 많은 사람들이 이슬람으로 개종했다. 어떤 사례에서는 경찰서장이 이슬람으로 개종하여 소규모 무슬림 공동체에 필요한 보호를 제공하기도 했다.

이러한 확장은 매우 중요했다. 무슬림 지도자인 아부 바크르 프란시스의 지도 아래, 이 무슬림 공동체는 부족 간의 갈등이 발생했을 때 이를 중재하는 데 도움을 주었다. 이로 인해 그들은 지역 주민들과 주변 부족들 사이에서 더 높은 사회적 지위를 얻고 널리 받아들여졌다. 이러한 발전을 알게 되었을 때 우리는 매우 기뻤다. 이는 도시와 마을의 경계를 넘어선, 도덕적이고 견고한 공동체가 형성되고 있음을 보여 주는 것이었기 때문이다. 이 공동체는 신앙을 강화하는 동시에, 필요한 모든 사람들에게 사회적 지원을 제공하며 더욱 잘 조직화된 모습을 보이고 있었다.

잠비아

보츠와나에서 열린 WAMY 컨퍼런스에서 잠비아를 대표했던 인물은 인도 출신으로 당시 잠비아의 무프티로 알려진 아유브 아담 파텔이었다. 그는 또 다른 헌신적 자선 활동의 거인이었으며, 그를 만나 이야기를 나누고 서로 다양한 조언을 주고받으며 가까워질 수 있었던 것은 나에게 큰 영광이었다. '무프티Mufti' 아유브는 열정적인 사회 자선 활동과 신앙 기반의 일을 결합해 많은 사람들에게 이슬람 지식을 바탕으로 종교적 상담을 제공하며 그의 칭호에 걸맞은 삶을 살고 있었다. 그와의 짧은 교류 속에서 나는 그의 엄청난 잠재력을 발견했다. 특히, 자신의 신앙에 헌신하고 이를 다른 사람들에게 전파하며 매주 이어지는 자발적 활동에 몰두하는 그의 태도는 깊은 인상을 남겼다.

무프티는 나에게 잠비아에 더 많은 관심을 기울여 달라고 요청했다. 그는 잠비아에는 해야 할 일이 너무 많고, 그 일을 수행하고자 하는 훌륭한 형제들이 많다고 말했다. 우리의 지원과 조언, 그리고 지침이 사회적 선을 촉진하고, 여성의 모스크 출입 금지, 현지인들이 이해하지 못하는 아랍어로만 진행되는 금요 쿠트바 등 특정 문제를 해결하는 데 큰 도움이 될 것이라고 확신했다. 이러한 문제들은 우리에게도 익숙한 맥락이었기에 사회적 결속을 유지하기 위해 우리는 국경 도시인 제임스타운과 수도 루사카를 방문하기로 했다.

루사카에서 나는 도시의 모스크와 무슬림센터들을 방문했고, 많은 가족들로부터 점심과 저녁 식사 초대를 받는 등 따뜻한 환대를 받았다. 다양한 행사에서 음식을 나누며 우리를 초대한 사람들과 대화를 나눌 좋은 기회가 마련되었다. 나의 주요 초점은 그들이 비무슬림들에 대한 다와 활동을 장려하는 것이었다. 당시 무슬림의 수는 적었지만, 점차 자연적 증가와 개종을 통해 신앙을 받아들이는 사람들로 인해 그 수가 증가했다.

또한 나는 '마케니 교육 단지'를 알게 되었다. 이 단지는 루사카 교외의 마이나라는 곳에 위치하며, 잠비아 어린이들을 위해 이슬람사회신탁Islamic Society Trust이 설립한 곳이었다. 이 학교는 유치원부터 중등학교까지 학생들에게 일반 교육을 제공할 뿐 아니라 소득을 창출할 수 있는 직업 기술도 가르치는 종합적인 학교였다. 이 학교의 성과는 매우 인상적이어서 학생들은 학교의 비전에 걸맞게 예의 바르고 지적이며, 현대적 과목과 더불어 균형 잡힌 이슬람 지식을 갖추고 있었다. 또한 이 학교는 모든 사람들에게 개방되어 있었고 교육 수준이 뛰어나 비무슬림 학생들도 다니고 있었다. 그 결과 이 학교에서 공부하던 비무슬림 부모들 중 일부가 이슬람을 받아들이는 일도 있었다.

전능하신 분께 의지하기

나의 접근 방식은 항상 활동가들에게 도덕적 격려를 통해 그들이 성취할 수 있는 목표를 식별하고, 무슬림과 비무슬림 공동체 모두를 위해 어떻게 최선을 다해 봉사할 수 있을지를 돕는 것이었다. 기억에 남는 일 중 하나가 마케니 교육 단지를 설립한 유수프 림바다라는 40대의 저명한 무슬림 사업가를 만났을 때이다. 우리는 유수프에게 방치되어 수리가 필요한 일부 모스크와 화장실을 비롯한 지역사회의 필수 요구 사항에 대해 이야기했다. 그의 반응은 이성적이고 실용적이며 즉각적이었다. 그는 7통 전화로 공사를 지시했는데, 총 비용이 약 10만 달러로 추산될 정도였으니 그의 관대함을 확인할 수 있는 대단한 조치였다. 이는 그 사람의 진정한 고귀함을 잘 드러내는 사례였고, 오늘날까지도 나를 감동에 젖게 한다. 하나님을 두려워하는 사람들은 참으로 미덕에 생명을 불어넣고, 크든 작든 어떤 문제에도 주저함이 없으며, 책임을 부담으로 여기거나 자선을 소모로 여기지 않는다.

기업가 정신과 관대함은 항상 내 마음속 중요한 가치로 자리 잡고 있었고, 나는 유수프를 돕고 싶었다. 그래서 그에게 물었다. "유수프 형제님, 진심으로 우리가 도와드릴 수 있는 것이 무엇인가요? 하나님의 뜻을 위해 당신과 함께 일하고 싶습니다." 그가 답했다. "우리가 직면한 어려움 중 하나는 성 꾸란의 영어 번역본을 구입하는 데 필요한 자금을 마련하는 일입니다." 이를 위해 약 1만 달러가 필요하다는 이야기를 들었고, 내가 이 문제를 해결해 주겠노라 약속했다. 당시 준비된 자금이 있던 것은 아니었지만, 역경 속에서도 경험이 가르쳐 주고 어려운 시기에 믿음이 뒷받침해 주는 한 가지가 있었다. 그것은 바로 하나님에 대한 의지, 즉 하나님께 전적으로 의지하는 신뢰, 타와쿨*Tawakkul*이었다. 이러한 내재적 지식은 비관주의나 불안감을 진정시키고, 이를 대신해 마음의 평온을 가져다 줌으로써 무슬림을 흔들리지 않게 만든다. 나는 공동체의 선을 위해 일해 온 수년 동안, 이런 믿음을 수없이 직접 경험해 왔다. 타와쿨은 아무것도 하지 않고 가만히 있는 수동적 상태가 아니다. 하나님에 대한 의지는 문제 해결을 위한 행동을 요구하며, 이는 알타와쿨*al-Tawākul*, 즉 수동적인 의존과는 반대되는 개념이다. 결과적으로 다음 날 아침 하나님은 이 일을 위한 자금의 원천을 열어 주셨다.

다시 선행에 관한 이야기로 돌아가면, 고故 아유브 아담 파텔 형제는 부유한 집안 출신으로, 사업과 다와 활동 모두에서 활발하게 참여한 사람이었다. 그가 소유한 부富는 그를 타락시키거나 타인의 곤경에 무관심하게 만들지 않았다. 하지만 그는 행복하지 않았다. 보수적인 타블리기 형제들로 구성된 원로들과 어느 정도의 긴장이 존재했는데, 사실 그는 같은 노선을 걷는 이들과 갈등을 빚거나, 아니면 자신의 활동을 중단하고 나라를 떠나는 두 가지 선택지 중 하나를 택해야 한다고 느꼈다. 아유브는 어떤 갈등도 원하지 않았다.

나는 아프리카의 다음 목적지로 이동 중이었지만, 코트디부아르 공식 명칭, 코트디부아르 공화국에 도착했을 때에도 아유브를 계속 생각하고 있었다. 이곳에서 우리는 SAAR 자선재단을 설립하는 중요한 업무를 진행 중이었다. 이 재단은 서아프리카 전역으로 활동을 확장할 예정이었고, 이곳이 그 기반이 될 것이었다. 재단 설립을 위한 모든 공식적 절차를 진행하면서도, 여유 시간에는 잠비아 공동체의 연대를 아유브와 어떻게 조화롭게 만들 수 있을지 고민하고 있었다. 그러던 중 완벽한 해결책이 떠올랐다. 왜 두 마리 토끼를 한 번에 잡지 못하겠는가? 나는 내 아이디어를 아유브에게 신속히 전달했고, 그는 흔쾌히 동의했다. 아비장(코트디브아르의 경제 수도)에서 신앙 기반 활동의 기회가 매우 넓게 열려 있었으며, 아유브처럼 경험과 지식을 갖춘 인물이 새로운 SAAR 재단을 관리하는 데 반드시 필요했다. 그의 비즈니스 감각은 SAAR의 기금 운용과 성장 관리에도 필수적이었는데, 이는 그가 이후에 탁월하게 수행한 역할이기도 했다. 아유브는 주저하지 않고 잠비아를 떠나 아내와 아이들과 함께 코트디부아르로 이주했다. 우리는 연간 운영비를 충당할 수 있는 수익을 창출할 건물을 구입했으며, 하나님의 은혜와 축복 덕분에 SAAR의 사업은 해를 거듭할수록 성장했다.

우리가 계획한 중요한 프로젝트 중 하나는 서아프리카에 모범적인 학교를 설립하는 것이었으며, 이 학교는 최고의 학생 배출을 목표로 했다. 이를 위해 500만 달러의 예산을 배정하는 동시에 리더십 훈련을 위한 다양한 프로젝트도 준비했다.

하지만 교육에 대해서는 걱정할 필요가 없었는데, 놀랍게도 코트디부아르의 수도 야무수크로를 방문했을 때 내가 지금까지 방문했던 학교 중 최고의 학교를 발견했기 때문이었다. 심지어 그 학교의 화장실은 전 세계 어느 특급 호텔 화장실과 비교해도 손색이 없었다. 우리는 이 모범 학교와 경쟁하는 대신 다른 프로젝트를 모색하며, 이 학교의 무슬림 학생들을 최대한 활용하고자 했다.

당시 우리는 기독교가 우세한 나라에 있었고, 무슬림 공동체가 기독교 형제들과 평화롭게 조화를 이루어 살아가면서도 자신들의 정체성과 신앙심을 강화할 수 있기를 원했다. 우리는 훈련 센터 설립을 제안했다. 센터에는 전임으로 일할 전문가를 두어 무슬림들이 신앙을 더 잘 이해하고 표현할 수 있게 하고자 했다. 학생들은 센터에 등록해 예배, 지적 탐구, 학업 및 기타 관련 활동에 참여할 수 있었다. 우리는 이들에게 학식 있는 이맘과 적절한 시설을 제공하고, 외국에서 온 학생들에게는 약간의 재정적 지원도 제공했다.

운영 측면에서 나는 무프티 아유브가 이 기관을 감독할 수 있으리라 확신했다. 그가 가장 중점을 둔 것 중 하나는 두 공동체 간의 이해를 증진시키는 일이었다. 서로의 전통과 관점을 이해하고, 의사소통을 촉진하여 화합을 이루는 것이 그의 목표였다. 당시 두 공동체 간의 관계는 불안정했지만, 우리가 무엇보다 피하고자 했던 것은 사회의 분열과 모든 형태의 불화나 갈등이었다.

시간이 지나면서 센터는 다양한 어려움을 극복하고 삶에서 발전을 이루어낸 유능한 졸업생들을 배출했다. 일부는 마침내 정부 고위직에 오르기도 했다. 이는 국가가 직면한 정치적, 경제적 상황에도 불구하고 일구어 낸 성과였다. 사람들은 정보에 밝아지고 민주적 권리를 인식하게 되면서, 당시 횡행했던 부정 선거를 거부했다. 이러한 부정 선거는 경제적 붕괴와 내부 갈등을 초래했다. 그러나 대화는 결실을 맺었다. 이 프로젝트와 다른 프로젝트들을 통해 두 신앙 공동체 간에 신뢰와 존중을 발전시키기 위한 모든 노력은 하나님의 은혜로 코트디부아르뿐만 아니라 다른 지역에서도 이슬람이 확고히 자리 잡는 결과를 낳았다. 실제로 무슬림 인구가 증가하여 전체 인구의 거의 절반에 이를 정도가 되었다.

말라위

다음 목적지는 말라위였다. 이곳 무슬림들의 상황은 매우 열악했다. 그들은 사실상 2등 시민으로 취급되어 빈곤에 시달리며 저임금 노동에 매달리거나 교육 기회가 거의 없는 상태였다. 게다가 이 나라를 방문하고자 하는 무슬림에게는 비자가 발급되지 않았다. 말라위는 분명한 도전 과제였다.

특히 교육을 추구하고자 하는 무슬림들은 소외되고 있었다. 예를 들어, 초등학교에 다니려면 2달러의 수업료를 내야 했는데, 이는 빈곤한 지역 사회에서는 큰 금액이었다. 중등학교에 다니려면 더 큰 어려움이 따랐다. 선교 학교에서 교육을 받으려면 개종을 요구받는 경우도 있었다. 그 결과 여러 세대에 걸쳐 교육 기회가 부족했다.

모든 무슬림들은 내면에 타우히드로 구현되는 순수한 핵심을 지니고 있다. 아무리 우리가 꾸란의 위대한 도덕적 가르침에 미치지 못한다 하더라도 신앙의 빛은 결코 꺼지지 않는다. 우리는 모두 하나님께서 우리를 얼마나 면밀히 주목하고 있는지 알고 있으며, 우리가 죄를 저지르든 그렇지 않든, 자신 안에 죄에 대한 인식을 품고 있다. 약간의 노력만으로 그 핵심에 다가가 잠재된 믿음을 불붙일 수 있다면, 우리는 놀라운 일을 해 낼 수 있다. 말라위에서는 쉽지 않을 것이라고 생각했지만, 우리는 중요한 지위에 있는 한 명의 관료를 집중적으로 설득하기 시작했다.

그는 정부의 최고위 관료 중 한 명이었지만, 신앙이 약하거나 이슬람과의 관계가 거의 단절된 무슬림이었다. 남아프리카 출신의 이브라힘 자드왓은 즉시 대화의 문을 열기 위해 노력했으며, 이 관료를 설득해 말라위에서 WAMY 회의를 열 수 있도록 허가를 요청했다. 이브라힘은 남아프리카공화국과 말라위 간의 긴밀한 관계 덕분에 자유롭게 출입할 수 있는 장점이 있었다.

이번 회의의 목표는 우리가 보츠와나에서 했던 것처럼 말라위 무슬림들의 문제를 해결하는 것이었다. 나는 물루지의 집을 방문하자고 제안했다. 결국, 어떤 대화를 시작하기에 가장 좋은 장소는 비공식적이고 편안한 환경이기 때문이다. 고조된 분위기를 진정시키고 분위기를 조성하기 위해 우리는 그와 그의 아내에게 직접 준비한 아름다운 선물을 정중히 전달했다. 그들은 선물을 받자마자 매우 기뻐했는데, 그 선물에 담긴 배려와 성의, 그리고 자신들을 주인으로 대하는 우리의 태도를 알아보았기 때문이었다. 이슬람 신앙의 연대인 희미한 믿음의 불씨가 살아나는 순간이었다. 우리는 상황의 복잡성을 존중하며 이해한다는 태도로 대화를 나눴고, 그 최종 결정이 무엇이건 실망스럽더라도 받아들이겠다는 뜻을 분명히 밝혔다. 그렇게 따뜻하고 우호적인 분위기가 이어졌다. 그 과정에서 우리는 그들이 예상치 못했던 갑작스러운 제안을 내놓았다. 바로 부부를 모두 하즈에 초대하는 제안이었다. 우리의 진심에는 의심의 여지가 없었고, 그 동기는 솔직했다. 부부는 우리의 제안에 진심으로 놀라며 감동했다. 제안이 전달된 방식 그대로 그들은 이를 받아들였다.

우리의 선의가 명확하게 전달되었고, 그 결과 문이 열리면서 우리는 기쁨 속에 말라위에서 이슬람 관련 공개 강연을 세 차례 조직할 수 있었다. 그중 한 번은 프랑스 문화원에서 열렸다. 청중은 무슬림뿐만 아니라 비무슬림도 포함되어 있었고, 이를 통해 평화로운 공존과 상호 존중을 촉구할 수 있는 길을 마련했다. 우리는 이슬람을 표현하는 목적이 하나님과 신앙에 대한 상호 사랑에서 비롯된 것이며, 우리의 의도는 종교적, 문화적, 그리고 민족적 조화를 위한 이슬람의 가르침을 공유하는 것임을 분명히 했다. 그 방문 이후 무슬림으로 개종하는 사람들이 늘어났다.

강연 외에도 우리는 말라위의 여러 무슬림 공동체를 방문했는데, 그 중에는 남부의 작은 도시 망고치도 포함되어 있었다. 이곳은 사실상 도시라기보다는 마을 수준으로, 약 5만 명의 주민이 있었고, 그들의 필요를 충족시킬 만한 대형 모스크가 있었다. 하지만 그 모스크에 들어갔을 때, 우리는 벽에 단 두 권의 찢어지고 불완전한 꾸란 사본만 있는 것을 보고 충격을 받았다. 가슴이 아팠다. 내 동료 파이살 알 모가휘는 실제로 눈물을 흘리기 시작했다. 꾸란은 일상

생활에서 없어서는 안 될 존재이며, 하루하루를 이끄는 힘이자 절망 속에서 위안을 주는 말씀으로 항상 우리 곁에 있는 책이기에, 이 사람들이 계시의 말씀에 접근할 수 없는 상태로 어떻게 살아가고 있는지 궁금하지 않을 수 없었다. 하지만 파이살과 달리 너무도 많은 것들을 보고 겪어 왔던 나는 감정이 현실을 압도하지 않도록 스스로를 다잡았다. 당시 쿠웨이트 내 기부금 관리부 장관실의 책임자였던 파이살이 약속했다. "쿠웨이트로 돌아가는 즉시 하나님께서 허락하신다면, 우리는 이 문제를 해결하고 말라위의 무슬림들에게 집중할 수 있는 위원회를 구성하겠습니다. 그들에게 꾸란을 담은 컨테이너를 보낼 것입니다." 나는 그의 결단을 환영했다. 쿠웨이트에서 말라위무슬림위원회가 설립되었고, 이후 그 이름은 아프리카무슬림위원회로 바뀌었다. 나는 그들의 회의에 정기적으로 참석했다.

파이살 알 모가휘는 놀라운 일을 해 냈다. 그는 탁월한 기금 모금가였고, 우리는 말라위에 거주하는 인도계 무슬림들과의 접촉을 유지하는 일의 중요성에 동의했다. 그들은 기꺼이 협력하겠다는 의사를 밝혔고, 위원회는 모든 무슬림 아이들에게 2달러씩 지원하여 가족들로 하여금 초등학교에 보낼 수 있게 했다. 그리고 꾸란이 담긴 컨테이너도 배송되었다. 1년 만에 말라위 무슬림들의 상황은 눈에 띄게 개선되었다.

그러나 안타깝게도 이 일은 선교사들의 영향 아래 있던 대통령을 불쾌하게 만들어 그의 적대감을 더 키우는 결과를 초래했다. 아프리카를 여행하며 겪었던 일 중에는 마치 영화에나 나올 법한 놀라운 에피소드들이 있었다. 예를 들어, 어느 날 이라크 모술 출신인 셰이크 사드 알탈립으로부터 전화를 받았는데, 말라위 대통령이 무슬림 활동을 지지한 집권당 의장을 해임했다는 소식이었다. 이 전직 의장은 더 이상 생계를 유지할 재정적 수단을 잃었고, 그의 곤경을 지켜보던 우리는 그의 선행과 자선 활동 지원 사실을 알았기에, 그가 존엄성과 자립심을 유지할 수 있게 지원하기로 결정했다. 그는 여전히 사회적 지위를 가지고 있었기에 적절한 가격에 농장을 구입하고 자동차 및 기계 수리 사업을 시작할 수 있었다. 나는 그의 태도에 깊은 인상을 받았다. 얼마나 많은 사람들이 이보다 덜한 어려움에도 좌절감을 품은 채 실망과 자기 연민에 빠져 살아가는가? 얼마나 많은 사람들이 그의 모범에서 배울 수 있을까? 혼란 속에서 이 전직 의장은 자신의 자원을 활용해 삶을 질서 있게 복원하며 성공적인 사업가로 거듭났다.

이 모든 일이 진행되던 중, 소련에서 공산주의가 무너지고 아프리카 전역에서 갑작스럽게 자유 선거가 실시되기 시작했다. 이 전직 의장인 바킬리 물루지에게 다시 정치에 도전해 대통령 선거에 출마하라는 제안이 나왔다. 그는 훌륭하고 신앙심 깊은 사람이었으며, 그의 국민을 향한 관심과 자질은 나라에 필요한 것이었다. 우리는 그를 돕기 위해 랜드로버 차량 몇 대를 제공했다. 이러한 지원은 그에게 마을과 농촌 지역에 접근할 수 있는 토대가 되었으며, 이는 단순히 사람들을 돕고 문헌을 통해 이슬람 신앙을 알릴 뿐 아니라 선거 참여를 독려하는 데도 사용되었다. 운명의 변화는 마치 사막의 모래처럼 움직였다. 한때 해임되었던 의장은 이제 한 나라의 대통령이 되었고, 시민들에게 새로운 희망의 장을 열어 주었다.

이쯤에서 사드 알탈립을 소개하고자 한다. 그는 메카의 움 알꾸라대학교에서 공부를 마치고 1981년 졸업 후 나를 찾아와 이라크로 돌아가야만 하는 어려움을 토로했다. 우리는 그에게 아프리카에서 일할 것을 제안했다. 예전 같았으면 이런 해결책은 생각도 못했을 일이지만, 여행은 새로운 지평을 열어 주며 사고를 넓혀 주는 힘이 있다. 우리는 사드에게 그의 아프리카행이 마치 세상에서 가장 자연스러운 일인 양 제안했다. 그는 우리를 크게 신뢰했던 듯 우리의 제안에 답했다. "그 제안이 당신들의 조언이라면, 받아들이겠습니다!" 나는 그에게 말라위를 추천하며, 그 나라가 지혜롭고 친절하며 신앙 중심적 인물이 필요하다고 설명했다. 그런 인물이라면 이슬람을 지혜롭게 알리고 자선 활동을 도울 수 있을 것이다. 사드는 에너지와 창의성, 그리고 인내심이 풍부했기에 상황을 많이 개선할 수 있을 거라 믿었다. 하지만 나는 그가 말라위 무슬림위원회나 아프리카 무슬림위원회의 직원으로 근무하는 것을 원하지 않아 그가 위원회의 자원봉사자로 활동할 수 있도록 자금을 배정했다. 이후 다른 단체들과의 협력을 통해 우리는 그가 쿠웨이트의 압둘라 알누리 자선 단체에서 일할 수 있도록 자리를 마련했다.

어쨌든 사드는 전임 대통령 정권의 억압 탓에 남아프리카공화국으로 이주해야 했다. 바킬리 믈루지가 대통령으로 당선된 후, 사드는 말라위로 돌아올 수 있었고, 술탄 왕자의 자선위원회를 통해 여러 아프리카 무슬림 공동체가 발전하고 상황을 개선할 수 있도록 효과적으로 도움을 주었다. 셰이크 사드는 말라위에서 8년을 보냈으며, 그 기간 동안 250개 이상의 모스크와 200개 이상의 학교, 그리고 의료 클리닉과 이슬람 교육 센터를 건립했다. 대통령의 지원과 노력 덕분에 자선 활동과 이슬람 신앙은 번창하게 전파되었다.

카심 칠룸파, 또 하나의 모델

말라위는 내 마음에 가까운 곳이었으며, 내가 자주 돌아가던 목적지였다. 이는 그곳에서의 일이 잘 진행되고 있는지 확인하기 위한 목적과 더불어 다른 한편으로는 새로운 실무위원회 구성을 위한 것이었다. 나에게 깊은 인상을 남긴 한 청년이 바로 카심 칠룸파였다. 사람들은 젊은이들이 낙천적이고 에너지가 넘친다고 하지만, 카심에게 있어 그것은 긍정적인 폭발적 에너지였다. 나는 튀르키예의 차나칼레에서 열린 WAMY 캠프에서 이 용기 있는 청년 리더를 만났고, 그의 잠재력과 지성을 바로 알아볼 수 있었다. 우리는 그가 대학 공부를 계속하도록 격려했고, 아프리카 무슬림위원회를 통해 필요한 장학금을 받을 수 있도록 도왔다. 우리는 말라위대학교에서 법학 학사 학위를 마치고, 영국 헐대학교에서 법학 석사와 박사 학위를 받을 때까지 지속적으로 지원했다.

박사 학위를 받은 카심은 말라위대학교로 돌아와 강의하며, 경영학과장을 거쳐 경영대학장이 되었다. 그의 에너지는 계속 넘쳐 흘렀고, 성취 또한 이어졌다. 그는 다음 목표로 정치에 눈을 돌려 국회의원 선거에 출마해 당선되었으며, 말라위 최초의 무슬림 교육부 장관이 되었다. 그 뒤 2년 후, 카심은 교육부 장관에서 국방부 장관으로, 이후에는 말라위에서 두 번째로 중요한 자리인 재무부 장관으로 자리를 옮겼다. 이후 정치에서 기복을 겪으며, 한때 대통령직을 고려하기도 했던 그는 역경 속에서도 인내하며 경험과 지식을 쌓아 가며 다양한 공직을 거쳐 자신의 길을 개척해 나갔다.

여러 부처를 거치며 경험을 쌓던 그의 행적은 말레이시아의 안와르 이브라힘의 경력과 유사했다. 그러는 동안 그는 자신의 배경과 능력을 향상시키는 귀중한 경험을 쌓았으며, 이후에는 부통령으로 선출되기에 이르렀다. 2002년, 바킬리 대통령의 두 번째 임기가 끝나자 그는 3선에 도전하려 했으나 위헌 조항 탓에 실행할 수 없어 후임자에게 권력을 넘겨 주었다. 우리는 앞서 2000년 미국에서 열린 세계은행 회의에서 카심을 만난 적이 있었는데, 당시 그와 긴 토론을 통해, 참고 인내하여 새로운 대통령에게 도전하지 말고 그와 협력하려 노력하라고 조언했다. 당시 새로운 대통령은 정치적 사안에 대한 포괄적인 시각을 가지고 있었기 때문이다.

역경에 맞서는 인내심

카심은 대통령 후보로 지명되기를 바랐지만 뜻을 이루지 못했다. 2006년 2월 9일, 당시 집권당은 카심을 부통령직에서 해임했고, 결국 체포로 이어졌다. 이후 그는 석방되었지만 정치적 활동이 금지되었다. 몇몇 형제들이 그를 돕기 위해 사무실과 직원을 제공하여 자선 활동에 집중하도록 했다. 그는 다시 한 번 체포되었다 석방되었다. 카심은 2004년 6월부터 2009년 5월까지 말라위의 부통령을 지냈고, 2012년 4월에는 에너지광업부 장관으로 임명되었다. 모든 역경과 재난에 맞서는 인내심은 언제나 결실을 맺는다. 어려움에도 불구하고, 이 시기 동안 말라위의 무슬림들은 높은 지위에 올랐다. 사드 알탈립의 지도를 받은 젊은이들 중 일부는 리비아 주재 말라위 대사, 프랑스 주재 말라위 대사 등 여러 나라의 대사로 임명되기도 했다. 정부 내 몇몇 직위에 무슬림들이 임명되는 것은 매우 중요한 일이었다. 이를 통해 사회적 결속과 공동체의 통합, 전통에 대한 상호 존중이 강화되었으며, 모두가 대표되었다는 느낌을 받음으로써 긴장감이 완화되었고, 국가의 발전을 위해 단결하여 노력하는 데 기여했다.

오늘날 말라위 내 무슬림들의 상황은 개선되었다. 그들은 이제 많은 자원과 능력을 보유하고 있으며, 다수의 지도자와 인재를 보유한 채 인구의 절반을 차지하고 있다. 이들은 다종교적이고 다민족적인 사회가 평화롭고 기능적인 통합체로 진화한 사례로서 다른 국가들이 따라야 할 모범이 되고 있다.

아프리카 여정의 요약

아프리카에 대한 수많은 인식과 기억은 마치 수크souk(시장 거리 또는 장터를 뜻하는 아랍어)처럼 다채롭고 다양하여 이를 짧게 요약하기가 쉽지 않다. 경험을 통해 정부의 부패와 부패한 공무원들이 결코 일상의 사람들을 이해하는 기준이 될 수 없다는 것을 배웠다. 전 세계적으로 사람들은 대체로 선량하며, 아프리카도 예외는 아니었다. 국경을 넘나들며 만난 아프리카 사람들은 따뜻하고 친절했으며, 삶에서의 요구가 크지 않았으며 편안하게 대화를 나눌 수 있는 이들이었다. 조금만 더 깊이 들여다보면, 차이에서 비롯된 복잡성을 극복하는 데 큰 노력이 필요하지 않음을 알 수 있었다.

그들은 또한 금욕적이며 쉬이 불안에 휩쓸리지 않는 성품을 지니고 있었는데, 나는 이러한 점을 매우 사랑했다. 그들은 잔인하고 비극적인 역사를 겪었음에도 불구하고, 그로 인한 무거운 짐을 거의 또는 전혀 지고 있지 않았으며, 원한에 사로잡히지도 않았다. 오히

1 2015년. 탄자니아에서 열린 라마단 환영 컨퍼런스의 다양한 장면.

2 3 2015년. 탄자니아에서 열린 라마단 환영 컨퍼런스에서. 내가 연설을 하고 있다. 엄청난 참여가 있었다.

4 2015년. 탄자니아에서 열린 라마단 환영 컨퍼런스에서. 왼쪽은 케냐의 압둘하미드 슬래치 동아프리카 IIIT 대표.

려 많은 사람들이 배울 수 있을 법한 삶에 대한 경쾌함과 생동감을 더 선호했다. 나에겐 분명했다!

라틴 아메리카

이 장의 초점은 아프리카에 맞춰져 있지만, 여기서 잠시 벗어나 다른 지역인 라틴 아메리카에 대해 언급하고자 한다. 이곳에서 태어난 첫 세대의 무슬림들은 이슬람에 대해 거의 알지 못했다. 그들의 부모 세대가 신앙에 대해 전반적으로 무지했던 시기에 이주했기 때문이다. 그 자녀와 손주들 역시 이러한 지식을 단순하게 물려받았다. 영적 핵심은 존재했지만 잠들어 있는 상태였고, 우리는 이를 잘 이해하고 있었다. 따라서 우리는 이슬람에 대한 이해를 풍부하게 하기 위한 최선의 방법으로 무슬림의 성품을 본보기로 삼을 수 있는 안내자와 본보기를 그들에게 보내 교육하고, 자선 활동을 통해 도움을 주고, 또한 교육 및 직업적으로 성공할 수 있도록 지원하기로 결정했다.

캠프와 교육 프로그램에 집중하는 것 외에도 우리는 현지 언어로 번역을 제공하는 데도 주력했다(최종 집계에 따르면 약 100개의 언어로 번역되었다). 교육 문제는 항상 최우선 과제였다. 우리는 이 분야에서 할 수 있는 모든 방법으로 지원했다. 또한 청년들을 하즈를 수행하도록 초청했는데, 이는 그들에게 영적으로 고양된 느낌과 소속감을 심어 줄 수 있으리라 믿었기 때문이다. 이렇게 하여 그들은 강한 신앙심과 선한 일을 하고자 하는 열망으로 고향으로 돌아가 타인의 안녕을 돌보고, 시민권과 인권을 증진하며, 사회에 기여하는 삶을 살게 되었다. 우리에게 도덕적 시민은 언제나 영적 시민이었다.

청년들은 시간과 공간 모두에서 기능할 수 있도록 교육과 지도를 받아야 한다. 그들은 비판적 사고와 문제 해결 능력(복잡한 문제에 대한 해결책을 찾고 장애물을 극복하는 능력)을 배워야 하며, 자신의 일을 관리하고 전문적으로 일할 수 있는 기술을 습득해야 한다. 또한 지역 사회와 더 큰 세계와 교류할 수 있는 능력, 지혜롭고 온화하게 담론할 수 있는 훈련도 받아야 한다.

이러한 요구를 충족시키기 위해 IIIT는 히샴 알탈립에게 이 목적에 맞는 책의 집필을 요청했다. 그 결과 1991년에『이슬람 근로자를 위한 교육 가이드』가 출간되었고, 이후 23개 언어로 번역되었다. 이 책은 팀워크, 대중 연설, 기획, 업무 위임 등의 기술뿐 아니라 다양한 사회적 역량을 개발하는 데 매우 유용했다. 이는 지역 사회와 인류를 위해 어떠한 방식으로든 봉사하고자 하는 젊은이들에게 필수적인 기술이었다.

1 1967년. 남아메리카 가이아나. 미국으로 출발하기 전 무슬림 사업가 중 한 사람의 집에서 무슬림 고위 인사들에게 연설하고 있다.

2 1967년. 가이아나 남미 이슬람 선교사 길드 회의에서. 이 사진은 카리브해 참가자와 가이아나 고위 인사들을 기리기 위해 열린 행사에서 찍은 사진이다. 가이아나 국회의장이 손으로 가리키고 있다. 그의 왼쪽은 수상이다. 나는 두 번째 줄 왼쪽에서 두 번째 서 있다.

1 1968년. 가이아나 남아메리카. 가이아나 이슬람 선교사 길드의 1000명이 넘는 대규모 회의에 참석하고 있다.

2 1968년. 카리브해 섬에서의 강의.

3 1968년. 카리브해의 바베이도스, 트리니다드, 남미의 가이아나 방문. 이슬람 선교사 길드 회의에 참석하여 기조 연설을 하고 있다.

4 1990년. 브라질에서. 사진은 남미에서 이슬람 활동을 시작한 창립 멤버들의 모습이다. 나는 가운데에 있다. 오른쪽에서 두 번째는 브라질에서 남미 다와를 담당하고 있는 셰이크 아흐마드 알 사이피, 왼쪽에서 두 번째는 무슬림 청년 지도자인 압둘 라흐만이다.

청소년 캠프

이쯤 되면 우리의 주요 활동이 컨퍼런스와 청소년 캠프에서 시작되었음을 명확히 알 수 있을 것이다. 이러한 캠프는 대화를 시작할 플랫폼을 제공하고, 훌륭한 사람들을 만날 기회를 주며, 협력 활동과 잠재적 프로젝트에 대한 중요한 논의를 시작하고 실행에 옮길 수 있는 기반이 되었다. 우리는 여행 중에 다양한 상황과 조건을 경험했다. 독자들에게 다시 한 번 명확히 드러나겠지만, 우리는 많은 여행을 했으며, 방문한 장소들은 우리의 자선 활동을 증명해 줄 것이다. 결론적으로 말하자면, 내가 가장 중요하다고 꼽을 만한 것은 우리가 조직한 청소년 캠프들이다. 이 캠프들은 우리가 언급한 모든 활동의 핵심 요소로 남아 있다. 캠프는 세계 여러 지역에서 온 무슬림 공동체의 청소년들을 한자리에 모았고, 참석자들이 온전한 삶을 영위하며, 온건한 신앙을 공부하고, 유용한 기술을 배우며, 중요한 경험을 교환할 수 있는 장을 제공했다.

우리는 사우디아라비아, 요르단, 말레이시아, 북키프로스, 튀르키예에서 캠프를 개최했다. 많은 캠프는 이슬람협력기구OIC의 참여로 혜택을 받았으며, 전 세계 다양한 지역에서 많은 참가자가 모였는데, 동서양을 망라하고 남부 아프리카, 동남아시아, 유럽, 미주 지

1981년. 말레이시아 국제이슬람청소년 캠프. 왼쪽에서 오른쪽으로 안와르 이브라힘, 가운데 오사마 칼리파, 그리고 셰이크 압달라 마키 수단 WAMY 대표.

역 등이 포함되었다. 캠프에서 우리의 목표는 청소년들을 지원하고 그들이 온건한 이슬람을 이해하도록 돕고, 그들을 미래의 리더로 성장시키는 것이었다. 우리는 그들이 고도의 윤리적 기준을 지키며, 시민적 책임을 짊어질 수 있는 윤리적 개인으로 성장하기를 원했다. 이는 단순히 사회에서 소외되는 것이 아니라, 사회에 무관심한 존재를 넘어 공동체와 인류를 위한 선을 증진하는 데 기여하는 사회의 적극적인 일원이 되기를 원했다.

제10장

국제이슬람사상연구소(IIIT) 설립

"당신은 보지 못하였는가, 하나님께서 좋은 말씀을 좋은 나무에 비유하신 것을? 그 뿌리는 견고하고 그 가지는 하늘에 닿으며, 주님의 뜻에 따라 계절에 열매를 맺는다. 이렇게 하나님께서 사람들을 위해 비유를 드시니, 아마도 그들이 깨닫게 될 것이다."_수라 이브라힘 14:24-25

근본적인 문제, 과거에 대한 경의 탓에 정체되는 현재

청소년과 지역 사회 개발에 중점을 둔 복지 단체를 설립하는 데 오랜 경험을 쌓은 나는 이제 현장에서의 많은 작업을 뒤로하고 새로운 차원의 사고로 나아가고자 했다. 새로운 조직 설립을 위해서는 독립적으로 운영되고, 전문적이고 전략적인 접근 방식을 채택하여 목표를 달성하며, 구성원들 간의 중요한 업무 관계를 구축하고 다른 조직과 협력하는 방법을 배워야 한다.

새로운 개념이 서서히 떠올랐다. 우리는 여전히 무슬림의 삶과 사회에 변화를 주고자 했지만, 이번에는 우리가 기존에 관여했던 영역을 더 넓은 비전을 통합하고, 미래를 바라보며 무슬림 세계가 직면한 광범위하고 만성적 문제들에 대한 해결책을 찾고자 했다. 이러한 위기, 혹은 고통은 거의 영구적인 것처럼 보였으며, 줄어들기는 커녕 오히려 규모가 확대되고 있었다. 또한 새로운 프로젝트와 개념에 집중하는 것은 개인적 성장과 발전의 논리적 결과였으며, 개선을 향한 다음 단계였다. 그래서 우리는 더 큰 규모로 더 야심찬 사고를 시작했다. 이는 물론 지난 수년간 쌓아 온 기술과 지식, 그리고 여정에서 만나고 함께 일했던 다양한 국적의 무슬림들의 잠재력에서 영감을 받은 것이었다. 이들 중에는 역량을 지닌 남녀뿐 아니라 다른 이들의 영적·경제적 복지에 깊이 헌신한 이들이 많았다.

나는 개인적으로 조직은 그 조직이 설정한 비전과 구성원들과 협력하여 그 비전을 구체화하는 방식에 따라 얼마나 훌륭한 조직이 될 수 있는지 판단할 수 있다고 생각한다. 이는 현재 구성원뿐만 아니라, 특

2011년. 압둘하미드 아부술레이만 총장(가운데), 자말 알-바르진지 이사(왼쪽)와 함께 IIIT 이사회에 참석했다, 오른쪽에 앉은 이가 저자이다.

히 초기 설립 구성원들에게도 적용된다. 나는 건조하게 국제이슬람사상연구소International Institution of Islamic Thoughts, IIIT의 역사를 설명하고 싶은 생각은 없다. 그러나 나는 이 연구소를 설립하고 발전시킨 사람들과 워싱턴 D.C.의 IIIT와 말레이시아 국제이슬람사상문명연구소의 차이에 주목하고자 한다.

IIIT가 탄생하다

이야기는 1977년으로 거슬러 올라가, 신앙을 기반으로 한 활동에 관여하던 지식인들이 스위스 남부 루가노에서 열린 지식인 수련회에서의 만남으로 시작된다. 아름다운 산과 숨막히는 호수 풍경으로 둘러싸인 이곳은 휴식과 사색, 중요한 문제에 대해 숙고하며 여러 아이디어 발상을 위한 이상적인 장소였다. 참석자 중에는 고故 티자니 아부기디리, 자말 알-바르진지, 타하 자비르 알알와니, 가말 엘딘 아티야, 압둘하미드 아부술레이만(모두 하나님의 자비가 있기를)뿐만 아니라 히샴 알탈립과 나도 포함되었다. 또한 고故 셰이크 무함마드 알무바라크, 이스마일 알 파루끼, 마흐디 빈 압부드, 쿠람 자 무라드, 쿠르시드 아흐마드(모두 하나님의 자비가 있기를) 등 몇몇 원로 학자들도 참석했다.

　앞서 말했듯이 나는 인격의 중요성을 강조한다. 그러므로 이 자리에는 사회적 지위나 금전적 이득에는 관심이 없는 특별한 성품과 유형을 가진 사람들이 있었다. 이들은 뛰어난 지성과 확고한 학문적 경력을 쌓은 사람들이었다. 동시에 이슬람 세계의 영적·경제적 쇠퇴를 직접 목격하여 상황을 조금이라도 개선하기 위해 무엇이라도 하고자 하는 열망을 가진 이들이었다. 이들은 해결책을 제시하기 위해 진심으로 그리고 자발적으로 자신의 시간을 할애했다. 나에겐 그들과 함께하며 그들의 사고 과정을 직접 볼 수 있는 기회가 영광이었다. 사실, 애초에 이들을 한자리에 모아 논의를 시작하는 것 자체가 대단한 업적이었다. 이는 많은 선한 결과를 가져올 것임을 예상케하는 희망적인 시작이었다.

토론을 위해 다음과 같은 질문이 제시되었다. 무슬림 세계가 직면한 가장 큰 도전은 무엇인가? 우리는 어떻게 해결책을 찾을 수 있을까? 무슬림들은 어떻게 사고하는가? 무슬림의 사고 방식을 어떻게 개선할 수 있는가? 이슬람의 도덕과 근본 원칙을 사회과학에 어떻게 통합하여 이슬람 사상이 사회 문제를 해결할 수 있도록 할 수 있는가?

회의 권고안은 '지식의 이슬람화'라 불리는 과정, 즉 이슬람 사상의 부흥을 위해 전념할 기관의 필요성을 강조했다. 이 아이디어의 중심은 이즈티하드*Ijtihad*의 문을 다시 여는 것이었다. 이는 초기 이슬람 시대의 무슬림들이 했던 것처럼, 꾸란과 순나에 뿌리를 둔 이성과 지성을 사용하여 중요한 문제를 해결하는 것을 의미한다. 이는 오늘날의 문제를 해결하기 위해 과거의 판결에 경직되게 매달리는 대신, 이슬람 사상의 활력을 되찾기 위한 방안이었다. 과거의 판결에 얽매이는 관행은 역사적으로 무슬림 사상의 생명력을 고갈시키고 그 쇠퇴의 씨앗을 뿌렸으며, 그 재앙적인 결과는 오늘날 우리가 겪고 있는 문제들로 이어졌다. 우리는 이러한 과거와의 고리를 끊는데 깊이 공감했으며, 그 자리에서 전례 없는 용감한 결정을 내렸다. 우리 중 일부는 경력을 포기하고 이 지적 과업에 전념하기로 결심했다. 단순히 이상을 주장하는 것만으로는 충분치 않으며, 그것을 실현하기 위해 투쟁해야 한다는 믿음에서였다. 그래서 우리는 학문적 연구에 몰두하며, 전 세계에서 회의를 조직하고, 많은 논의를 이끌어내며 무엇을 할 수 있을지 깊이 고민하기 시작했다.

여기서 IIIT를 설립하자는 아이디어가 나왔다. 이 기관은 정치적 로비나 활동이 아닌 학문 연구소로, 학자들이 모여 두 가지 '독서' 즉, 계시와 실재의 관점을 통해 현대 문제를 분석하고, 사회 평화를 증진하기 위한 현대적 해결책을 모색할 수 있는 기반을 제공하려는 목적이었다. 이것이 바로 우리가 잃어버린 지적 역동성을 회복하기 위해 선택한 방식이었다.

많은 고민 끝에 목적과 목표가 정교하게 조정된 사명 선언문이 작성되었다. 이제 남은 것은 이 연구소를 실제로 설립하는 일이었다. 첫 번째 고려 사항은 어디에 연구소를 설립할 것인가 하는 점이었다. 불행히도 무슬림 세계는 명백한 이유로 전혀 고려 대상이 될 수 없었다. 어떤 형태로든 통제를 받거나 폐쇄될 가능성이 있었기 때문이었다. 지성을 자유롭게 발휘하는 것을 기본 전제로 삼았기에 선택은 분명했다. 우리는 지적 자유를 존중하며 우리가 친숙하며 학술 연구의 세계 공용어인 영어 사용 국가이길 원했다. 그곳은 바로 미국이었다. 미국에서는 우리의 학문적 노력이 방해받지 않을 것이며, 무슬림 학자와 비무슬림 학자 모두와 자유롭게 협력하여 우리의 목표를 달성할 수 있었다. 이에 따라 서기 1981년_{히즈라 1401년}에 미국 버지니아를 기반으로 하는 국제이슬람사상연구소_{IIIT}가 공식적으로 설립되었다. 이는 모든 관련자들이 만족을 불러일으켰다.

IIIT의 기금 마련

재정적 지속 가능성은 어떤 조직이든 생존의 기반으로 자금 확보의 어려움을 제거하고 에너지를 목표 실현에 더 효과적으로 집중할 수 있게 한다. 금전적 제약이나 걱정에 얽매이고 싶지 않았던 우리는 초기부터 기부에 의존하지 않고 연구소의 물적 요구를 지원하기 위해 와끄프*Waqf*, 즉 이슬람 기금을 설립하는 데 초점을 맞추기로 결정했다. 어차피 대부분의 무슬림은 자선 활동이나 모스크 건립처럼 결과가 분명하고 영적 공로가 있는 목적에 기부하는 경향이 있으며, 추상적인 지적 목적에는 그 가치와 정당성을 명확히 이해하지 못해 기부를 꺼리는 경우가 많았다. 우리의 과제는 명확했다. 모금 활동은 제외된 상태에서 지적 프로젝트, 교육, 리더십 훈련 캠프, 컨퍼런스 및 세미나 등을 위한 와크프 설립은 결코 쉬운 일이 아니었다. 우리는 장기적인 관점을 가지고 있었기에 이를 설득하려면 매우 신중하고 끈질긴 노력이 필요하다는 것을 알고 있었다. 그럼에도 이것이 자금 문제를 극복하는 가장 현실적인 방법이라고 믿었다.

와끄프 제도를 모르는 사람들을 위해 설명하자면, 와끄프는 주로 많은 개인들의 기여를 통해 이루어지는 자선적 사업으로 정부 지원에 의존하지 않으며 교육, 의료, 사회 서비스 등을 위한 기금 조달을 통해 시민 사회에서 큰 성과를 이루어 온 제도이다. 역사적으로 이는 이슬람 문명을 확립하는 데 가장 성공적인 요소 중 하나였다.

와끄프의 가장 중요한 특징은 완전한 독립성과 기부의 불가역성으로, 이는 IIIT와 관련한 우리의 목적에 매우 중요했다. 이를 통해 우리는 미래를 계획하고 목표를 효율적으로 달성할 수 있었다.

　　다행히도 와끄프에 대한 아이디어는 셰이크 압둘아지즈 빈 바즈 각하와 다른 저명한 학자들의 지지를 받았다. 이는 우리에게 강력한 신뢰도를 부여했으며, 다른 사람들이 이 원칙에 대해 신뢰를 가지게 하고 우리를 믿을 수 있도록 해 주는 매우 중요한 요소였다. 이는 마치 하늘에서 내려온 축복과 같은 것으로, 우리가 하는 일의 중요성과 그것을 실현할 우리의 능력을 믿는 관대한 행위였다. 이러한 재정 지원은 IIIT를 출범시키고 항해를 시작하는 데 필요한 동기를 부여해 주었다. 실제로 IIIT에 대해 잘 아는 사람들은 우리가 채택한 로고가 돛을 단 배였다는 것을 기억할 것이다. 이는 우리가 진정으로 여정을 시작하고 있다는 느낌을 반영한 것이다.

　　IIIT의 초기 로고는 단순히 우연히 만들어진 것이 아니라 설립자들의 신중한 고민과 숙고의 산물이었다. 이 로고는 연구소의 정체성을 표현했으며, 이는 필연적으로 전 세계 무슬림 공동체, 즉 움마의 정체성과 이슬람적 자아, 존재, 무슬림의 본질적 존재에 대한 비전을 담고 있었다. 로고의 돛대 꼭대기에 위치한 아랍어로

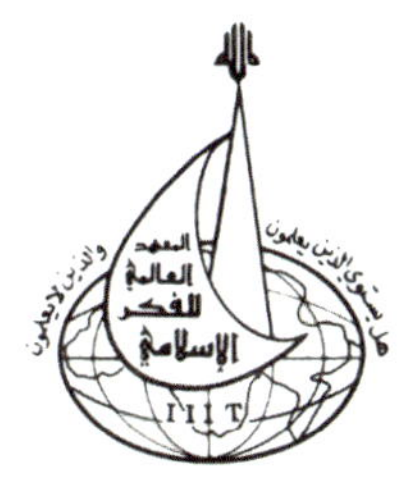

IIIT의 초기 로고

된 하나님의 이름은 이슬람 사상의 중심이자 최고 가치인 알-타우히드*al-Tawhid*, 즉 하나님의 유일성을 상징한다. 지금은 고인이 된 이스마일 알-파루끼가 강조했듯이, 하나님의 유일성은 무슬림의 종교적 경험의 핵심에 있다. 이는 창조주와 관련된 하나님의 유일성, 인간과 관련된 내적 정화, 우주와 관련된 문명과 창조 세계의 개발과 육성이라는 세 가지 연결 요소 간의 완전한 조화를 기반으로 무슬림들에게 포괄적이고 보편적인 비전을 제공하는 견고한 토대이다.

로고는 "아는 자와 모르는 자가 같을 수 있는가?(수라 알-주마르, 39:9)"라는 꾸란 구절이 포함되어 있다. 이 구절은 로고 중앙의 돛과 돛대를 기준으로 두 부분으로 나뉘어 있으며, 이는 두 가지 매우 이질적인 세계관 또는 사고 방식을 나타낸다. 이 구절은 IIIT의 비전에 있어 지식의 중요성을 확언하며, 모든 형태의 미신과 사이비를 배격하고, 현대 무슬림들이 직면한 위기가 본질적으로 사고와 사상의 위기임을 강조한다. 따라서 우리는 방법론적 인식을 토대로 현대적 이슬람 사고방식을 구축해야 한다고 주장한다. 이러한 인식은 '아는 자'라는 표현으로 나타내며, 전능하신 하나님의 책 형태로 '나타난 계시의 읽기'와 꾸란에서 언급된 다양한 '세계'를 포함하는 보이는 '우주의 읽기'라는 두 가지 읽기를 통해 다양한 차원의 지식을 통합할 수 있는 합리적이고 분별력 있는 이슬람 사고방식을 재건하려는 의지를 상징한다. 이러한 체계적이고 통합된 읽기는 지식, 이성, 사고의 가치를 인식하는 의식을 형성한다.

로고의 돛과 돛대는 여정을 상징하며, 이는 조물주의 지침에 의해 인도되는 견고한 배를 필요로 한다. 돛대는 하늘로 올라가고 바다로 내려가는 두 가지 방향성을 갖는데, 하늘로의 상승은 의로운 행동의 필요성과 하나님을 무슬림의 피난처로 인정함을 나타내고, 바다로의 하강은 지식의 근원인 창조주로부터의 지식의 수용을 의미한다. 이러한 지식은 올바른 사고 방식을 확립하고 건전한 생각과 도덕적 본능을 함양하며, 위험한 사상들로 가득한 깊고도 어두운 바다를 항해할 수 있도록 돕는다.

또한 로고의 지도는 IIIT의 담론이 특정 분파주의, 인종주의, 혐오스러운 편협함에 갇히지 않고 보편적임을 상징한다. 이러한 요소들은 사회에 뿌리내릴 경우 사회를 황폐화시킬 수 있다. IIIT는 특정 국가나 문명에 대해 선입견을 갖지 않는다. 대신 꾸란의 말씀에 근거하고 선지자(그분께 평화가 깃들기를)의 행동에 드러난 이슬람의 보편성을 이어 가는 담론을 제공한다. 지도는 무슬림 행동의 구체적 영역을 나타내며, 그 목적은 진리와 선을 전 세계에 전파하는 것이다.

우리는 IIIT를 아랍어와 영어로 동시에 도입하기로 결정했다. 아랍어(특히 원래의 쿠피 문자)는 아랍-이슬람 문화와 이 문화가 세계에 전해 준 지식의 보물들을 상징하며, 영어는 현대 지식의 언어로서 오늘날 과학과 학문에 뚜렷한 영향을 미쳤기 때문이다. 이 두 언어를 결합함으로써 우리는 아랍-이슬람 유산을 문화적 표현으로 존중하는 동시에 현대적 유산을 현재의 이해와 지식의 원천으로 받아들이는 자세를 강조하고자 했다. 이는 고정된 역사적 정체성에 얽매이기보다 지혜의 원천으로서 이러한 유산을 활용하려는 모든 무슬림의 지속적인 목표를 반영한다.

실용적인 관점에서 우리는 자체 투자에 의존하고자 했다. 즉, 비즈니스 활동을 통해 얻는 수익의 일정 부분을 와끄프에 재투자하는 방식을 채택하려 했다.

구체적인 실행 단계도 곧 마련되었다. 예를 들어, 우리는 학문적 활동을 장려하기 위해 연구와 학술 활동에 적극적으로 참여하기 시작했다. 또한 우리는 신념을 위해 우리의 경력을 희생했다. 1983년(히즈라 1403년), 우리는 지적 활동에 전념하기 위해 직장을 사임하기로 했다. 이 새로운 활동은 전폭적인 헌신과 지원, 그리고 개선이 필요했고, 우리는 우리의 지적 열망을 달성하기 위한 일상적 압박을 오직 모든 에너지를 이 활동에 바칠 때만 해결할 수 있다고 느꼈다.

이러한 접근 방식은 성과를 거두었다. 우리는 이전에 본 적 없는 규모로 새로운 프로젝트가 번성하는 것을 목격했고, 이 과정에 여러 가지 요소가 작용했다. IIIT가 미국에 기반을 둔 사실이 성공의 유일한 이유는 아니었다. 앞서 언급했듯이 재정 지원은 중요한 요소였다. 이는 업무 진행에 큰 영향을 미쳐 외부의 통제에서 완전히 독립적으로 목표를 실현할 수 있게 했으며, 자금의 오용과 잘못된 방향으로의 흐름을 방지했다. 우리는 자금을 확보하는 데 스트레스를 받기보다 이를 신중하게 관리하는 데 집중할 수 있었다. 그리고 우리는 그러한 관리에 익숙했다.

또한, 우리는 청년들에게 지적 작업의 본질과 아이디어의 중요성을 가르치는 데 주력했다. 이 작업은 느리고 어려운 과정이며, 지역 사회 활동처럼 빠르게 결과를 볼 수 있는 것이 아니라 점진적으로 진행된다는 점을 강조했다. 특히 무슬림이 처한 상황을 고려할 때 더더욱 그러했다.

IIIT의 힘찬 출발에는 세 명의 위대한 학자 이스마일 알-파루끼, 압둘하미드 아부술레이만, 타하 알알와니의 노력이 결합되었다. 이들은 종교적 진정성을 중시하면서도 현대 사회과학 및 인문과학의 성과를 인정하여 우리가 꿈꿔 왔던 지적 이슬람 부흥의 기초를 마련했다. 특히 알-파루끼를 주목하고자 한다. 그는 아랍 세계보다 서구 학계에서 더 잘 알려진 학자로 1986년 비극적으로 생을 마감하기 전까지 세계에서 가장 뛰어난 사상가 중 한 명으로 손꼽혔다.

지식의 이슬람화

앞서 언급했듯이 '지식의 이슬람화'는 우리가 발전시켜 온 개념으로, 간단히 말해 패러다임 전환이라고 설명할 수 있다. 이 개념은 꾸란과 순나에 뿌리를 둔 종교적 규범의 관점에서 연구하면서 무슬림의 사고를 현대화하려는 시도였다. 이는 무슬림 세계의 사회 문화적 환경에 적합한 분석을 제공하기 위한 것이었으며, 서구 중심적 모델에 기반한 커리큘럼의 단순 적용을 피하고자 했다. 서구 모델은 그 지역에 적합하게 설계된 것이지만, 무슬림 사회에는 낯설고, 무슬림 공동체가 직면한 도전 과제를 해결하기에는 한계가 있었다. 우리는 어떤 방법으로든 학문적 분야를 재창조하려는 것이 아니라 단순히 무슬림 세계의 윤리적, 영적, 교리적 규범과 그 사회가 작동하는 기본 가정을 고려하여 기존 학문을 조정하려는 것이었다. 이는 학자들이 문제를 명확히 파악하고 해결 방안을 모색할 수 있게 도왔다. 또한 이 접근 방식은 '과학적 방법론(실증주의)'을 부정하는 것이 아니라 계시에 의해 비추어진 이슬람 가치에 부합하는 선택적 과정과 연관시키는 것이었다. 우리가 주장한 것은 분열을 초래하는 것이 아니라, 획일성을 제거하고 다양한 환경과 문화에서 체험된 현실의 올바른 인식을 위한 지식 연구를 촉진하는 것이었다. 이러한 철학의 근간에는 절제와 소통이 핵심 요소로 자리 잡고 있었다.

　더불어 우리는 학자들에게 자유롭게 자신들의 견해를 표현할 수 있는 목소리와 플랫폼을 제공했으며, 이러한 관점의 전환에 따라 논문, 연구 보고서, 심지어 원고까지 다양한 학문적 산출물이 활발히 이루어졌다. 지적 다양성이 본격적으로 움직이기 시작한 것이다.

실제로 IIIT 출판물은 여러 주요 언어로 번역되었다. 초기에는 아랍어와 영어에 집중했으며 이후 프랑스어, 러시아어, 독일어로 확장했다. 또한 우르두어, 인도네시아어, 벵골어, 페르시아어, 튀르키예어, 아제르바이잔어 등 다양한 무슬림 사회에서 사용되는 언어도 포함했다. 서아프리카에서는 하우사어와 요루바어, 동아프리카에서는 스와힐리어에 중점을 두었다.

IIIT 설립 몇 년 후, 우리는 『이슬람 활동가 훈련 가이드』(히샴 저)를 발간했다. 이 가이드는 남성과 여성이 신앙 기반의 활동과 기타 사회적 활동에서 조직적이고 전문적으로 활동할 수 있도록 돕기 위한 것으로 청년 및 청소년 지도자들 사이에서 모범 업무 관행을 촉진하는 데 목적이 있었다.

지평선 너머 지평선

첫 번째 IIIT 국제 컨퍼런스는 1982년 파키스탄 이슬라마바드에서 국제이슬람대학교IIUI와 협력하여 개최되었다. 이 컨퍼런스는 지식의 이슬람화 문제를 다룬 첫 번째 국제 포럼으로 움마가 직면한 지적 위기, 이 위기에 대한 무슬림의 인식 제고 방법, 그리고 이 위기의 원인과 이슬람적 정체성에 미치는 영향을 조사하는 주제로 학자들의 논문이 발표되었다. 또한 참가자들은 현대적 지식과 발견을 활용하면서 동시에 무슬림 공동체가 자신의 유산과의 연결을 회복하여 명확한 문화적 비전을 구체화하는 데 필요한 과학적, 학문적, 지적 자원을 활용하는 방법에 대해 논의했다.

두 번째 국제 컨퍼런스는 1984년 말레이시아 쿠알라룸푸르에서 개최되었으며 이슬람 미디어, 경제학, 사회학, 심리학, 인류학 등 현대 행동과학과 관련된 주요 주제에 대한 중요한 논문들이 다수 발표되었다.

세 번째 국제 컨퍼런스는 1987년 수단 하르툼에서 개최되어 이슬람 사상에서의 방법론, 연구를 이끄는 기본 원칙, 그리고 지적 개혁과 혁신을 위한 해석의 유형에 초점을 맞췄다. 당초 이 컨퍼런스는 1986년에 개최할 예정이었으나 알-파루끼와 그의 아내(하나님께서 두 사람에게 자비를 베풀어 주시기를)의 암살 사건으로 이듬해로 연기되었다.

지식의 이슬람화Islamization of Knowledge, IoK에 대한 우리의 호소는 마치 갑작스레 불을 켠 듯 보였다. 무슬림 학자들은 전 세계 학계를 지배하는 획일적 지식 모델의 단순 메아리가 될 필요가 없음을 깨닫기 시작했으며, IIIT를 통해 자신들의 경험과 지성을 활용해 지금까지 해 왔던 관행의 한계를 넘어 영적 차원을 담아낼 수 있는 새로운 사고를 자유롭게 펼칠 수 있는 플랫폼을 얻었다.

IIIT는 지식의 이슬람화를 확장하는 학술 연구를 지원했으며, 이를 통해 전 세계 학생들이 이 풍요로운 연구 분야에서 다양한 출판물을 접할 수 있도록 했다. 이는 이집트, 튀르키예, 요르단, 말레이시아, 파키스탄, 인도, 수단뿐 아니라 미국과 영국을 비롯한 서구 세계에서도 이루어졌다. 또한 국제 실무 그룹이 설립되어 도구와 방법의 차이에도 불구하고 명확한 목표와 통합된 목적을 공유했다. 이들의 학문적 연구는 샤리아의 범위에서 이루어졌으며, IIIT는 매년 발전하고 개선되는 기술을 활용하여 물리적 거리에도 불구하고 학자들을 가깝게 연결할 수 있었다.

팀워크

우리는 하나된 비전, 강한 헌신, 그리고 열린 소통 덕분에 효과적으로 협력할 수 있었다. 초기 몇 년 동안 우리는 여러 프로젝트를 진행하면서 동시에 와끄프 설립을 위해 노력했으며, 이 기간 동안 임대 사무실에서 작업을 진행했다. 어려운 시기였지만 와끄프가 자리 잡은 후 마침내 하나님의 은총으로 버지니아 주 허든에 부지를 구입하고 본부 건물을 설립할 수 있었다. 이 IIIT 건물의 일부를 임대해 추가 수익원을 확보하기도 하였다.

이와 동시에 우리는 국제 팀을 구축하고 있었다. IIIT는 항상 차이를 뛰어넘어 사람들이 공통의 목표에 집중하여 함께 일할 수 있도록 노력해 왔으며, 다양한 프로젝트를 통해 이러한 협력이 실시간으로 이루어지는 것을 목격할 수 있었다.

국제적 모델로서의 IT

시대의 흐름을 반영하듯, 안타깝게도 특정 용어를 사용해야 할 필요성이 생겼다. IIIT도 예외는 아니었다. 연구소의 사명 선언문에서 분명히 밝히고 있듯, IIIT는 학문적 연구에 전념한 교육 플랫폼으로 영적 관점을 공통의 기반으로 삼고 있었다. 우리는 사회 전체의 선을 위해 가치와 윤리를 증진하고자 했다. 그러나 이러한 명백한 사실에도 불구하고 설립 초기와 달리 오늘날에는 IIIT가 한편으로는 극단적인 사상과 해석을 거부하고, 다른 한편으로는 해이함을 배격하는 중도적 이슬람을 대표한다는 점을 추가로 설명할 필요가 있다. 개인적으로는 '중도적moderate'이라는 용어보다 '진정한authentic' 이슬람이라는 표현을 선호하지만, 담론이 왜곡된 현대의 언어적 상황에서는 이러한 용어를 사용할 수밖에 없다는 현실이 있다. 보다 적절한 표현은 우리가 학습 과정을 풍요롭게 하려 했으며, 특정 학파나 이념적 의제를 홍보하려는 것이 아니라 무슬림 사회가 직면한 도전 과제에 대한 해결책을 모색하고 공동체를 통합하며 사회적 평화를 촉진하려 했다는 점이다. 이에 따라 우리는 동서양 모두에서 무슬림들의 관심을 끌었다. 앞서 언급한 수단과 요르단뿐 아니라 인도 아대륙에서도 주목을 받았다. 파키스탄에서는 국제이슬람대학교의 부총장과 쿠르시드 아흐마드를 비롯한 학생들이 IIIT의 지식의 이슬람화 접근 방식과 인문·사회과학의 관점 전환이라는 목표를 채택하고 실행에 옮겼다. 자파르 이샤크 안사리는 IIIT의 파키스탄 대표였으며, 국제이슬람대학교의 부총장이기도 했다. 다행히도 당시 파키스탄의 지아-울-하크 대통령은 지식의 이슬람화라는 아이디어에 깊은 관심을 보이며 협조적 태도를 취했다. 인도에서는 다양한 분야의 학자와 과학자 약 3,000여 명이 우리의 노력에 동참했다. 우리는 그들에게 IIIT의 접근 방식을 시도해 보도록 초대했으며, 이는 인도 무슬림사회과학자협회 설립으로 이어졌다. 이 협회는 우리의 개혁 노력을 진전시키는 데 중요한 역할을 했다. 수십 년 동안 심리학, 사회학, 경제학 등의 학문 분야에서 교육 개혁과 무슬림 세계가 직면한 오래된 문제와 새롭게 부상하는 문제를 해결하기 위한 학술적 작업이 다수 작성되었다. 또한 우리는 학생들이 학문적 진보를 이루는 데 필요한 지원을 제공했다. 아프리카에서 무슬림 인구의 1/3을 차지하는 나이지리아는 또 다른 사례이다. 여기에서 우리는 마이두구리대학

과 협력 관계를 구축해 교수들이 지식의 이슬람화 프로젝트를 채택
하여 IIIT 접근 방식을 이해하는 경제학 및 기타 분야 졸업생 세대를
배출했다.

비평가 환영

우리는 프로그램을 진행하고, 토론을 열며, 다양한 아이디어를 탐
구하여 책을 출판했다. 특히 IoK 프로젝트와 관련하여 비판이 나타
날 것은 당연했는데, 이 프로젝트는 일부에게는 강력하게 어필되었
으나, 다른 이들에게는 설득력이 부족했기 때문이다. 우리는 이러한
비판을 열린 마음으로 수용할 준비가 되어 있었다. 전반적으로 환경
은 우리의 노력에 긍정적으로 반응했고, 무슬림들은 이에 호응했다.
하지만 의견이 다를 수 있다는 점을 인정하며, 비판이 찾아올 때 가
장 현명하며, 때로는 문을 열고 비판을 환영하는 것이 용기 있는 행
동이라고 믿었다. 우리는 비판을 개선, 발전, 그리고 필요할 때 방향
을 수정할 수 있는 도구로 활용할 수 있다는 점을 알고 있었다. 비판
이 공정하고 진정성이 있다면 그것은 우리에게 만족스러운 일이었
다. 그러나 일부 비판자들은 건설적인 평가보다 파괴적인 의도를 가
지고 있었으며, 겉으로는 선의인 것처럼 보이는 비판이 실제로는 부
정적이고 해로운 것으로, 도움보다는 상처를 주기 위해 설계된 것이
었다. 우리는 이러한 공격을 극복하고 신앙에서 영감을 얻어 앞으로
나아갔다.

　　때때로 가장 시끄러운 소리를 내는 이들이 가장 편협한 생각을
가진 사람들일 때가 있다. 이러한 상황은 특히 답답할 수 있는데, 이

들은 무지하거나 제한된 관점에 노출되어 있으며, 다른 사람들의 의견을 공정하게 받아들이기를 거부하고, 자기 의로움에 갇혀 타인의 지적 고양마저 방해하려 한다. 자신들이 끼치는 해로움을 전혀 인식하지 못한 채 말이다. 우리는 이런 상황 속에서도 인내심을 가지고 대처했으며, 많은 전통주의자들이 순수 신학적 분야 외에도 현대 학문 분야에 집중하는 가치를 인정하게 된 것을 기쁘게 생각한다.

어느 신앙에서나 정통적 입장이 가장 안전하다고 여기는 것은 당연하다. 이에 대한 반사적 반응은 이를 자동적으로 보호하려는 행위이다. 하지만 안전하다는 이유가 그것을 숨기기 위한 '안전 담요'가 되어서는 안 된다. 외부 세계와의 상호 작용은 그 세계가 작동하는 수준에서 이루어져야 한다. 따라서 우리는 우리의 입장을 고수했으며, 우리의 사고방식을 설명하면 대체로 비평가들도 전통적 입장이 실제로 어떤 위협도 받고 있지 않다는 것을 이해하는 데 오래 걸리지 않았다. 이들은 이슬람의 본질이 보존되고 있는 동시에 선지자(그분께 평화가 깃들기를) 동료들의 관점에 부합하되, 현대의 지적 발전에 비추어 원천과 사고가 재평가되고 있다는 것을 깨닫게 되었다. 일부 전통주의자들은 인문과 사회과학의 중요성을 이해한 후, 오히려 이에 대해 소중한 기여를 하기도 했다.

그러나 내가 '대체로'라고 말한 것처럼, 모두가 설득된 것은 아니었다. 여전히 많은 사람들이 지적 개혁에 반대하며 고집을 꺾지 않고 있었다. 그들은 설득을 위한 모든 논증에도 불구하고 시간을 초월한 듯한 접근 방식을 고수하며, 현대 생활의 요구를 과거의 역사적으로 확립된 전례를 통해 해결하려고 했다. 이는 자신들이 신앙의 위대한 수호자라고 믿는 잘못된 신념에서 비롯된 것이었지만, 실제로는 과거를 찬양하며 현재의 정체를 영속화하는 결과를 초래하고 있었다. 그리하여 이들은 IIIT의 방법론, 활동, 출판물을 비난하며 그 접근 방식을 반대했다. 그러나 정작 IIIT의 자료를 읽거나 그 정신과 취지를 이해하지 않은 채 비판에 나서는 경우가 많았다.

경직된 태도가 나타나는 곳에서는 중상모략도 멀리 있지 않다. 어느 날 친이슬람 성향으로 여겨지던 한 잡지가 IIIT가 특정 아랍 정부로부터 무슬림 세계에 메시지를 전파하기 위해 1억 달러를 받았다고 주장하며, 우리의 접근 방식을 비하하는 표현으로 '미국 이슬람'이라고 낙인찍었다. 사실 개인적으로 나는 그런 표현을 괘념치 않았다. 미국은 자유의 땅이며 나의 고향이기도 했기 때문이다. 하지만 결국 이는 보는 시각에 따라 다르게 해석될 수 있는 문제였다. 이 중상모략 캠페인은 우리를 지나치게 자유주의적이며, 세속적이고 비영적인 환경에서 형성된 교리를 따르는 것으로 묘사하려는 의도였다. 이는 우리의 신뢰도를 추락시키려는 저열한 공격이었으며, 과거의 의견에 얽매이지 않고 의미 있게 해석하여 현대의 문제를 이해하고 해결하려는 IIIT의 실제 정신에 대한 논의를 이들이 얼마나 조심스럽게 피했는지 알 수 있었다. 그러나 살레 알 사마라이가 우리를 옹호하여 우리를 개인적으로 알고 있으며, 해당 비난은 전혀 근거가 없다고 밝혔다. 또한 이러한 주장을 편 사람들은 증거를 제시해야 한다고 주장했다. 해당 잡지의 편집장을 직접 만나 정보의 출처를 묻는 나에게 그가 대답했다. "아흐마드 토톤지입니다." 내가 깜짝 놀라 대답했다. "내가 바로 그 아흐마드 토톤지입니다! 그리고 나는 이 주장이 거짓임을 단언합니다!" 그럼에도 그들은 정정문을 발표하지 않았다. 우리는 그들을 고소하지는 않았다. 깃털은 늘 부풀어 올라 날리기 마련이라는 걸 알기에 객관적이지 않은 비판에 일일이 대응하는 일은 시간과 에너지, 자원 낭비라고 판단했다. 우리는 하나님께 의지하며 인내했다.

지금까지 IIIT의 활동에 문제를 제기하며 지적으로 맞서려 했던 흐름 중 하나에만 집중했다. 이를 매우 길게 논의한 이유는 누군가 말했듯이, "가까운 사람에게 잘못을 저지르는 일은 날카로운 칼보다 더 깊은 상처를 남긴다"는 말 때문이다.

세상은 정말로 완전히 반대되는 것들로 이루어져 있을까, 아니면 밤과 낮처럼 서로를 보완하는 관계일까? 우리의 삶이 펼쳐지고 세월이 흘러감에 따라, 과거를 되돌아보고 후회의 지혜를 통해 연결점을 찾아내고 패턴을 관찰하는 것은 지혜로운 일이다. 이러한 과정을 통해 얻을 수 있는 통찰 중 하나는, 한때는 완전히 상반된 것으로 여겨졌던 것들이 사실은 상호 보완적이라는 점이다. 이렇게 말하는 이유는, 오늘날 종교가 사회과학이나 자연과학의 연구와 완전히 대립되는 것으로 여겨지고 있기 때문이다. 특히 중요한 고등교육 분야에서 이는 금기를 깨는 행위로 행위로 간주되며, 학생들로 하여금 세상을 이분법적으로 바라보게 만든다. 이러한 접근이 잘못된 이유는 논의에서 하나님이 배제되기 때문이며, 이로 인해 도덕이 상대적 개념으로 자리 잡고, 나아가 거의 모든 것이 상대적으로 여겨진다는 점이다. 도덕적 차원을 고려하며 사물과 학문을 이해하고 연구해야 한다. 이를 보여 주는 사례 중 하나가 1988년 압둘하미드 아부 술레이만이 말레이시아 국제이슬람대학교IIUM에 부임해 커리큘럼을 개편한 일이었다. 그는 신앙과 과학의 분리를 깨기 위해 '계시학 및 사회과학 학부'를 설립하여 이러한 금기를 무너뜨렸다. 그는 계시가 지식을 제공하지 못하며 단지 미신, 우화, 그리고 종교가 만들어 낸 허구에 불과하다는 세속주의자들의 주장에 맞서기 위해 이 작업을 진행했다. 그 결과 매우 독특한 시스템이 마련되었다. 사회과학 학생들에게는 종교학을 공부할 기회가 주어졌고, 종교학을 전공하는 학생들에게는 사회과학 과정을 이수할 수 있는 기회를 제공했다. 이를 통해 두 분야 모두를 이수한 졸업생들은 비슷한 이슬람 대학 졸업생들보다 질적으로 더 높은 수준의 교육을 받을 수 있었다.

종교학과 인문학, 자연과학을 함께 공부한 졸업생들은 그렇지 않은 학생들에 비해 사회 전반에 대한 책임을 더 잘 이해할 수 있었다.

물고기와 낚시법

이러한 철학에 충실하게 우리는 SAAR 재단을 설립했다. 이는 아랍어로 '여행'을 의미하며, 이슬람 자선 활동을 위한 비영리 기금으로 계획되었다. 셰이크 술레이만 알라지히는 이 자선 프로젝트를 개발하기 위해 우리와 협력할 의사가 있었지만, 내가 사우디에 남아 그와 긴밀히 협력한다는 것을 조건으로 내걸었다. 당시 나는 미국으로 돌아갈 준비를 마친 상태였고, 이미 나의 책들과 짐들을 미국으로 보낸 상태였으므로 이 중요한 순간에 앞으로 무엇을 해야 할지 결정하지 못한 채로 11시간이 지났다. 숙고 끝에, 그리고 IIIT 팀의 형제들과 상의한 끝에 나는 이것이 하나님께서 요구하시는 일이라고 여겨 리야드에 남기로 결정했고, 결과적으로 이는 옳은 결정이었다.

나는 SAAR의 최고경영자CEO로 임명되었고, 셰이크 술레이만은 이사회 의장을 맡았다. 이사회는 신앙과 자선 활동에 관여해 온 이상적이고 윤리적인 개혁가와 사상가들로 구성되었다. 업무는 순조롭게 진행되었고, 우리의 일반적인 정책에 따라 점차 업무를 위임하면서 다른 사람들이 경험을 쌓고 상황이 필요할 경우 책임을 이전할 수 있도록 여지를 주었다.

1985년에는 야콥 미르자 박사가 SAAR 재단의 제1부대표로 임명되었다. 우리는 미국·캐나다 MSA에서 수년간 함께 일한 적이 있었다. 미르자는 물리학 박사 학위를 소지하고, 레이저 기술을 전공한 뛰어난 과학자였다. 그러나 그는 성공이 보장된 경력을 뒤로하고 신앙과 관련된 활동에 자신의 재능을 헌신하기로 선택했다. 그는 이전에 북미이슬람신탁을 관리하며 신탁 기금을 개발하고 성장시키는 데 자신의 능력을 입증한 바 있다. 이제 그는 SAAR 팀의 일원이 되었고 나는 그와 다시 함께 일할 수 있게 되어 매우 기뻤다.

항상 강조하듯이, 성공의 공식은 단순하다. 노력, 헌신, 그리고 정직이 그것이다. SAAR도 이상을 실천하는 데 최우선 순위를 두었다. 당연히 기부자들은 기금 관리에 대해 완전한 신뢰를 가져야 했다. 이에 셰이크 술레이만은 주요 기부자의 기업 본사에서 파견한 회계사를 미국 SAAR 재단에 파견했다. 회계사는 수개월에 걸쳐 회계 기록을 검토하고 국제 회계 기준 준수 여부를 확인한 후, 모든 것이 만족스럽다는 결론을 내리고 돌아갔다.

우리가 설립한 프로젝트 중 하나는 방글라데시의 '이븐 시나 제약회사'가 있었다. 이 회사의 목표는 가난한 사람들에게 저렴한 의약품을 제공하는 것이었다. 우리는 또한 축산업과 양계장을 포함한 식량 안보에 초점을 맞춘 프로젝트에 참여했다. 부동산 개발 프로젝트와 첨단 기술 투자에도 참여했는데, 그중 하나는 컴퓨터 회사 '마이렉스'였다. 이 회사는 경영 부실로 파산 위기에 처해 있었으나, 우리가 인수한 후 경영 구조를 개편하여 수익성 있는 기업으로 탈바꿈시켰다. 하나님의 은혜와 훌륭한 경영 덕에 주당 3센트였던 주가는 우리가 회사를 매각할 때 12달러까지 상승했다.

앞서 언급했듯이, 우리는 항상 최선의 경영 관행을 추구하며, 가능한 한 새로운 자본과 유능하고 신뢰할 수 있는 인재에 투자했다. 이러한 노력은 큰 결실을 거두었다. 예를 들어 짐바브웨의 농업 프로젝트에서 우리는 한 농장의 젖소 한 마리당 하루 평균 우유 생산량을 28리터로 증가시켰다. 이는 당시 지역에서는 전례가 없는 성과였으며, 이를 통해 현지뿐 아니라 국제적 상을 수상하기도 했다.

우리는 투자한 모든 국가의 현지 무슬림들이 우리의 사업 방식을 이해하고, 익숙해지도록 최선을 다했다. 그들과 함께 한 걸음씩 협력하며, 충분히 훈련된 시점이 되면 책임을 이양했다. 예를 들어 방글라데시의 이븐 시나 제약회사의 경우, 회사가 안정적으로 수익을 내기 시작하자 SAAR의 모든 지분을 현지 기반의 이븐 시나 자선 재단에 기부했다.

"물고기를 주면 하루를 먹여 살리지만, 낚시하는 법을 가르치면 평생을 먹여 살릴 수 있다"는 작은 지혜의 말처럼 그 원칙을 실천했다.

인적 자원과 비즈니스에 대한 투자

자본은 비교적 쉽게 찾아 투자할 수 있지만 사람은 그렇지 않다. 그러나 많은 것은 사람에게 달려 있다. 많은 성공 기업은 물리적 자산

보다 인적 요소에 더 의존하며, 바로 이점이 우리에게 지속적 문제로 작용했다. 자선가들은 종종 프로젝트에 자금을 신속히 투입하는 데는 적극적이지만, 자금이 마련된 후 실제로 프로젝트를 운영하는 사람들에 대해서는 거의 신경 쓰지 않는 경우가 많다. 이로 인해 자원이 낭비되는 것은 안타까운 일이다. 예를 들어 학교나 모스크를 건설하는 일은 쉽지만, 교사가 부족하거나 이맘이 지식이 없다면 그것이 무슨 소용이겠는가?

우리는 더 어려운 길을 선택했다. 전체 과정을 관리하며, 특히 프로젝트를 진행하기 전에 적합한 인재, 가능하면 현지 인재를 찾아 훈련하는 데 관여했다. 어떤 프로젝트든 경영진이 강하고 견고해야 했다. 이것은 우리 비즈니스 모델의 핵심 특징이었지만, 높은 전문성을 가진 인재를 찾는 일이 쉽지는 않았다. 따라서 우리는 장학금을 지원하며, 인적 자원에 대한 투자를 가장 중요한 우선순위 중 하나로 삼았다.

미국에서 우리는 초보였지만 기꺼이 위험을 감수하며 양계 사업에 뛰어들었다. 한 번 더 우리의 비즈니스 모델과 업무 윤리가 빛을 발했고, 20년 넘게 미국 양계 산업에서 최고 수준의 생산 수준을 기록하며 새로운 역사를 썼다. 어떻게 양계업에 뛰어들게 되었을까? 조지아주에서 7명의 동업자가 운영하던 양계장이 내부 갈등으로 매물로 나왔고, 우리는 이 기회를 접했다. 전문가들과 상의한 결과, 이 사업은 추가 개발 가능성이 있으며, 가격도 합리적이라고 판단했다. 인수 후 우리는 재조직과 갱신 프로그램에 착수하여 생산 능력을 6배 늘리고 생산 비용을 상당히 줄이는 결과를 가져왔다.

유대 쌓기

많은 사람들이 우리의 활동을 통해 우리를 알게 되었고, 부정적 언론 보도를 접할 때마다 우리의 진실성을 증언하며 응원해 주었다. 우리는 비무슬림 공동체와도 많은 가교를 세웠다. 예컨대 조지아 양계장 책임자의 아들이 교통사고로 사망했을 때, 나는 개인적으로 그의 장례식에 참석했으며, 장례식 전 애도 기간 동안 그의 가족과 함께했다. 이러한 소박한 배려와 연민이 관계를 강화하고, 유대감을 형성했다.

우리의 사업적 성공과 인도적 활동, 그리고 엄격한 원칙은 날로 커져 가는 지역 무슬림 공동체에도 영향을 미쳤다. 그들은 한 주택을 임시 모스크로 사용하고 있었는데, 우리는 그들이 더 나은 장소로 모스크를 옮기도록 도왔고, 아이들을 위한 아랍어 수업을 마련해 사회적·교육적 활동의 중심지가 되도록 지원했다. 이와 함께 지역 주민들과도 좋은 관계를 형성했다.

또 다른 프로젝트로 남미 칠레의 한 목장 운영이 있었다. 이 목장은 엄청난 부채로 심각한 어려움에 처해 있었는데, 우리는 이를 인수한 후 하나님의 축복으로 연구 분석하여 계획을 세우고, 생산 및 마케팅을 혁신했다. 그 결과 우유 생산량은 칠레 시장의 3/4을 충족시킬 정도로 증가해 마치 풍요로운 우유의 샘이 된 듯했다. 인수 당시 2,000두였던 젖소 사육 두수는 매각 시점에 2만 마리로 늘었다. 우리가 목장을 운영했던 9년 동안의 수익은 상당했다.

목장 외에도 칠레에서 사과 농장과 사과 주스 공장에 투자했다. 이 공장은 다른 주스 공장들과 통합되고 개선되어 지역에서 가장 큰 공장이 되었다.

모든 것은 하나님의 뜻과 설계에 따른 것이다. 우리는 비즈니스 모델을 세우고, 최선을 다하며 정직하게 일했고, 이익보다는 사람을 우선으로 생각했다. 실제로 우리는 칠레 산디에고에 무슬림 공동체를 위한 모스크와 이슬람센터를 설립했다. 오사마 아부가잘라 형제가 비용의 절반을 부담하기로 동의하여 함께 참여했다. 하나님께 감사하게도, 이 센터는 수년 동안 지역 무슬림 공동체를 매우 잘 돌봐 주었으며, 나는 매우 기쁘게 생각한다. 많은 지역 주민들이 이슬람을 받아들였고, 자선 활동에도 기금을 기부했다. 물론 우리에게 마이다스의 손은 없어 늘 성공으로만 이어진 것은 아니었다. 워싱턴 D.C.에서 2007~2008년 부동산 시장 붕괴로 우리의 몇몇 부동산 투자가 실패를 겪었고, 이는 심각한 심각한 재정적 문제를 초래했다. 하지만 다행히도 한 바구니에 모든 달걀을 담지는 않아, 분산 투자를 통해 손실을 극복할 수 있었다.

우리가 했던 모든 일의 우여곡절 속에서도, 우리의 궁극적인 목표는 하나님의 기쁨을 위해 일하는 것이었음을 강조하고자 한다. 우리는 늘 하나님께 초점을 맞추었다. 이 세상에서 선을 실현하기 위해 노력하는 과정에서 수고와 피로가 무슨 대수겠는가? 나는 전능하신 하나님께서 우리에게 베푸신 보상에 대해 항상 놀라움을 금치 못한다.

IIIT의 새로운 방향

IIIT의 기본 비전은 항상 지식의 발전에 중점을 두었으나, 최근 몇 년간 그 관점은 교육적 추진력을 포용하는 방향으로 확장되었다. 무슬림 사회 교육 발전 프로젝트Advancing Education in Muslim Societies, AEMS는 IIIT의 현재 교육 계획으로 전 세계 교육 위기에 대응하고 자 하는 목표를 가지고 있다. 이 프로젝트는 효과적인 연구와 방법 을 제공하여 학생들에게 풍부한 지식과 역량을 갖춘 생산적 개인으 로 성장할 수 있도록 지원한다. 이를 통해 사회와 인류 전체의 발전 에 기여하는 가치와 도덕을 심어 주는 것을 목표로 하고 있다. 이 프 로젝트는 여러 국가에서 통계 기반의 현장 연구를 수행하며, 이러한 연구는 단순히 주제들에 대한 개념적 이해 향상을 넘어 무슬림 사회 의 기존 종교 및 일반 교육 시스템에 실질적으로 통합할 수 있는 지 침을 제공하는 데 중점을 둔다.

IIIT 출판 및 번역 프로그램은 여전히 연구소의 대표적인 창구 로 핵심적인 지적 주제, 그리고 인식론적 문제들을 다룬다. 이는 시 간과 공간의 맥락에서 그 방법론과 중요성이 있는 관련 문제들에 대 해 가치를 부여하고 적절한 응답을 제공하는 것을 목표로 한다. 책 과 연구 논문의 형태로 주요 저작물을 제작하여 폭 넓은 담론을 자 극하는 것이 주요 목적이다.

우리가 설정한 목표는 결국 우리가 달성해야 할 몫이다.

제11장

신의 기쁨을 위한 탐구

"이슬람을 받아들인 후 받을 수 있는 가장 큰 축복은 믿음 안에서 의로운 형제[또는 자매]를 얻는 것입니다. 그러니 여러분 중에 그런 형제[또는 자매]로부터 친절을 받았다면, 그들을 꼭 붙잡으세요."_우마르 이븐 알-카타브

셰이크 술레이만 알 라지

셰이크 술레이만 빈 압둘아지즈 알 라지(1929년생)는 사우디아라비아 기업인으로 억만장자이다. 외부 세계에서는 그를 세계에서 가장 부유한 사람 중 한 명으로 알고 있으며, 무슬림 세계는 그를 저명한 자선가로 알고 있을지 모르지만 내가 아는 그는 신앙심 깊고 성실하며 겸손한 사람이었다. 그가 빈곤에서 부를 이루기까지의 이야기는

그를 타락시키지 않았으며, 그는 그 막대한 재산의 상당 부분을 자선 활동에 기꺼이 사용하기 위해 끊임없이 노력했다.

우리는 이전에도 여러 프로젝트에서 함께 일한 적이 있었지만, SAAR 재단을 통해 더 깊이 연결되었고, 더 가까워졌다. 알 라지의 자선 활동은 나와 마찬가지로 계획적인 기부를 기반으로 했다. 나는 그의 그러한 특성을 매우 존경했다. 그는 단순히 어떤 사업을 시작하고 자금을 제공한 뒤 떠나는 그런 사람이 아니었다. 대신 그가 시작한 자선 프로젝트와 아이디어에 헌신적으로 참여하며, 각 프로젝트의 상태를 분석하고 개선을 제안하며, 현지 직원들과 직접 소통하여 상황을 점검하고 노력과 추진력을 독려했다. 또한 다른 사람들의 삶을 어떻게 개선할 수 있을지에 대한 아이디어를 끊임없이 제시하곤 했다. 그는 신앙의 원칙을 충실히 따르며 살았고, 주위의 많은 이들에게 진정한 영감을 주는 스승이었다. 나를 포함하여 그의 곁에 있던 사람들이 그의 본보기로부터 배울 것이 없었던 경우는 거의 없었다. 최고경영자에서 소박한 사람에 이르기까지 그는 모든 이를 신앙에 기반한 존경과 경의로 대했으며, 이는 그의 인격과 믿음을 잘 보여 주는 것이었다.

우리는 12년 동안 무려 60여 개국을 함께 방문했고, 이 모든 과정에서 그는 수백만 달러 규모의 사업을 운영하고 있었다. 분명 많은 돈을 벌었지만, 그의 가장 깊은 가치는 분명히 다른 곳에 있었다. 방문 일정은 항상 같은 패턴으로 진행되었다. 비행 중에 나는 그에게 관련 프로젝트에 대한 자세한 브리핑을 했다. 프로젝트의 목표, 성과, 세부 사항, 역사, 개선해야 할 영역, 관리 책임자 등에 대해 설명하여, 그가 현지에 도착했을 때 충분한 정보를 갖추고 준비된 상태로 임할 수 있도록 했다. 다른 곳에서도 언급했듯이 모든 사업의 진정한 토대는 사업을 구성하는 사람들이다. 그러나 세상에는 많은 지적 사람들이 있음에도 신뢰할 수 있고 유능한 사람을 찾기는 결코 쉽지 않다. 바로 여기서 과거에 내가 했던 수많은 여행들, 특히 1970년 첫 세계 일주 여행이 큰 결실을 맺게 되었다. 다른 사람들의 삶을 개선하기 위해 노력하면서, 나는 그 사회에서 제공할 수 있는 가장 뛰어나고 똑똑한 사람들을 만나 왔고, 이제 그들의 재능과 능력을 우리의 작업에 활용할 수 있었다.

원칙

알 라지와 함께 일한다는 것은 일련의 원칙에 따라 일하는 것이었다. 그중 하나는 이미 언급한 바와 같이 헌신과 열정을 가지고 최선을 다하는 것이었다. 또 다른 원칙은 철저한 계획이었다. 단순히 돈을 쏟아붓는 것만으로 프로젝트가 성공하고 세상이 더 나아지지는 않는다. 신중한 관리가 필요하다. 알 라지는 자신의 시간과 풍부한 경험, 그리고 아낌없이 자금을 제공하며 전방위적으로 기여했다. 또 하나의 원칙은 완전한 투명성이었다. 이는 단순히 자금 관리뿐 아니라 업무의 모든 영역에 해당했다. 따라서 보고서는 목표, 방법, 활동 등에 대해 지속적으로 작성되었으며, 그 결과가 긍정적이든 부정적이든 상관없이 그에게 완전한 최신 정보를 제공했다. 그는 비판보다는 각 과정을 간소화하여 최선의 결과를 도출하는 데 집중했다.

또 다른 중요한 원칙은 상호 협의, 즉 꾸란에서 말한 알-슈라*al-Shura*였다. 이는 꾸란의 중요한 지침으로, 그 용어로 이름 붙여진 장

(수라 알-슈라)이 별도로 있을 정도이다. 따라서 알 라지는 이를 매우 존중했으며, 독단적인 관리 스타일이나 자만심과는 거리가 멀었다. 그는 의사 결정 과정에서 집단적 참여를 중시했다. 따라서 우리는 모두 보고서를 검토하며 협력하고, 가지고 있는 증거를 바탕으로 의견을 제시하며, 필요에 따라 논쟁하거나 대안을 제시하거나 수정할 자유를 가졌다.

마지막으로, 다른 모든 원칙을 지배하는 가장 중요한 원칙은 '순수한 의도'였다. 다시 말해, 우리가 하는 일이 하나님을 위한 것이라는 믿음이었다. 이 개념을 진정으로 내면화하면 두 가지가 생겨나는데 첫째, 창조주에 대한 순종에서 비롯된 겸손함으로, 우리의 진정한 보상은 내세에 있다는 믿음이다. 둘째는 이 행위를 예배의 한 형태로 만들어 마음을 통해 더 깊이 참여하게 만든다는 것이다.

순수한 의도는 산을 옮길 수도 있다

우리는 미국의 30개 주를 포함한 대장정을 진행하며 칠레, 아르헨티나, 콜롬비아, 파라과이를 방문하는 등 라틴 아메리카에서의 활동을 조율했다. 아르헨티나의 부에노스아이레스에서 뉴질랜드 오클랜드까지 육지와 바다를 오가는 13시간의 고된 비행을 했다. 이 여정은 우리를 지치게 했고, 나는 시차 때문에 혼란을 겪었다. 심지어 여행가 이븐 바투타도 우리가 방문한 나라와 여정의 규모에 놀랐을 것이다. 우리는 더 젊었고, 따라서 더 강인했을 수도 있지만, 이 여행이 요구했던 체력은 나이와 관계없이 누구에게나 큰 도전이었을 것이다. 열정이 우리를 지탱했고, 우리가 하나님의 일을 하고 있다는 믿음, 그리고 우리의 노력이 다른 사람들의 삶의 변화를 가져올 것이라는 확신이 우리를 앞으로 나아가게 했다. 호주에서는 시드니와 멜버른을 방문했고, 이어서 여러 차례 인도네시아로 향했다. 특히 1987년 알-라지은행 및 투자법인이 설립된 이후에는 더 자주 방문했다.

지구는 다시 회전했고, 이븐 바투타가 한때 그랬듯이 우리는 웅장한 나라 중국에 도착했다. 나는 세계에서 가장 오래된 문명 중 한 곳에 발을 들인 탐험가가 된 기분이었다. 중국은 여전히 자신만의 방식으로 불가해한 면모를 지니고 있었다. 고대와 현대가 묘하게 공존하며, 공기는 시대의 향기와 산업의 어두운 스모그로 가득 차 있었다. 아름다운 중국의 탑들이 여기저기 점처럼 흩어져 있는 가운데, 차가운 콘크리트 직사각 고층 빌딩들이 우뚝 솟은 스카이라인은 마치 잡초 사이를 헤집어 나온 꽃과도 같았다. 슬펐다. 중국 건축은 독특한 형태를 가지고 있으며, 고요하고 평화로운 선을 따라 시선을 붙들어 매고, 그 리드미컬한 유동성은 중국 무슬림들이 건축한 마스지드에도 반영되어 있었다. 흥미롭게도 이곳 마스지드에는 돔이 없었다.

중국에는 상당한 무슬림 인구가 있으며, 우리는 3개 성에서 무슬림들의 현황을 확인하며 그들을 방문했다. 또한 일부 중국 학생들이 말레이시아, 파키스탄, 이집트 등 여러 나라에서 공부할 수 있도록 장학금을 확보하는 등 우리가 할 수 있는 도움을 제공했다.

중국 방문에 관해서는 한 권의 책을 쓸 수 있을 정도로 많은 이야기가 있지만, 잘 알려지지 않은 무슬림 세계의 일부다. 하지만 지면의 한계로 중국을 떠나 방글라데시로 이야기를 이어 간다. 방글라

2016년. 나는 중국에서 열린 제1회 일대일로 국제 회의에 참석했다. 나는 가운데 줄 중앙에 자리했으며, 왼쪽에는 태국의 이스마일 루트피, 오른쪽 세 번째 자리에 캄보디아의 파리드 후세인 IIIT 대표가 있다. 내 아내 메이순이 오른쪽 첫 번째에 있고, 다토 자밀은 오른쪽 다섯 번째에 있다.

데시에서는 무슬림 공동체 일부 구성원들이 이슬람은행을 설립하려는 노력이 기억에 남는다. 그들은 계획을 입안해 법적 허가를 획득하고 가능한 모든 필수 서류를 완료하는 데 성공했다. 그러나 은행의 초기 자본금을 300만 달러로 운영해야 한다는 조건에 밀려 진행이 중단되었다. 방글라데시 내에서 50만 달러를 모았고, 사우디아라비아 일부 사업가들로부터 추가 자금을 확보했지만, 여전히 최종 금액에는 한참 못 미쳤다. 시간이 점점 부족해지고 있었다. 흔히 말하듯 현실은 소설보다 더 기묘하다. 문제가 제기되었을 즈음 리야드의 한 병원에서 방글라데시 형제들과 함께 회의를 열며 기금 모금을 위해 노력하는 나 자신을 발견했다.

1981년, 셰이크 알 라지는 형과 함께 주말에 사막 여행을 가던 중 심각한 교통사고를 당했다. 하나님의 은혜로 그들은 살아 남았다. 놀라운 전환 속에서 우리는 그들의 건강을 주의 깊게 살피며 병상에 앉아 사실과 파일, 수치를 검토했다. 간호사들은 밖에서 대기하고 있었다. 셰이크는 이 프로젝트의 가치를 확신했고, 부족한 자금을 확보했으며 알 라지 법인 소유로 등록된 은행의 창립 자본금 중 40%를 제공했다.

1985년. 맨 왼쪽에 서 있는 방글라데시 이슬람은행의 초대 은행장 무함마드 라쉬카르와 경제 문제 및 개발 프로젝트에 대해 논의하는 모습

앞서 말했듯이 알 라지는 비범한 사람이자 뛰어난 자선가였다. 이를 잘 보여 주는 사례 중 하나가 1982년의 사건이었다. 당시 방글라데시는 대홍수로 많은 사람이 죽거나 생계 수단을 잃었다. 셰이크 알 라지는 솔선수범하여 그해의 수익금 전액을 방글라데시의 구호 활동을 지원하기 위해 기부했다. 이 관대한 행동은 당시 나에게 깊은 인상을 남겼다. 그는 단순히 선을 행하려는 의도를 넘어 그것을 진심으로 실천한 사람이었다. 자연재해에 대한 대응을 넘어, 방글라데시 이슬람은행은 빈곤층과 이재민을 돕기 위한 자선 활동에도 큰 역할을 했다. 이를 통해 많은 사람들이 이슬람 활동의 가치를 실질적으로 깨닫게 되었다. 방글라데시 이슬람은행은 알-라지은행 및 투자법인의 주거래 은행이 되었고, 결국 방글라데시에서 가장 큰 은행으로 성장했다. 또한 제다에 본부를 둔 이슬람개발은행도 이 은행을 통해 방글라데시에 자선 기부금을 보냈다.

벽이 무너지다

1989년, 전례 없는 사건이 벌어졌다. 베를린 장벽이 무너지는 것을 보기 위해 수많은 인파가 모였다. 그 벽돌들이 무너지면서 우리의 생각은 철의 장막 뒤에 있던 무슬림 공동체로 향했다. 독일의 분단 종식은 이 공동체들이 무슬림 세계의 나머지 부분과 단절되었던 기간의 종결을 의미했다. 공산주의의 붕괴와 함께 우리는 갑작스럽게 새로운 활동의 기회를 맞이했다. 이전에는 불가능했던 구소련 지역 무슬림 공동체들과의 접근이 현실로 다가왔기 때문이다. 1991년과 1992년, 우리는 지체 없이 아제르바이잔에 사무실을 설립했다. 당시 우리가 무엇을 기대해야 할지 알 수 없었지만, 공산주의의 어려운 시절을 견뎌 낸 사람들의 곤궁한 삶은 의심의 여지가 없었다. 그것이 어떠한 모습으로 남아 있는지는 감을 잡기 어려웠다. 하지만 신앙을 가진 사람들은 강인하다. 공산주의의 무신론 국가 정책에도 불구하고 신앙의 촛불은 계속 타오르고 있었다. 글라스노스트와 페레스트로이카는 신앙 기반 활동들이 조금씩 서서히 등장할 수 있는 길을 열었다. 우리는 초기 무슬림 부흥을 지원하며 최선을 다해 공동체를 도왔다. 초기에는 언어가 가장 큰 문제였고, 이 문제를 우려하던 중 하나님의 은혜로 러시아어는 물론 아제르어, 타타르어, 그리고 튀르키예어까지 유창하게 구사하는 아랍인 형제를 만나게 되었다. 그는 무슬림들을 도우려는 노력으로 박해를 받아 러시아에서 추방되었지만, 이후 러시아 시민권을 획득하고 모스크바에서 살며 러시아 의회(어니스트 술타노프 의원이 이끄는 46명의 무슬림 의원으로 구성된 두마)의 무슬림 의원들과 긴밀히 협력했다. 이 아랍 형제, 술타

노프 의원을 비롯한 여러 사람들은 지역 무슬림 공동체뿐만 아니라 무슬림 세계와 러시아 정부 간 평화적 관계를 구축하기 위해 노력한 특별한 인물들이다.

1995년. 아제르바이잔 바쿠에서 열린 회의. 헤이다르 알리예프 대통령이 연설하고 있다. 나는 통역 장비를 귀에 대고 그의 말을 듣고 있다. 내 왼쪽에 칼레드 아부나흘레가 있다.

철의 장막이 걷히면서 셰이크 알 라지와 협력하여 우리는 러시아로 여행을 떠났다. 우리는 모스크바에서 시작하여 여러 신앙 활동가들을 만난 후 타타르스탄의 카잔을 방문했다. 이후 우리는 전세기를 빌려 카자흐스탄, 키르기스스탄, 타지키스탄, 우즈베키스탄, 투르크메니스탄, 아제르바이잔, 체첸, 카라차이-체르케시야 공화국을 방문하여 코카서스 지역 전체를 조망하며 무슬림 공동체의 구체적인 문제, 필요, 요구를 파악했다. 우리는 공산주의 시대를 살아오고 견뎌 낸 그들의 강렬하고 감동적인 삶의 이야기를 들었고, 무슬림 공동체의 고위 관리 및 대표들을 만났다. 우리는 그들의 신앙 활동을 돕고, 다와 활동가와 교사를 임명하고, 러시아어로 된 이슬람 문헌을 번역하고 인쇄하여 배포하는 일을 진행했다.

러시아와 코카서스 지역에서의 우리의 활동은 아시아, 아프리카, 아메리카에서 했던 일과 크게 다르지 않았다. 다만 이 지역에서는 특히 더 심각하게 파괴된 공동체들과 마주해야 했다. 이들은 다른 신앙을 가진 사람들과 마찬가지로 억압된 종교 환경에서 때로는 반종교적 법률하에서 수십 년을 살아 왔다. 따라서 우리가 직면한 도전은 더 컸다. 우리는 유망한 학생들을 찾아 그들에게 장학금을 제공하여 다양한 대학에서 공부할 기회를 마련했다. 예컨대 알바니아 학생 50명이 말레이시아 쿠알라룸푸르의 국제이슬람대학교IIUM에서 공부할 수 있도록 후원했다. 이후 우리는 구소련 지역으로 23개의 지사를 설립하여 사업을 확장했다. 처음에는 러시아어로 된 이슬람 출판물을 배포하는 데 주력했고, 이후 아제르어, 키르기스어, 카자흐어, 타타르어 등 현지 언어를 추가했다. 팸플릿, 소책자, 서적을 번역, 인쇄, 배포하는 데 많은 노력이 필요했고, 앞서 공산주의에서 민주주의로의 전환을 겪는 국가들에 적합한 문헌을 우선적으로 선택해야 했다. 이는 매우 큰 과업이었지만, 우리는 이를 수행하며 각국 공동체를 지원하고자 최선을 다했다.

우리의 초점은 책과 소책자에서 점차 기도, 신앙, 형제애, 가치, 그리고 이슬람 윤리와 같은 사회적으로 중요한 문제로 발전했다. 우리는 다양한 캠프 프로그램을 수립했으며, 각 캠프는 이동 비용을 절감하기 위해 지역에서 개최하였다. 이 캠프에서 가장 유망한 상위 10%의 학생들을 선발하여 이집트, 수단, 파키스탄, 말레이시아에서 학업을 이어 갈 수 있도록 후원했다.

우리의 전략은 구소련 무슬림 공화국 중 인구 밀집도가 높은 지역에 캠프를 조직하는 것이었다. 또한 무슬림 신앙과 자선 활동의 지위를 향상시킬 수 있는 젊은 인재들을 모집하고 선발했다. 우리는 이들에게 장학금을 지급하고, 각 그룹을 50명씩 나누어 말레이시아 국제이슬람대학, 파키스탄, 이집트, 시리아, 수단 등의 대학으로 보냈다. 우리는 이들이 단순히 샤리아 학문과 이슬람학에만 전념하지 않고 자연과학이든 사회과학이든 현대 학문도 함께 전공할 것을 제안했다. 우리는 이들이 교육받은 모범 시민으로서 사회를 발전시키고, 신앙을 삶의 씨줄과 날줄처럼 일상에 스며들게 하는 방법을 지역 사회 구성원들에게 가르칠 수 있는 씨앗이 되기를 바랐다. 이들은 오랜 기간 널리 퍼진 무신론적 철학 아래서 오랫동안 살아왔기 때문에 종교적 가치와 이상, 그리고 계시된 메시지 전체를 그들의 정신에 다시 재확인시켜야 했다.

우리는 쿠웨이트와 다른 지역 이슬람 단체들이 구소련 지역에서 활동에 참여하도록 장려했다. 예를 들어 국제이슬람자선기구IICO 산하 아시아무슬림위원회는 이 지역에서 많은 노력을 기울였으며, 다양한 자선 단체들도 이 활동에 동참했다.

인재 유출, 임시 변통과 근본적 해결책

우리가 취약한 사회 기반을 강화하기 위해 젊은 인재를 훈련시키는 동안 또 다른 문제가 우리의 노력을 방해하고 있었다. 가장 뛰어나고 유능한 인재들이 떠나면 누가 사회를 발전시킬 수 있을까? 이를 통해 말하고자 하는 것은, 숙련된 인재를 양성하고 훈련시켜도 그들이 기술과 지식을 가지고 다른 곳으로 떠난다면 그 노력의 의미는 크게 퇴색된다는 점이다. 안타깝게도 고도로 숙련되고 교육받은 사람들이 더 나은 삶을 찾아 서구 세계로 대거 이주하는 현상은 무슬림 사회를 개선하려는 우리의 노력에 부정적 영향을 미쳤다. 한쪽의 이득은 다른 한쪽의 손실을 동반한다. 이는 마치 새는 양동이를 채우거나 두 개의 상반된 힘이 서로를 상쇄하는 것과 같다. 물론 그들을 비난할 수는 없다. 더 높은 임금, 정치적 억압으로부터 자유, 자녀를 위한 양질의 교육 등, 누가 그것을 마다할 수 있겠는가? 하지만 이 경우 우리에게 남는 것은 딜레마이다. 국가의 상황을 개선하기 위해 숙련된 인력이 머물러야 하지만, 가족의 상황을 개선하기 위해 떠날 필요도 있다는 모순된 상황이다.

사회 환원의 중요성을 가르치려고 노력했던 한 사람이 있었다. 바로 이스마일 알-파루끼다. 4장에서 언급했지만 독자들에게 상기시키고 조금 더 부연하자면, 그는 그의 고향인 팔레스타인 하이파에서 시장, 사업가, 그리고 건설업자로 활동했다. 그러나 그를 가장 잘 정의하는 것은 학자로서의 업적과 이슬람 및 비교 종교학 분야의 권위자로서의 명성이었다. 이후 그는 캐나다로 이주하여 이슬람학 분야에서 서구에서 가장 권위 있는 대학 중 하나인 맥길대학교에서 강의했다. 그곳에서 그는 『기독교 윤리: 그 지배적 사상의 역사적이고 체계적인 분석』(맥길대학 출판부, 1967)이라는 중요한 저서를 집필했다. 이후 미국으로 건너가 뉴욕의 시라큐스대학교와 펜실베이니아주 필라델피아에 있는 템플대학교 종교학과에서 강의했다.

펜실베니아에서는 다양한 과학 분야의 전문가로서 신앙 활동에 적극적으로 참여하는 뛰어난 무슬림 학자들과 교류했다. 이들은 그에게 강한 영향을 미쳤고, 이는 그가 이슬람 사상가로 점점 더 다가가게 만들었다. 그는 이후 아랍 민족주의적 관점을 버리고 이슬람 국제주의적 관점을 채택하게 되었다.

알-파루끼는 혼자가 아니었다. 그와 같은 시기에 이슬람 사상과 철학의 거장으로 동양과 서양 모두에서 당대와 후대에 걸쳐 영향을 미친 두 명의 사상가가 더 있었다. 그들은 시카고에 살던 파키스탄 출신의 파즐루르 라흐만과 워싱턴 D.C.에 살던 이란 출신의 사이드 후세인 나스르가 바로 그들이다.

알-파루끼와 그의 아내는 우리 모두에게 영적 부모와 같은 존재였다. 그의 제자들과 동료들은 물론 특히 아프리카계 미국인들 사이에서 그를 추종하는 사람들이 그와의 교류를 갈망했다. 그는 그들을 집으로 초대해 대규모로 환대했고, 라마단 기간에는 이프타르*Iftar, 금식 종료 식사*와 수후르*Suhur, 금식 전 식사*를 제공하곤 했다. 이러한 따뜻한 환경은 영성을 고취시키고 관계를 강화하며 강한 형제애의 유대를 형성하는 데 기여했다. 알-파루끼는 자신의 학생들이 전 세계 무슬림들로 구성되어야 한다고 확신했다. 그래서 우리는 그와 함께 공부할 가장 뛰어나고 유망한 인재들을 찾기 위해 노력했으며, 그들에게 장학금을 제공했다. 실제로 그는 당대의 가장 뛰어난 무슬림 학생들을 지도하고 길러 냈다.

알-파루끼는 자신의 지식과 전문성을 아낌없이 나누며, 말레이시아에서 모로코, 미국에 이르기까지 동서양을 끊임없이 여행하며 무슬림 공동체와 소통했다. 그의 명성과 카리스마는 대통령과 총리를 포함한 많은 저명한 인사들마저 그의 만남을 원하게 만들 정도였다.

그의 가장 위대한 공헌 중 하나는 아마도 이전 장에서 설명한 '지식의 이슬람화' 철학을 개발한 것이다. 다시 강조하자면, 이 노력은 무슬림 문명의 기여를 반영하기 위해 무슬림 세계 내의 사회과학의 개혁을 목표로 했다. 이와 관련하여 알-파루끼는 사우디아라비아 리야드의 이맘무함마드빈사우드대학교에 사회과학대학을 설립하는 데 도움을 주었으며, 사회과학자들로 구성된 위원회를 이끌었다.

비교 종교학의 대가였던 그의 대표적인 활동 중 하나로 미국 종교학회 연례 학술대회에서 수행한 다양한 활동을 꼽을 수 있다. 이 학술대회에서 유대교, 기독교, 이슬람교, 불교, 힌두교에 관한 강연이 열렸으며, 그는 이 종교 공동체의 지도자들을 초청하여 이슬람에 대한 자신의 생각을 모든 이들에게 직접 소개했다. 그의 학문적 깊이는 그가 IIIT의 요청에 따라 집필한 이슬람 입문서에서 잘 드러난다. 그는『타우히드: 사상과 삶에 대한 그 함의*Tawhid: Its Implications for Thought and Life*』라는 제목의 걸작을 만들어 냈다. 또한 그는 이슬람 용어를 설명하고 분석하며, 영어권에서 이슬람 어휘를 확산시키는 기념비적 작업에도 참여했다. 이와 관련하여 그는 잘못된 번역과 음역으로 의미가 왜곡된 용어, 구문, 단어 및 개념을 명확히 하기 위해 이슬람 문학, 문화, 문명에 관심 있는 연구자, 작가, 학자 및 기타 사람들을 위한 매뉴얼로『이슬람 영어를 향하여*Toward Islamic English*』를 저술했다.

알-파루끼의 부인인 라미야 알-파루끼도 저명한 학자일 뿐만 아니라 다재다능한 여성이었다. 그녀는 남편의 지식과 지혜의 울타리 안에서 이슬람 가르침을 흡수하며,「이슬람 예술」이라는 박사 학위 논문을 통해 이 분야에 대한 지식을 크게 확장했다. 라미야 또한 남편과 함께『이슬람 문화 지도*The Cultural Atlas of Islam*』라는 매우 중요한 책을 공동 집필했으며, 이 책은 이슬람 문화에 대한 종합적인 이해를 제공한다. 그녀는 알-파루끼에게는 가정뿐 아니라 정신적 동반자였으며, 남편의 복잡한 사상을 함께 논의하고 그의 글을 가장 먼저 읽으며 문장을 다듬는 등 지적 조력자 역할을 했다. 알-파루끼 가정의 지적 생산성은 내가 경험한 그 어떤 것과도 비교할 수 없었다.

라미야는 모든 학생들에게 자신의 집과 마음의 문을 활짝 열어 주며 대리모 역할을 했고, 나눔과 깊은 통찰의 환경을 조성했다. 그녀는 다른 사람들이 간과한 분야를 탐구하며, 이슬람 문명에서 예술이 차지하는 가치를 밝혀 냈다. 그녀의 연구는 끊임 없었으며, 이 분야에 관한 글을 끊임없이 썼다. 그녀의 연구는 미국 학계에서도 인정받아 이슬람 문화에서 예술의 가치와 이슬람 문명이 이 분야에서 이룬 발전을 조명했다. 그녀는 또한 『꾸란 사회의 여성*Women in a Qur'anic Society*』이라는 중요한 책을 저술하기도 했다.

그러나 그 모든 빛이 꺼졌다. 1986년, 두 사람 모두 암살당했다. 나는 물론 모두가 큰 충격에 빠졌다. 이스마일과 라미야의 매혹적인 관대함, 지성, 그리고 존재감이 사라졌다는 사실, 그들의 참혹한 죽음, 인간의 생명을 아무렇지도 않게 빼앗을 수 있는 인간의 타락함, 이 모든 것들이 나를 충격에 빠뜨렸다. 이후 진행된 살인 사건 수사로 그 충격은 더욱 가중되었다. 슬픔의 안개가 걷히기까지는 오랜 시간이 걸렸다고만 말하겠다.

말레이시아 국제이슬람대학교

안와르 이브라힘은 IIIT 설립 초기, 이사회 멤버이자 창립 멤버 중 한 명이었다. 그는 말레이시아 정부 장관으로 재직 중, 말레이시아 국제이슬람대학교International Islamic University Malaysia, IIUM를 구하는 데 우리의 도움을 요청했다. 그는 IIUM의 졸업생들이 국가에 기여할 수 있는 잠재력을 믿었고, 이 대학이 말레이시아 학생들이 전 세계에서 온 학생들과 교류하며 교육적 경험을 향상시키고, 긍정적인

2006년. 왼쪽부터 히샴 알탈립 IIIT 총장. 그 옆에는 다토 세리 안와르 이브라힘 말레이시아 총리 겸 IIUM 총장. 오른쪽은 압둘하미드 아부술레이만 전 IIUM 총장. 나는 그의 오른쪽에 있다.

글로벌 교류의 토대를 마련할 수 있는 장이 되기를 바랐다. 이렇게 우리는 IIUM과 연계된 활동을 시작하게 되었다. 가장 중요한 프로젝트 중 하나는 일반 커리큘럼에 이슬람 유산에 대한 지식을 추가해 경험에 깊이를 더하는 것이었다. 우리는 계획하고, 개선하며, 개혁하는 작업을 시작하여, 모든 학문 분야에서 900명 이상의 교수진과 전 세계에서 온 15,000명이 넘는 학생을 모집하는 데 성공했다. IIUM은 1988년까지 800명의 학생으로 이루어진 소규모 대학으로 알아즈하르대학교의 한 셰이크가 총장을 맡고 있었지만, 새로운 접근 방식과 함께 세계적 수준의 종합 대학으로 성장할 준비를 하고 있었다. 이 대학은 분명한 비전과 사명을 가지고 있었고, 특히 사회과학 및 인문학을 이슬람학과 샤리아 학문과 조화롭게 통합하는 데 성공했다. 이는 매우 효과적인 공식이었다.

안와르가 말레이시아 재무부 장관으로 재임한 기간 동안, 그는 대학을 위한 기금을 마련하는 데 기여했다. 그는 당시 IIUM 총장이었던 압둘하미드 아부술레이만(1988~1998)과 매주 몇 시간씩 만나 IIUM의 프로그램을 검토하고 협의했다. 교수진 채용 과정에서는 절차를 간소화하면서도 그 수준에 대해서는 타협하지 않았고, 강사직

2019년. 미국에서. 다토 세리 안와르 이브라힘 IIIT 이사회 의장이 히샴 알탈립 IIIT 총장에게 『안와르의 귀환』 책 한 권을 선물하고 있다.

을 원하는 이들이 말레이시아로 쉽게 들어올 수 있도록 여행 경비를 지원하고 숙소도 제공했다.

교육 시설은 단순히 기능적 공간을 넘어 시각적으로 영감을 주고, 지적으로 영감을 줄 수 있어야 한다고 믿었다. 이러한 생각과 계획을 바탕으로 IIUM의 새로운 캠퍼스가 설계되었으며, 오늘날 이 건물은 현대 이슬람 건축의 정점으로 평가받는 놀라운 공학적 업적이다. 캠퍼스의 중심에는 두 개의 중요한 건물이 있는데, 캠퍼스 중앙에 위치한 모스크와 중앙 도서관이다. 이 두 건물은 마치 바퀴의 축처럼 배치되어 그 주변으로 단과대학들이 아름다운 기하학적 패턴으로 방사형으로 펼쳐져 있다. 남녀 학생을 위한 별도의 기숙사 단지가 마련되어 있으며, 교직원과 그 가족들을 위한 주거 단지도 있다. 기숙사 각 층에는 이슬람 사회적 지도 사무실이 있어 예배, 과외 활동 및 스포츠를 장려한다. 또한 평화와 고요를 제공하는 정원과 녹지 공간, 그리고 스포츠 시설과 올림픽 규격의 수영장이 포함되어 있다. 캠퍼스의 비율과 미적 조화는 정말 아름답다. 열심히 공부하고 노력한 학생들에게 이러한 미학적 철학은 큰 보상이었고 그들은 충분히 이를 누릴 자격이 있었다. 루이스 라미야가 이를 보았다면 매우 자랑스러워했을 것이다.

교육 방법 또한 현대적 접근 방식을 고려하여 신중하게 설계되었으며, 기존의 암기 중심 학습 방법은 배제되었다. IIUM의 철학은

2015년. 말레이시아 IIUM의 탄 하지 아흐마드 샤 모스크(위키미디어)

 동서방을 이은 여정

단순히 시험을 통과하는 데만 집중하고, 오로지 냉담하게 경력만 추구하며, 하나님이나 시민적 책임에 대한 인식이 부족한 로봇같은 존재가 아니라 정신과 지성을 겸비한 리더십 있는 학생을 배출하는 것이었다. 신앙을 통해 반영된 가치, 도덕, 윤리는 마음에 생명을 불어넣고, 따라서 사회에도 생명을 불어넣는다. 이러한 이유로 IIUM은 단순한 학문적 무덤이 아니라 지식·학문·신앙·윤리의 상징이 되고자 했다.

실험은 성공적이었다. 국제 토론 대회에서 IIUM은 영국을 제외한 영어권 국가에서 1위를 차지했으며, 영국에서는 2위, 인도에서 열린 아시아 대회에서 1위를 차지했다. 또한 IIUM은 학문 외적인 활동에도 문을 열었다. 좋은 제안을 가진 누구에게나 자신의 기술을 향상시키고 프로젝트를 발전시킬 수 있는 자원이 제공되었다.

이러한 성과와 IIUM이 수행한 노력과 프로젝트는 대학의 명성을 크게 높여 커리큘럼에 대한 요청이 쇄도하기 시작했다. 지식은

말레이시아 국제 이슬람 대학교 곰박 캠퍼스. (위키미디어)

독점할 수 없다는 원칙 아래, 대학은 기꺼이 그 모델을 공유했으며, 이제 온라인에서 무료로 접근할 수 있다. 예를 들어, 사우디아라비아 제다의 알히크마여자대학교에서는 IIUM 모델을 대학 프로젝트에 활용했다.

보스니아

공산주의가 붕괴된 후, 보스니아인들은 끔찍한 전쟁을 겪었다. 세르비아인과 크로아티아인의 증오와 스레브레니차 대학살의 집단 학살 수준의 비극은 TV 화면을 통해 무기력하게 지켜보던 우리에게 깊은 충격을 주었다. 나는 그 공포에 마음 깊이 흔들렸다. 그런 공포에서 어떻게 벗어날 수 있을까? 그럼에도 불구하고 그들이 해 냈다는 사실은 살아 있는 기적과도 같았다. 가족과 친구를 잃고 살아남은 사람들은 산산이 부서진 삶의 조각을 주워 모아 다시 시작했으며, 하나님에 대한 믿음과 종교적 정체성을 굳건히 유지했다. 우리는 그들을 돕기 위해 움직였다. 압둘하미드 아부술레이만은 보스니아 학생들에게 50개의 장학금을 제공했고, 이후 보스니아의 대★무프티이자 보스니아 학자연합의 수장이 된 무스타파 체리치를 IIUM의 교수진으로 초빙하여 보스니아 학생들을 지도하게 했다. 우리는 보스니아 학생들이 아랍어와 영어를 배울 수 있도록 도왔고, IIUM 행정진은 보스니아 학생들의 역량 강화를 위한 요청을 받을 때마다 신속히 대응하고 그 노력을 지원했다. 그 결과는 놀라웠다. IIUM 졸업생 중 일부는 보스니아에서 높은 지위를 얻었다.

무스타파 체리치는 IIUM 보스니아 졸업생들과 다른 아랍권 대

학의 보스니아 졸
업생들을 비교하며
말했다. "다른 대학
졸업생들은 요구 사
항이 가득한 반면,
IIUM 졸업생은 그
렇지 않다. 종종 내
사무실을 방문하면
그들은 '우리가 함

2010년. 보스니아 대(大) 무프티 무스타파 체리치와 함께. 2010년 9월 19~20일 사라예보에서 열린 세계화 시대 신앙의 미래에 관한 컨퍼런스에서.

께 무엇을 성취할 수 있을까요?'라고 묻곤 했다." 이 간단한 관찰만으로도 많은 것을 말해 준다. 체리치는 분명히 말했다. "IIUM 졸업생들은 책임을 짊어지고 과제 중심적으로 행동합니다. 그들이 국내에서건 해외에서건 도움을 제공할 때, 그들에게 하나님의 축복이 내리기를 바랍니다."

진정한 도전

정상에 오르는 것이 진정한 도전이 아니다. 진정한 도전은 여정을 계속하고 경쟁하며, 발전하고 정상에서의 노력을 유지하는 것이다. 우리가 제공한 모든 조언과 지원 덕분에 IIUM의 성취를 지켜보는 것은 정말 가슴 벅찬 일이다. 그러나 무슬림 세계의 학자들이 발전하고 현대화하며, 앞으로 나아갈 수 있는 길을 열어 줄 수 있는 한 방향은 IIUM과 사우디아라비아의 5개 대학(킹사우드대학교, 이맘대학교, 킹압둘아지즈대학교, 움알쿠라대학교, 메디나이슬람대학교) 간에 체결

된 중요한 양해각서의 예에서 찾을 수 있다. 모든 당사자가 서명한 이 협약은 교수, 학생 및 귀중한 경험의 교류를 위한 길을 열었다. 이는 성공과 차별화의 진정한 상징이며, 사우디 대학들이 IIUM의 세계적 위상에 대해 완전히 확신하지 않았다면 이러한 종류의 계획에 착수하지 않았을 것이다.

두 개의 독해, 계시와 현실

이슬람의 관점에서 사회과학을 제시하는 것이 그 기본 정신이었으며, 계시의 독해를 고려한 보다 포괄적인 지식 접근 방식을 추구했다. 분명히 종교는 지식을 탄생시켰으며 인간의 삶과 심리적 구성의 필수 요소이다. 이를 간과하거나 잊거나 단순히 인간을 기계로 바라보는 더 단순한 모델을 위해 무시되어서는 안 된다. 인간은 무엇보다도 영적인 존재이며, 인간의 생존은 궁극적으로 이러한 이해에 달려 있다. 사회과학에서 종교를 배제하면 혼란을 야기하게 된다. 우리는 우리의 젊은 세대가 서로 경쟁하는 이데올로기와 모순된 비전으로 인해 수렁에 빠지거나 혼란스러워지는 것을 원하지 않았다. 지식과 결합된 계시가 중요한 또 다른 이유는 그것이 서로를 인도하며, 도덕 규범, 명확한 관점, 궁극적으로 현대인에게는 필요한 지혜라는 견고한 토대 위에서 결정을 내릴 수 있게 해 주기 때문이다. 이는 현대인에게 고루한 개념으로 여겨질 수 있지만, 그럼에도 필수적이다. 그렇지 않다면, 인간은 개인적 판단에만 의존하여 자신 안에서나 사회 전반에 혼란을 야기하며, 그것을 깨닫지도 못한 채 파괴를 초래할 수 있다. 오늘날 우리가 목격하고 있는 가족 단위의 붕괴가 그 좋은 예이다. 이는 사회라는 섬세한 구조의 근본적 요소임에도 우리 눈앞에서 점점 무너지고 있다. 이 문제는 매우 중요하고 중대한 것으로 신앙의 문제에 뿌리를 두고 있다.

앞서 이야기했듯이 (계시와 현실의)두 가지 독해는 필수적이다. 신앙은 인간이 진리가 아닌 것을 현실로 믿고 합리화하며 확고한 형태로 받아들이는 것을 막아 준다. 이 두 가지 독해를 결합하면 우리가 환상에 빠지거나 그러한 환상(또는 망상)을 진리와 현실로 정당화하는 것을 방지하며, 세상을 하나의 통합된 실체로 이해하도록 우리를 이끈다. 이것은 타하 알알와니가 그의 많은 저작에서 강조한 바이며, 특히 두 독해를 연결하는 것의 중요성을 역설했다. 그의 후기 저작 『꾸란으로 꾸란을 해석하다 *Tafsir al-Qur'an bi al-Qur'an*』에서 그는 다음과 같이 말했다.

우리에게 요구되는 두 번째 독해인 코스모스^{우주} 읽기는 첫 번째 독해, 즉 꾸란의 독해를 수행한 이후에만 가능하다. 그 이유는 첫 번째 독해가 우리의 마음을 주위 우주를 이해하는 데 방해가 되는 모든 환상과 오해에서 해방시키기 때문이다. 따라서 이 첫 번째 독해는 "하나님께서 은총을 베푸신 자의 길, 주님의 진노를 받지 않은 자와 길을 잃지 않은 자의 길"과 연결되어야 한다(알-파티하, 7절). 우주를 올바르게 읽을 수 있는 능력은 오직 은총을 받은 자들, 즉 이 영광스러운 책에서 비롯된 곧은 길을 따르는 자들에게만 속한다. 반대로, 길을 잃고 하나님의 진노를 받은 자들, 그리고 하느님의 고유한 유일성을 부정함으로써 그분의 우주에 거주하고 발전시킬 적절한 장

비를 갖추지 못한 자들에게는 이 능력이 부여되지 않는다. 이
에 반해, 우주에 대한 깨달은 독해는 창조주이신 유일하신 하
나님, 즉 우주를 존재하게 하신 분의 통일성과 그분의 지혜와
자비를 깨닫게 한다. 이것이 바로 올바른 인도의 길이며, 하늘
로부터 내려온 은총이다. 따라서 "세계의 주이신 하느님을 찬
양하라(알-파티하, 2절)"는 말씀은 항상 우리의 입술 위에 있어
야 한다.

찬양은 우리의 마음과 감각을 해방시켜 세상을 이해하고 그것
은 가장 잘 살아갈 방법을 탐구할 준비를 하게 하신 그분의 주님께
드린다. **찬양**은 그분의 책을 축복받은 독해를 통해 우리를 우주의
독해로 준비시켜 주신 하나님께 드린다. 또한, **찬양**은 이 두 번째 독
해에 참여하게 하시어 우리의 믿음을 그분의 유일성과 통일성에 대
해 더욱 풍성하고 깊어지게 하신 하느님께 드린다.

제12장

정의로운 행동의 고귀함

"형제를 미소를 건네는 것과 같은 작은 친절이라도 결코 가볍게 여기지 말라."_선지자의 하디스

기도의 언어는 위로와 아름다움을 담고 있다. 절하고 엎드리는 행동과 결합된 기도는 인간 영혼의 품격을 드러내며, 나에게는 인간 정신의 아름다움으로 반영된다. 그것은 우리 안에 존재하는 잠재력 혹은 신비로운 힘으로 움직이고, 작용하며, 변화하고, 발전하며, 궁극적으로 접하는 모든 것을 치유하고 아름답게 만드는 능력을 지닌 것이다.

정체성의 재확인, 공유된 무슬림 의식, 그리고 자아의 '나'를 신앙의 '우리'로 대체하는 과정은 민족주의와 지역주의의 폭정으로부터 무슬림 세계를 서서히 정화하는 신앙 기반의 발전 중 일부였다.

이러한 민족주의와 지역주의는 대중들에게 분열만 조장했을 뿐 아무런 이득도 가져다 주지 못했다. 인간으로서 우리는 자신을 인종으로 정의할 수 없으며, 이는 자연스럽게 공유된 정체성을 가로막는 장벽을 초래하기 때문이다. 성숙하고 진실된 무슬림의 마음은 자신을 꾸란에서 사용된 범주, 즉 신앙이라는 넓은 범주로 정의한다. 이것만이 인간들 사이에 진정한 사랑을 발전시키며, 올바른 것을 권하는 것이 우리의 가장 사소한 행동에도 인도하는 빛이 되게 만든다. 하나님께 헌신하고 모든 일에서 그분의 기쁨을 추구하는 것이야말로 진정한 결속의 접착제이며, 모두가 꿈꾸는 그 어렵게 잡히는 인간 평화의 진정한 촉매제이다.

이어지는 내용에서는 내가 여정에서 배운 교훈과 나와 동료들이 성취했다고 느끼는 것들, 그리고 그것들이 우리에게 어떤 의미를 갖는지 강조하고자 한다. 깔끔하게 정리된 목록 대신, 이러한 요소들을 논의가 진행되는 동안 **파란색 글씨**로 강조할 것이다.

인간 다양성의 통합은 내가 돌이켜보았을 때 극복한 도전 중 하나로 이는 비무슬림뿐만 아니라 무슬림들 간에도 해당된다. 여기에는 시아파 형제들의 신뢰를 얻어 어려움을 극복한 일도 포함된다. 인간을 결속시키는 것은 우리를 갈라놓는 것보다 훨씬 더 크며, 핵심은 공통점을 강조하고, 개별적 차이보다 보편적 가치를 우선시하며, 분열을 조장하려는 이들에 맞서는 결단력이다. 이 모든 과정에서 우리는 꾸란의 원칙에 충실했으며, 신앙의 문제에서는 결코 타협하지 않았다.

우리의 가장 위대한 유산 중 하나는 **권력의 함정을 피한 것**이었다. 우리는 '섬김을 받기보다 섬기자'라는 기본 전제 아래 지배하거나 명성을 얻고자 하는 욕심이 전혀 없었다. 사실 내가 느낀 유일한 권력은 다른 사람들을 위해 선을 행하고, 변화를 가져올 수 있는 잠재력이었으며, 이는 두려움을 극복하고 활용하려는 의지만 있다면 우리 모두의 내면에 존재하는 힘이다. 따라서 무슬림 공동체를 섬기기 위한 노력은 우리의 상상 속에서 개인적 자아보다 앞선다. 리더십 직책을 맡은 우리 중 누구든 그 역할의 책임, 즉 그 직책이 하나님 앞에서 의미하는 바를 깊이 인식하며 최선을 다했다. 우리는 직책에 관계없이 팀으로 일했고, 사소한 욕망이나 경쟁적 자기 중심성을 경계하며, 자아의 무의미한 요구를 극복하고 우리가 수행하는 일에 합당한 사람이 되고자 노력했다.

다양성의 통합으로 돌아가면, 우리는 다른 신앙을 가진 사람들과 장벽을 세우지 않았다. 대신 그들과 적극적으로 교류하며 대화와 협력을 환영하여 가장 우호적인 관계를 발전시켰다. 그 예로 이민자 아랍 기독교 공동체가 우리의 친구가 되었던 사례를 들 수 있다. 그들은 외교 커뮤니티를 포함한 많은 인적 자원을 통해 서로의 필요를 충족시키는 데 도움을 주었다. 우리는 그들에게 우리의 컨퍼런스에 참여할 수 있도록 초대했고, 그들도 우리를 초대했으며, 이를 통해 그들은 우리의 정당한 지역 및 국제적 활동에 연사나 참여자로 참여하며 함께했다.

아랍 좌파와 민족주의자들 또한 배제되지 않았다. 우리 마음속에 있었던 유일한 단어는 '다리'였기 때문에 그들이 이슬람 메시지를 거부했음에도 우리는 서로의 연결의 길을 모색하면서 끊임없이 다리를 놓으려 했다. 이는 그들이 이민자 신분으로 포기했거나 본국에서 차단당했던 무슬림 관점을 이해하도록 돕기 위한 것이었으며,

그 과정에서 우리의 생각이 옳았다는 것이 증명되었다. 지속적인 상호 교류와 상호 작용은 많은 이들에게 결실을 가져왔으며, 그들은 불신과 적대감의 위치에서 생산적이고 긍정적인 이슬람 활동에 참여할 의지를 갖게 되었다. "그들을 먼저 이해하라. 그러면 그들이 너를 이해할 것이다"는 좌우명은 우리에게 큰 도움이 되었다.

업무가 힘들었지만, 업무에서 벗어나 생각할 수 있는 시간을 따로 마련해야 했다. 이를 통해 프로젝트를 평가하고 생각할 수 있었을 뿐만 아니라 휴식을 취할 수 있는 여유도 마련할 수 있었다. 이런 종류의 작업은 완전히 소진될 정도로 힘들며, 특히 감정적 요소가 큰 영향을 미친다. 일이 머릿속에서 완전히 떠나지 않는 경우가 많아 강제로라도 휴식을 취하지 않으면 건강과 생산성이 모두 손상될 수 있는 위험이 있었다.

우리는 또한 사회 변화에 영향을 미치는 데 시간이 얼마나 중요한지 깨닫게 되었다. 사회 변화를 위한 마법의 공식은 존재하지 않는다. 끊임없는 노력과 그 노력의 열매가 처음 모습을 드러내기까지 기다리는 인내가 필요하다. 차분하고 인내심 있는 접근 방식이 필수적이다. 마찬가지로, 무슬림과 일반 공동체에 도움이 되는 전문적이고 헌신적인 신앙 활동가로 즉각 변화시키는 마법의 공식도 없다. 그런 사람들을 찾아내 훈련시키고 도움을 주어야 한다.

나는 좋은 의사소통과 열린 협상의 기술을 배웠다. 따라서 언어는 성공적 작업의 핵심 요소다. 예의 바르고 명확하며 설득력이 있어야 한다. 사람마다 다르고 모든 사람이 같은 결로 일하는 것은 아니므로, 이를 염두에 두고 문제를 해결하기 위해 다양한 의견과 접근 방식을 존중해야 하며, 끊임없이 장단점을 따져 보고 철저히 논의하여 결국 상호 협의를 통해 모두가 동의할 수 있는 결론에 도달할 수 있어야 한다. 이슬람으로의 초대*Dawah* 역시 다르지 않으며, 여기에 감수성을 인식하는 섬세한 접근이 더해져야 한다. 이는 지성과 좋은 매너를 겸비한 과정이어야 하며, 누구나 자유롭게 자신의 생각을 표현할 수 있어야 하고, 불필요한 방어 기제가 작동하지 않도록 해야 한다.

효과적인 방법 중 하나는 경청의 기술을 개발하는 것이다. 상대의 말을 경청하고, 그들이 말하는 것에 주의를 기울이고, 그들의 잘못된 생각과 오해, 심리적 필요를 이해해야 한다. 상대방이 어떤 배경에서 어떤 이야기를 하고 있는지 이해한다면, 자신의 이야기를 나눌 수 있고, 그들의 존중을 얻을 수 있다. 이 과정은 줄다리기가 아니다. 내가 배운 또 다른 귀중한 교훈 중 하나는 언제 물러서야 할지를 아는 것이었다. 아무런 진전이 이루어질 수 없는 상황에서는 적절히 물러남으로써 상당한 시간과 노력을 절약할 수 있었다. 사람들이 고의적으로 논쟁을 벌이거나 논리나 증거와 상관없이 이기려고만 든다면, 더 이상의 논의는 무의미해진다. 그럴 때는 논의를 적절히 종료하되, 좋은 성품을 보여 주어 미래의 가능성을 열어 두어야 한다. 항상 긍정적인 것에 초점을 맞추고 부정적인 것을 피해야 한다. 촛불의 빛은 자연스럽게 주변의 어둠을 없애기 때문이다.

작은 변화가 큰 효과를 가져올 수 있다는, 이른바 나비 효과는 우리가 집중력을 잃지 않고 동기를 유지하는 데 큰 도움을 주었다. 그래서 우리는 겉으로 보기에 중요하지 않아 보이는 작은 행동 하나하나에 가치를 부여하는 방법을 배웠고, 그것이 다양한 방식으로 많은 사람들에게 이익을 줄 수 있다는 점을 깨달았다. 따라서 우리는 일을 완벽하게 처리하는 데 지나치게 많은 시간을 쓰는 대신 일을 끝내는 데 중점을 두었다. 마치 강물에 돌을 던져 그 파문이 누군가에게, 혹은 우리가 예상하지 못한 곳에 영향을 미치도록 하는 것처럼 말이다. 좋은 예로 우리는 외딴 마을 공동체를 더 큰 도시의 사람들과 연결하는 일을 했고, 이를 통해 그들에게 이익을 가져다 주는 프로젝트를 시작할 수 있었다.

우리는 다른 조직 및 기관과 고립되어 일하지 않았다. 상호 보완성과 **협력**, 그리고 **협업**에도 신경을 썼다. 노력을 결합하고 자원을 공유함으로써 우리는 시간과 비용을 절약할 뿐만 아니라, 다른 사람들과 유대감을 형성했고, 그 과정에서 우리가 수행한 일부 업무의 속도를 가속화할 수 있었다. 성공의 토대는 상호 보완성의 중요성을 강조한다. 이는 자연스럽게 훌륭한 리더를 배출하는 성공적 기관 설립의 원칙이 되었다. 예컨대 북미이슬람협회 위원이었던 파루끄 칸을 들 수 있다. 그는 친절하고 우아하며 관대하여 나누기를 좋아했다. 칸은 동료들과 함께 300만 달러가 들어간 모스크를 설립했으며, 그의 노력 덕분에 카슈미르인, 인도인, 아랍인, 그리고 아프리카인들이 함께 어우러졌다. 미국이라는 지리적 여건이 그들을 한데 모았고, 이슬람이라는 공통점으로 하나의 공동체가 되었다. 이런 융합과 상호 지원의 결과로 상호 보완성이라는 환경이 형성되었다. 성공에 필요한 다양한 요소들은 개별 무슬림뿐만 아니라 무슬림 기관들 사이에서도 발견되었다. 어떤 이들은 재정적 자원을 보유하고 있었고, 어떤 이들은 정책 입안자들에게 영향을 미칠 수 있었으며, 또 다른 이들은 여러 세대에 걸쳐 미국 시민으로서 외국인들이 가질 수 없는 권리를 누리고 있었다. 또 다른 무슬림 그룹은 학계의 다양한 지식 분야에서 두각을 나타내며 학문적 별이 되었다.

우수한 업적을 이룬 또 다른 많은 지도자들이 있었다. 와리투딘 무함마드는 미국 의회가 세션 개회식에서 기도를 이끌 이맘을 요청했을 때 무슬림 공동체에 의해 대표로 선택되었다. 그의 뒤를 이어 마디나이슬람대학교를 졸업하고 북미이슬람법학회 의장이었던 무잠밀 시디키가 기도를 인도했다. 언어학 박사 학위를 보유한 사이드 무함마드 사이드는 미국·캐나다 MSA 회장, 북미이슬람학회ISNA 사무총장, 국제이슬람학생연합 사무총장을 역임했다. 현재는 ISNA 회장직을 맡고 있다. 이들 외에도 많은 지도자들이 무슬림들의 미래를 개선하고 이슬람의 더 나은 미래를 위해 기여했다. 그들은 일관된 사고와 현명한 의사 결정의 모범이 되었으며 지적·사회적·영적·정치적·경제적 삶의 모든 측면에서 이슬람이 생산적이고 긍정적인 역할을 맡을 수 있도록 진보적 비전을 갖추고 있었다.

개혁을 위해

나처럼 반세기가 넘는 기간 동안 세계 곳곳을 누비며 자선 활동을 해 온 사람들은 문제의 해결책이 일률적 방식으로 제공될 수 없다는 사실을 잘 알고 있다. 단순히 여기저기 모스크나 학교, 병원을 짓는 것이 모든 문제를 해결할 것이라는 가정은 순진하며 쉬운 생각에 불과하다. 대신 철저한 준비가 필요하며, 장기적인 관점을 가져야 한다. 우리는 매일 무슬림의 상황을 어떻게 개선할 수 있는지 끊임없이 자문해야 한다. 어떻게 하면 무슬림들이 신앙에 더 가까이 다가가고, 더 잘 이해하게 도울 수 있을까? 어떻게 하면 무슬림들이 보다 평화롭고 민주적인 방법을 사용할 수 있게 하고, 합법적이고 정당한 경로를 통해 개혁을 이루게 할 수 있을까?

나는 또한 민주주의 사회에서 정치적 과정에 참여함으로써 타인의 권리를 옹호하는 데 주저해서는 안 된다는 것도 배웠다. 민주주의는 무슬림들이 그들 자신의 권리 또는 최소한의 권리를 지키고, 자신들의 문제를 공개적으로 논의하며, 입법 기관에서 자신들의 대표를 두고 의사 결정 과정에 참여할 수 있는 공간을 제공한다. 정치 게임에는 계획과 사람들을 결집시킬 리더가 필요하다. 이러한 리더는 양성되어야 하고, 적절한 지원이 이루어져야 한다. 진지한 청년들이 지역과 마을에 흩어져 있는 무슬림에게 다가가 그들의 문제를 이해하고, 관련 정부 기관이 지역 문제를 해결하고 서비스를 개선하며 공동체에 대안을 제공하도록 요구하는 다와 활동에서 우리의 도움을 필요로 한다. 또한 변화가 그 자체로 목표가 되어서는 안 된다고 생각한다. 무슬림은 정치적 경험을 쌓고, 정치적 비전을 확장함으로써 이익을 얻고 발전한다. 이는 투표 과정에의 참여뿐 아니라 자격을 갖춘 후보자를 선택하여 지원을 제공하고 홍보비를 지원하며, 관련 캠페인 의제를 마련하고, 이후 그들이 (지방의회나 국회에서) 책임을 다할 수 있도록 지원하는 후속 조치를 통해 이루어진다. 만약 다와 활동이 종교 건물이나 교실, 혹은 일부 제한된 자선 활동에만 국한된다면, 가용한 에너지를 낭비하게 될 것이며, 퇴보할 수 있는 여지가 만들어질 것이다.

민주주의에서 정치란 가능성의 예술이며, 무슬림들은 정치에서 소외되어서는 안 된다. 오히려 정치가 어떻게 작동하는지 이해하고 현실적으로 정치 과정에 참여해야 한다. 때로는 독립 정당을 설립하는 것보다 압력 단체를 통한 로비 활동이 더 효과적일 수 있다. 이것이 우리가 인도의 무슬림들에게 제안했던 조언이다. 그들은 이에 동의했고, 압력 단체로 자리 잡자 정부는 그들의 청원, 불만, 제안에 귀 기울이며 그 요구를 해결하기 위한 계획을 수립했다. 만약 무슬림들이 독자 정당의 형태로 인도 국민의 나머지와 분리되었다면, 정부가 그들의 특정 상황을 개선하기 위한 예산 지출이 정당화하기는 훨씬 어려웠을 것이다. 인도 정당 내 무슬림 구성원들의 진지한 참여와 인도 사회 전반의 문제 해결을 위한 무슬림들의 긍정적 기여는 이 특정한 사례에서 긍정적 결과를 가져왔다. 이 글을 쓰는 시점에, 지난 선거에서 무슬림들이 많은 정당을 결성했다.

시민 사회 구성원으로서 자신의 권리를 옹호하는 방법은 많다. 점진적 개선은 쌓아 올릴 기반이 되고 배울 수 있는 경험이 되며, 예상치 못한 방식으로 효과를 발휘할 수 있다. 요구하지 않으면 얻을 수 없다.

높은 목표를 세우고 끊임없이 자기계발을 추구하라. 이것은 모든 전략의 일부가 되어야 한다. 사람들 내면에는 숨겨져 있는 두려움이 많이 존재하며, 안타깝게도 장애물이 나타나면 많은 사람들이 그것을 넘을 수 없는 벽이라 생각하고 주저앉아 버린다. 나는 항상 두려움이나 불안은 자연스러운 감정이라 생각했지만, 결과나 장애물에 상관없이 앞으로 나아가는 것이 중요하다고 생각했다. 문제 해결이나 해법 찾기가 바로 장애물이 의미하는 본질이며, 어떤 장애물은 다른 장애물에 비해 더 어려울 수 있지만, 그럼에도 장애물을 피해서는 안 된다. 따라서 목표를 높게 잡고 실패를 두려워하지 말라. 내 경험에서 나온 또 다른 특별한 사례가 이를 잘 설명해 준다. 캄보디아의 킬링필드 현장에서 한 무슬림이 나타났는데, 그는 끔찍한 삶의 비극을 극복하고 우리의 작은 도움을 받아 놀라운 변화를 이루어 냈다. 그의 이야기는 나에게 앞으로 나아가고, 높은 목표를 세우며, 절대 포기하지 않는 가치를 일깨워 주었다. 그는 어떻게든 미국으로 탈출했고, 일자리를 찾는 과정에서 우리와 만나게 되었다. 우리는 그를 고용하기 위해 단순히 운전기사라는 직책을 만들었고, 그가 할부로 집을 살 수 있도록 도왔으며, 결국 이집트 무슬림 여성과 결혼할 수 있도록 지원했다. 그는 아랍어를 배우고 신앙을 공부하며 영어 실력도 향상시켰다. 그는 운전사로서 우리와 손님들을 여기저기 데려다주며 대화에 열정적으로 참여하곤 했는데, 그가 보여 준 열정이 무엇을 의미하고 그것이 그를 어디로 이끌지 당시에는 전혀 예상하지 못했다.

캄보디아의 다양한 비무슬림 대표단이 미국 정책 결정자들과 캄보디아 상황을 논의하기 위해 워싱턴 D.C.를 방문했다. 이들은 캄보디아 공동체 주최로 이루어진 만찬 행사에 1인당 100달러의 참가비를 지불하고 참석했다. 우리는 우리의 캄보디아 운전기사와 함께 10명의 무슬림 캄보디아 이민자들이 이 행사에 참석하도록 도왔다. 그들은 이를 통해 보고 배우며 참여할 수 있었다. 시간이 지나면서, 우리의 운전기사를 중심으로 캄보디아 사람들 그룹이 형성되었고, 그는 그들의 리더가 되었으며, 이후 캄보디아 단체의 대표가 되어 다른 사람들에게 인정받고 진지하게 고려되는 지도자로 자리 잡았다. 이후 캄보디아가 공식적으로 민주주의를 받아들였을 때, 그는 국가의 첫 자유 선거에 후보로 출마하기로 결심했다. 우리는 가능한 한 가장 빠른 기회를 잡아야 한다며 그를 격려했고, 놀랍게도 미국 거리에서 일자리를 구하던 그가 국회의원으로 당선되었다. 그는 이후 국회에서 4개 부처를 관장하는 위원회의 의장이 되었다. 그의 상승세는 여기서 멈추지 않았다. 결국 그는 총리 고문이 되었고, 이후 장관직을 맡았으며, 마침내 대통령 고문까지 올랐다. 오늘날 그는 캄보디아 무슬림 학생들 수백 명에게 장학금을 지급하는 프로젝트를 이끌어 학생들이 대학원 학위를 취득하고, 다양한 기관에서 캄보디아를 위해 봉사하며 무슬림들이 캄보디아 공공 생활에서 긍정적 존재가 될 수 있도록 돕고 있다. 이러한 노력을 통해 사람들의 요구를 돌보고, 그들을 고양시키며 권리를 찾도록 돕고 있다. 정말 비범한 사람이고 비범한 삶이다.

특정의 경험들이 학습 과정에서 매우 중요한 변수로 작용하지만, 나는 독자들이 이러한 사례들로부터 일반적 교훈을 얻기를 바라며 이 사례들을 이야기한다. 우리 모두가 큰 교훈을 얻을 수 있는 한 가지 특별한 이슈는 충격적인 보스니아-헤르체고비나 전쟁이다. 끔찍한 참상과 인간성을 짓밟는 악마 같은 행위들, 그리고 1995년 7월 스레브레니차 학살로 8,000명 이상의 보스니아 무슬림 남성과 소년들이 희생된 사건이 모든 무슬림들에게 큰 충격을 안겼다. 그러나 그들은 고통 속에서도 인내심을 갖고 강인하며 회복력 있는 모습을 보여 주었다. 수많은 이들을 집단 묘지에 묻으며 그들에게 거부당했던 '자나자*Janazah, 아랍식 장례 기도*'를 올리는 와중에도 그들은 조용히 사회와 산산이 부서진 세계를 재건하며, 고통을 품은 채 삶을 이어 갔다. 이 놀라운 자연의 아름다움을 간직한 땅에 신앙은 강인하게 피어났고, 삶과 운명에 대한 항의의 목소리는 "진정한 평화는 내세에 있다"는 이해 아래 묻혔다. "용기는 피할 수 없는 시련에 절제와 침착함으로 맞설 준비를 의미합니다"는 알리야 이제트베고비치의 목소리가 계속 울려 퍼진다. "우리는 완벽에 이를 수 없지만, 우리가 할 수 있는 한 가지는 더 온전한 인간이 되기 위해 끊임없이 노력하는 것입니다." "저는 무슬림이며 앞으로도 무슬림으로 남을 것입니다. 저에게 이슬람은 선하고 고귀한 모든 것을 의미하는 또 다른 단어입니다. 이는 무슬림들과 전 세계를 위한 모든 선함을 약속하는 이름입니다. 운명은 우리에게 친절하지 않았지만, 하나님의 도움으로 우리는 극복할 것입니다." 안타깝게도 신앙, 도덕성, 아름다운 품성, 그리고 국민에 대한 헌신에 필적할 수 있는 무슬림 지도자는 드물다.

우리는 IIFSO의 활동을 통해 보스니아의 상황을 처음 알게 되었다. 1970년대 초반의 일로, 당시 무슬림들은 종교 활동을 용납하지 않는 공산주의 유고슬라비아 정권 아래서 탄압받고 있었다. 보스니아 전쟁 영웅이자 훗날 끔찍한 고통 속에서 자신의 국민들을 이끌었던 알리야 이제트베고비치 대통령은 독실한 무슬림이었으며, 이미 그 초기 시절부터 그들의 권리를 위해 싸우고 있었다. 그는 이러한 시도로 공산주의자들로부터 추적당하고 투옥되었으며 고문을 당했다. 나는 그를 만날 기회를 갖게 된 것을 영광으로 생각한다.

나는 유럽 대학 장학금 프로그램을 만들고자 했는데, 이는 한 형제의 학업을 마칠 수 있도록 돕고자 한 의도에서 시작되었다. 그 형제는 보스니아에서 공부하러 온 수단 출신의 알 파티 하사나인이었다. 당시 나는 리비아에 있었는데, 내가 알고 있던 관대한 리비아 사업가와 접촉해 한 달에 200달러 정도의 장학금 프로그램에 필요한 자금을 후원하도록 하였다. 당시 동유럽의 물가는 낮았고, 이후 그는 자립하여 하고자 하는 일을 할 수 있었다. 그러던 중 그가 우리에게 이제트베고비치가 저술한 문명에 관한 책을 번역할 사람을 찾아보자고 제안했다. 그리하여 우리는 그 책을 번역할 번역가를 찾았다. 책은 아랍어, 영어, 프랑스어 등 여러 언어로 번역되어 많은 사람들에게 영향을 미쳤다. 실제로 고故 압델와합 M. 엘메시리라는 저명한 학자는 그 책을 자신이 읽은 이슬람 관련 최고의 책 중 하나로 평가했다.

이제트베고비치의 활동은 지적 분석 노력에만 국한된 것은 아니었다. 앞서 언급했듯이 그는 보스니아의 독립을 위해 노력했다. 그 노력에 있어 그의 오른팔 역할을 한 사람은 다름 아닌 우리의 장학금으로 학업을 수행했던 알 파티 하사나인이었다. 그들은 함께 세계무슬림청년회의WAMY가 주최한 회의에 참석하여 보스니아에 대한 지원을 호소하고 발칸 지역 무슬림들을 돕기 위한 세미나에 참여했다. 이 형제는 이후 수단의 중국인 공동체에 이슬람을 전파하는 데에도 기여했다.

최고의 본보기를 보이는 일은 또 다른 중요한 교훈이자 가치다. 생각건대 무슬림들에 대한 관심은 다른 어떤 공동체보다 더 날카롭게 다가선다. 우리가 하는 모든 일은 자동적으로 우리의 신앙과 연관되며, 그것이 부정적이든 긍정적이든 영향을 미친다. 우리에게 맡겨진 메시지의 무게를 고려할 때, 단순히 좋은 본보기를 넘어 사실상 최고의 모범을 보여야 할 의무가 있다.

꾸란은 우리의 모든 행동에 반영되어야 한다. 우리의 롤모델은 당연히 선지자 무함마드(그분께 평화가 깃들기를)이다. 그는 옳은 것을 말했을 뿐만 아니라 옳은 일을 실제로 행했으며, 공개적으로 다른 사람의 선행을 칭찬했다. 따뜻한 말과 훌륭한 태도는 비용이 들지 않지만 놀라운 효과를 발휘한다.

이제 이야기를 의견 차이에 관한 윤리로 이어가고자 한다. 설득력 있는 담론을 위해서는 의견 차이에 어떻게 존중감을 가지고 대응해야 하는지 알아야 할 것을 요구한다. 우리는 결코 타인의 행동을 깎아내려서는 안 된다. 어떤 행동이나 아이디어에 동의하지 않는 경우, 단순히 그 행위나 아이디어를 비난하는 데 그쳐서는 안 되며 가능한 한 대안을 제시하려고 노력해야 한다. 예를 들어, 우리는 활동의 일환으로 다양한 무슬림 공동체와 협력해야 했으며, 그 과정에서 사소한 문제에 대한 논쟁을 피하고 공통점이라는 더 큰 그림에 초점을 맞추려는 주의를 기울였다. 모든 사람이 팀 플레이어는 아니다. 자신의 관점에 확신을 가지면서도 자신도 모르게 통합된 노력의 흐름을 방해하는 사람들이 있다. 또한 일부는 표적 공격을 감행하기도 한다. 한 보고서가 우리 책상에 도착했는데, 그 작성자는 우리가 해외에서 지원했던 한 단체에 대해 "내가 책임자였다면 이런저런 방식으로 했을 것이다"라고 언급했다. 나는 이것이 건설적 비판인지, 아니면 단순히 불만에 찬 동료가 감정을 표출한 것인지 자문해야 했다. 이를 구별할 수 있는 능력은 매우 중요하다. 또한 불신의 씨앗이 뿌려져 신뢰를 무너뜨리려는 시도가 언제, 어떻게 발생하는지 알아야 했다. 이러한 일이 미시적 수준에서 일어난 것과 마찬가지로 거시적 수준에서도 발생했다. 많은 정부가 우리와 우리의 활동에 대한 잘못된 보고를 받았는데, 이는 개인적으로 우리를 낙담시키고, 외부적으로 무슬림 공동체를 돕기 위한 우리의 대외적 노력을 방해하고 차단하려는 의도로 작성된 것이었다. 우리는 단단한 정신력을 기르는 법을 배웠다. 그 고발이 고통스러웠고, 우리가 무고했음에도 모든 비난에 하나하나 대응하며 시간과 에너지를 낭비할 여유가 없었다. 필요할 때는 스스로의 결백을 입증했으며, 나머지에 대해서는 그것들을 무시하며 대처했다. 이것은 안타깝게도 세상의 방식이며, 질투심 많은 마음과 어두운 본성을 가진 사람들로 인해 불가피하게 발생하는 결과이다. 그러한 사람들이 없는 공동체는 이 세상에 단 하나도 없다.

2001년 9월 11일의 비극 이후, 미국 내 무슬림 공동체와 젊은 무슬림 활동가들이 겪은 최악의 대우는 이 시기에 발생했다. 이러한 학대는 때로는 부당한 체포와 구금, 수년간 가난한 무슬림 학생들과 다른 이들을 도와 온 자선 단체들의 활동 방해, 특히 최근 이민자들을 포함한 많은 무슬림 공동체 구성원들에 대한 불의한 처우를 포함했다. 많은 무슬림 기관들도 당국에 의해 부당한 대우를 받았으며, 자신들에 가해진 허위 고발에 대응하기 위한 변호사 비용으로 막대한 자원을 소비해야 했다. 무슬림 공동체 활동가들도 마찬가지로 부당한 대우를 받았으며, 일부 기관의 극우 세력은 활동가로 일하는 사람 누구든 범죄자로 몰아 가며 온갖 조작된 혐의를 만들어 냈다. 이 모든 것은 무슬림 인구의 많은 부분에 공포와 불신을 심어 주었다. 이는 무슬림과 관련된 모든 것에 대한 전례 없는 공적 감시가 이루어진 악몽 같은 새로운 현실이었다. 잘못된 정보와 오해는 공격을 초래하여 무슬림들의 일상생활을 갑자기 매우 불안정하게 만들었으며, 이는 반反무슬림 정서가 지속됨에 따라 계속되었다. 우리의 활동은 새로운 차원을 맞이하기도 했으나, 동시에 여러 측면에서 타격을 받았다.

그러나 이 혼란 속에서 특별한 일이 일어났다. 부정적 보도가 이슬람에 대한 관심의 급증을 불러 온 것이다. 많은 비무슬림들이 갑자기 이슬람과 꾸란을 공부하고 질문하며 토론에 참여하고 진리를 찾으려는 움직임을 보였고, 그 결과 많은 이들이 신앙으로 나아갔다.

자금을 현명하게 할당하고 재정 관리의 투명성을 유지하는 일은 매우 중요하다. 기금 모금은 또 하나의 과제로 이 과정에는 자선 단체에 대한 기부를 방해하려는 사람들과 맞서야 하는 문제도 포함된다. 하지만 기금을 모은 후 그 기금을 사용하는 문제는 전혀 다른 차원이다. 기금의 규모가 클수록 기금을 할당하는 데 있어 현명한 결정이 필요하며, 동시에 요구되는 책임 범위도 넓어진다. 어떤 요구 사항을 우선하고 어떤 요구 사항을 부차적으로 다룰지에 대한 판단은 결코 쉽지 않은 일이다. 비용 편익 분석이 필요하다. 예컨대, 고가의 의약품을 구입해야 하는 환자에게 소액의 금액을 지원하기보다 가난한 사람들에게 의약품을 나눠 줄 수 있는 제약 공장을 설립하는 데 더 많은 자금을 투여하는 게 낫다.

우리는 모든 기부금을 추적 가능하고 회계 처리할 수 있게 보장하며, 복잡하지 않은 간단한 재무 보고서를 발행했다. 말하자면, '수입'과 '지출'로 요약되는 단순한 보고서였다. 이러한 투명성은 우리에게 엄청난 신뢰를 가져다 주었고, 많은 기부자들이 우리의 활동에 관대하게 참여하도록 만든 주요 요인 중 하나라고 생각한다.

또한 투명성을 세심하게 준수해야 하는 또 다른 이유는 개인의 안전 때문이다. 오늘날 무슬림 단체들은 자금의 출처와 사용처에 대해 정부 기관의 감시를 받고 있다. 이는 극단주의가 만연한 상황을 고려할 때 당연한 일이다. 따라서 이 부분에서의 태만은 그 결과를 고려할 때 용납될 수 없는 일이다.

　　나는 IIFSO, WAMY, SAAR 재단과 같은 대규모 조직에서 경험을 쌓았다. 이 경험을 통해 나는 자신과 다른 사람들에게 이슬람 자선 활동에 있어 질적 도약이 필요하다는 점을 거듭 강조하게 되었다. 이를 위해서는 UNESCO와 UNICEF, ISESCO와 같은 대규모 국제 비정부기구의 노력과 자원을 활용하는 것이 포함된다. 우리는 이러한 기구에 대한 접근 여부에 상관없이 현장의 문제를 제대로 이해하기 위해 보고서를 의뢰해야 한다. 또한 자국 내 기관들이 이 과제에 나서도록 독려해야 한다. 모든 사람에게 탄탄한 데이터 기반의 프로젝트에 종사할 수 있도록 팀과 기관에서 훈련할 기회가 열려 있다. 이러한 프로젝트는 무슬림 대중에게 실질적인 서비스를 제공해야 하며, 국제 기부 기관에 이러한 제안을 제시하고 교육, 의복, 식량, 의료, 양육, 주거, 그리고 필요한 사람들을 돕는 활동에 참여해야 한다. 또한 무슬림 세계의 자원을 활용하는 다국적 기업들이 많다. 이들에게도 접근하여 그들이 착취하고 있는 노동력과 토지에 대한 보답으로 이익의 일부를 해당 지역에 할당하도록 요청해야 한다.

　　인재 양성: 이슬람과 자선 활동은 성과를 극대화하기 위해 강력하고 명확한 전문성과 특화된 역량이 절실히 필요하다. 이는 과거와 현재 많은 무슬림 활동이 자원봉사와 자선 기부에 의존해 왔다는 점을 부정하는 것이 아니라 훈련된 전문 인력을 이 활동에 참여시키고, 이들이 자원봉사자들을 훈련시켜 최선을 다하고 최고의 성과를 달성할 수 있도록 돕는 것을 의미한다. 이슬람 활동은 또한 모든 관련 요소를 고려하는 포괄적인 비전을 필요로 한다. 삶의 다양한 측

면 간의 연관성을 이해하고, 이들 요소를 상호 보완적인 틀 내에서 조화롭게 통합하는 행동 방안을 제시해야 한다. 이는 현대의 변화에 대한 통찰력을 가진 현대 법학의 법적 우선순위를 인식하는 것을 포함한다. 우리의 활동은 여전히 학자들이 개혁 노력에 참고할 수 있는 과학적이고 학술적인 연구가 필요하다. 이를 통해 부족한 부분을 채우는 동시에 인류 문명의 공헌을 활용하여 중요한 진보를 이루는 데 이바지할 수 있다.

우리는 이슬람 활동에서 얻은 교훈을 문서화하고, 미래 세대를 교육하며, 우리의 모든 경험을 전달해야 한다. 또한 이들에게 교육 프로그램과 지식 환경을 제공하여 그들을 지원해야 한다. 이는 단순한 개인적 노력을 넘어 조직적인 단체 활동 수준으로 발전시켜야 한다. 새로운 세대는 과거의 교훈에서 배우고 밝은 미래를 바라보아야 한다. 동시에 방대한 경험과 지식을 보유한 기성 세대를 잊지 말아야 한다. 젊은이들의 노력에서 혜택을 받는 동시에 경험을 가진 사람들, 특히 학자들의 기여를 최대한 활용해야 한다. 일부 무슬림 국가들이 직면한 주요 문제 중 하나는 자신들의 지식인과 인재, 특히 60대 이상의 인재를 충분히 활용하지 않는 것이다. 서구에서는 교수들이 80대 이후에도 학문적 환경에서 기여하고 활동을 지속한다.

극단주의가 아닌 중용: 우리는 청소년들이 극단주의 이데올로기에 물들지 않고 사물에 대한 이해가 성숙해지기를 바란다. 이를 위해서는 삶의 모든 영역에서 모범이 될 수 있는 지식 있는 롤 모델, 특히 학자들이 필요하며, 이들이 청년들을 육성하고 훈련시켜 그들이 직면할 수 있는 문제를 숙고하고, 평가하며, 검토하여 올바른 결론과 결정을 내릴 수 있도록 도와야 한다. 젊음은 감정적 에너지로 가득 차 있으며, 이를 부정적으로 이용하는 사람들과 그들이 사용하는 온갖 방법들을 목격하는 것은 안타까운 일이다. 그들은 열정과 분노를 부추기고, 즉각적인 행동에 나서게 만드는 사고방식을 조장하여 자신과 타인에게 해를 끼칠 수 있다. 따라서 우리는 조언자, 교사, 인생 코치와 같은 역할을 통해 그들의 삶에 접근하여 부드럽게 안내하고, 가능하면 책임감을 요구하는 위치에 참여시켜 성숙함을 발휘하도록 돕는 방식을 선호했다.

롤모델의 좋은 예는 전문가 협회에서 찾아볼 수 있다. 예를 들어, 최초의 심장 개방 수술은 텍사스 휴스턴에서 이루어졌는데, 이 수술에 참여한 이집트 출신의 아흐마드 엘카디는 1967년에 설립된 북미이슬람의학협회IMANA의 초대 회장이 되었다. 무슬림 의사들이 1969년에 자신들을 대변할 전문 단체인 IMANA를 결성한 후 무슬림 과학자와 공학자들도 독자적인 전문 단체인 북미무슬림과학자 및 공학자협회AMSE를 결성했으며, 1972년에는 북미무슬림사회과학자협회AMSS가 창립되었다. 이러한 방식으로 다양한 분야를 대표하는 새로운 조직들이 생겨났고, 석사와 박사 과정의 학생들은 이러한 단체와 전문 조직의 혜택을 받았다.

미국 내 무슬림의 존재감이 수년에 걸쳐 성숙해지면서 무슬림 의사, 엔지니어, 사회과학자를 대표하는 조직이 생겨났고, 무슬림들은 자신의 정치적 권리에 더 많은 관심을 기울이기 시작했다. 이민자들의 무슬림 자녀들은 최근 지역, 카운티, 주 및 연방 차원에서 후보자를 내세우며 정치 무대에 진출하기 시작했으며, 이는 부분적으로 2011년 9월 11일 사건 이후 이슬람 단체들에 대한 증가하는 압력 때문이기도 했다.

또 다른 예로 국제이슬람사상연구소IIIT를 들 수 있다. 이 연구소는 무슬림 세계 대학에서 학문적 차원에서 많은 노력을 기울이고 있다. IIIT는 인문학 및 사회과학적 맥락에서 이슬람적 관점을 제시하려 노력하며, 이들 과학의 산출물을 이슬람 문명의 정신과 조화시키고자 한다. 그 핵심 원칙 중 하나는 미국 내 무슬림학생협회의 산출물의 질을 높이는 것이다. 특히, 이 협회에는 미국 대학에서 학업 중인 무슬림 중 가장 뛰어난 지성들이 포함되어 있다. 이 학생들이 고등 교육을 마치면, 이슬람 조직과 전문적 필요를 위한 중요한 기반이 된다. 무슬림 지도자들은 이러한 필요를 충족시키고 공동체 내 이용 가능한 모든 자원에 의존해야 한다. 무슬림들은 더 많은 모스크도 필요로 한다. 일부 모스크는 수요를 충족하기 위해 세 번의 연속 금요 예배를 진행해야 하는 상황이다. 많은 모스크가 계속 확장되고 있음에도 불구하고 남성과 여성 예배자들은 계속 증가하고 있다. 동시에 무슬림들의 재정적 기부도 증가하고 있어 자금을 효율적으로 할당하고 프로젝트를 실행하는 작업이 필요하다. 더 나아가 많은 유대교 및 기독교 단체들이 이슬람 센터에 접근하여 이슬람에 대한 정보를 요청하고 있다. 종교 간 활동이 증가하면서 신앙 공동체 간의 간극을 극복하고 모두를 위한 더 나은 미래를 만들기 위해 무슬림 활동가들이 최선을 다해야 할 필요성이 커지고 있다. 비무슬림에게 이슬람을 소개하기 위한 다양한 교육 프로그램이 진행되었으며, 이슬람은 이제 전통적인 방식과 현대적인 방식 모두를 통해 전파되고 있다. 강연, 출판물, 인터넷, 시청각 자료 및 기술 등 다양한 매체가 활용되고 있다. 9·11 사건 이후 이슬람과 무슬림에 대해 더 많이 알고자 하는 수요가 급증하면서 특히 미국과 서구 전반에서 이슬람 기관과 단체가 보유한 많은 책과 팸플릿이 빠르게 소진되었다.

선행의 문화 확립하기: 우리는 단순한 선함을 뛰어넘어 선과 자비를 전파하는 문화를 깊이 뿌리내려야 한다. 우리는 선량함에서 한 걸음 더 나아가 연민과 친절, 관대함을 호소하는 사람이 되어야 하며, 단순히 착한 사람에 머무르지 않고 훌륭한 품성을 전파하는 사람이 되어야 한다. 자신을 개혁하는 데 그치지 않고 다른 사람들도 개혁하도록 돕는 데까지 나아가야 한다. 이것이 바로 선지자(그분께 평화가 깃들기를)와 그의 추종자들이 걸었던 길이다. 자신의 선함과 안녕에만 관심을 갖고 사회 개혁이나 다른 사람들을 이슬람으로 초대하는 일을 무시하는 사고는 무슬림 문화와 가치관의 일부가 아니며, 이슬람 초기 세기에 신앙에 충실했던 무슬림들에게는 용납될 수 없는 일이었다.

다행히도 상황은 더 나은 방향으로 변하기 시작했다. 오늘날 무슬림 여성들은 이웃을 방문하고 교류하며 자신의 가치를 실현함으로써 무지에서 비롯된 '우리 안의 이방인'이라는 관점을 없애고 있다. 또한, 무슬림 남성과 여성들이 오랜 부재를 깨고 방송에 등장하여 이슬람에 대해 이야기하며 수년간 미디어가 끊임없이 묘사해 온 부정적 이미지를 서서히 바로잡고 있다. 다시 말해, 무슬림들은 더 이상 자신을 감추지 않고 유창하게 표현하며 미디어에 능숙해지고, 타인과 소통하면서 자신의 유산과 정체성에 자부심을 가지며 행동하고 있다. 이와 관련하여, 무슬림들이 이제 전통적으로 선호했던 의학, 과학, 공학 등의 분야에서 벗어나 미디어, 법률, 저널리즘 등 우리 미래의 안녕에 중요한 분야로 진출하고 있는 점도 기쁘게 생각한다.

다와 활동은 내부적으로 잘 조직되어 있어, 특히 자유를 보장하는 민주주의 환경에서 사회를 지배하는 규칙, 법률 및 절차 체계 내에서의 운영을 거부할 이유가 없다.

그러나 미디어 문제로 돌아가면, 서구에서 아랍인과 무슬림에 대한 이미지는 영화와 신문에서의 부정적 이미지로 타격을 받았으며 학계, 통속 소설 등 다양한 방식으로 이러한 편견이 강화되었다. 이에 대응하여 IIIT는 미국 내 중동 및 이슬람학 학과와 협력 활동을 시작했다. 뛰어난 세 학자 뭄타즈 아흐마드, 술레이만 냥, 자헤르 부카리(이들 모두에게 하나님의 자비가 깃들기를)의 도움을 받아 IIIT는 이슬람을 다루는 대학 강좌를 조사하여 강점과 약점을 파악했다. 그 후, 교수들이 강의에서 최상의 학문적 자료를 제공할 수 있도록 대학이 시행할 수 있는 구체적 변화를 권고하는 보고서를 작성했다. 이러한 방식으로 IIIT는 지식을 풍요롭게 하고, 이를 이슬람의 현실에 더 적합하게 만들기 위해 노력했다.

교육

교육과 지식은 전혀 별개의 문제다. 아이들에게 정보를 암기하도록 강요하는 전통적 접근 방식이건, 칠판 앞에 앉아 정보를 주입하는 현대적 접근 방식이건 결국 우리는 교육의 진정한 목적이 무엇인지 자문해 볼 필요가 있다. 우리는 교실에서 어떤 유형의 인간이 나오기를 원하는가? 아이들에게 탁월한 성적을 요구하고, 시험을 통과하며, 성적과 결과가 자녀들의 지능을 평가하는 기준으로 중심에 놓인 압박은 학교를 창의성과 지식에 대한 사랑을 키우고 인성을 형성하는 학습 경험의 장으로 보는 개념과는 분리된 것이다. 또한 도덕, 윤리, 신앙 등이 전체적인 교육 경험에서 어떤 위치를 차지하는지에 대한 질문도 제기된다. 신앙과 도덕을 유지하려는 노력 속에서 무슬림 공동체는 수년에 걸쳐 신앙 학교를 설립하는 일이 점점 증가해 왔다. 하지만 이것이 아이들이 더 나은 결과를 얻는다는 것을 의미하지는 않았다. 실제 학습 측면은 열악한 교육 환경 탓에 어려움을 겪게 되었다.

기계식 암기에 대해 너무 깊이 논의할 필요는 없다. 안타깝게도 일부 무슬림 국가에서는 교육에 있어 이것이 유일한 도구로 사용되고 있다. 이는 다양한 역량을 개발하고 혁신 능력을 키울 잠재력을 낭비하게 만든다. IIIT가 고등 교육에 초점을 맞추고 있었던 만큼 학교 교육 과정을 개혁하기 위한 방법론을 제안하는 것은 자연스러운 흐름이었다. 물론 꾸란과 선지자의 전통에 대한 학습은 전체 교육 경험의 필수적인 부분으로 유지되었다. 사실 이 분야 또한 단순히 꾸란 구절과 하디스를 암기하는 것을 넘어 보다 상호 작용적이고 지적인 학습 활동으로 만드는 것이 목표였다.

IIIT와 우리가 어떤 비판을 받건 한 가지는 분명했다. 우리는 이슬람 정체성을 온전히 보존하면서 이슬람 지식과 유산을 재확인하고, 무슬림 세계의 고유한 문제와 요구를 충족하는 새로운 패러다임을 만들어 내기 위해 노력하고 있었다. 우리는 무슬림 세계가 서구, 특히 지배적인 서구 패러다임의 요구에 맞추기 위해 스스로를 왜곡할 수 없음을 설명하려고 했다. 신성을 배제하는 서구의 학문적 양식을 맹목적으로 모방한다고 해서 무슬림 사회의 핵심적인 사회 경제적 문제를 해결하지 못하며, 오히려 문제를 더욱 고착화시킬 뿐이다. 서구 학문이 서구 사회에 적합할지 몰라도 다른 가정에 의해 정의되는 세계에 이를 그대로 적용하려는 것은 합당하지 않다. 결국 이는 무슬림 사회를 위한 지속 가능한 개혁과 발전의 길이 될 수 없다. 무슬림 사회는 도덕과 우선순위 측면에서 다른 사회와 다르며, 무슬림 사회는 타우히드를 기반으로 하고, 그 원칙은 꾸란과 순나^{선지자 전통}라는 근본적인 원천에서 도출된다. IIIT는 이러한 근본 출처에 충실하면서 문명적 갱신 문제를 해결하려 노력했으며, 말레이시아의 여러 대학뿐 아니라 인도네시아의 여러 대학 등 총 200개 이상의 기관에서 이 프로젝트를 성공적으로 수행했다.

미국 내 이슬람 활동에서 중요한 경험 중 하나는 전일제 이슬람 학교의 발전과 이들 간 소통 체계를 구축하는 일이었다. 이러한 노력은 미국이슬람학교협회 설립으로 이어졌다. 그러나 이슬람 학교는 무슬림 학생 인구의 5%에 불과한 극히 일부만 수용할 수 있었다. 나머지 학생들은 미국 공립학교나 사립학교에서 공부한다. 이에 따라 IIIT는 공립학교에서 사용할 수 있는 사회과학 수업 교재 시리즈를 발간했다. 이 교재들은 이슬람과 무슬림에 대한 사실적 내용을 제공하며, 유치원부터 초등학교 수준까지 다루고 있다. 발표 내용은 단순하고 매력적으로 구성되어 비무슬림 청중에게도 호소력을 갖추고 있었다. 이 프로젝트는 하버드대학교에서 공중보건학 박사 학위를 취득하고 의대 교수로 재직 중인 오마르 카술에 의해 진행되었다. 그는 말레이시아 국제이슬람대학교^{IIUM}의 의료 시설 설립을 도왔으며 10년간 부학장으로 재직했다. 이러한 노력은 미국 내 무슬림 3세대를 지원하고, 이슬람과 무슬림에 대한 이해를 높이는 데 기여했다.

하지만 IIUM은 우리가 고등 교육에서 달성하고자 했던 모델을 보여 주며, 나는 그 결과에 대해 매우 자랑스럽게 생각한다. IIUM은 이슬람적 원천과 현대 사회과학 및 인문학을 결합한 지적 틀을 운영한다. 학생들은 암기식 교육이나 단순한 데이터 주입이 아닌 대화와 토론, 연구를 통해 학문적 활동에 참여한다. 창의성과 실험을 장려하며 맹목적 모방이나 편협함의 제약을 받지 않는다. 무슬림 세계의 모든 대학들은 IIUM이 제시한 탁월한 본보기로부터 배워야 한다.

이와 관련하여 우리는 무슬림 대학들이 서로를 도울 수 있도록 최선을 다했다. 우리는 IIUM의 이슬람 경제학 교수들을 지원하여 나이지리아 마이두구리대학교에 이슬람 경제학과를 설립할 수 있게 했다. 또한 셰이크 살레 카멜이 킹압둘아지즈대학교에 설립한 이슬람경제학센터를 비롯한 여러 기관에서 공부할 수 있도록 IIUM 학생들에게 장학금을 제공했다. 또한 파키스탄 이슬라마바드에 있는 국제이슬람대학교의 선임 학자들과 IIUM 교수진이 교류할 수 있는 기회도 마련했다.

이슬람개발은행IDB은 큰 도움이 되었다. 이슬람 금융 기관으로 출발한 이 은행은 제다에 본부를 두고 회원국과 무슬림 공동체의 경제 발전과 사회 진보를 촉진하기 위해 설립되었다. 전 세계 무슬림들에게 혜택을 준 이 위대한 기관의 설립에 참여한 모든 분들께 감사드린다. 또한 이 은행의 수장인 아흐마드 무함마드 알리에게 축복과 성공을 기원한다. 그는 뛰어난 학문적 역량과 함께 미국 WAMY, 사우디 교육부, 그리고 제다의 킹압둘아지즈대학교에서 실질적인 영향력을 발휘한 인물이었다. 무슬림 소수 국가와 다수 국가 모두에서 교육 수준을 향상하기 위해 많은 자금이 투입되었고 다양한 노력이 이루어졌다. IDB 프로젝트는 교육 계획 외에도 훈련 및 장학금 제공이 포함된다. 우리는 이러한 프로젝트에 참여하여 제안과 조언을 건네고, 전 세계적으로 IDB와의 접점을 구축했다. 예를 들어, 일부 무슬림 소수 국가에서 무슬림 의사와 엔지니어 부족 문제에 대응하기 위해 IDB는 이를 해결하려 노력했으며, 학생들에게 무이자 대출을 제공하여 졸업 후 상환하면 이를 기부금으로 전환해 미래의 학생들이 동일한 장학금을 받을 수 있도록 했다.

또한 많은 자선가들이 동서양의 무슬림들에게 사랑과 전문성을 겸비한 지원을 제공했다. 그 결과 많은 프로젝트가 이루어졌으며, 우리는 그들의 자비로 무슬림들에게 저널리즘을 공부할 수 있는 장학금 혜택을 지원하였으며, 재학 중인 학생들에게는 교육 프로그램을, 신진 언론인들에게는 경력을 쌓을 수 있는 보조금을 지원하기도 했다.

■1 1978년. 인도. 오른쪽부터 인도 이슬람개발은행의 아흐마드 무함마드 알리 총재와 인도에서 진행 중인 무슬림 프로젝트에 대해 발표하는 만주르 알람 IOS 회장이 나(가운데)와 함께하고 있다.

■2 1984년. 인도, 캘리컷의 이슬람청소년센터 앞에서. 왼쪽 여섯 번째부터 나와 이슬람개발은행(IDB)의 아흐마드 무함마드 알리 총재, 만주르 알람 IOS 총재.

 동서방을 이은 여정

2000년. 인도네시아 방문. 가장 왼쪽에 내가 서 있고, 오른쪽으로 세 번째는 킹압둘아지즈대학의 전 총장이자 IIFTIHAR 회원인 H.E. 엠디 오마르 주바이르, IDB의 아흐마드 무함마드 알리 총재, IIFTIHAR 부회장, 인도네시아 IIIT의 하빕 치르진 소장, 알 아자르 대학의 아흐마드 루비스.

10년이 넘는 기간 동안 인도 및 기타 여러 국가의 언론 매체에서 무슬림 언론인들이 성장하는 것을 목도했다. 이들 중 일부는 고국이나 전 세계 파견지에서 명망 높은 자리에 오른 사례도 있다.

순수한 마음과 높은 포부를 가지고 신앙에 대한 큰 사랑을 지닌 젊은 남녀들을 만날 때마 내 마음은 설렌다. 이들은 움마의 상황을 이해하고 개선과 개혁을 위한 노력에 함께하는 이들로, 긍정적이고 생산적인 젊은이들이다. 그들을 보면 영국과 미국에서의 나의 젊은 시절이 떠오른다. 그들의 눈을 들여다보면 그들의 질문이 느껴진다. "어떻게 하면 학업과 활동의 균형을 맞출 수 있을까요? 전문 경력과 이슬람 활동은 어떻게 조화를 이룰 수 있을까요?" 나는 그들의 어깨에 손을 얹고 마음을 열어 이렇게 말한다. "여러분은 이미 스스로 답을 알고 있습니다. 그 비결이자 핵심은 균형입니다." 학교 수업과 지역 사회 활동, 그리고 자선 활동과 가족에 대한 책임 사이에서 균형을 잡아야 한다. 시간과 노력을 현명하게 배분해야 한다. 이는 학업을 계속하고 있건 전문 경력에 나서기 시작했건 모두에 해당한다. 다시 한 번 강조하지만, 균형이 열쇠이다. 속독을 익히면 많은 시간을 절약할 수 있다. 하지만 무엇보다 학업에 우선순위를 두어야한다. 학업에 충실히 임하고 남는 시간과 노력으로 다와와 자선 활동에 참여하라. 학업에서 뛰어난 성과를 거두고 최고의 영예를 얻으며, 선택한 분야에서 두각을 나타낸다면 사람들이 본받을 수 있는 성공적 무슬림의 모범 사례를 보여 주는 것이다. 이것은 말로 하는 다와보다 훨씬 실질적인 형태의 다와다. 우리는 여러분이 학교와 직업에만 매몰되지 않기를 바란다. 여전히 사회에 도움의 손길을 내밀고 다른 사람들을 지원해야 한다. 그렇다고 어느 한 가지 활동도 과소평가해서는 안 된다. 포괄적인 관점에서 우선순위를 명확히 설정해야 한다.

신앙 기반 활동과 시민 활동에 참여하고자 하는 사람들에게 두번째 핵심 요소는 조직화된 제도적 활동이다. 이는 선지자 무함마드(그분께 평화가 깃들기를)의 전통에서 잘 드러난다. 단체 활동과 제도적 노력이 자원 봉사 활동을 지배하는 요소가 되어야 한다. 이를 통해 우리는 무無에서 시작하지 않을 수 있다. 모든 사람은 형제가 어떤 활동에서 멈춘 지점부터 시작해야 하며, 서로를 보완해야 한다. 우리는 모든 손길이 함께 협력하여 동기를 끌어올리고, 혼자서는 10년이 걸릴 일을 1년 안에 성취할 수 있게 만드는 '함께하는 힘의 문화'를 강조해야 한다.

 | 동서방을 이은 여정

1 2005년 8월 19일부터 21일까지 말레이시아 방이의 사회복지훈련원에서 열린 제34회 말레이시아무슬림청소년운동(ABIM) 연례 회의에 참석한 나와 말레이시아 및 인도네시아의 무슬림 청소년 지도자들.

2 2012년. 말레이시아.

3 2012년. 말레이시아, 왼쪽에 안와르 이브라힘 수상.

4 2012년. 말레이시아에서는 내가 왼쪽에서 첫 번째, 가니 샴수딘이 왼쪽에서 세 번째다.

요약

내가 수십 년간 신앙 기반 활동과 자선 활동에서 얻은 모든 경험을 요약해 다섯 가지 요소로 추린다면 다음과 같다.

1. 현지 언어를 능숙하게 구사하라. 내가 영국에 도착했을 때 가장 먼저 한 일 중 하나는 영어를 배우는, 아니 완벽히 마스터하는 일이었다.

2. 자기 계발에 힘쓰라. 지식과 행동, 그리고 태도에 있어 다른 사람들의 모범이 될 수 있도록 노력하라. 속독을 익히면 시야를 넓히고 다른 활동을 위한 시간을 만들 수 있다.

3. 문제를 끝까지 해결하라. 모든 장애물에 대한 해결책을 찾고 동기를 유지하라. 지속적인 개발을 통해 오늘보다 나은 내일을 만들기 위해 노력하라.

4. 앞의 세 가지 요소를 기반으로 시간을 현명하게 투자하고 팀워크 정신으로 협력하라. 노력과 결과를 공유하여 성과를 극대화하라. 관계를 세심히 관리하고 함께 일하는 사람들과의 유대를 강화하라.

5. 마지막으로, 확고한 직업 윤리를 가지고 최선을 다하라. 모든 일에서 탁월함을 추구하며 진심으로 노력하라. 노력은 반드시 결실을 맺는다.

질문과 답변

신앙 기반 활동과 관련하여 자주 받는 질문 중 하나는 다음과 같다. "이러한 활동은 전업으로 수행해야 하는가?" 이에 대한 답을 위해, 우리는 두 가지를 구분해야 한다. 첫째, 행정 구조의 일부로 무슬림 기관에서 일하는 사람들과 둘째, 지도 및 리더십 역할을 담당하는

    동서방을 이은 여정

사람들이다. 첫 번째 범주에 속하는 사람들은 소득을 대가로 전문적인 노동을 수행한다. 반면, 지도 및 리더십 활동은 전업으로 하기보다는 자원봉사 형태로 수행하는 것이 더 적합하다. 이 두 번째 범주의 사람들은 자신의 생계를 유지하기 위해 본인의 직업에 의존하고, 가능한 시간을 신앙 기반 활동에 자발적으로 할애하는 것이 바람직하다. 그 이유는 다음과 같다. 첫째, 직업이나 경제 활동에서 성공하고 이를 이슬람적 도덕성과 결합하는 일은 오늘날 우리가 절실히 필요로 하는 실천적 다와의 가장 중요한 측면 중 하나이다. 둘째, 신앙 활동가는 자신의 소득원이 불안정하지 않아야 한다. 또한 다와 활동이 단순히 '직업'이 되어 다와 활동가가 관료처럼 되어 버리고 성공을 저해하는 상황은 위험하다.

우리에겐 자원에 부담을 주지 않는 신앙 기반 활동가가 필요하다. 진정성을 가지고 자발적으로 노력할 수 있어야 한다. 이러한 활동은 모든 사람들이 개별적으로 그리고 공동으로 참여하는 문화의 일부가 되어야 하며, 마음이 하나되고 노력이 통합되는 상태가 되어야 한다. 리더급 인사가 전업으로 활동하는 경우도 있지만, 그 기간은 3년과 같은 제한된 기간을 초과하지 않는 것이 이상적이다. 또한 청년들은 가능한 한 폭넓은 경험을 쌓고, 사업을 시작하거나 기관을 설립하거나 타인과 협력하여 파트너십을 구축하는 일에 두려움을 가져서는 안 된다.

이는 우리 모두가 짊어져야 할 책임이며, 사람들이 소통하는 데 사용하는 도구를 깊이 숙고해야 한다. 우리는 지혜를 가지고 신앙 기반 활동을 수행하며 사람들에게 영향을 미칠 수 있게 스스로를 단련해야 한다. 또한 이러한 활동이 무질서하거나 협력이나 명확한 방향성 없이 무작위로 이루어진 개별적 노력들의 혼합물이 되지 않도록, 이를 신중하게 구조화하고 조직하는 방법을 배워야 한다.

신앙 기반 활동가들은 형제자매로서 함께 협력하며, 자기 계발을 실천하고 타인을 돕는 데 초점을 맞춘 활동적인 작업 그룹을 구성해야 한다. 동시에 배우자와 자녀 등 가족의 요구를 간과하는 함정은 피해야 한다. 가족은 우리에게 당연한 권리를 가지고 있다. 우리는 모든 가족 구성원이 어떤 방식으로든 이 활동에 참여하도록 하는 높은 수준의 활동성을 가져야 한다. 청소년들의 경우 부모와 형제자매로 구성된 핵가족, 기혼자의 경우 배우자와 자녀, 또는 대가족 구성원들이 포함될 수 있다. 직계 가족은 우리가 신앙 활동을 재조정하도록 동기를 부여하고 격려해야 하지만, 그들이 우리의 우선순위에서 적절한 자리를 차지할 수 있게 항상 신경 써야 한다.

내부 조직

연못에 조약돌을 던지면 물은 원을 그리며 파문을 일으킨다. 인생에서도 가족은 우리 존재의 내면이자 첫 번째 원이고, 그외의 모든 사람들은 그 바깥으로 퍼져 나가는 물결이라 생각하라. 따라서 우리의 존재, 우리가 보여 주는 모범, 그리고 우리가 심어 주고 실천하는 가치로부터 즉각적인 덕을 보는 사람들은 바로 우리 곁에 있는 사람들, 즉 우리의 가족이다. 집안에서 실패한 사람이 어떻게 집 밖에서 성공할 수 있을까? 다른 사람들만큼이나 많은 관심과 사랑을 가족에게 쏟으라. 그들의 성장, 신앙, 가치관 등에 집중하라. 자녀들에게 하나님을 사랑하고 인류를 사랑하며, 자신의 권리뿐 아니라 시민으로서의 책임에 대해서도 가르치라. 삶의 함정으로부터 그들을 안전하게 지키고, 문제를 어떻게 다루고 해결할지에 대해서도 가르치라. 무엇보다도 모두를 위해 믿음의 촛불이 빛날 수 있도록 항상 노력하라.

결론

신의 사자(그분께 평화가 깃들기를)께서 말씀하시길, "최후의 시간이 임박했을 때, 여러분 중 손에 묘목이 있는 사람이 있다면 아직 시간이 있을 때 그것을 심으라."

삶에 대한 성찰

하나님의 기쁨 외에는 아무것도 중요하지 않습니다.

이제 나와 내 동료들은 나이가 들었다. 하지만 우리의 일은 계속되고 있다. 내가 떠난 후에도 이 일은 계속될 것이다. 정원에는 잡초가 끊이지 않고 자랐지만, 내 능력이 닿는 한 최선을 다해 그것을 바꿀 기회를 가졌다는 점에서 나는 축복받았다고 생각한다. 내면적으로는 삶을 도덕적이고 영적으로 발전시키는 여정으로, 외적으로는 가능한 한 많은 사람들에게 사회적 선을 베푸는 여정으로 삼는 비전을 따라왔다. 하나님의 사자(그분께 평화가 깃들기를)께서 말씀하셨다. 최후의 시간이 임박했을 때, 여러분 중 누구라도 손에 묘목을 가지고 있다면 아직 시간이 있을 때 그것을 심으라."

나는 신앙을 통해 분열된 공동체와 혼란스러운 청소년들에게 치유 요소를 제공하려 노력했다. 또한 신앙에 기반한 지식과 시민적 책임을 청소년 개발 프로그램의 초점으로 삼았다. 나는 희석된 하나님의 개념을 강력한 존재감으로 대체하려 했고, 종교를 고등 교육에 다시 도입하여 세상과 우리 자신을 연구하는 데 필수적이고 지적인 요소로 자리 잡게 하고자 했다.

이 여정에는 지혜, 성실, 헌신, 신앙을 갖춘 훌륭한 남성과 여성들이 함께했다. 이들은 이 가치 있는 대의를 위해 자신의 시간, 에너지, 심지어 경력까지 희생한 사람들이었다.

그리고 나는 깨달음을 얻으며 지혜로워졌다. 우리는 고삐를 너무도 꽉 죄고 있었다. 우리는 최선을 다해야 하며 나머지는 하나님께 맡겨야 한다. 그리고 이 소중한 순간, 영원으로 넘어가기 전의 이 짧은 시간을 절대로 빼앗기지 말아야 한다.

이 여정은 인내와 끈기, 문제 해결의 과정이었으며, 그 모든 것을 이어 준 접착제는 하나님에 대한 열정과 한결같은 헌신이었다. 또한 하나님을 위해 인류를 돕겠다는 분명하고 헌신적인 비전이었다.

이것이 나를 영감으로 가득 채웠고, 이것이 내가 이해하는 '대리자'의 의미였다. 이 책에서 나는 내가 살아온 방식과 이해한 대로 그것을 충실히 기록하려 했다.

이 책을 읽는 모든 이들에게도 동일한 영감을 주길 바란다.

회의, 행사 및

다양한 기념 사진들

1 1992년. 미국 버지니아주. 아들 무함마드의 약혼식에서. 앞줄 왼쪽부터 히샴 알탈리브 IIIT 총장, 나, 무함마드의 약혼자 부친인 엔지니어 무슬리 모하메드 알사와프, 그리고 타하 알알와니. 뒷 줄은 아자르 알탈립, 무함마드의 약혼자 루파, 그리고 아들 무함마드 토톤지.

2 1993년. 요르단 암만. 가족 모임에서. 왼쪽부터 이삼 알탈립, 처남 히샴 알탈립, 딸 일함 톤지, 나, 에지딘 알탈립, 압둘라작 톤지, 사위 아흐마드 알와니, 압둘사타르 토톤지, 이남 알탈립.

3 1997년. 집에서 즉흥적으로 찍은 가족 사진. 뒷줄 오른쪽부터 딸 일함과 사위 아흐메드 타하 알알와니가 딸 하델을 안고 서 있고, 옆으로 압둘라만 이르판 톤지, 딸 후다, 아들 마흐무드, 조카 이르판 톤지와 그의 아내 가스와 알-바야티가 서 있다. 앞줄에 앉은 이들은 오른쪽부터 아들 무함마드의 아내 루파이다 알 사와프, 무릎에는 그들의 딸 리마, 나의 아내 메이순, 나, 그리고 아들 무함마드, 맨 왼쪽 끝에 압둘잡바 이르판 토톤지가 앉아 있다.

1 1990년. 인도네시아. 인도네시아의 다와 인사 중 한 명인 로크만 하룬 씨의 아들의 결혼식에서. 왼쪽에서 첫 번째에 로크만 하룬과 그의 아내가 서 있고, 그옆에 내 아내 메이순과 내가 서 있다.

2 1994년. 사우디아라비아. 우리 집에서 열린 아들 무함마드의 결혼식에서. 앞줄 왼쪽부터 전 IIIT 총장 압둘하미드 아부술레이만 박사. 그 다음이 셰이크 술레이만 알 라지, 하짐 함둔 박사.

3 1990년. 리야드. 왼쪽부터 IIIT 부총장이었던 고(故) 자말 알-바르진지 박사, 압둘라 알 라지히, 그리고 나.

4 1994년. 사우디아라비아 리야드. 사진 왼쪽에서 다섯 번째가 이 결혼식의 주인공인 압둘 무님 토톤지이다. 왼쪽 첫 번째는 아드난 오마르 박사, 네 번째는 압둘 자바르 알 바야티, 여섯 번째는 무함마드 오베이드 박사. 맨 오른쪽에 아들 술탄과 함께한 셰이크 압둘라 알 라지가 서 있다.

5 1998년. 사우디아라비아 리야드. 왼쪽부터 아들 무함마드 토톤지, 압둘 무님 토톤지, 셰이크 아흐마드 디닷, 리아드 아부술레이만. 그리고 내가 서 있다. 맨 오른쪽은 내 사위 아흐마드 알와니이다.

6 2018년. 튀르키예 이스탄불에서 아들 무함마드 토톤지와 동료 레샷 에롤과 함께 셰이크 모하메드 에민 사락을 특별 방문한 자리에서.

2013년. 사우디아라비아 리야드에 있는 이라크 대사관에서 강연
을 마친 후 나를 영접하는 가님 알주마일리 이라크 대사와 함께

1 2018년. 말레이시아 쿠알라룸푸르. 말레이시아 국제이슬람대학교 IIUM 글로벌 포럼에서 열린 평생 공로상 시상식. 왼쪽부터 IIUM 총장 다토 시리 잘레하 카마루딘 교수, 나, IIUM 부총장 압둘아지즈 베르그아웃 교수.

2 2018년. 말레이시아 쿠알라룸푸르. 말레이시아 국제이슬람대학교 IIUM 글로벌 포럼 평생 공로상 시상식. 쿠알라룸푸르 튀르키예 대사관저에서 열린 이 행사에서 나를 기념해 준 귀빈들이 앞줄 중앙에 있다. 내 오른쪽에는 메르베 카바키 박사와 O.I.C.를 대표하는 그녀의 부모님이 자리했다.

3 2018년. 말레이시아 쿠알라룸푸르 IIUM 글로벌 포럼 평생 공로상 시상식. 왼쪽부터 IIUM 총장 다토 시리 잘레하 카마루딘 교수, 나, 그리고 IIUM 부총장 압둘아지즈 베르그아웃 교수.

4 2018년. 말레이시아 쿠알라룸푸르. 왼쪽부터 나, IIIT 동남아시아 대표 다토 자밀 오스만 교수, 말레이시아 최초의 여성 부총리이자 여성·가족 및 지역사회개발부 장관이며 다토 세리 안와르 이브라힘 총리의 아내인 완 아지자 빈티 완 이스마일 박사. 내가 고등 교육에 관한 책을 전달하고 있다.

5 2018년. 말레이시아 쿠알라룸푸르. 말레이 무슬림의 삶의 질 향상을 위한 WADAH 그룹 회의에서 말레이시아무슬림청년조직(ABIM) 지도자들과 함께 가운데 앉아 있다.

1 2018년. 말레이시아 쿠알라룸푸르. 말레이시아 국제이슬람대학교 IIUM 글로벌 포럼 평생 공로상 시상식에서 청중에게 연설하고 있다.

2 2018년. 말레이시아 쿠알라룸푸르. 말레이시아 국제이슬람대학교 IIUM 글로벌 포럼 평생 공로상 시상식. 청중에게 연설하고 있다.

2018년. 말레이시아 쿠알라룸푸르 셀랑고르대학교(UNISEL)에서 명예 박사 학위를 수여받았다.